专家论检察丛书

Lun Jian Cha

论检察

陈云生 / 著

中国检察出版社

◇作者简介

◇陈云生，1942 年 5 月出生，北京市平谷区人

◇现为中国宪法学研究会、北京市宪法学研究会顾问；中国社会
科学院法学研究所研究员

◇1966 年北京政法学院（现中国政法大学）法律系毕业，1978
年考入中国社会科学院研究生院法学系，1981 年获得法学硕
士学位，1983 年师从著名法学家张友渔教授攻读宪法学博士
学位，1987 年获法学博士学位

◇中国社会科学院研究生院教授、博士生导师、博士后流动站成
员；国务院特殊津贴享受者；被收入多部当代文化名人或中国
法学名家辞典

◇主要著作：《民主宪政新潮——宪法监督的理论与实践》、《权
利相对论——权利和义务价值模式的建构》、《反酷刑——当
代中国的法治与人权保护》、《宪法监督司法化》、《宪法人类
学——基于民族、种族、文化集团的理论建构及实证分析》、
《和谐宪政——美好社会的宪法理念与制度》、《成文宪法——
通过计算机进行的比较研究》、《宪法学原理》、《宪法监督的
理论与违宪审查制度的建构》等 20 多部，并发表论文、文章
200 余篇

出版说明

　　到 2013 年，人民检察制度已经恢复重建 35 年了。从伴随着 1949 年中华人民共和国的诞生建立检察机关，到"十年浩劫"检察机关被撤销，再到中国共产党十一届三中全会之后检察机关恢复重建并被定位为国家法律监督机关、"护法机构"，我国的检察机关经历了诸多的峥嵘岁月、艰难困苦。它的历史是现代中国法治历程的缩影。

　　中国的人民检察制度与众不同，尤其是在苏联解体、东欧剧变之后，制度特色日益凸显。人民检察制度，是具有中国特色的：在政治特色方面，它坚持党的领导；在体制特色方面，它作为"一府两院"的组成部分，受人民代表大会及其常委会的监督并对其负责、向其报告工作；在职能特色方面，它与西方的"行政机关"、"公诉机构"不同，以"守护法律"、实施法律监督为其职能核心，是国家重要的司法机关之一；在制度内容方面，与时俱进，一直处在探索、改革和完善的过程中，它将随着中国特色社会主义制度的改革、完善而不断完善。

　　三十多年来，法学界包括宪法学者、法理学学者，特别是刑事诉讼法学学者，对检察制度进行了长期的研究和探讨；检察机关从王桂五先生开始，几代有志于理论研究和思考的同志也为中国特色检察制度的完善付出不懈的努力和辛劳。为了回顾和总结中国特色检察制度的研究情况和成果，也为关心、关注检察事业和检察理论发展的人们提供一套比较完整的参考书，我们用一年多的时间，完成了"专家论检察"丛书的编辑、出版工作。

呈现在读者面前的，是十几位长年研究检察理论的专家多年的成果荟萃，其从各不同的角度、专业或实践，比较系统地阐述了专家们关于检察，检察与法治，检察与国家政治、经济、公民权利的关系等方面的观点和见解，以及检察改革的方向、原则和路径。十几位专家的著作几乎涉及到了检察的各个方面。这对读者了解检察是十分有益的。当然，这其中，也有对同一问题的不同观点，有的甚至是完全相反的理解和主张。但我们认为，这正是学术的生命之所在。况且，正如前面所说，中国检察一直处于探索的过程中，它将随着社会进步、法治发展、中国特色社会主义制度的不断完善而完善。这样，不同观点的交流、不同见解的交融，是检察制度在不断走向科学的过程中必须经历的。

编者在此需要说明的是，十几位专家的观点，并不代表编者的立场，各位专家文责自负。为了尊重和保留不同时期作者的所思所想，书中保留了写作时原文的观点、翻译习惯、术语词汇、表达方式和援引的法律条文。

由于编者水平所限，在编辑出版方面的疏漏在所难免，欢迎广大读者批评指正，也请各位作者多多包涵。

中国检察出版社

二〇一三年三月

目　录

第一部分
中国国家机构中的检察机关及检察权的行使

一、人民检察院的性质和组织*

新宪法和人民检察院组织法都明文规定："中华人民共和国人民检察院是国家的法律监督机关。"人民检察院通过行使国家检察权来维护社会主义法制。

我国的国家权力机关、行政机关都有监督守法的职责，但作为专门监督守法的机关，只是各级人民检察院。

人民检察院是我国人民民主专政的锐利武器之一，为了在全国范围内维护宪法和法律的统一实施，国家设立各级人民检察院作为专门的法律监督机关，通过行使检察权，以达到保障宪法和法律统一实施的目的。

实践已经证明，法律监督越是有力，法律越是能够得到普遍的、统一的正确实施，人民民主专政就越巩固；反之，取消

---

* 本部分内容摘自刘志畅、陈云生编：《中华人民共和国宪法问答》，甘肃人民出版社1983年版，第132～134页。

法律监督，其结果必然会削弱和瓦解人民民主专政。"十年动乱"就是个惨痛的教训，所以，检察机关的法律监督职能同人民民主专政的巩固是一致的。坚持法律监督正是为了坚持人民民主专政。

人民检察院作为专门的法律监督机关，要对国家机关、国家机关工作人员和公民是否遵守宪法和法律实行监督（限于犯罪的监督）。法律监督包括法纪监督、侦查监督、审判监督和劳改监督，它要做到有法必依、执法必严、违法必究。法律监督的直接作用，就在于同一切违法犯罪行为作斗争，以维护法律的统一和正确实施，加强社会主义法制，保障人民民主，巩固人民民主专政，保障社会主义现代化建设的顺利进行。

按照新宪法和人民检察院组织法的规定，国家检察机关分为：最高人民检察院、地方各级人民检察院和军事检察院等专门人民检察院。地方各级人民检察院又分为：省、自治区、直辖市人民检察院；省、自治区、直辖市人民检察院分院，自治州和省辖市人民检察院；县、市、自治县和市辖区人民检察院。人民检察院组织法还规定，省一级和县一级人民检察院，可根据需要，提请本级人民代表大会常务委员会批准，可以在工矿区、农垦区、林区等区域设置人民检察院，作为派出机构。

专门人民检察院包括：军事检察院、铁路运输检察院、水上运输检察院、其他专门检察院。

各级人民检察院设检察长一人，副检察长和检察员若干人，检察长统一领导检察院工作。各级人民检察院设立检察委员会，在检察长主持下，讨论决定重大案件和其他重大问题。人民检察院实行双重领导体制，最高人民检察院领导地方各级人民检察院和专门人民检察院，上级人民检察院领导下级人民检察院。同时又规定，最高人民检察院对全国人民代表大会及其常务委员会负责，地方各级人民检察院对本级国家权力机关和上级人民检察院负责。

二、人民检察院的主要任务*

按照新宪法和人民检察院组织法的规定，人民检察院通过行使检察权，镇压一切叛国的、分裂国家的和其他反革命活动，打击反革命分子和其他犯罪分子，维护国家的统一，维护人民民主专政制度，维护社会主义法制，维护社会秩序、生产秩序、工作秩序、教学科研秩序和人民群众生活秩序，保护社会主义全民所有的财产和劳动群众集体所有的财产，保护公民私人所有的合法财产，保护公民的人身权利、民主权利和其他权利，保护社会主义现代化建设的顺利进行。人民检察院通过检察活动，教育公民忠于社会主义祖国，自觉地遵守宪法和法律，积极同违法行为作斗争。

具体说来，人民检察院行使下列职权：

1. 对于叛国案、分裂国家案以及严重破坏国家的政策、法律、政令统一实施的重大犯罪案件，行使检察权。

2. 侦查。这是指人民检察院对于直接受理的刑事案件的侦查，目的是追究犯罪。由人民检察院直接受理的案件包括：贪污案件、侵犯公民民主权利的案件、渎职案件，以及需要由人民检察院直接受理的其他案件。

以上两项只限于违犯刑法，需要追究刑事责任的案件。

3. 对于公安机关侦查的案件，进行审查，决定是否逮捕、起诉或者免予起诉；对于公安机关的侦查活动是否合法，实行

＊ 本部分内容摘自刘志畅、陈云生编：《中华人民共和国宪法问答》，甘肃人民出版社1983年版，第134～135页。

监督。

4. 提起公诉、支持公诉。一切反革命案件和其他刑事案件，包括检察机关直接受理侦查的案件和公安机关侦查终结移送起诉的案件，都要由人民检察院代表国家提起公诉，支持公诉。

5. 审判监督。检察长或者由他指定的检察员在以国家公诉人的资格出庭支持公诉的时候，同时对法院的审判活动是否合法实行监督。其目的是使人民法院的审判活动必须依法进行，以便准确地认定事实和适用法律。人民检察院对于本级人民法院的判决和裁定，认为有错误的时候，有权按照审判监督程序提出抗诉。

6. 对刑事案件判决的执行和劳动改造机关的监督。人民检察院如果发现刑事判决、裁定的执行有违法的情况，应当通知执行机关予以纠正。如果发现监狱、看守所、劳改机关的活动有违法情况时，应当通知主管机关予以纠正。

7. 保障公民的民主权利、人身权利和其他权利。为了维护国家的根本利益，维护国家机关和国家工作人员的纯洁性，人民检察院依法保障公民对于违法的国家工作人员提出控告的权利，追究那些侵犯公民人身权利、民主权利和其他权利的人的法律责任。

三、人民检察院的领导体制*

中华人民共和国人民检察院是国家的法律监督机关。我国设立最高人民检察院、地方各级人民检察院和军事检察院等专门人民检察院。最高人民检察院是最高检察机关。最高人民检

＊ 本部分内容摘自刘志畅、陈云生编：《中华人民共和国宪法问答》，甘肃人民出版社1983年版，第135～137页。

察院领导地方各级人民检察院和专门人民检察院的工作，上级人民检察院领导下级人民检察院的工作。最高人民检察院对全国人民代表大会和全国人民代表大会常务委员会负责。地方各级人民检察院对产生它的国家权力机关和上级人民检察院负责。新宪法的这些规定，充分地表明了人民检察院的领导体制是不同于人民法院的领导体制的。新宪法和人民检察院组织法都明确规定，人民检察院实行双重领导体制，即地方各级人民检察院既受同级人民代表大会和其常委会的领导，又受上级人民检察院的领导。这一原则是在总结了我国检察机关领导关系经验的基础上提出来的，也是从我国当前加强社会主义法制的实际出发的。为维护法律的统一正确实施，保证检察机关依法独立行使检察权，有利于执行检察任务，根据第五届全国人民代表大会第二次会议《关于修正〈中华人民共和国宪法〉若干规定的决议》，将上级人民检察院同下级人民检察院的关系由监督关系改为领导关系是完全必要的。正如彭真副委员长当时所指出的："把检察院上下级关系由原来的监督关系改为领导关系，地方各级人民检察院对同级人民代表大会和它的常务委员会负责并报告工作，同时受上级人民检察院的领导，以保证检察院对全国实行统一的法律监督。"

四、公、检、法三机关之间的关系*

按照新宪法和刑事诉讼法的规定，人民法院、人民检察院和公安机关之间的关系是分工负责、互相配合、相互制约的关系。这种关系有利于保证准确有效地执行法律。

所谓分工负责，就是说人民法院、人民检察院、公安机

---

* 本部分内容摘自刘志畅、陈云生编：《中华人民共和国宪法问答》，甘肃人民出版社1983年版，第137～138页。

关在具体职责上，有不同的分工，即对刑事案件的侦查，主要由公安机关负责；审查批准逮捕，审查决定起诉和出庭公诉等，由人民检察院负责；对刑事案件的审判，由人民法院负责。三机关严格按照这个分工，各尽其职，各负其责，努力搞好各自的本职工作。公、检、法三机关彼此之间，既不能互相代替，更不允许由其中任何一个部门独自包办。只有在分工明确，完成本职工作的条件下，才能真正实行互相配合和互相制约。

所谓互相配合，就是说公、检、法三机关在共同完成保护人民，打击敌人和惩罚犯罪这个主要任务上，要互通情况，互相支援和协作。除自诉案件以外，要完成同犯罪作斗争的任务，一般都要经过公安机关的侦查、人民检察院的起诉、人民法院的审判这三道工序。在整个刑事诉讼过程中，公、检、法三机关必须互相配合，齐心协力，心往一处想，劲往一处使，积极主动地完成这个共同任务。因此，公、检、法三机关的互相配合是相当重要的。如果没有这个互相配合，就不可能胜利完成同犯罪作斗争的共同任务。

所谓相互制约，就是要互相监督，互相防止和纠正在办案过程中可能发生和已经发生的错误。相互制约的根本目的是依法办事。特别是从保证我国的社会主义法制能够得到统一正确的实施，准确、合法、及时地处理案件，从防止滥用国家权力，防止武断专横和错捕、错判的意义上讲，实行相互制约就更有其不可忽视的重要性和必要性。那种认为互相制约就是"互相牵制"、"互相扯皮"的观点是完全错误的，用之于司法实践，也是极其有害的，必须加以纠正。"文化大革命"的惨痛教训，证明了没有公、检、法三机关的互相制约是极其有害的。

五、加强司法工作，保卫和发展高度的社会主义民主 *

按照马克思主义的国家学说，作为我国司法机关的法院、检察院和公安机关是人民民主专政国家机构的重要组成部分，它们在保卫人民民主，对一小撮敌视我国社会主义制度的敌对势力和敌对分子的专政中起着重要作用。要保卫和发展高度的社会主义民主，就必须大力加强司法工作，加强司法机关和司法队伍的组织和建设。为此，新宪法对人民法院和人民检察院的组织和活动原则作了明确的规定，确认了人民法院作为国家审判机关的法律地位：任何其他国家机关都不能行使国家审判权，任何公民都无权拒绝人民法院的合法审判，人民法院依法独立进行审判，不受行政机关、社会团体和个人的干涉，法院实行公开审判的原则等。对于人民检察院，新宪法明确规定它是国家的法律监督机关。为了保证国家法制的统一和尊严，为了加强对检察工作的领导，新宪法特别规定检察院实行双重领导体制：最高人民检察院领导地方各级人民检察院和专门检察院的工作，上级人民检察院领导下级人民检察院的工作；最高人民检察院对全国人大及其常委会负责；地方各级人民检察院对产生它的国家权力机关和上级人民检察院负责。还规定人民检察院依照法律规定独立行使检察权，不受行政机关、社会团体和个人的干涉。毫无疑问，这些规定对于健全社会主义法制、完善司法制度，都具有重要意义。

六、人民检察院依法独立行使检察权 **

新宪法规定人民检察院是国家法律监督机关，依法独立行

---

　* 本部分内容摘自刊载于《法制建设》1984 年第 2 期的《建设高度的社会主义民主是新宪法的重要原则》一文。

　** 本部分内容摘自刊载于《法学季刊》1985 年第 2 期的《健全社会主义法制的宪法保障》一文。

使检察权，不受行政机关、社会团体和个人的干涉。人民检察院实行双重领导体制，各级人民检察院对产生它的国家权力机关和上级人民检察院负责，最高人民检察院领导地方各级人民检察院和专门人民检察院的工作，上级人民检察院领导下级人民检察院的工作。还特别规定人民法院、人民检察院和公安机关分工负责，互相配合，互相制约的关系，以便齐心协力有效和准确地打击刑事犯罪活动。新宪法对社会主义法制各项基本原则的重要规定，确实是我国法制建设的重要保证，但是，这并不等于说我国法制建设会自然而然地健全起来，要把宪法上的原则规定变为生活中的现实，还要靠我们艰苦努力，做好各方面的工作。

七、中国国家机构中的检察机关*

国家机关按其行使职权的性质不同，可分为权力（立法）机关、行政机关、审判机关、检察机关、军事机关等；按其行使职权的范围不同，又可分为中央国家机关和按行政区域划分而设立的地方国家机关，它们互相关联，各司其职，共同实现着管理国家的职能。由于国家权力的行使总是通过国家机关的组织和活动体现出来的，它体现着统治者的意志和利益，因此，有关国家机关的设置、职权和活动原则，历来是现代宪法的重要内容。我国建国以来的几部宪法也都是以专章规定的形式规定国家机构的相关问题。

社会主义国家的一切权力属于人民，这是社会主义国家组织国家机构的根本出发点。……社会主义国家机构是在打碎旧的国家机器的基础上建立和发展起来的。它是由人民中的优秀

---

* 本部分内容摘自廉希圣主编：《宪法学教程》，中国政法大学出版社 1988 年版，第 350～357 页。

分子所组成的，执行着无产阶级专政（或人民民主专政）国家职能的机构。我国国家机构是属于社会主义类型的国家机构。……它的根本任务是：保护人民，镇压敌人，集中力量进行社会主义现代化建设，为把我国建设成为富强、民主、文明的社会主义现代化国家而奋斗。

建国初期，由于召开普选的各级人民代表大会的条件还不具备，因此只能采取一种过渡性的措施。这就是：在中央，由中国人民政治协商会议全体会议代行全国人民代表大会的职权，由它选举中央人民政府委员会，并赋之以行使国家权力的职权。……中央人民政府委员会组织政务院，作为国家政务的最高执行机关；组织人民革命军事委员会，作为国家军事的最高统辖机关；组织最高人民法院和最高人民检察署，作为国家的最高审判机关和最高检察机关。

在地方国家机关方面，建国初期所采取的过渡性措施，主要表现为：……人民法院和人民检察署都是同级人民政府的组成部分，受同级人民政府委员会的领导与监督。这在建国初期国家体制尚不完善的情况下，有利于加强对敌斗争工作的领导，统一对敌斗争的步调，更好地贯彻党对敌斗争的方针、政策。

1954 年 9 月，第一届全国人民代表大会第一次会议在通过我国第一部宪法的同时，又通过了全国人民代表大会组织法、国务院组织法、地方各级人民代表大会和地方各级人民委员会组织法、人民法院组织法和人民检察院组织法五个国家机关组织法。

根据 1954 年宪法的规定，我国国家机构由以下四类国家机关组成：（1）国家权力机关。（2）国家行政机关。（3）国家审判机关。（4）国家检察机关。包括最高人民检察院、地方各级人民检察院和专门人民检察院。

1954 年宪法规定的国家机构，较之建国初期的国家机构具有如下的特点：……第四，从中央到地方的各级人民法院和人民检察院都有各自的独立系统，它们不再是同级政府的组成部分。

按照 1975 年宪法，我国国家机构的主要变动是：……第五，撤销了检察机关。检察机关的职权由各级公安机关行使。第六，大大减缩了国家机关的职权，取消了人民法院审判制度的规定。

第五届全国人民代表大会第一次会议通过了我国的 1978 年宪法。但限于当时的历史条件，这部宪法对于国家机构的规定，除恢复检察机关的设置，充实国家机关的条文外，基本格局无大变化。1978 年宪法颁布不久，第五届全国人民代表大会第二次会议于 1979 年 6 月召开，通过了宪法修正案，对于国家机构部分作了一些修改，如将人民检察院的上下级由监督关系改为领导关系。

1982 年宪法在总结我国 30 多年来国家机构建设经验的基础上，在国家机构的设置上也有不少新的发展和变化，这些发展变化主要是：……（七）规定了人民法院和人民检察院依法独立行使职权，不受行政机关、社会团体和个人的干涉。（八）规定最高人民法院院长、最高人民检察院检察长连续任职不得超过两届。

1982 年宪法关于国家机构的规定比过去几部宪法有了较大的发展。它所遵循的方向和所体现的要求是：……第三，使各个国家机关能更好地分工合作、相互配合，在国家机关行使职权上解决党政不分的问题。……对于国家的行政权、审判权、检察权和武装力量的领导权，也都作了明确的划分，以便使各类国家机关能够协调一致地工作。国家主席、国务院、中央军委、最高人民法院和最高人民检察院，都由全国人大产生并对它负责，受它监督。

我国国家机关组织与活动的社会主义法制原则，就是一切国家机关和国家机关工作人员，都必须严格按照法律规定办事，使国家的法律在社会生活的各个方面得到正确的实施。它的基本要求是，一切国家机关及其工作人员都要做到有法可依，有法必依，执法必严，违法必究。国家机关的法制原则主要包括立法、守法、执法和法律监督几个方面。……法院必须以事实为根据，以法律为准绳，平等地适用法律，独立行使审判权。检察机关则要通过独立行使检察权，实现国家的法律监督职能，保证法律的正确实施。总之，各类、各级国家机关都要依照法律规定的职责、权限和程序进行活动，只有这样，才可使国家机关的组织与活动免受干扰，使它不致因领导人的改变而改变，不致因领导人的看法和注意力的改变而改变，坚持实行法制原则，还可使各国家机关分工明确，做到各司其职，各负其责，保证国家机构的协调运转，并可避免对国家权力的滥用。

（一）人民检察院的性质和任务

人民检察院是国家的法律监督机关，是唯一行使国家检察权的机关。在我国，除了全国人大及其常委会监督宪法和法律实施，地方各级人大在本行政区域内保证宪法、法律的遵守和执行外，国家还设立各级人民检察院作为专门的法律监督机关。人民代表大会的法律监督是侧重于立法的监督和对国家机关执法的监督。人民检察院则是通过行使检察权来保障宪法和法律的统一实施，即检察机关通过行使检察权，直接同一切违法犯罪行为作斗争，同时又通过监督公安、法院和监狱、劳改等部门的活动是否合法，以保护人民的合法权益和打击犯罪，确保法律正确、统一的实施。

根据宪法和法律，人民检察院的任务是通过行使检察权，镇压一切叛国的、分裂国家的和其他反革命活动，打击反革命分子和其他犯罪分子，维护国家的统一，维护人民民主专政制度，维护社会主义法制，维护社会秩序、生产秩序、工作秩序、教学科研秩序和人民群众的生活秩序，保护社会主义的全民所有的财产和劳动群众集体所有的财产，保护公民私人所有的合法财产，保护人民的人身权利、民主权利和其他权利，保卫社会主义现代化建设的顺利进行。人民检察院通过检察活动，教育公民忠于社会主义祖国，自觉地遵守宪法和法律，积极同违法犯罪行为作斗争。

当前，我国社会主义现代化建设已进入了一个新的历史发展时期，检察工作在今后一个相当长的时期内的基本任务就是贯彻党的十三大精神，坚持党在社会主义初级阶段的基本路线，坚持"一手抓建设和改革，一手抓法制"的方针，以保卫和促进经济建设和改革开放为中心，以搞好自身的改革为动力，充分发挥法律监督的职能，进一步全面开展各项检察业务，坚持不懈地打击经济犯罪和其他刑事犯罪，更好地为改革开放服务，推进社会主义民主和法制建设，促进社会生产力的发展。

（二）人民检察院的组织系统和人员任免

我国人民检察院分为最高人民检察院、地方各级人民检察院和军事检察院等专门人民检察院。地方各级人民检察院分为：（1）省、自治区、直辖市人民检察院；（2）省、自治区的地区级、直辖市、自治州和省辖市人民检察院分院；（3）县、市、自治县和市辖区人民检察院。省一级人民检察院和县一级人民检察院，根据工作需要，提请本级人大常委会批准，可以在工矿区、农垦区、林区等区域设置人民检察院，作为派出机构。

最高人民检察院根据需要，设立若干检察厅（如刑事、法纪、监所、经济等检察厅）和其他业务机构。地方各级人民检察院可以分别设立相应的检察处、科（如审查批捕、审查起诉、法纪检察、劳改检察、经济检察、控告申诉检察等处、科）和其他业务机构。

各级人民检察院设检察长一人，副检察长和检察员若干人。最高人民检察院检察长，由全国人民代表大会选举和罢免。最高人民检察院副检察长，检察委员会委员和检察员由最高人民检察院检察长提请全国人大常委会任免。

省、自治区、直辖市人民检察院检察长由省、自治区、直辖市人民代表大会选举和罢免。副检察长、检察委员会委员、检察员和人民检察院分院检察长、副检察长、检察委员会委员和检察员，由省、自治区、直辖市人民检察院检察长提请本级人大常委会任免。省、自治区、直辖市人民检察院检察长的任免，须报最高人民检察院检察长提请全国人大常委会批准。

自治州、省辖市、县、市、市辖区人民检察院检察长，由本级人大选举和罢免。副检察长、检察委员会委员和检察员，由自治州、省辖市、县、市、市辖区人民检察院检察长提请本级人大常委会任免。自治州、省辖市、县、市、市辖区人民检察院检察长的任免，须报上一级人民检察院检察长提请该级人大常委会批准。

各级人民检察院检察长的任期，与本级人民代表大会每届任期相同。最高人民检察院检察长连续任职不得超过两届。全国和省、自治区、直辖市人大常委会根据本级人民检察院检察长的建议，可以撤换下级人民检察院检察长、副检察长和检察委员会委员。

各级人民检察院设助理检察员若干人。经检察长批准，助理检察员可以代行检察员职务。书记员办理案件的记录工作和其他有关事项。助理检察员、书记员由各级人民检察院检察长任免。

（三）人民检察院的职权

按照法律的规定，人民检察院行使检察权的具体内容可以归纳为六个方面：

1. 对于叛国案、分裂国家案以及严重破坏国家的政策、法律统一实施的重大犯罪案件，行使检察权。由于这类案件性质严重，可称为"特种法纪监督"，必须由人民检察院代表国家依法进行检察和提起公诉。

2. 对国家工作人员渎职犯罪和利用职务进行犯罪的行为进行检察。这主要是对贪污罪、侵犯公民民主权利罪、渎职罪以及人民检察院认为需要自己直接受理的其他案件立案侦查，决定是否提起公诉。这称为"普通法纪监督"。

3. 对于公安机关侦查的案件进行审查，决定是否逮捕、起诉或者免予起诉；对于公安机关的侦查活动是否合法实行监督。这称为"侦查监督"。

4. 提起公诉和审判监督。对于刑事案件提起公诉，出庭支持公诉；对于人民法院的审判活动是否合法实行监督。

5. 对于刑事案件判决、裁定的执行和监狱、看守所、劳动改造机关和劳动教养机关的活动是否合法实行监督。

6. 保障公民对于违法的国家工作人员提出控告的权利，追究侵犯公民的人身权利、民主权利和其他权利的人的法律责任。对于已经发生法律效力的判决和裁定，如果发现确有错误，有权按照审判监督程序提出控诉。

随着我国改革开放和经济建设以及商品经济的大发展，人民检察机关的法律监督职能将由过去主要对刑事法律的实施进行监督，逐步转变为不仅进一步完善对刑事法律的实施进行监督，而且将对民事（含经济）、行政诉讼活动进行监督。随着检察工作改革的深入发展，检察权将会得到加强和扩大。检察机关是保卫社会主义现代化建设不可缺少的重要力量，没有完备有效的法律监督制度，就不可能有完善的社会主义民主和法制。

（四）人民检察院的工作原则

人民检察院工作总的要求，集中到一点就是坚持四项基本原则，正确履行法律监督职能，为社会主义经济建设和改革开放服务。具体来说，人民检察院的工作原则主要有：

1. 人民检察院行使检察权时，对于任何公民都要在适用法律上一律平等。人民检察机关在办理案件时，要忠于事实，忠于法律，坚持有法必依，执法必严，违法必究的方针，绝不为个别领导机关和领导干部"以言代法"、"以权压法"的行为所动摇。要敢于冲破"保护层"和"关系网"，要讲究方式方法，对于党委和人大常委会依照政策和法律提出的意见，要认真听取，严肃对待，积极取得他们的支持、帮助和监督。只有这样，才能执法公平，秉公处理，保证社会主义法制的正确实施。

2. 依照法律规定独立行使检察权，不受其他行政机关、团体和个人的干涉。这是保证检察机关得以发挥法律监督职能的重要原则。建国 30 多年来，在检察机关的领导体制和独立行使检察权问题上，积累了丰富的经验。现行宪法规定，检察机关要对本级人大和它的常委会负责并报告工作；最高人民检察院领导地方各级人民检察院和专门人民检察院的工作，上级人民检察院领导下级人民检察院的工作。这种监督和领导关系，对于保证检察机关在全国范围内实行统一的法律监督是必要和行之有效的。关于检察机关独立行使检察权问题，由于在实践中存在着党政区分不明，"以言代法"等现象，加之检察机关没有相应的对人、财、物的管理权等原因，因此，检察独立仍在检察机关的外部和内部关系上没有理顺，在法律制度上还不完善，进而影响了检察工作的开展。今后随着体制改革的深化，在党政分开的新体制下，应根据宪法和法律的规定，进一步落实检察长统一领导检察员工作的职责，这是在检察工作人员的任免上所赋予检察长的重要权力；应建立健全检察员办案责任制，在法律制度上进一步明确检察员的责任、权力和办案程序，以保证提高工作效率和办案质量，增强检察机关的法律监督职能，使检察机关依法独立行使检察权得到充分保障。

3. 坚持实事求是、群众路线和重证据不轻信口供的原则。人民检察院组织法第 7 条规定："人民检察院在工作中必须坚持实事求是，贯彻执行群众路线，倾听群众意见，接受群众监督，调查研究，重证据不轻信口供，严禁逼供信，正确区分和处理敌我矛盾和人民内部矛盾。"实践证明，只有坚持检察工作与群众路线相结合，把检察活动建立在依靠群众的基础上，依靠群众揭露和打击犯罪，依靠群众教育改造犯罪分子；坚持同有关单位配合，紧密结合检察业务活动进行综合治理工作，依靠群众预防犯罪；认真对待群众的批评意见，及时纠正工作中的缺点和失误，才能更好地同犯罪作斗争。

4. 各民族公民都有权使用本民族语言文字进行诉讼的原则。

八、人民检察院在宪法监督中的机能和作用*

设立系统的、严整的检察机关是社会主义国家特有的国家制度和法律现象。它担负着对遵守社会主义法制情况实行监督和检察的职能，以自己特有的活动方式维护社会主义宪政和法制。社会主义国家的检察机关对遵守法制情况实行监督具有两个特点，从性质上来说，它是法律监督。这就是说，它只对有关国家机关、组织和公民是否严格、一致地遵守法律实行监督。它的一切监督和检察活动都是与执行和遵守法律有关系的，因而称为法律监督。从法律监督的阶层上说，它实行的是最高监督，这是因为：（1）这种监督是由检察机关以国家的名义进行的；（2）这种监督除了最高国家权力机关和最高国家执行机关以外，适用于一切国家机关、社会组织和团体、公民个人，其中包括其他法律保护机关。

社会主义国家之所以建立特有的国家检察机关，是遵循列宁教导和学习苏联经验的结果。法律必须得到严格和一致的遵守是列宁的一个重要思想。建立检察机关对是否严格、一致地遵守法律实行最高监督也是列宁提出来的。从社会主义法制统一的原则出发，列宁在1922年5月20日致党中央政治局"关于'双重'领导和法制"的信中写道："法制不应该是卡鲁加省是一套，喀山省又是一套，而应该全俄统一，甚至应该使全苏维埃共和国联邦统一……"[1] 列宁还认为，检察机关的任务在于不管任何地方的差别及地方影响如何，要确立对法制真正一致的理解。"检察长的责任是使任何地方政权的任何决定

---

* 本部分内容摘自陈云生：《民主宪政新潮——宪法监督的理论与实践》，人民出版社1988年版，第156～161页。

〔1〕《列宁全集》（第33卷），人民出版社1959年版，第327页。

都与法律不发生抵触……"[1]在列宁上述思想指导下，苏联最早在 1922 年就制定了苏俄检察监督条例，1933 年正式设立苏联检察院。各社会主义国家都以苏联检察制度为蓝本建立了各自的检察机关。

社会主义国家的检察机关对于是否严格一致地遵守法律实行监督的活动，尽管彼此间不尽相同，但基本上可以归纳为以下四个方面：对执行法律的一般监督；对侦查机关和预审机关执行法律的监督；对法院在审理刑事案件、民事案件和行政案件时遵守法制情况的监督和对剥夺自由场所如监狱等执行法制情况的监督。其中对遵守法律的一般监督尤其具有宪法监督的意义。所谓"一般监督"是指对国家机关、社会团体、公职人员，以及公民是否严格一致地遵守法律实行的最高监督。不过，作为一个普遍的规律，这种一般监督的对象都不包括最高国家权力机关和最高国家执行和管理机关。这种情况是与最高国家权力机关和执行机关在国家和社会生活中的地位相适应的。

我们在前面已经阐明，宪法在性质上具有根本性，其规范具有概括性和抽象性，有些宪法规范靠它自身的简括规定是难以贯彻到现实生活中去的。因此，它的许多规范都有待于具体的法律乃至条例、规章、行政决定等进一步具体化，只有使宪法规范的内容、实质、目的通过法律作出进一步的具体规定，也就是通过法律对实现某种宪法规范负有责任的主体和客体的权利与义务作出规定，以及如何调整相应的具体法律关系和实施措施等都作出具体明确的规定，才能使宪法规范得到实现。可见，法律对于宪法的实施具有十分重要的意义，正是基于这

---

〔1〕《列宁全集》（第 33 卷），人民出版社 1959 年版，第 327 页。

一认识，笔者才认为检察机关对于法律的实施实行的一般监督以及其他监督，始终具有重要的宪法监督的意义。我们在考察和评价宪法监督的总体体制时，同样不能忽视检察机关通过法律监督在宪法监督体制中的机能和作用。

正是由于检察制度在维护社会主义宪制和法制中具有重要的地位和作用，所以各社会主义国家一贯重视检察机关的建设，使之得到不断的完善和健全。在苏联，几十年来多次修改检察监督条例，1977 年的苏联宪法对于检察机关作了比较详细的规定，1979 年 2 月又制定了新的检察院组织法。在总结经验的基础上，新检察院组织法又从各方面大量加强了检察院的组织和建设，其中进一步加强检察长职权的规定成了最显著的新特点。该法明确地规定，苏联检察院对国家管理机关、企业、社会团体、公职人员和公民执行法律的情况实行监督，这就是一般监督。为了实现这种监督，检察院组织法赋予检察长广泛的权限。首先，为了发现违法现象，检察长有权要求被检察机关或组织提交有关指示、命令、指令及其他文件，有权要求这些机关或组织的领导人或一般工作人员提交检察长需要的有关文件和资料；也有权召见公职人员或公民，要求他们就违法的事实作出口头或书面的说明。检察长还有权到有关机关或组织进行检查。为了协助检察长实现一般监督，新检察院组织法还特别规定，检察长有权要求派遣专家协助其工作，检察长的要求对于一切机关、组织、公职人员、公民都具有约束力。其次，一旦发现有违法情事，检察长就可以采取种种措施纠正有关的违法行为。这些措施中的第一种就是抗议。抗议就是针对违法的国家机关、社会团体、公职人员的不当行为要求它们相应的上级机关、团体撤销或变更其决定或给予相应处分，以及停止公职人员的违法行为，恢复被侵犯的权利等的一种措施。

第二种是提议。提议是检察长为了纠正违法行为，向构成违法的国家机关、社会团体、公职人员提出的要求。就是要求有关单位或人员采取措施消除违法现象、违法原因及造成违法的条件。它的具体方式就是出具提议书。苏联新检察院组织法为了加强检察监督的效果，特别赋予检察长的抗议和提议以强制性的效力。检察长关于消除违法行为的原因和消除造成违法条件的要求，不是可以执行也可以不执行，而是作为国家机关、社会团体和组织、公职人员以及公民的义务必须予以执行。这就在很大程度上加强了检察长的地位和作用。除此之外，检察长还有权直接采取法律的或纪律的措施，对那些违法的公职人员或公民予以制裁或发出警告。检察长根据公职人员或公民的违法性质，作出追究民事、刑事、行政责任、纪律处分的决定，还可以发出对违法者的警告。

现在，苏联检察机关还在积极地进行改革，寻找工作的新形式、新方法，以便检察机关实现最高的工作职能。苏联检察机关的工作重心现在已经转到防止犯罪，加强纪律和法律上面。这一工作的进行正在与人民代表苏维埃、监督机关、经济管理机关紧密合作。检察机关最集中注意的将是监督所有部门的法规同国家法律协调一致。

南斯拉夫宪法明确地规定了检察院在维护宪制和法制上的责任。规定检察院为了维护宪制和法制可以采取法律手段（第235条）。还规定如果检察长在工作中发现有违反宪法或法律的案件，他可以向南斯拉夫宪法法院提起关于评定合宪性或合法性的诉讼。共和国检察长或省检察长则分别向主管的共和国或省宪法法院提出。

朝鲜民主主义人民共和国宪法也确认检察院具有合宪审查的职权。第144条规定，检察院"监督国家机关的决议和指示是否同宪法……相抵触"。

其他的社会主义国家为了加强检察机关的地位和作用，都已经或继续对检察机关进行改革。特别是第二次世界大战以后，几乎所有的社会主义国家都建立了新的强有力的检察机关，并制定了新的检察院组织法，从各方面加强了检察机关的组织和建设。我国也不例外，新中国成立后不久就着手组织最高人民检察署，并相继建立了地方各级人民检察署。1951 年 9 月中央人民政府委员会通过最高人民检察署暂行组织条例和地方各级人民检察署组织通则。1954 年 9 月第一届全国人大第一次会议通过了人民检察院组织法，将人民检察署改名为人民检察院，并对人民检察院的组织、职权、活动原则等作了明确的规定，全国各级人民检察院逐步设立和健全，在维护和加强宪制和法制方面做了大量的工作，发挥了重要的作用。但在 1975 年以后，由于当时修改并通过的宪法取消了人民检察院的建置，所以各级人民检察院被取消了，由各级公安机关执行检察权。1978 年 3 月第五届全国人大第一次会议决定重建各级人民检察院。1978 年宪法也作了相应的规定。1979 年 7 月第五届全国人大第二次会议修订公布了人民检察院组织法。1983 年 9 月，第六届全国人大常委会第二次会议对 1979 年的人民检察院组织法进行了部分修改，通过了《关于修改〈中华人民共和国人民检察院组织法〉的决定》。自人民检察院重建以来，特别是在最近几年，在加强社会主义法制，有力配合经济等方面的改革，打击经济犯罪和其他严重的刑事犯罪等方面，发挥了重要的作用。事实证明，健全和加强人民检察院的组织和建设，并使其卓有成效地开展工作，是维护和加强我国社会主义宪制和法制的一个强大的因素。

由上可以看出，社会主义国家的检察机关以自己特有的工作方式为维护社会主义宪制和法制作出了贡献。虽然它的宪法监督范围因受其法律地位的影响是有限的，它的监督方式、方法和效力也有一定的局限性，但是，它在社会主义国家的宪法监督中仍然发挥了重要的作用。一方面，它在一般监督中揭露和查究了大量的违法情况和案件，使违法的行为得到纠正，使严重违法的机关和人员受到相应的制裁，这就在相当大的程度上维护了宪制和法制的尊严，为宪法的正确实施创造了必要的条件。另一方面，检察机关通过实施法律宣传教育，对于提高国家机关、社会组织和广大人民群众的宪制和法制观念，提高遵纪守法的自觉性，也发挥了重要的作用，它对于保障宪法和法律得到正确的贯彻执行，同样具有深远的意义。

除了宪法监督以外，党和国家在建国初期还比较重视一般法律监督。建国后就开始组建最高人民检察署，并着手建立地方各级人民检察署。中共中央曾就国家的检察工作作了一系列的重要指示，在1950年1月29日发出的《关于中央人民政府检察署四项规定的通报》中明确指出，检察署是"人民政府用以保障法律法令政策之施行的重要武器"。检察署的职责之一就是"检察政府机关及公务人员和国民是否严格遵守法律、法令与人民政协的共同纲领、人民政府的政策方针"。这就确立了人民检察署具有宪法监督的性质。尽管当时还没有制定国家的正式宪法，但已经制定和实施的《共同纲领》实际上是起临时宪法作用的。1951年9月3日中央人民政府委员会制定了《中央人民政府最高人民检察署暂行组织条例》，其中第2条规定："中央人民政府最高人民检察署，为全国人民最高检察机关，对政府机关、公务人员和全国国民之严格遵守法律，负最高的检察责任。"在最高人民检察署的职权中还明确规定："检察全国各级政府机关、公务人员和全国国民是否严格遵守中国人民政治协商会议共同纲领、人民政府的政策方针和法律法令。"因为当时《共同纲领》是起宪法作用的根本大法，所以这一规定就表现了检察工作具有一定的宪法监督性质。1954年9月，在国家正式宪法诞生的同时，又正式制定了人民检察院组织法。其中第3条规定："最高人民检察院对于国务院所属各部门、地方各级国家机关、国家机关工作人员和公民是否遵守法律，行使检察权。"第4条规定，地方各级人民检察院，"对于地方国家机关的决议、命令和措施是否合法，国家机关工作人员是否遵守法律，实行监督"。这些规定都确立了检察机关作为国家法律监督机关的地位和性质。检察机关对国家机关、国家机关工作人员和公民是否遵守法律所实行的监督，在法学上通常称之为一般监督，这种监督不同于侦查机关的侦查监督、审判监督、劳改监督，更接近于宪法监督的性质。

实践证明，在我国宪法监督制度还不健全，宪法监督工作还不十分强有力的情况下，加强人民检察机关的建设和对法律实施的监督工作，特别是加强对国家机关、国家机关工作人员和公民是否遵守法律的一般监督工作，是对宪法监督工作的重要补充和加强。这是我国建国初期法制建设工作乃至宪制建设工作中的一条重要经验，这一经验至今还值得重视和研究。

我国的法律监督机关就是各级人民检察院。关于它的工作情况及其在宪法监督中的作用，已经在前面探讨过了。这里再强调以下几点：

1. 人民检察院作为国家的法律监督机关，代表国家对法律的实施实行监督，这本身对于保证宪法得到正确的实施就具有重要的意义。因此，应该进一步大力加强人民检察院的组织和建设，充分发挥它们在法律监督中的重要作用。

2. 由人民检察院直接担负部分的宪法监督职能，不仅不悖于人民检察院的法律监督机关的性质，而且是一致的，便于实行的。在社会主义国家，就有由法律监督机关监督宪法实施的先例可援。

3. 要加强人民检察院的法律监督工作，并使其直接承担宪法监督的责任，就首先要给予必要的法律依据。笔者认为，恢复20世纪50年代那种性质的一般监督是完全必要的、可行的。即人民检察院不仅对那些严重破坏国家的政策、法律、法令、政令统一实施的"重大犯罪案件"行使检察权，而且要对那些还没有构成"重大犯罪案件"的事件也行使检察权，这就是一般监督的职权。这种扩大的检察权，就给人民检察院实行宪法监督留下了广阔的天地。此外，人民检察院的监督对象也应扩大，现行人民检察院组织法只规定检察国家机关、国家机关工作人员和公民。对于群众组织和人民团体是否是检察的对象，没有明确的规定。笔者认为，既然人民检察院是国家的检察机关，它的检察活动理应具有普遍的效力。这就是说，除国家机关、国家机关工作人员、公民以外，一切社会组织和人民团体、企业事业单位也都应该成为人民检察院检察的对象。

4. 为了使法律检察机关能够实施宪法监督的职权，就必须赋予它必要的和足够的手段。人民检察院行使职权的现行程序显然是不够的。这种程序只适用于检察犯罪案件，不适用于一般的违宪、违法事件。因此，有必要补充新的行使职权的程序，并相应地扩大人民检察院的职权。这其中首先应当考虑：为了及时和详尽地了解违法行为，人民检察院有权要求被检察的机关或组织提交有关指示、命令、指令及其他有关的文件，有权要求这些机关、组织的领导人或普通工作人员提供检察需要的文件和资料，也有权召见公职人员或公民，要求他们就违法的事实作出口头或书面的说明。检察长还有权到有关机关或组织进行检察。为了协助检察长实现一般监督，还可以考虑检察长有权要求派遣专家协助其工作，这种要求对于一切国家机关、组织、公职人员、公民都应当有约束力。其次还要考虑到增强和扩大人民检察院处理违法行为的手段。其中"抗议"和"提议"这两类手段是必不可少的。所谓"抗议"，就是要求违法的国家机关、社会组织或人民团体、公职人员或它们相应的上级机关、社会组织或人民团体等撤销或变更其决定与处分等，以及停止公职人员的违法行为，恢复被侵犯的权利等。所谓"提议"，是指检察院为了纠正违法行为，向造成违法的国家机关、社会组织和人民团体、公职人员提出要求。就是要求有关的单位或人员采取措施消除违法现象、违法原因和造成违法的条件。很显然，这些职权和手段对于人民检察院行使具有宪法监督性质的一般监督权具有重要的意义。

总之，国家法律监督机关是我国宪法监督中的重要环节和因素，过去我们对它在宪法监督中的地位和作用重视不够，今后应当重视开发和利用这个环节和因素。

九、中国宪法中的司法权 *

（一）宪法关于司法权的规定

我国宪法在第 89 条所规定的国务院职权和第 107 条所规定的县级以上地方各级人民政府的权限中涉及"司法行政"之外，并无任何"司法"、"司法权"或"司法机关"之类的规定。但我国宪法在第三章"国家机构"中专用一节（第七节）规定了有别于其他国家机构的人民法院和人民检察院。其中明确规定，"人民法院是国家的审判机关"，"人民检察院是国家的法律监督机关"。（顺便提及：学术界、法律界及规范性文件

---

* 本部分内容摘自刊载于《广西法学》2006 年第 4 期的《中国宪法中的司法权》一文。

等常常把"审判机关"和"审判权"与"检察机关"和"检察权"并提，依据宪法的规定是不准确的，依据宪法，后者应表述为"法律监督机关"和"法律监督权"）

从上述规定，至少可以明确如下几点：

1. 从传统的宪法理论和权力结构体系来看，我国并无独立的、完整的司法权体系。这与一般宪法特别是三权分立宪法的权力体系区别开来，这大概可以视为我国宪法的特色之一。这一体系很重要，它关系到司法权的宪法定位和司法改革的目标及方向。目前学术界对这一问题的严重分歧乃至对立，反映出对司法权的不同理解和认识。

2. 宪法关于检察机关性质和地位的规定是不明确的。就其原移植的母体——苏联的检察系统而言，法律监督应包括一般监督和司法监督。而我国的检察机关主要担负司法监督特别是审判监督。从其苏联的最初创意上看，检察机关原本就不是单纯的司法机关，在我国的变异，又使它事实上构成了司法机关的一部分。目前学术界对其有四种定性，即法律监督机关、司法机关与行政机关双重属性、行政机关和司法机关。依据我国宪法，它应是半司法机关，而依实际职能，它应属于司法机关。即使如此，其司法机关的地位也不是独立的，其理由与审判权相同。检察机关的定性及改革方向，构成了我国司法改革的重要方面。

3. 宪法对法院、检察院和公安机关在办理刑事案件中的关系作出明确规定，即分工负责、互相配合和互相制约。这一规定可以看作是对公、检、法三机关性质和地位的再次宪法确认。

（二）由宪法关于司法权的规定引发的有关司法改革的思考

基本思考是在宪法框架内的改革，还是突破宪法框架重新定位改革。

如果是在宪法框架内改革，相关的问题是：

1. 重点应放在健全有关的具体制度上。这样做的好处是维护现有体制的稳定与均衡；缺点是局部的改革是否能够弥补或矫正在体制上存在的根本性缺陷？我国司法权行使中现已暴露出来的种种弊端特别是司法独立和公正的缺失是否与司法体制上可能存在的根本性缺陷有关？在改革正式启动之前，应当首先作这样的基本评估。

2. 如果在宪法框架内改革，是否有必要为郑重提出"推进司法改革"而兴师动众？依笔者看来，改革不应当成为一个价值目标，更不应当成为一个永不消退的"时尚"。国家的进步、社会的发展不能够也不应当仅仅依靠"改革"来推动。改革应当是在有关制度或社会弊端已成痼疾，而且面对某些人或势力对此痼疾顽强固守的情况下，才由先进的个人或势力发动改革以求革旧布新。中外历史上有重大影响的改革运动莫不如此。由此看来，"改革"应是一个沉重和严肃的话题。如果在宪法框架内健全和完善有关司法制度，何必启用带有沉重和严肃色彩的"改革"话题？

3. 转一个角度，完全可以从更科学、更现代的宪治和法治的原则和精神来提出这一话题，即加强宪法关于司法机关的建设和司法权的实施。既然社会主要方面都承认我国现行宪法仍是一部适合国情的好宪法，既然国家和社会已经坚定踏上了依法治国，建设社会主义法治国家的道路，有什么理由不增强体现人民根本意志的宪法的信心和培养依宪依法办事的习惯呢？

抛开贯彻实施宪法这一充满科学和现代气息的话题而大谈改革，实在有舍本逐末、华而不实之嫌。

如果在宪法体制外实行司法改革，相关的问题有：

1. 以什么作为司法改革的价值坐标？是西方的，还是别的什么的？抑或是自己独创的？如果是西方的，有谁能够有把握使领导国家的核心政治力量、国家和社会各方面都能接受你的主张？是否有人敢冒理论上的风险？如果是别的什么的，又有什么充足的理由让国家和社会各方面接受？如果是自己独创的，我们有这样的政治智慧吗？

2. 政治环境、社会条件是否成熟？司法独立事关国家政治体制、权力结构、政治关系、干部制度等一系列根本性问题，现在是否能够启动？

3. 司法机关本身是否具备承担根本性司法改革的能力和引领创新司法制度的素质？

第二部分
法律监督的价值与功能 *

　　客观地说，当前检察理论研究中，方法论的运用还是很丰富的。检察理论之所以在近些年来呈现如此繁荣的景象，以及大批成果的不断涌现，是与检察理论研究人员广泛地运用各种科学研究方法密切相关的。然而，从方法论的立场上看，每一种科学方法在具有其自身优越地位和作用的同时，也必然地存在某种局限性。从一定的意义上来说，正是这种不可避免的局限性，最终导致现实检察理论研究中某种"自说自话"，也就是没能获得学术界广泛认同的局面。尽管就目前的法学乃至整体社会科学研究来说，其所沿用已久的各种相对成熟的科学方法中，目前还不可能甚至不必要通过完善现实最常被运用的方法来使检察理论向纵深的方向发展。不过，如果能引进一些其他的研究方法，特别是在当代法学和社会科学研究中越来越受到重视的一些传统的和新兴的研究方法，说来肯定是会弥补现

　　* 本部分内容出自最高人民检察院检察理论研究重点课题——《法律监督的价值与功能》（项目号：GJ2007B04），已于 2010 年 1 月被批准结项。其主要内容刊载于《广西政法管理干部学院学报》2009 年第 2 期、第 3 期。

行研究方法相对单一的缺陷，对加深检察理论的研究是有很大神益的。

此外，在中国现实的检察权理论研究中，从刑事诉讼的理论与实践的学科立场可以说进行了较为彻底的研究，并取得了丰硕的成果。然而，在作为我们非刑事诉讼法学专业的"业外"人士看来，检察权以及行使国家检察权的各级人民检察院是国家法律监督机关的宪法定位，其公权力的性质以及作为国家的一个特定的结构性的制度安排，绝不是只从刑事诉讼法一个法学专业的学科知识所能破解和彻底阐释的。在我们看来，人民检察院的设置，法律监督机关的定位、国家检察权的赋予和独立行使方式的规制，说到底还是一个国家的宪政制度问题，是宪法理论和宪政学说应当面对和必须予以深入研究和阐释的问题。这些年来，有些宪法学者已经在这方面作了一些研究并有相应的成果发表，但我们认为还应当吸引更多的宪法学者参与这方面的研究中来。此外，法律监督本身也属于法理学方面的研究范畴，当然也适合法理学专业加以研究。

基于以上两点考量，在我们接受最高人民检察院理论研究所委托的重点课题——《法律监督的价值与功能》之后，着重从以上两方面进行一些原创性和开拓性的研究，希图在深入检察理论研究方面有些建树。

一、现时法律监督理论研究中方法论检视及相应分析

对于现时检察理论研究中的方法论运用的状况，我们基本的态度倾向，概括说来就是认为现时的研究方法论的运用是丰富的，并且是卓有成效的；但同时认为，在方法论运用方面也存在着不足和欠缺，特别是价值论方法论运用的不足和欠缺是需要反思和重视的。为此，有必要首先对现时检察理论研究中的方法论的运用作一全面的检视，并作出相应的分析。

综观有关差距，特别是影响检察理论的文章、论文、著作，其所运用的研究方法，大致可以概括为如下一些类别：

（一）历史的研究方法

法律监督是历史的产物，更确切地说是近代历史的产物。尽管我们可以在中外的历史上为国家的监察制度找到古远时代的起源，但同国家、宪法、民主之类的政治、法律制度一样，现代的检察制度产生于近代，即资本主义国家产生之后。从一般意义上说，这种历史的研究方法关系到历史的因素，即什么样的给定条件催生了近现代的检察制度。它使我们了解和认识以往的历史社会和国家为什么不必要建构法律监督制度，而又是什么样的社会和国家历史条件的转换才产生了建构新型检察制度的需要。这样的历史发生学上的知识必然会加深我们今人对检察制度产生的历史必然性和历史根据的理性把握。换句话说，近现代检察制度的建构，从其最初的起点上说，就不是历史上的偶然行为，而是扎根于特定的近现代深厚的社会、国家、政治和法律的沃土中的，直到目前，诞生近现代检察制度的社会、国家、政治、法律的基本条件并没有发生根本性的转变，所以，近现代的国家检察制度仍然在历史的长期趋势中延续其存在的必要性和合理性。任何希图解构或取消现代国家检察制度的想法和做法，其部分起因恐怕是对近现代国家检察制度产生的历史基础及其产生的历史必然性、必要性和客观性缺乏必要的体认。

或辩之曰，人们之所以主张改制或取消国家检察制度，并非是改变或取消国家的检察职能，只是依照西方某种检察模式对中国现行检察制度进行改造或重组。这种辩护可能又忽略了另一种历史条件和事实，即近现代检察制度的体制模式的分野，恰恰也是其国家，确切地说是欧洲大陆法系国家和英美法系国家的立国条件和基础所造成的。各国因国情或者国家板块类型的不同，只能建立适合自己国情或国家板块类型的国家检察制度。不充分考虑这种立国历史条件和基础，不顾及现时的立国成制，贸然提出根本性的改制，在理论上和实践上都不能被认为是基于历史经验和历史理性的慎思。

总之，历史的研究方法是现时检察理论中运用的较为普遍和成功的方法，所取得的研究成果更可堪嘉许。今后无疑应当进一步运用和深化历史的研究方法。不过，历史的研究方法本身也有其局限性，不仅存在着历史常常被人"打扮成少女"的任意性流弊，而且历史与现实之间的鸿沟也不是可以轻易地搭建起联结的桥梁的。

（二）制度的研究方法

制度的研究是人文科学研究最普遍适用的方法之一。在中国当前的检察理论研究中，更是得到了广泛的运用。法律监督是一种成熟的法律现象，检察制度便是这种法律现象的实体法律结构形式和得以运行的手段。法律监督制度体现的是国家法律控制的一个方面，同时又因为国家的法律行为是通过某种确定的制度模式而实现的。所以，研究法律监督的制度结构、制度模式以及制度运作机制，不仅使我们更能深切体察法律监督制度赖以支撑的法律现象，以及与相关法律因素的关联和在国家总体宪政结构中所处的地位和作用；而且还能使我们对这种制度运作的法律后果，即法律监督功能的实现效果做出真实的验证。

目前在他国的检察理论研究中，制度方法的运用也取得了较丰富的成果。通过这种研究方法，使我们比较清楚地了解和认识了当今世界各国，特别是主要的欧美国家检察制度的多样性形态，制度大体相同的国家所构成的模式特征，以及各个国家历史、社会和文化背景的不同何以会产生不同类型的制度体系。这种方法给予我们关于检察制度客观、外在的知识是丰富的，是其他研究方法所不可替代的。

制度的研究方法在检察理论中至少在以下两方面是有显著的学术意义的：在理论上，它使我们对国家检察制度的多样性有了更深刻的体认。检察制度同任何其他国家法律制度一样，是由历史给定的条件决定的，检察制度体现的是国家所尊奉的法律理念。各国总是选择最适合自己国情的法律制度。检察制度本身是中性的，它可以为各种不同社会形态的国家服务。从这个意义上来说，关注国家检察制度形态的选择和建构固然重要，但更重要的或许是检察制度所要实现的国家法治理念，以及如何使其制度更好地实现国家的法律意志。在实践上，将多种形态和具有特定模式色彩的检察制度在一个中性和不存在偏见的平面上展开，可以使人们对它们做一个客观的比较，其优劣长短一览无余。当一个国家意欲建构、改善和改革检察制度时，可以找到自己理想的参照物，以便做出最优化的制度选择，正像当年德国借鉴和引进法国的检察制度一样。

检察理论中的制度研究法在单独使用时，也可能会产生某种认识上的偏颇，正如在后面所要展示的那样，由于人们的价值观不同，对制度的选择可能有时会产生某种偏好。有些人喜好某种具有独立个性、外形刚劲的制度形式，而另有些人则可能更喜欢某种隐蔽、外形不显露的制度形式，其结果可能会造成选择过程具有某种随意性和盲目性。在当前中国的法学界，一些人对美国式的检察制度情有独钟，大概就属于这种情境。

（三）功能的研究方法

法律监督是国家法律现象之一，同时又是国家法律制度的一个重要环节和要素，这就意味着，作为实现法律监督功能的检察制度绝不是孤立存在的。那么，检察制度与其他法律环节和要素之间必定存在着某种相互间的关联，而检察制度又必定会在法治的总体上发生联系。功能的研究方法的学术价值，就在于找出法律监督与法治的其他要素，特别是与法治的总体之间的联系。当然，这种联系并非如制度研究方法那样是结构上的联系，而是功能方面的联系。换个方式表述，就是要在法律监督与相关法治要素和总体的功能关联上厘清各自的功能，从而发现法律监督功能在哪些方面和在什么程度上影响其他的法治要素，特别是要发现法律监督功能对法治的总体功能发生什么样的影响。这种研究方法的最大特点并非是要研究法律监督的独立意义，或者是将法律监督看作是一种孤立的法律现象，而且要致力于法律监督与法治的其他要素；特别是与法治总体上的功能联系。一旦这种联系被梳理清楚，我们自然就会发现法律监督功能的重要性和不可或缺，在法治的总体功能方面，即使只是局限在单纯的法律适用环节的功能方面，通过功能的研究方法，我们通常会发现一种可以称之为"功能链"的连接环，法律监督这一环一旦缺乏或连接不牢固，整个法律运行环节就必然会断裂。法律监督的重要性由此可见一斑。我们之所以强调检察机关和检察权的重要性，其根本原因就在于其功能的重要性和不可或缺性。

功能的研究方法在成为现实的检察理论研究中，也得到了较好的运用。许多有关著述都对法律监督功能的论述表现出极大的兴趣。从检察机关监督侦查机关侦查或自己直接进行职务犯罪的侦查，再到提起公诉，出庭支持公诉以及对法院审判活动进行监督，再到判决后对判决结果和执行的监督，更到现时尝试扩展的公益诉讼等功能，都作了较为准确或深入的论述。这些论述无疑对检察理论的研究作出了贡献。

在当前有关废止国家检察机关的讨论意见中，不同程度地都表现对法律监督功能的漠视或无视，因为对检察机关和检察权的功能的重要性和不可或缺性缺乏必要的体认，所以才认为检察机关和检察权的设置成为不必要。而实际上，即使在以法院为主导的司法体制中，检察权也是占有重要地位的，其功能也是必不可少的，特别是在辩诉关系中的功能更是重要和不可缺少。从一定的意义上来说，检察功能的最初源起和全部意义，就在于矫正原来由法院主导实行的诉审合一的"纠问制"。以至时至今日，诉审分离后的辩诉关系新体制的设立，构成了近现代司法制度的根本特征，并在世界上公认为是保障司法公正和有效的根本举措。功能研究方法的成功运用，肯定会加深我们对检察机关和检察权的本质、地位和作用的了解和认识。

功能的研究方法也有其本身的局限性，辩之者可以说他们并不否认检察权的重要性和不可或缺性，但是这种检察功能是可以由其他的机关或人员替代的，而不必要设立一个独立的检察建制，特别是不必要设立一个单纯的检察机关。换句话说，可以实行没有检察机关的检察权，或者减少或弱化检察功能，将其局限在提起公诉的范围内。为此，单纯的功能研究方法还不足以解决检察权的建制方向问题，还需要引进并使用其他的研究方法。

（四）比较的研究方法

在法的学术上，学者们至今仍就"比较法"是一个学科还是一个单纯的研究方法存在很大分歧和争议。尽管如此，在各个法律学科的研究中，比较的方法还是最被经常运用的研究方法之一，并且取得了丰硕的成果。在当前的检察理论研究中，比较的方法也是最普遍运用的方法之一。在这类学术著述中，论者通常在欧洲大陆法系和英美法系的检察制度之间进行比较研究，通过比较不仅使我们清楚了这两大检察制度的起源、发展以及相互间的影响；而且更使我们了解和认识了相互间异同和各自主要的检察理念的差异和基本的制度特征，从而为建构或完善中国的检察制度和建树检察理论提供可参考和借鉴的参照物。除此之外，学者们还经常对法国与德国、苏联或俄罗斯与中国、中国与德国、中国与美国这些国家检察理论和制度进行比较。其结果又进一步增加了我们对通行世界各主要国家的检察理论和制度的了解和认识，同样起到了参政和借鉴的作用。

比较的方法虽然是一个可欲的和取得成效的研究方法，但因为两大检察理论和制度模式和各具特色的国家检察理论和制度在一个平面上展开，又因为其是客观的、中性的，故给予中国检察理论和制度的选择打下了开放的，即多种选择的余地和空间，其间也就发生了某些学者由于倾向某个外国检察理论和制度，从而主张撤销中国现行检察制度而改行另外一类或一种检察制度的情形。这种比较研究方法似乎很难使研究者在多种选择面前达成共识和采取共同的选择。

（五）意识形态的研究方法

从最一般的意义上来说，通行于世界的两大检察理论和制度模式以及各国的检察理论和制度，都是基于某种意识形态，即某种特殊的理念而建构起来的。除此之外，检察制度的运行本身也必然会受某种意识形态的引导。应当强调的是，通行于中国目前的检察理论和制度，是受到马克思主义，特别是列宁主义的主导，其制度也是从苏联引进的。因此，要深刻认识中国检察理论与制度的理念、原则以及相关的制度特征，意识形态的方法不仅是重要的，而且是必不可少的。事实上，这种意识形态的方法适用于所有的检察理论和制度。无论如何，这种方法能使我们对各种检察理论和制度作出有意义的判断，对中国的检察理论和制度尤其如此。

不过，意识形态是否可以称之为方法论还是一个有争议的问题，这不仅因为在意识形态上往往存在很大的分歧，甚至是根本性的对立，人们无法站在纯客观的立场上对各种对立的意识形态作出科学的制定并作出选择；而且还因为人们一旦运用这种方法来分析研究对象，往往会形成众说纷纭而陷入争论不休的状态，不仅无助于科学上的认识，还可能徒增混乱。在中国目前的检察理论研究中，就在一定程度上存在这种状况。

从以上中国目前检察理论研究中主要运用的五种研究方法（当然，我们无意武断地说就只有这五种研究方法）的简单介绍和分析中不难看出，每一种方法都得到了成功或比较成功的运用。中国检察理论之所以呈现目前蔚为大观的景象，在很大程度上得益于这些研究方法的分别和联合运用；与此同时，我们也应当看到，这些方法中每一种都有其局限，即使从这些方法的合力的立场上看，也仍然存在着不足和缺陷。从一定的意义上来说，当前中国检察理论的分歧和制度建构的争议，多少都与这些研究方法的局限以及运用不到位有一定的关系。我们的意思不是说这些方法不再适用，而是说我们还要继续精细和熟练地分别或联合运用这些研究方法，与此同时，我们也应当引进新的研究方法，以弥补其他研究方法的不足与缺陷。其中的价值方法论，就是一个极可欲的选择。

二、现时法律监督理论研究中学科基点的审视与反思

不知从什么时候起，在中国的检察理论研究中，渐渐地将法律监督的范围和检察权的行使视为司法程序中的一个环节，而专门研究刑事司法程序的刑事诉讼法专业便逐渐被承认并实际上成为检察理论研究中最为密切的亲缘学科。在检察学自身尚未成为一个独立的、发育成熟的学科之前，中国检察理论确实得到了刑事诉讼法专业的厚爱和大力支持。许多学有所成的刑事诉讼法学专家为检察理论的发展倾注了多年和大量的心血，为检察理论的逐渐发展和渐趋成熟作出了重大的贡献。更难能可贵的是，当中国的检察机关的宪法定位和国家法律监督的宪法定性在近些年来的司法改革讨论中，被法学界一些人士提出质疑，并在学术界一度引发人民检察院存废的热议时，是刑事诉讼法专业的同仁力排众议，从理论和实践两方面论证了人民检察院存在的必要性，对于坚持和改革人民检察院体制给予了及时的和宝贵的学术支持。时至今日，当检察学作为独立的学科地位提到了法律学科的平台上以后，又是刑事诉讼法学专业的学者率先予以大力的支持，并就学科的体系进行了大量的探讨和论证。这对于检察学独立学科的建立和完善，无疑又是另一大宝贵的支持和帮助。2007 年 11 月在上海举行的有关讨论检察学如何建构独立的学科地位和检察学体系的学术研讨会上，笔者作为特邀专家曾亲历了讨论过程，对于刑事诉讼法学专业学者的热情支持和努力探索有极为深刻的印象，并在会议的主持和评议期间发出过如下的感慨：我们那些受人尊敬的刑事诉讼法专家不惜以自己将来可能的"失业"为代价，来热心支持检察学独立学科和专业体系的建构，实在是一种令人感动的无私行为。

然而，在我们刑事诉讼法专业的"业外"人士看来，由于刑事诉讼法专业自身的特定性质和研究范围的特点，对于检察理论和检察学的独立及学科体系建设的学术支持，必定存在一些不可逾越的学术局限。其中最重要的就是刑事诉讼法对检察机关在刑事诉讼法程序中的地位和作用的研究，即使再精细到位，也难以涵盖人民检察院的体制定位和法律监督的本质及全貌。从传统的学科分类的立场上看，刑事诉讼法是难以对国家检察权的性质和功能作出检察权本身所有内涵的把握和阐述，检察学要学会自己"上马走路"，刑事诉讼法专业先是扶它上马，再送一程，这是完全必要和重要的。但是，检察学要真正能够学会和做到自己"上马走路"，其他的友邻法学专业特别是宪法和法理学专业也不能只是站在一旁乐观其成，而是应该也帮着扶一扶"上马"，且要"送上一程"。在这方面，宪法学专业一些学者已经率先觉悟，做出了初步的努力且取得了一些成果。

2005 年 8 月，对于检察理论和宪政学专业来说，都是一个值得纪念的月份。为了讨论人民检察院组织法的修改稿，最高人民检察院组织召开了一次大型的学术讨论会，除了邀请许多其他法学学科的知名学者出席之外，还特邀了几位宪法学者作为嘉宾，笔者也有幸成为其中的一位。当时出席并主持会议的最高人民检察院的主要领导在介绍会议的宗旨时，明确指出，此次组织的会议之所以邀请包括宪法专家在内的其他一些学科的专家出席会议，目的就是集思广益，直接的目的是把人民检察院组织法修改好，更远的目的就是促进法律监督理论的长远发展。记得当时出席会议的所有专家，特别是非刑事诉讼法专业的学者倍受鼓舞，会间的发言极为踊跃。记得笔者在分组会议上作了长达两个小时的发言，而出席会议的最高人民检察院的领导始终耐心地听取笔者的发言并仔细地做了笔记。

在那次会议以后，最高人民检察院理论研究所在研究课题参考选题的设计上也加大了广度和深度，这就给予了包括宪法学在内的其他法学学科参与选题承担的机会，并在实际上作出了相应的成果。[1]

宪法学主要是以宪法和宪政为研究对象的学科。无论是宪法理论还是宪政学说，都以国家的政治和法律体制为重点研究领域。人民检察院既然是宪法上确立的国家法律监督机关，检察权又是宪法明文规定的国家公权之一，那么，人民检察院在国家政治和法律制度中的地位和性质，法律监督的性质和内涵，检察权的范围和行使机制，人民检察院与其他国家机关的相互关系，人民检察院的职权及其自身的建设等问题，自然都属于宪法学视野下的公权力问题，都需要用宪法理论和宪政学说予以研究和回答。以前在宪法学的研究中，之所以存在对国家法律监督理论研究相对薄弱的状况，也没有引起宪法学专业人员应有的重视，不是检察理论没有这方面的需要，而是宪法学专业的学者自己认识上的局限造成的。目前这种状况亟须加以改变，无论是从宪法学专业的学科发展的立场上看，还是从检察理论发展乃至检察学学科的独立建构方面看，加强和深化宪法理论和宪政学说对法律监督和检察权的研究都是势在必行的。当务之急，是如何有效地吸引和组织宪法学专业的学者加强法律监督和检察权的研究，并尽快取得较瞩目的成果。

三、价值哲学和作为方法论的价值方法

既然我们能在检察理论研究中引进价值方法论，又鉴于中国目前学术界对价值哲学和价值方法论还没有展开深入的研究，故此，在这里有必要对一般哲学价值论和作为方法论的价值哲学先行作一简单的介绍。

---

[1] 这方面的主要成果有韩大元教授主编的《中国检察制度宪法基础研究》（中国检察出版社2007年版）以及相关的一些文章、专论。

另：笔者所承担的2007年最高人民检察院检察理论研究重点课题——《法律监督的价值与功能》，就是基于宪法学的学科立场做出的。

（一）一般哲学价值论

哲学价值论或简称价值哲学是关于确定价值在客观现实中的地位和作用，阐明价值评价和其他价值范畴与客观现实关系的学说。就价值概念来说"价值"这个词最早或许只是在经济意义上使用的术语，人们通常把能满足我们需要的客观事物称作"价值"或"有价值的"。在西方，有一个时期曾把政治经济学看作是积累财富的艺术。当时，价值概念在政治经济学领域内并没有受到特别的重视。可是随着时间的推移，价值逐渐有了极大的重要性，价值概念也逐渐扩大，并成为哲学的一个重要方面。价值论作为认识论和所谓"文化价值"的基本原则，指导着新康德学说在艺术、科学、道德、宗教等领域的研究。[1] 马克思主义的政治经济学的诞生在传统的政治经济学领域内造成了巨大的和发生了革命性的影响，而马克思主义的政治经济学正是建立在商品价值论的基础之上的。

"价值"何以如此重要？它究竟为何物？我国古籍《毛传》上说："价，善也。"用现代通俗的话说，就是指事物的用途或积极作用，即人们通常所说的"好处"。可见，"价值"的概念至少包含两个基本要素，一个是事物，另一个是"好处"。用现代价值哲学的专门术语表达，一是"客体"，二是"需要的满足"。不同国家、不同价值哲学的流派大体上都围绕着这两个基本原素给"价值"下定义。例如，较早的一位日本哲学家认为：" '价值' 这个词，是在表达我们同一客体（即能满足我们需要的客体）之间关系的意义上被使用。也就是

---

〔1〕 参见 ［日］牧口常三郎：《价值哲学》，马俊峰等译，中国人民大学出版社1989年版，第54页；参见 ［美］W. K. 富兰克纳：《价值和评价》，载《价值和评价——现代英美价值论集粹》，中国人民大学出版社1989年版，第1页。

说，在一个客体能满足我们的需要时，我们就说它是'有价值的'。"[1] 现代英美价值论者中有人认为"价值"作为抽象的概念可以分为狭义和广义。"在狭义上只包括可以用'善'、'可取'和'值得'等术语来恰当地表示的东西；在广义上则包括了各种正当、义务、美德、美、真和神圣。价值一词可以被限定在零线以上的范围内，这样，零线以下的东西（如坏、错等）就被叫做反面价值。'价值'一词可以像'温度'一词那样，用来涵盖某一刻度（正、负、中）范围内的东西，处在正极一边的被叫做肯定价值，反之，则被叫做否定价值。"[2] 而"价值"作为一个更具体的名词（譬如，当我们谈及一种价值或多种价值时），"往往是用来指被评价、判断为有价值的东西，或被认为是好的、可取的东西。诸如'他的种种价值'、'她的价值系统'和'美国人的价值观'之类的表达式，则指为某一男人、某一女人或美国人所评价或认为是好的东西，这类表达式也指被人们认为是正当的、义务性的东西，甚至还指被人们相信为真的东西"[3]

苏联学者认为"价值"这个词源含义非常简单并且同术语本身非常一致："价值就是人们所珍惜的东西。它可以是物体、物（包括贵重的即有很高价格的东西）、自然现象、社会现象、人的行为以及文化现象（例如技术产品和文化产

---

[1] [日] 牧口常三郎：《价值哲学》，马俊峰等译，中国人民大学出版社1989年版，第55页。

[2] [美] W. K. 富兰克纳：《价值和评价》，载《价值和评价——现代英美价值论集粹》，中国人民大学出版社1989年版，第3页。

[3] [美] W. K. 富兰克纳：《价值和评价》，载《价值和评价——现代英美价值论集粹》，中国人民大学出版社1989年版，第5页。

品）。"〔1〕 苏联学者还认为，价值概念起源于这样的日常基本事实：人们在生活过程中，通过利用各种物体及特性，利用各种物和自然力，同时也利用人们社会活动的各种"产品"，来满足自己各种各样的需要。这些客体便被人们归结为价值物。为此，苏联有的学者给"价值"下了下列一般性定义："价值是一定社会或阶级的人们以及个人所需要的、作为满足其需要和利益手段的那些物、现象及其特征，也包括作为规范、目的或理想的种种观念和动机。"〔2〕

上述定义表明，"价值"作为现实的客观存在，同社会学、伦理学中的"善"或"利"的概念是一个意思。这两个概念常被当做同义词使用，如"物质福利"和"物质价值"的概念实质上具有同样的意思。但上述定义还表明，这两个概念并不完全相同。其区别就在于，价值不仅是物质的，还可以是精神的，而善只是物质的。不仅如此，这两个概念强调的侧重点不同。在善的概念中强调的是：它有某种好的、为人需要的东西；而在价值概念中则有这样的含义：人们珍惜善。〔3〕

苏联 1963 年出版的《哲学词典》中，就把"价值"条目解释为意义。但苏联有的学者认为，"有意义"或"意义"并非只属于价值，有害的东西也有意义。战争、犯罪和疾病对社会和个人有重大意义，但不能把这些现象称作价值。他们认为，意义的范围要比价值的范围宽广，价值概念只同肯定性质

---

〔1〕 ［苏］图加夫诺夫：《马克思主义中的价值论》，中国人民大学出版社 1989 年版，第 7 页。

〔2〕 ［苏］图加夫诺夫：《马克思主义中的价值论》，中国人民大学出版社 1989 年版，第 11 页。

〔3〕 参见［苏］图加夫诺夫：《马克思主义中的价值论》，中国人民大学出版社 1989 年版，第 8 页。

的意义相联系。[1]

同价值概念相联系的一组或一群概念还有：价值认定、价值方法、评价、评价对象等。

价值认定是人们在不同的价值客体之间进行的选择，从而把一部分客体划归为价值的意识行为。价值认定只具有肯定性特征，其结论是"这是价值"。

价值方法是把价值作为方法论来科学研究的对象。如马克思在《资本论》中就运用商品价值论科学地揭示了资本剥削的实质。在现代人文科学中，如人类学、社会学、伦理学、文化学、政治学、法律学等，都有不少的学者广泛地运用价值论进行研究。

价值评价是人们对价值进行估评的意识行为。当人们得出结论说，某物或某种精神性的东西是有益的、令人喜爱的、善的、美的等；或是有害的、令人厌恶的、恶的、丑的等，这都是评价行为。评价既可以是肯定的，又可以是否定的。评价活动是人们对价值客体进行价值认定或选择的基础，是人们的实践活动必不可少的基本因素。人们没有价值评价活动，就没有价值认定和选择，行动也就无所适从，就无法参加实践活动。评价行为贯穿于认识和实践的全部过程。在认识的经验阶段，评价行为多半带有无意识和情绪的性质，主要通过满足与不满足，喜欢与不喜欢的感情表达出来。在评价的理性阶段，评价已经带有自觉的特点，并在关于人或社会的效益、重要性、意义的考虑中表达出来。本研究的根本目的之一，就在于把法律监督的评价上升到理性认识阶段。

---

〔1〕 参见〔苏〕图加夫诺夫：《马克思主义中的价值论》，中国人民大学出版社 1989 年版，第 11 页。

价值具有多样性的特点。除了从总体上可以分为现实的、存在着的、存在的和思想中的、愿望中的、规范的、理想的两大体系之外，还可以根据不同的标准具体划分为各种各样的价值，如人的价值、社会价值、经济价值、道德价值、文化价值、政治价值、法律价值、宗教价值、科学价值、审美价值等。苏联有的学者把价值分为生活价值和文化价值两大类，其中的文化价值又具体分为物质价值、社会政治价值和精神价值。社会政治价值又可细分为社会秩序、和平、安全、自由、平等、正义、人性等价值。[1]

（二）作为方法论的价值方法

首先应当指出，价值论在主体和客体关系的认识论方面，在社会发展方面以及在人们对于周围事物关系中的意义，即教育方面具有重大的作用。由于这些方面与本文没有直接的关系，故不予列论。这里着重介绍一下价值论的方法论方面，即价值方法在科学研究中的作用。

方法论是关于方法的学说。方法在其最一般的意义上被称为解决某种任务或某种问题的方式。在理论科学中，人们通常运用思维和实验的方法发现真理。每门科学都需要运用特殊的研究方法，但也存在着普遍适用的一般性方法，逻辑学的方法，包括形式逻辑、辩证逻辑、数理逻辑（符号逻辑）、模态逻辑就是这种一般性方法。

历史唯物主义是研究社会科学的最基本的方法。但这种方法所研究的只是社会及其运行和发展的客观规律，通过这些规律，通过社会变动可以看出人们活动的一般结果。至于人们为

---

〔1〕 参见〔苏〕图加夫诺夫：《马克思主义中的价值论》，中国人民大学出版社 1989 年版，第 32～35 页。

什么要从事某项活动，他们的目的和动机是什么？对这个问题，历史唯物主义不能给予完满的解答。而价值的方法正好可以弥补这方面的不足。因为这个方法着力揭示的是人的主观方面，是人们在外面不易察觉的意识活动。所谓价值，无非是人们关于客体的一些思想、观念。这些思想和观念所表达的是人对现实的某种关系，表现出人们对某种现象的偏好、崇尚或不喜欢、厌恶等感情。而这些个人的内心活动和价值倾向密切地关系到人们行动的积极性和结果。发现人们的内心活动规律，调整好人们的价值取向，正是充分调动和发挥社会主体的积极性和创造性，朝着既定的社会目标协调发展的必要基础和条件。

总之，在社会科学中自觉地运用价值方法，能够弥补我们在运用其他方法研究揭示对象的本质时存在的缺陷和片面性。其他的科学方法不仅不排斥价值方法，而且需要这种方法作为补充。在我们运用其他科学方法对被研究的对象进行科学解释和说明时，也需要从我们的理想、目的、感受等立场上对所研究的对象进行评价，从而表示我们喜好或厌恶、赞同或拒斥的主观愿望和感情。各种事物（务）发展的规律性只有与人们的主观感情密切地结合起来，才能被充分地利用。

迄今为止，在各具体的社会科学部门中引进价值方法已经取得了满意的结果。在现代，运用价值方法进行法学研究也有了一定的发展。本书尝试运用价值方法对法律监督进行研究，希望能探索出一条法学研究的新路子。

（三）检察理论研究中引进价值方法论的必要性和可行性

我们之所以主张和提出在中国的检察理论研究中引进和适用价值方法，首先认为它是必要的，其次认为它是可行的。

1. 必要性。从包括社会科学在内的科学研究的立场上来说，已经在不同时代的各个学派之间，在不同学者之间曾广泛地存在的那种主张和倡引某种研究方法而拒斥其他研究方法的情形，早已不复存在。在当今的学术界人士看来，普遍认同各种研究方法都有其一定的或独特的应用价值，与此同时，也存在某些局限和不足，只有综合利用研究方法，特别是充分发挥各种研究方法的综合效力，才能取得预期的或更大的研究成果。在目前的学术界，研究方法已经开始受到重视，并出现了某一学科理论研究方法的专著。[1]

　　鉴于前述中国目前检察理论研究方法运用存在的不足和缺陷，也需要加强其他方法的引进与运用。价值方法论可以超越目前所运用的方法局限，从对检察制度，即法律监督制度的价值认定、评价以及人们对法律监督价值的选择、喜好等价值感受方面来探讨检察制度存在的意义以及如何更好地发挥其功能，或许能从人们的价值心理上强化对法律和检察机关和检察权的接受、认同和喜好。倘若能引进并成功地运用价值方法，或许能够有力地消弭长期存在的关于检察机关存废的纷争和意见对立问题，并进而自觉地引导社会和国家的各种积极力量支持和推动检察机关的改革和完善，从而强化国家的法律监督功能，为社会主义法治建设作出更大的贡献。

　　2. 可行性。检察理论中引进和适用价值方法论的可行性，也可以从以下方面展开。

　　如前所述，作为哲学价值论，它是人类认知上客观存在的，不能也不应该回避的一个重要方面。哲学价值论教导我们，在人们的意识和思想中，总有对客观事物的价值认定、评价、感受、好坏、选择或否弃的价值心理在自觉与不自觉中发

---

　　〔1〕　由黄淑娉、龚佩华著的《文化人类学理论方法研究》就是其中一例，该书由广东高等教育出版社于2004年出版。

挥作用。价值论本身并不能代替客观存在的事物，但对客观事物的认知离不开人的价值观念。从这个意义上来说，如同整体的哲学体系作为万事之母、万物之王一样，价值论是构成人类认识客观事物的一个观念基础。在此基础上，人们通过价值方法论来观察、认知客观事物，也就有普适性。检察机关、检察权或法律监督是国家法制环节中重要的一环和法治的一个要素，自然没有任何理由拒斥价值方法的运用。

检察理论在方法论上同样具有上述方法论上的开放性和包容性。只有综合地运用各种研究方法，才能取得预期的或更大的研究成果。在这方面，检察理论同其他学科理论一样，不应该拒斥任何科学研究方法；相反，应当欢迎引进和综合运用各种研究方法。

在目前中国检察理论研究中，似乎存在引进和运用价值方法论的特别适用性。因为长期存在的有关检察机关存废的争议和意见对立，已经不能在业已展开的方法论的平台上达成共识以消弭分歧。如果将这一论坛迁移到一个新的价值平台上，可望在检察机关、检察权或法律监督的价值上达成共识并促成价值偏好和选择上的趋同。倘出现这种景象，实乃是中国法律监督机制乃至中国的法制建设的一大有益之事。

四、功能的意义和作为方法论的功能方法

法律监督对于与其联系或相关的事务具有什么样的意义？如果它对国家的政治法律制度真的是不可缺少和极其重要的话，就必定要阐明法律监督的功能。除此实质性的意义之外，功能研究的重要性以及在社会科学中经常被重视和利用，使其又进而演化成为社会科学研究中经常被使用的重要方法之一。那么，功能本身的实质价值以及作为方法论的研究使用价值是否能适用于中国的法律监督和检察权的学术研究？我们认为可

以。换句话说，在中国的检察理论中应当吸纳、利用功能的意义并将其作为基本的研究方法之一；我们甚至认为，目前中国检察理论研究和实际制度运作中所遭遇到的一些瓶颈和困境，或许就与以往和目前的学术研究中这种功能的意义以及功能方法论的缺失有相当的关系。这一部分，我们尝试对此进行创新性和开拓性的研究。

（一）功能的意义

按照《现代汉语词典》的解释，"功能"是指"事物或方法所发挥的有利的作用"，也等同于"效能"。在现代汉语中同时还有"职能"一词，按照《现代汉语词典》的解释，意为"人、事物、机构应有的作用"；也等同于"功能"。这就是说，在汉语语境中，"功能"与"职能"两词的词义基本相同，且经常被互换使用。不过，仔细分析之下，"职能"具有通过机构或公职人员"职权"所发挥效能的意蕴，在这种情境下，特别是在政治、法律情境下，通常用"职能"而不用"功能"来表达效能的意义。不过，在通常情况下，人们通常不在意是用"功能"还是"职能"来表达"效能"的意思。

政治、法律学术上所常见的"功能"和"职能"都是从英文 function 一词翻译过来的。由于西方特有的文化和社会背景，特别是近代以来先进的科学技术在世界范围内的率先发展，打破了以前在神启宇宙观和世界观指导下的观察和认识各种自然现象和社会事物的神圣性、封闭性和被动性。人们开始以全新的科学视角重新看待和认识各种自然现象和社会事物；又由于西方人精细入微的分解思维模式的引导，就使对包括各种自然现象和社会事物的功能分析成为人们观察和认识事物（务）的重要途径之一。记得在 20 世纪 60 年代一部国产电影中，由老一辈的电影艺术家葛存壮扮演的一位农学院老教授在课堂上竟郑重其事地讲述"马尾巴的功能",此话一出口,不仅引来听课学生们的嘲笑,观众也大多报以会心的嘲笑。以为这位老夫子真是迂腐和脱离实用的教条主义的典型。电影编导者的此种立意无非是要喻讽西式教育方式脱离实际的"弊病",但无意间却道出了西方人在从事科学技术方面特定的分解思维定势。站在西方人的立场上看,马作为一种动物是由各种肢体和器官构成的统一生物有机体,每种肢体和器官都有其各种功能,马尾巴也不例外;马身上的每种肢体和器官各自的功能,从局部来说是独立的,各自不同,然而相互之间又有联系且相互影响,每种肢体和器官又以各种不同的方式影响相邻的或不相邻的其他肢体和器官;此外,马身上的每种肢体和器官共同合力形成马作为一种大型动物的总体功能,缺少其中的一种功能,马的总体功能就会受到影响,甚至丧失。例如在马尾巴的多种功能中,对于高速奔跑中马的身体保持平衡来说,是至关重要的。世界上没有任何一匹没有尾巴或尾巴不健全的马,会被人们选做优良的赛马或以前的军马。除了马以外,现存的大型猫科动物如老虎、狮子、花豹等,也都具有强壮的尾巴,而尾巴对这些大型动物的生存,同样发挥着重要的功能。此外,还应当提及的是,从空气动力学的意义上来说,在众多的飞机上装有各种不同形态的尾舵以保持飞机在飞行中的平衡和稳定,恐怕直接或间接地受到过上述动物尾巴功能的启发或影响。由此可见,西方人书卷气十足地在研究和传播"马尾巴的功能",其实是有重要的科学理念与元素的内在原因的,嘲讽这样的研究和传授,其实是内心缺乏科学精神和态度浅薄的显现。

在自然科学中如此,在西方的社会科学研究中,功能的理论也伴随着社会科学的深入研究而得到不断的充实。应当承认，西方近代社会科学发展史上，先后出现理性论、唯心主义、历史主义、功利主义、社会进化论和有机论、结构论、实证主义等理念与方法，在社会科学的发展中都在不同的层面和程度上发挥了一定的或很大的作用。但也毋庸讳言，这些理念与方法也都有其各自的局限性，正是为了弥补以上这些理念与方法的不足，功能论才得以发展并逐渐成熟起来。而成熟起来的功能论又逐渐演化成为专门的研究方法，称为功能主义的研究方法，而功能与结构的交融又发展成为新的"结构——功能"的研究方法。

用在法律科学上的"功能"或"职能"一词，至少在西欧，通常是指分配给某个人或机构的职责或活动范围，或是具体的工作或任务。此外，有时也会被用来指更一般意义上的"重要性"。

在社会学和政治学里，人们对"功能"或"职能"一词通常有两种理解：

1. 用来指某种现象对其作为组成部分的总体现象所产生的全部结果或影响。在这个意义上，我们可以说是某一国家机构对于法律秩序、政治制度或政治发展的特定机构功能，例如法律监督机构的功能，等等。这就是说，如果不表明被研究机构的功能范围，就不能真正使用某机构功能这个术语。在这一方面，"功能"或"职能"还有两方面的含义：（1）是指"功能"或"职能"存在的方式，即是"明显的"还是"暗含的"。明显的"功能"或"职能"是可以看得出来的，显现于外的。而暗含的"功能"或"职能"则是隐藏在其后的。它可能是无意识的影响，或者是令人回想起来首先注意到的影响。不过，这两种影响的存在方式并不总是容易分辨清楚的。无论是明显的还是暗含的，都是人们在关注"功能"或"职能"的影响时，应当和必须加以关注的。例如，我们眼下在研究法律监督的"功能"或"职能"时，就应当关注事实上同时存在的其对国家法律制度和宪政体制所具有的明显的影响和暗含的影响。（2）是指"功能"或"职能"的效力结果的显现方式，既是"正功能"，还是"负功能"抑或是"无功能"。"正功能"当然是对现存总体制的积极影响，"正功能"的效力发挥得越大，越有利于保护、支持和协调现存的总体制。"负功能"当然是指对现存体制的消极影响，不消除这种"负功能"，就会扰乱现存的体制。"无功能"则是指既不支持也不扰乱现存的体制。在我们现在研究的法律监督的功能或职能时，如何更好地发挥法律监督对国家的司法制度乃至国家宪政体制的"正功能"，避免"负功能"和"无功能"，都是必须关注的一个重要方面。

2. 用来指"功能"类似于数学上的从变量。我们可以认为"甲"现象是"乙"现象的功能，这意味着，如"乙"发生了变化，则"甲"就要相应地发生变化。不过，这种单向的"功能"或"职能"很少在实际中出现。实际上，发生的"功能"或"职能"的影响常常是相互的，或是互相从属的。"甲"现象和"乙"现象在相互从属的情况下，其中一个发生了变化，就要影响到另一个。例如，在我们现在所研究的法律监督的功能中，就存在国家检察机关、审判机关和公安侦查机关之间的相互依从关系，其中任何一个机关发生了变化，都会影响其他两个机关的功能。那些主张取消人民检察院的观点之所以被认为是不可接受的，其根本原因之一，或许就在于中国现行宪政体制中三机关的相互依从性是不可拆解开来的。笔者在下面即将进行的法律监督功能的探讨和研究，将为坚持和完善法律监督制度提供强有力的理论和方法论方面的支持。

总之，功能在研究客观世界——无论是自然世界还是社会世界——中是重要的认识论。在中国法律监督理论与实践的研究中，重视引用功能论，当会取得其他认识论所难以取得的效果。

（二）作为方法论的功能方法

如前所述，方法论是关于方法的学说，方法在其最一般的意义上被称为解决某种任务或某种问题的方式。由于功能论在认识论中的重要地位和作用，在当代特别是西方的社会科学中，包括社会学、文化学、社会或文化人类学、政治学、宪法学等学科，越来越重视和广泛地运用功能论来研究各种社会现象。因为一直被广泛地运用，功能论便逐渐演化成为方法论，并公认是研究社会现象的一个重要的科学方法。在有些学科，例如在文化或社会人类学中，功能的研究方法竟然被一些学者打造成为有影响的一个学派。[1]

功能的方法在中国的法律监督理论中也得到一定范围的应用，并且取得了一定的成果。

五、法律监督的积极价值

既然在价值哲学的范畴上，价值有积极与消极或正与负的分野。基于我们的立场，当然应该尽可能地发现检察机关、检察权或法律监督的积极或正面的价值。社会科学中所谓的价值，绝不像经济学中的积极价值那样可以计量出来，并直白地呈现在客观事物的价签上，而是通常蕴含在客观事物的背面，是需要观察者通过精细地考察、分析才能发现的。从这个意义上说，发现社会事物的价值是需要以人们的智识为基础，或许

〔1〕　参见〔日〕绫部恒雄：《文化人类学的十五种理论》，中国社会科学院日本研究所社会文化室译，国际文化出版公司1988年版；参见黄淑娉、龚佩华：《文化人类学理论方法研究》，广东高等教育出版社2004年版。

其本身就构成了一种智慧性的"艺术"。

我们尝试对法律监督的价值蕴含作如下的发现：

（一）统一和整合法律运作体系——统合价值

从广义的法律自身运作来说，基本上包含着立法、执法、司法、守法等要素，并使之成为结构性的监督环节，即法学上最初始立法、执法、司法权及其各自权能组织和实施的立法机关、执行机关和司法机关；守法不是一种权能，也没有设立一个独立的机关，而是通过上述三类法律权能活动，以及由国家设立的权利义务体系和社会伦理道德体系来贯彻和实现。无论如何，从终极的意义上来说，法律从制定到实施以及守法的全部运作过程，是一个由多个固态的"连接链"组成的机关环节依次相连，并在动态的流程中循序而递次运行而实现的。这其中每一个法律环节和流程都不可或缺，缺失了，法律的建制和运作流程就会断裂，法律的功能就无法实现。由此可见，上述每一个法律制度环节在整个法律的大家庭中都设定成为一个特殊的角色，并承担相应的职责。每个机关尽管是独立的，有着各自不同的合法来源，但谁都通过担当的角色功能，并齐心协力，最终为整个法律大家庭的紧密关系和协作作出贡献。

国家检察机关就是基于上述法律理念而设计和建构起来的。其建置的意义，或者说其存在的最高价值，不仅在于它是法律制度设置中一个不可或缺的环节，其重要性和价值更在于它使法律运作成为一个贯通和流动的过程。它的这种价值我们可以称为统合价值。这种价值是通过赋予国家检察机关一系列的职能实现的。具体来说，检察机关通过监督对违法犯罪行为和嫌疑人的侦查活动，以及亲自参与对职务犯罪的侦查活动，通过提起公诉和出庭支持公诉，通过对法院审判活动以及审判后执行的监督，使国家的侦查机关、审判机关和执行机关连接成为一个整体，构成对打击犯罪，维护国家法制和尊严，保护当事人权益的一个连续不断的流程。应该说，将各个司法机关统合起来并协力运作，这是检察机关和检察权最重要的价值之一。

（二）调处各司法机关及各自职权的相互关系——协调价值

与上述检察机关及检察权在国家法律体系的建置和运作中体现的统合价值不同，这里的协调价值主要体现在司法机关的职权，确切地说，在侦查机关侦查权和审判机关审判权的调处方面。为了实现法律正义的终极价值，在近现代国家一改以往国家的侦、诉、审一体的司法体制，而形成侦诉分离、诉审分离、侦审分离的分权体制，国家分别设立侦查机关、检察机关和审判机关，各自担负法定职权，互不统属，互不干涉。但司法运作又势必要求将犯罪侦查的结果付诸审判，而审判机关也只能在不告不理的司法理念下被动接受诉案。然而侦查与审判各自独立和相互分离的关系，使侦查的结果不能作为案件提交法院审判，而检察机关就在其中发挥了重要的桥梁和纽带作用，它通过行使国家公诉权，以国家的名义将侦查机关的犯罪侦查结果进行审查，认为构成犯罪的，便以国家的名义提起公诉，并通过出庭支持公诉，或委托公诉性律师将犯罪嫌疑人交付国家审判机关作出有罪或无罪的终局裁判。国家检察机关在这中间绝不是仅仅起到一个中转作用，而是在侦查活动和审判活动中，对这两个机关的职权活动进行必要的协调，使之既符合法律规范，又能实现法律的正义价值。由此可见，检察机关和检察权的这种协调作用，也是其价值的一个重要体现。

（三）防止和纠正侦、审机关的越权或滥权——制约（匡正）价值

从检察机关和检察权最初发生学的意义上来说，主要在西欧的中世纪后期和近代国家前期的各国，特别是德国，曾广泛盛行"警察国"的治国理念与体制。当时的国家以维护公共利益为名，赋予警察广泛而又很大的权能。警察的权能由于得不到有力的约束和钳制，因此往往坐大，甚至滥施警察权，有时竟到不惜动用警察权干预民众的轻微违法行为，学术界曾将此种情景比喻成"警察用大炮打苍蝇"。民众由于不堪其扰，故强烈要求转变治国观念和体制，于是"法治国"的治国理念和体制应运而生。法治国的要求是国家的一切社会和政治等事务，均由法律制度加以规范并以国家强制力要求全社会和包括警察在内的国家公务人员及其机关加以恪守并不得违反。检察权的设立及检察机关的建立，就是在这样的大背景下，为了转变"警察国"的治国理念与体制而重新设计和建构出来的国家法律制度。它的基本功能是要改变侦诉一体的体制，对警察的犯罪侦查权建构第一道防火墙，以防止警察权的越权行使和滥权行为，使广大民众免遭警察的专横对待和滥施惩罚。

而与此同时，在那个时代广泛实行的法院审判的"纠问制"，则使法院和法官在审判阶段深深介入到对犯罪的调查、讯问、事实认定和法律适用的各个环节中去。这种混杂和广泛的权能，势必又在事实上形成法院和法官坐大的情景。法院和法官凭借其权势和威严，特别容易形成对犯罪嫌疑人的诱导、误导，从而达到其强行成案并加以判罪的目的。这种"纠问制"不仅造成众多枉法判决的冤、假、错案，而且从总体上使司法判决长期背负了司法不公、司法专横的恶名，从而严重损

害了司法公正和司法作为民众排难止争的居间公正人的信誉。为了改变这种状况，便设计和建构了检察权或专职人员，实行诉审分离制，只允许法院和法官在辩控双方之间处于居间地位，以公正人的身份依据事实和法律作出判断，这种判断由于是基于认定的法律事实和适用适当的法律而纯粹变成一种智识上的"艺术"，从而使法院和法官从辩诉双方的法益中超脱出来，这被认为是近现代司法中一个极其重要的理念与机制。从这个意义上来说，检察权和检察机关或人员的设计与建制，通过使诉审实行彻底分离，其本身就蕴含着对审判人员和机关的制约或匡正价值。这种价值至今仍是社会追求正义，寻求司法公正的一个极其重要的价值诉求。

（四）对社会行为和国家公职行为进行有国家强制力的监督——反腐和清政价值

从最广泛的腐败意义上来说，社会成员的违法犯罪行为也是社会的一种腐败现象，被确认的犯罪人员也是社会的腐败分子。这不难理解，一切反社会的违法犯罪人员都是社会轻重程度不同的败类，而其违法犯罪行为也或轻或重地危害社会健康的肌体。而检察机关或检察人员以其国家赋予的特定职务行为，将违法犯罪中较严重的犯罪嫌疑人以国家的名义交付国家审判机关加以审判，对其中确有较严重犯罪情节的人员实行法律制裁，这其中自然也蕴含了反腐的价值。

不过，今人的反腐概念还是主要用于国家公职人员的贪腐犯罪行为。一系列国际反腐公约和国家反腐法律都是在这个意义上适用这个概念的。在当前的世界上，反腐败已经成为世界上许多国家共同的热点话题。反腐败是全体国家机关和广大民众共同的目标和责任。但是在国家机关中，只有检察机关和其工作人员能以国家的名义对公职人员的贪腐行为进行侦查和起诉，将他们中确实犯罪者绳之以法。在当前反腐败斗争中，国家检察机关和检察人员尤其占有重要的地位，并发挥了主力军的作用。一批从中央到地方的贪腐人员纷纷落马，受到了应有的法律制裁，从而较好地体现了社会和国家坚决反腐败，追求清明政治的目标。

（五）恪守法定职权主义而疏离社会利益纷争——（社会和政治注意力的）转移价值

检察机关和审判机关在政治制度的设计和建构的背后，就蕴含了这种价值。其理念与制度的基本出发点是：在一个社会和国家中，最理想的状态莫过于在社会公正和正义的平台上，调适好各种不同阶层、集团和社会成员之间的利益关系，使全社会处于一个安详、和谐的状态；与此同时，政治上公仆与主人的民主关系明确、政治清明、官员廉洁守责也是政治和谐和政治得到支持和拥护必不可少的前提。然而，这毕竟是一个理想的状态和应该努力进取的目标，事实上难以完全地实现。社会是由人组成的，在任何时代和任何国家，由于人性所决定，反社会的成员和反社会的行为包括违法犯罪行为总是存在的，并不以人们的意志和愿望而有所改变；与此同时，切实利益的诱惑和冲动，各阶层、各社会团体、各种行业特别是经济组织之间的利益纷争也难以禁止。面对这种状况，公众对社会和国家的管理者和主导者，难免存在个人抱怨，对社会的不满，甚至政治上的反抗等现象。我们通常把这些现象称为不和谐的或影响安定团结的因素，将有关的反抗事件称为"群体事件"。在中国当前的社会和政治环境下，社会和国家的管理者和主导者从社会和国家的根本利益和长远利益出发，做了大量化解工作，建构了一大批解决社会和政治纠纷的机制。但是，国家检察机关和司法机关在这方面所应发挥的调节纠纷作用还没有受到应有的重视。

检察机关和审判机关在这方面的价值是在如下的政治设计中体现出来的。（1）检察机关和审判机关可以用自己的职务行为、人民检察院组织法和人民法院组织法上规定的法制宣传职能，以及近些年来强调建立和健全起来的信访接待制度，人民监督员制度等组织和形式，将公众中的个人抱怨、社会不满、政治上的怨愤，最大限度地吸引到国家法制的轨道上来，通过国家法制行为加以化解，从而最大限度地减轻社会和国家政权的压力。（2）国家法律监督和司法判决当然以追求法律的公正为最高目标和己任。做得好，公众将赞美和拥护投以国家，因为检察机关和审判机关都是国家机器的一个组成部分，国家的信誉和政治信赖度会因为司法机关的公正司法行为而受益；即使司法机关由于种种原因没有做到或不被认为做到司法公正，引起了公众的抱怨和不满，也会集中在司法环节，从而起到转移对社会和政治怨恨的效果。毕竟国家的司法机关是国家机器中的一个环节和局部，以一个环节和局部的信誉"损失"换取国家政治整体信誉的保全，在价值上还是可欲的。更何况，国家司法机关的信誉"损失"通常都是暂时的和分散在个案之上，只要把持住总体上公正和廉洁，通过对个案的纠偏或纠错机制的调整，这些局部的损失是容易挽回的。

中国司法机关特别是检察机关的这种转移社会和政治不满和怨恨的价值还没有得到充分的认识，更没有被有意识地开发和利用，甚至在学术界也很少被论及。[1]对这种价值的认知和利用，无疑也是高度政治组织和政治"艺术"的体现。

---

〔1〕 笔者在拙著《宪法监督司法化》中有所论及，请参阅该书，北京大学出版社 2004 年版，第 419 页。

（六）检察职权的优化配置和各种职能的一体行使——功利价值

在西方国家的宪政体制中，由于国家权力配置上的分权和制衡观念指导，形成了以审判机关为主导的司法体制，由于法律监督的基本职能和任务已经在宪法监督体制中得到了根本的解决，所以无须在法律运行环节另建法律监督机制。从中国法制的语境上看，西方国家的法律监督职能早已弱化到可以不必建置的程度，而公诉的职能甚至可以在国家行政机关或司法机关内附设行政性的公诉官员行使即可，而对职务犯罪的侦查和审查，也可以由国家专设的反贪机关和行政监察专员或督察专员来承担。这种职权上的分散设计和其他国家机关或人员的建制，实际上替代了中国式的检察机关和检察权的职能。但这并不是说，在西方国家的宪政体制上，就根本不需要诸如中国式的检察职能，只不过是被其他国家机关替代行使罢了。从国家权力配置的机理上说，任何国家都有设置法律监督权这种内在的需要，无一例外。当前在一些西方国家，特别是欧洲一些国家，已经和正在趋向建立独立的国家机关，并实行上命下从的一体检察体制，正是这种内在需要在权力体制建制这种最新法制趋势上的体现。即使在美国那样的国家，仍然没有实行检察机关独立建制，从尼克松总统到克林顿总统长达20多年的"特别检察官"制度，也是这种内在需要在国家宪政体制中的体现。而其在布什总统任内被取消，也并不是由于这种制度本身不具有合法性和合理性，而是因为其特别检察官的职权缺乏必要的法律规范而难以约束，以及开支过大等因素造成的。

反观中国的宪政体制，如果国家不独立设置一个检察机关以行使法律监督等职权，包括司法权力在内的国家宪政体制就不是完整的，统一的国家权力当然也不可能在断裂的权力链上顺畅行使。当然，如果我们只从完整的宪政体制上的必要性来理解检察权和检察机关的设置，还是不够的。中国检察机关独立建制的优越性，就在于将西方国家分散的检察权由各个国家机关行使的模式改变为由统一、独立的检察机关统一行使，特别是法律监督权。基于这样的体认，中国的检察制度不仅在权力的配置和行使上体现集中、统一的优化原则，而且在减少国家权力机关设置层次，节约建制财政和人力成本上，都体现最大化的功利价值。

（七）检察权"上命下从"的领导与管理体制及运行方式——效率价值

在中国的检察体制中，最具特色的制度与活动方式，当属上命下从的领导与管理体制及运行方式。这种体制与运行方式不仅是西方国家所没有的，就是在其他国家的建制中也未曾出现。这种体制与运行方式的设计，从根本上是源于国家法制统一行使的考量。中国的立法在传统上被认为是统治阶级意志的体现，是统治阶级手中压迫和镇压敌对阶级的工具，所以认为立法不能够也不应该体现阶级平等；而在法律制定出来以后，在法律的适用上则必须统一，以事实为根据，以法律为准绳，在法律面前人人平等。检察权的行使，即法律监督的法制环节，既然被设定在法律适用上，而不是立法的环节上，那么，为了实现国家法律适用的统一和实现法律面前人人平等的法制目标，所以设置了这种"上命下从"的领导与管理体制。这种体制设立的背后，还是基于这样的一种假设前提，即上级人民检察院特别是最高人民检察院在法律的理解和掌握上更能做到准确和总揽全局，不容易出现太大的偏差；特别是上级人民检察院和最高人民检察院在部门利益尤其是在地方利益上比较超脱，更容易把握法律适用和理解以及司法解释的尺度。这样的法律理念以及设计实行的检察制度及其运行方式，较之分散型的或层阶型的领导与管理体制来说，更应当体现效率的价值，从而避免了在法律适用上由于不同规格和层阶的检察机关各自掌握尺度上难以统一而可能造成的迟滞或龃龉。

或曰，同为国家司法机关的人民法院为何不实行"上命下从"的领导和管理体制？其基本原因，就是检察和审判性质的不同，检察是以法律为统一的尺度加以适用，务使适用者免受不一样标准的待遇，而审判则是法官基于学识和经验对法律予以创造性地适用，而创造是由法官个人的主观判断实现的，故对创造性的法官主观意识活动，不能实行"上命下从"。

（八）便利吸纳公众参与——亲民价值

在中国的检察制度中，设立了多种机制以吸纳公众对法律监督的参与。

1. 按照人民检察院组织法的规定，各级各类人民检察院有通过自己的检察活动，向广大人民群众进行法制宣传教育的职责。在讨论人民检察院组织法修改期间，有学者提出要取消在人民检察院组织法中的这一规定，这是不正确的。在人民检察院组织法和人民法院组织法中继续保留这项职权是很必要的，这体现了社会主义法制的特色，人民检察院最大限度地亲近民众，向他们进行国家法制的宣传和教育。

2. 现在在全国的检察系统中普遍设立的人民监督员制度，至少在公职行为的法律监督环节上能够反映民意，是一个有成效的亲近民众的制度形式。

3. 各级人民检察机关设立并不断改进的信访和接访制度、检察长接待日制度，也能在一定程度上直接接近民众，听取他们的申诉和抱怨，切实解决他们中的一些人或案件的具体问题。实践证明，这也是一种接近民众的有成效的制度和途径，应大力坚持下去以更好地体现人民检察机关便利吸纳公众参与的亲民价值。

4. 建立和实行公众参与反腐败的举报制度。中国目前还没有建立政府督察专员制度，检察机关自行收集线索，主动实施检察职能的行为虽然见诸报道，但肯定不多。现时中国贪官的纷纷落马，80%的举报线索都是来自民众的检举。现时检察机关正在健全公众举报制度，这是强化法律监督的重要举措，也是更好地体现亲民的重要方面。

5. 检察机关的亲民价值还体现在尝试对民事、行政案件以抗诉形式实现的审判监督和判决的执行监督，这些监督是内含在法律监督职能上的，是人民检察院应当担负而由于种种原因没有担负的职责，倘能坚持和推广开来，不仅具有重要的健全法律监督的意义，而且更能体现检察机关的亲民价值。

6. 有些不同级别的人民检察院曾尝试主动发起和承担的公益诉讼责任。为了局部和广大的公众利益，由检察机关发起诉讼，更容易被国家司法权能，特别是国家审判机关所接受和支持，也就更能使公众的切身利益得到保护。这也是检察机关亲民价值的更好体现。对于这种亲民的机理与制度应当加以深入研究。

（九）法律监督承担部分宪法监督的职能——替代价值

中国的现行宪法明文规定了全国人大和全国人大常委会作为宪法实施的监督机关，这就在宪政体制上确立了国家宪法监督制度。这种状况的形成，原因当然是多样的。其中一个原因，就是因为有国家检察权和检察机关的存在，把在法律运行过程中存在的某些局部监督问题在法律监督的体制内化解，从而从局部来看，在事实上替代了国家宪法监督的部分职能。中国的宪法监督制度之所以长期得不到重视和完善，部分原因可能就是检察机关在法律监督的范围内卓有成效地履行了自己的职能。国家检察机关这种宪政地位和作用，体现的正是国家宪法监督体制的部分或局部的替代价值。

通过以上或许并不全面的介绍和分析可知，法律监督的价值蕴含是多元的、丰富的。价值尽管生于人们的主观意识、认定、判断和理想追求，但一旦被公众所意识，形成某种价值意识模式，便会不依任何个人的意志和偏好所转移，价值便成为一种定式，主观也就具有了客观的性质。上述列举的各种价值蕴含，就形成了社会的价值认定和共同的社会价值心理基础。当然，人们也许能够列举出中国检察制度的某些负面价值，主张取消检察制度的学者正是这样做的。不过，只要通过积极和消极或正面与负面的价值衡量，孰高孰低、孰大孰小，当不难发现。

六、法律监督的积极功能（职能）

在采取取消人民检察院建制的一派学术意见中，论者所立足的理论基点，从功能的意义上来说，恐怕过分重视了作为法律监督机关的人民检察院的负功能，即消极的功能，或者是无功能。既然认为人民检察院的建制在功能上是消极的或者是不存在的，那么，其逻辑的结果自然就是改制，以致最终要取消人民检察院的建制。而我们是站在与前述一派学术意见相反的立场上，我们认为，作为国家法律监督机关的人民检察院建制之所以是必要的和重要的，从功能的意义上来说，正是客观地分析人民检察院建制的功能，即积极功能后得出的结论。具体说来，作为国家法律监督机关的人民检察院的积极功能，或简称法律监督的积极功能有如下一些：

（一）合法性功能

从最一般的宪政和法治的意义上来说，国家的全部公权力行使以及国家和社会上一些重大的行为，特别是有关政治和法律事务的行为，都必须依法而行。在一个宪政和法治国家中，为各种国家和社会行为确定法律规范是最重要的政务和法务。这些都是合法性的基本要义。

本质说来，"合法性"具有普适性。这就是说，就人们最重要的社会行为，特别是政治行为来说，不论是作为公民的个人，还是作为国家和社会管理者或统治者的公权力掌握者和行使者，都在宪治和法治之下，都有一个合法性问题。是否合法是判断国家和社会行为是否正当和被允许的首要标准。

作为法律监督机关的人民检察院，其最基本和重要的功能就在于它为国家和社会行为的合法性提供了根本性的法制和运作保障。这种合法性功能主要体现在三个方面：

1. 体现在为各种司法机关的司法活动提供合法性保障和监督。与检察机关密切相关的两个司法机关，一是人民法院，二是公安刑事侦查机关。在上述宪政和法治的语境下，人民法院和公安刑事侦查机关都必须依法办事，即审判活动要合法，侦查活动要合法。但审判和侦查活动是否合法，并不是由这两个机关自我认定的事。是否合法，在很大程度上要取决于检察机关的认定。检察机关通过对法院审判过程和结果的监督，对于法院审判的合法性作出决断，如发现有违法的实质和程序情事，即以其法律赋予它的职权进行抗诉，从而有效地纠正法院审判中可能存在的不合法行为。对于公安刑事侦查机关来说，则主要是通过依法审查侦查的结果，以及对侦查行为本身是否合法做出判断。如检察机关认为侦查活动及其结果有不合法情事，则通过依法要求重新或补充侦查，纠举违法侦查行为加以纠正。由此可见，检察机关在审判机关和公安刑事侦查机关之间的设置，从功能的意义上来说，绝不仅仅是起着如桥梁一样的交通作用，更是对两机关行使的公权力提供根本性的合法保障。从一定的意义上来说，检察机关的建制在近代的出现以及存在至今，这一事实本身就是以确保审判机关和警察机关的合法性为最初的动因和根据的。法律史表明，在国家的检察机关设置之前，这两个司法机关都曾大量地存在过法官的司法专断和警察的执法专横等违背法治精神的现象。终极说来，如果没有对这两个机关的合法性的强烈诉求，当今遍布世界各国的检察机关或许根本就不会产生和存在。

还应当指出，检察机关对审判机关和公安刑事侦查机关的合法性保障和监督既体现在法律的实质规范内容上，也体现在法律规定的程序上。特别是在当代，当"程序正义"的价值被极大地提升之后，对保障和监督在审判和侦查程序中的合法性提出了更高的要求。正是在这一背景下，世界上许多国家检察机关的建制和功能受到前所未有的重视，一些原来没有设置独立检察机关的国家，也相继实行改制，先后建立起机构单设、职权独立的检察机关。

2. 体现在对国家公职人员的职务行为提供合法性的保障和监督。国家公职人员是国家公权力的实际掌握者和执行者。依照人民主权和民主的原则，国家的公职人员只不过是被选举出来或任命下来的为人民办事和服务的人员，即我们通常所表述的是"人民的公仆"。"公仆"的理念就内在必然地意味着，国家公职人员自身不存在任何身份上的特权。不仅不具有特权，而且为了使他们更好地履行公职，除了要求他们严格依法办事之外，还要在个人的品质上要求他们必须和应当具有高尚的个人修养和公共美德，以保证他们以公正之心忠实地履行法定的职权。然而，人的弱点常常驱使一些（尽管是少数）国家公职人员忘记自身的"公仆"身份，而将自己手中掌握的公共权力变成为个人、家庭和小利益集团谋求私利的资源。这就是为什么当前世界各国依然存在着程度不同的公职人员贪腐现象的人性根源。在当今的国家和国际社会中，反腐败已经成为全世界许多国家和全人类必须共同面对的重大政治、法律课题。在这场还远远望不到尽头的反腐败斗争中，国家检察机关的设置就被赋予重要的反腐败职权。通过检察机关纠举、侦查公职人员的贪腐和其他违法犯罪行为，以保障国家公职人员队伍的纯洁性和公正廉洁，从而不断保持和提高国家公共机关和公权力行使的公信力。中国的检察院同世界上其他许多国家的检察机构一样，在这方面的功能越来越受到重视，其中检察机关对公职人员的贪腐和其他违法犯罪的职务行为享有直接侦查权，并配备相应的装备、技术手段，是重视这一职权的一个明显表现。事实上已经证明，检察机关不仅有资格，而且有能力完成这项合法性保障和监督的功能。

3. 体现在对公民、法人和社会团体、组织的私人和集体行为提供合法性保障和监督。检察机关在这方面的功能，主要是通过其职务行为实现的。在中国目前的法律体制中，这种功能尤其得到了重视和发挥。刑事诉讼法等法律规定，人民检察院负责审查刑事侦查机关对公民等违法犯罪行为侦查的结论、批准逮捕还是不逮捕，决定是否向人民法院提起公诉，还以国家的名义出庭支持公诉，还对审判过程和结果实行监督，并在判决后的执行各环节进行监督，所有这一切的职权行为，一方面保障没有违法犯罪的公民，或者虽有轻微违法犯罪行为但依法能够免予刑罚的公民个人、法人和团体等依法受到保护；而另一方面，又使那些确实触犯了刑法，并依法应当受到惩罚的公民个人、法人和团体承担相应的刑事法律责任。从消极的方面来说，惩罚犯罪也是保障社会民众在总体上保持社会行为合法性的一个重要方面。目前中国的各级人民检察院最大量、最繁重的职务行为就集中在这个方面。事实证明，中国的人民检察院在这方面的合法性保障和监督功能得到了显著的发挥，在维护国家法制的统一、尊严、法律秩序的安定等方面的作用自然也得到了凸显。

（二）合理性功能

在法律和法律思想史中，关于法与社会、法与正义、法与社会习俗或习惯、法与历史、法与人情、法与情理、法与理性等的关系，从来都是交织在一起的，为此还产生了许多法学流派。本来，法律如按纯粹法学派的理解，只可从法律规范自身中求得其意解，而无需其他社会规范。然而，法律实际上很难与其他的社会关系截然分开。事实上，法律本身就是各种社会关系综合作用的产物，它本身就是构成复杂社会关系的一个必要组成部分，并在获得稳固的社会地位以后，继续保持与其他社会关系和社会规范的千丝万缕的联系。其中，法律合理性的理念与实践就是从法律与其他社会关系和社会规范的相互关系中衍生出来的。

在许多庭审情景中，无论刑事犯罪嫌疑人及其辩护律师如何申辩自己无罪，甚至人民法院也判决无罪，而检察官却坚称被告有罪并要求人民法院予以从严判处其刑罚。我们如何看待这种现象？首先必须肯定，检察院和检察官在考量刑事犯罪情节时，必须坚持国家法制统一的标准，任何人在法律面前一律平等，犯罪的法律标准不因任何个人的特殊情况而予以改变或超越。表面看来，检察院和检察官似乎缺少人情味，但这是检察院的职权性质所决定的，必须予以坚持。

然而，从另一方面看，在法律的合理性原则下，作为重要的国家司法机关——人民检察院也不应当是个例外。换句话说，人民检察院和检察官在体现法律的合理性方面也是应当而且有所作为的。人民检察院在执行法律监督职务中，不仅要关注对严重的刑事犯罪者予以严厉的惩罚，而且也要关注对有情可原的犯罪者予以法律允许范围内的轻缓处罚或免予处罚。尽可能地避免罚不当罪的现象发生。从一定的意义上来说，当前国家司法机关执行的刑罚轻缓化、宽严相济的刑事政策，本质上也可以认为是法律合理性原则的一种体现。值得欣慰的是，根据报道，现在一些人民检察院对于过于重罚的刑事判决相继提出抗诉要求从轻改判。这种职务欣慰模式的转变，表明人民检察院对自身的职权功能的理解和体认越来越理性。人民检察院能自觉地坚持和体现法律的合理性原则，这无疑标志着国家的宪政和法治的巨大进步。

（三）规制功能

"规制"一词在汉语中并不常用，甚至在《现代汉语词典》中都没有列出"规制"的词条。不过，在近些年来的法学著述中，"规制"一词却越来越频繁地出现，其自身也成为多种法学学科的研究对象。我们猜想，这可能是从英文 Regulation 一词直译过来的，Regulation 一词本身原有规则、规章；法规和管理；控制以及调整、调节；校准；稳定等含义，故译者便简单地直译为"规制"，其结果却为法学界所接受，于是约定俗成，乐为学者们所使用。

从最初的和最根本的意义上来说，法律职务社会和国家控制、调节的规范体系。其产生和存在的根本意义，就在于它对社会和国家具有规制的功能。作为国家法律监督的机关及其职权，既是国家宪政和法制总体系和公权力中的一个有机组成部分，又在其中发挥着不可或缺和重要的规制功能。它的规制功能主要体现在两个方面：

1. 在宪政和法制实体架构中的规制功能。法律常识告诉我们，任何真正意义上的社会和国家的实体架构都是一个复杂的体系，在宪法的总架构下，由各种不同类别的法律体系所构成，然而，从几何图形上看，这种架构体系是一个被西方法学界形象地比喻成"以宪法为山峰，以法律为峰谷"的立体架构。但这种架构并不意味着各种部分法律体系只是一个单向地服从宪法的关系。事实上，各个"峰谷"之间也是密切交织在一起的关系网，缺少了其中任何一个环节，该国的宪政和法制就不是完整的体系。而这种"峰谷"构成法律关系网的整体性，又是由各个"峰谷"的功能实现和维系的。就法制"峰谷"的各个环节的功能来说，自然是各有不同的。立法机关有立法的功能，行政机关有行政执法的功能，审判机关当然有审判的功能，而检察机关的功能就是法律监督。终极说来，各种法律机关在功能上对其他法律机关都有规制的作用，通过法律实体的规定，各环节的规制功能就从总体上确立和规范下来。在各种法律机关的功能中，检察机关规制的范围最广，它的范围涵盖行政乃至全体国家公职人员的遵法、守法的行为准则；还涵盖对国家审判活动的合法性监督，以及对公安刑事侦查机关的侦查行为的监控。检察机关的这种规制功能是国家宪法和法律赋予的，是国家意志的体现，任何其他法律机关都必须服从这种规制，以保证国家法制的统一和一体地被遵守。

2. 在法律执行环节特别是在刑事法律执行环节中的规制功能。这种规制功能是通过刑事审判的法定程序实现的。通过刑事诉讼法和人民检察院组织法等法律的规定，将刑事犯罪的侦查、逮捕、起诉、审判、监押和其他形式的执行方式确定下来。这一系列复杂的程序，如果站在法治之外的立场上看，也许或事实上是繁复和代价高昂的，但从法律正义的立场上看，繁复的程序正是为了实现所谓的"程序正义"。为了实现这种程序正义，就要求程序的设计尽可能的合理和节约司法资源，这就要求必要的规制，不能随意而为。正是这一点，法治与人治从根本上区别开来了。在现代的法律程序中，检察机关的规制功能是独特的，是任何其他法律机关所不能代替的，它的功能的发挥，就使法律特别是刑事法律的执行保持在稳定的、可预见的和可观察及监督的流程之内。

（四）疏通功能

检察机关的疏通功能与前述的规制功能有密切联系。如果说规制功能是静态的话，那么，疏通功能则是动态的。疏通功能主要是在刑事法律执行的环节实现。主要体现在两个方面：

1. 就纯粹依法定程序进行的情况下，需要由检察机关在刑事侦查机关和审判机关以及执行机关之间架起疏通的桥梁。为了保证法律正义的实现和保障人权，刑事侦查机关和审判机关及执行机关的职权被严格区分开来。但在任何一个具体刑事案件的审判中，上述各个机关之间不仅不能相互隔离，而且还要保持密切的联系和流程的顺畅。这需要在它们之间建立联系的桥梁和流通的渠道。在现在宪政和法治国家中，这种建造桥梁和流通渠道的疏通功能便为检察机关所专有。不能想象，如果没有这种疏通功能，无论是刑事侦查机关，还是审判机关，或是监狱等执行机关，它们的职权便无法行使，各自的功能也就无由实现。国家的法治也许又倒退到以前司法黑暗和警察滥权的时代。

2. 在法律流程特别是刑事审判流程中，复杂的案情和定罪量刑的人为因素的作用，往往使案件在刑事侦查、审判和执行的各个阶段的运行并不顺畅，发生阻滞的现象不可避免。一旦出现这种状况，就需要加以疏通。检察机关就是承担这一疏通功能的专门机关。检察机关这种疏通功能是通过其法定职权和职务行为实现的。检察机关一旦发现在法律流通特别是刑事法律流通环节出现阻滞状况，便通过法定的认可侦查、自己侦查、批捕、提起公诉，出庭支持公诉、发出检察建议书（现时中国制度）等职权行为加以疏通。在现时的法律生活中，检察机关的这种疏通功能不仅越显重要，而且频繁发挥。

（五）障碍功能

障碍功能与疏通功能好比一枚硬币的两面，只是发挥功能的角度不同。如果说，疏通功能主要是为了打通刑事侦查机关与刑事审判机关以及刑事法律执行机关之间联结的渠道，以保证刑事审判案件的顺利完成的话，那么，障碍功能主要发生在这种联结的渠道过于"顺畅"的状况下，因为过于"顺畅"不仅仅是因为各个司法机关工作努力，任务完成得到位；还有可能是因为没有尽到应尽的责任，该做的事没有做或没有做完、做好；更不待说，某些法的因素特别是司法人员贪腐等行为可能造成的伪造事实、枉法判决乃至制造冤假错案等情事。一旦出现或疑似出现这种状况，作为法律监督机关的检察院就可以利用自己职权所专属的障碍功能加以制止或纠正，直至对违法的司法人员予以法律责任上的追究。当然，检察机关的障碍功能也只能以法定专有的职权行为来实现，这也是法律监督合法性所必然要求的。在检察机关职权中要求侦查机关补充侦查、对法院判决的抗诉这些职权，就是为了实现这种障碍功能而设计的。

在中国的法学研究包括检察理论的研究中，对其所具有的独特障碍功能所知不多，研究更是不够。今后应大力加强这方面的研究，以引导检察机关和检察人员更自觉地发挥这种障碍功能。从一定的意义上来说，我们对检察机关存在的意义以及检察权根本要义的理解和认识的深度，在很大程度上取决于我们对法律监督这种障碍功能理解和认识上的深浅。那些主张取消检察机关的学术意见，也可以说是对检察机关和检察权这种障碍功能缺乏基本体认的表现。

（六）救济功能

法律监督的救济功能，主要是基于对公民的权利和自由的保护而设计的。法律和法治的根本要义之一，就是"有权利，必有救济"；否则，权利就犹如一座撞不响的钟，没有实际存在的意义。然而，在当代人权昌明的时代，无论人们具有多么强烈的权利与自由观念，也无论宪法和法律对公民的权利和自由规定得多么详备和周到，最终还是要通过具体的和能够实际运行的法律制度和机制来加以保障和实现。当然，公民权利和自由的实现需要物质和精神基础，权利和自由的内容和实现程度也与特定国家特定时期的文明进步程度、生产力发展水平密切相关，这需要国家的建设和全社会的共同努力才能做到。但这属于公民权利和自由实现的积极因素，并不是我们这里研究的范围。我们这里讨论的法律监督的救济功能，毋宁说是从消极方面来实现公民权利和自由的保护的。救济从手段上来说，尽管可以认为是"消极的"，但从公民权利和自由保护的立场上看，却具有积极的意义。

即使排除任何其他非法律的引述，将各个司法机关都平等地放在秉公执法的平台上考量，以法院为例，总是百密一疏，不可能完全做到事实的认定和法律的适用百分之百的准确。对于判决中出现的任何错误或失误，最终都要由案件当事人——

无论是原告还是被告——承担权利或自由受到侵害的代价。当然，司法系统中无论是刑事侦查机关还是审判机关，本身都内在地存在纠偏和改正错误的机制。但一般说来这种机制由造成错误或偏差的机关自己主动启动，虽说应当可行，但实际上较为困难。事实上，更由于一些利益关系的阻碍难以实行。有鉴于此，同任何其他的纠错监督机制一样，系统或体制外的纠错机制就成为必要。检察机关在执行法律监督的职权中，就蕴含了这种纠错的机制。如果这种机制用在公民权利和自由受到侵害的情境中，实际上就可能使受损的公民权利和自由得到法律的救济。中国的各级人民检察院在关注打击犯罪、维护国家法制统一和尊严的同时，也注重对公民权利和自由的保护，通过建议或经过抗诉，使一些受到损害的公民权利和自由得到救济。下面的两个案例就是证明：

案例一，《检察日报》2008 年 1 月 6 日报道：罚金刑畸重，毫不含糊抗诉。经抗诉，江西萍乡一未成年人的罚金刑从 2 万元降到 1000 元。

【检察日报萍乡 1 月 5 日电】在大多数人印象中，检察机关对法院刑事判决的抗诉，基本上都是针对主刑判决不当提出的，但江西省萍乡市检察机关的做法却不限于此。日前，萍乡市安源区人民检察院对一起判处罚金刑畸重的抢劫案提出抗诉后，得到了萍乡市人民检察院的支持，最终维护了未成年被告人的合法权益。

2006 年，刚满 15 周岁的小黎（化名）伙同他人抢劫 2 次，共抢得 60 元钱。2007 年下半年，萍乡市安源区人民检察院依法以抢劫罪将小黎提起公诉。法院一审以抢劫罪判处小黎有期徒刑 2 年，并处罚金 2 万元。安源区人民检察院审查认为，一审判决认定事实准确，但对小黎并处罚金 2 万元属量刑畸重。

根据我国刑法和最高人民法院《关于审理未成年人刑事案件具体应用法律若干问题的解释》的有关规定，对未成年人犯罪要从轻或减轻处罚。对此应理解为适用主刑和附加刑时都应当从轻或减轻，一审判决在判处主刑时减轻处罚，但判处罚金刑时却没有从轻或者减轻。

检察官还了解到，小黎因家庭贫困早年辍学，奶奶常年卧病在床需要医治，父母在当地一家小厂里做临时工维持生计，为小黎缴纳2万元罚金是靠向亲友东拼西凑借来的。据此安源区人民检察院认为，一审判决在判处罚金时，显然没有考虑到小黎家庭的实际情况。

2007年11月20日，萍乡市人民检察院支持安源区人民检察院对该案的抗诉。12月下旬，萍乡市中级人民法院采纳检察机关的抗诉理由，将罚金刑由2万元改判为1000元。[1]

案例二，《检察日报》2008年1月26日报道：死缓错判，经再审，服刑10年的死刑犯无罪释放。

【检察日报太原1月25日电】今天，经山西省人民检察院建议，山西省高级人民法院对郝金安抢劫一案进行再审。下午3点，曾被判处死刑，缓期2年执行并服刑10年的原审被告人郝金安被当庭宣告无罪。

在今天的法庭调查和质证阶段，出庭检察员向法庭出示了郝金安案件发现的3个最新证据，即被抓获的杀害刘茵河的犯罪嫌疑人牛金贺、蔡德民、张广荣的供述。在这3份证据中，3人交代了他们10年前杀害刘茵河的经过，证实郝金安未参与杀害刘茵河。据此，出庭检察官指出：1998年11月18日，山西省临汾地区中级人民法院作出的"以抢劫罪判处郝金安死

---

〔1〕　资料来源：《检察日报》2008年1月6日第1版。

刑，缓期2年执行，剥夺政治权利终身"的判决错误，依法应当予以纠正。

经过两个多小时的法庭调查、质证，法庭宣布休庭。下午3点，法庭再次开庭，经过合议庭研究，当庭作出判决：原判及复核认定原审被告人郝金安持刀向刘茵河要钱，后将刘致死的犯罪事实不清，证据不足，现有证据不能证明郝金安构成抢劫罪，原判以抢劫罪判处郝金安死刑，缓期2年执行，剥夺政治权利终身有误，应予纠正，当庭宣判郝金安无罪。

1997年腊月，曾经与原审被告人郝金安在同一煤矿打工的裴家河煤矿工人刘茵河被杀害。侦查机关在郝金安租住的民房中，搜查出带有刘茵河血迹的白衬衣和穿在郝金安脚上的与案发现场足迹花纹一致的皮鞋，从而认定郝金安为犯罪嫌疑人。1998年11月18日，郝金安被临汾地区中级人民法院以抢劫罪判处死刑，缓期2年执行，剥夺政治权利终身。

2007年3月29日，山西省人民检察院控告申诉处处长郝跃伟与副处长王小燕、助检员刘艳芳从汾阳监狱工作人员处发现郝金安申诉线索，通过初步审查发现原审处理证据严重欠缺。2007年4月，山西省人民检察院成立专案组，对郝金安抢劫案立案复查。2007年4月25日，案件复查终结，专案组认为原案属于错判，郝金安没有犯罪行为，应予纠正。2007年5月14日，山西省人民检察院向山西省高级人民法院发出再审郝金安案件的建议，5月15日，山西省高级人民法院决定对郝金安一案再审。5月30日，山西省高级人民法院向郝金安送达了再审裁定。2008年1月25日，山西省高级人民法院再审郝金安一案，后当庭宣告郝金安无罪。[1]

---

〔1〕 资料来源：《检察日报》2008年1月26日第1版。

以上两个案例充分说明了法律监督机关所具有的救济功能对公民权利和自由保护的必要性和重要性。

（七）信息功能

以上所列举的法律监督的各种功能，按照当今计算机语言的表述，也可以简单地归类于所谓"硬功能"一类；依次类推，是否还有法律监督的"软功能"？我们的答复是肯定的。所谓"软功能"是指内含于检察体制之内而又不见诸制度性的功能。换句话说，这种功能并不总是通过检察权的设计和行使实现的，但它确实又是客观存在的，而且是重要的存在。问题是对于这种"软功能"，当前无论是学术界还是实务界都还没有深切的体认，当然更谈不上有目的地实现这种重要的功能了。

作为法律监督可能存在的多项软功能之一的信息功能也许是最重要的。（1）什么是信息功能？检察机关在行使职权，在具体履行法律监督的活动中，就是在向公民、社会和国家机关传送了某种信息，这种信息至少包含了什么是合法的信息，什么是不合法甚至是违法犯罪的信息。除此之外，检察机关设置和存在的本身，也在无形中向公民、社会和国家机关发送了信息。这个信息包含了国家法制的统一、权威，以及法律面前人人平等、任何人都不能违反法律，违反了刑事法律还要负相应的刑事责任。（2）这种信息发送给谁？同所有信息一样，法律监督信息也具有耗散性，并没有特定的目的意向性。事实上，这种信息可以说是向全社会和举国发送的。公民个人、社会团体、国家机关、国家公职人员都可以收到这种信息。这种信息量越大，社会和国家各方面所感受的信息越多。公民个人、社会和国家各方面越早、越多地承受这种信息，就越使公民、社会和国家各方面受益，越有利于法治的发展与进步。（3）这种信息的效力如何？同所有软实力一样，虽然无形无样，但效力巨大，影响深远。法律监督所传达的信息最核心的内容，就是告诫人们牢记法律至上的信息，国家法制必须统一，任何人都不能违反，人们可以挑战任何权威，但不能挑战法律权威。谁违反法律，都要被强制地负起相应的法律责任。（4）法律监督的信息功能值得重视吗？答案当然也是肯定的。世界上任何一种法律制度要得到认真地遵守和实施以及全社会的理解、认同乃至信仰都有必不可少的基础和前提。法律绝不是一个可以机械性操作的事物，而是一个具有活力的有机体。要想增强法律的活力，就必须使法律变成人们的精神信仰。而法律信仰的培养，传承和接收正确的信息是一个重要的途径。作为法律监督机关的人民检察院，在发挥信息功能方面既必要又重要。无论是法学界还是检察实务界，都应当细心加以体认和重视。

（八）法制教育功能

法制教育功能与上述的信息功能一样，都属于"软功能"范畴，两者也密切相关。信息功能和教育功能都是由检察机关发向公民、社会和国家机关的。只不过前者并非完全是通过职务行为实现的，而后者则是通过职务行为实现的。人民检察院组织法在第一章"总则"第4条第2款明文规定："人民检察院通过检察活动，教育公民忠于社会主义祖国，自觉地遵守宪法和法律，积极同违法行为作斗争。"这一规定没有明确的职权属性，可以理解为是法律条文对检察院法制教育功能的硬性规定，这体现了中国检察制度的特点。在讨论修改人民检察院组织法的过程中，曾有一种意见认为应当取消这一规定。我们认为还是应当予以保留。理由是，检察院作为国家法律监督机关，本身就内含着特定的法制教育功能。在没有法律条文规定的情况下，这种功能可以视为"软功能"之一；而有了这一规定，"软功能"就具有了某种"硬"的性质，至少使这种功能具有意向的明确性。这对于法制教育功能乃至全部法律监督功能的实现和展现效力，无疑是大有裨益的。同样应当予以重视和加强。

以上列举和初步分析的法律监督的各种功能，肯定不是全部的功能。在法律监督的功能方面，值得进一步加以系统而又深入地研究。

七、在检察学中引进和建构价值——功能方法论

在前面的论述中，我们分别就价值哲学和功能概念及其各自的方法论和法律监督的价值和功能作了较为深入的概括和探讨。我们自信这些概括和探讨还是应该能够站得住脚的。（1）"概括"者并非是我们独创的，而是总结前辈和当代的学者们的科学成果。正如在相关部分所表明的，这些成果是学术界中许多学科在长期科研中积淀下来并逐渐得到承认的。因此应当是可信的。（2）我们说"探讨"当然指的是笔者个人的探讨。其实，所谓"探讨"，无非是将其他学科常用的价值和功能的认识论和方法论引进到法律监督的研究中来，以此拓展法律监督的学术视野和深度，我们不是这种认识论和方法论的创立人，但可以说是率先将这种认识论和方法论引进到法律监督乃至创建中的"检察学"的研究中来的。这在学术上也可以称为一种开拓性研究。

然而，受我们的学术"野心"，或换句文雅的话说，就是受学术兴趣的驱使，我们在这里还想进一步拓展有关价值论和功能论及其方法的理论意义和实用价值。这种拓展拟从两方面展开：

1. 在认识论层面上，既然如我们在前文所展开的抽象概括的那样，能够对法律监督的价值和功能进行梳理，那么，是否有可能将这种梳理进一步加以系统化和理论化？所谓系统化，就是从学理上是否还可以进一步发掘和分析，以抽象出更多或

尽可能更全面的价值和功能？所谓理论化，即是将那些抽象概括出来的价值与功能给予科学的阐明和诠释，是否能使之建立在真正理论的基础上？这就要求不能停留在只是给予理论说明的浅层次上，而要把着眼点放在"成为理论"或者说"理论化"的高台上。我们认为以上两个问题的答案都应当是肯定的。当然，要做到这一点并不容易，但通过努力还是可以做到的。无论如何，这两个领域的研究都应当具有广阔的学术前景。事实上，在其他的学科，例如宪法学科，价值论和功能论都已自成体系，并见诸一些学术著述之中。[1]

2. 在方法论上，是否可以将价值方法和功能方法整合为一个可以称为"价值——功能"方法？我们认为可以，不仅可以，此方法还可能极具学术诱惑力。

关于可能性的问题，我们可以从两方面加以分析：（1）正如一些学科研究所使用方法表明的，价值方法和功能方法是一个实用、有效的科学研究方法，其在阐明研究对象的本质和内涵等方面，具有其他社会科学方法所不可替代的优越性。正是这种优越性使学者们乐为广泛地加以采用，并常见诸学术著述中。[2]（2）在法律学术研究中，结构的方法和功能的方法原本是各自独立发展出来的研究方法，后来因为研究对象的功能性联系产生了研究对象的结构体系，反之也是这样，结构性联系必然引出功能之间的联系。结果是这两种研究方法在寻求同样的研究结论，造成一种殊途同归的效果。于是，有些学者便将这两种研究方法加以整合，发展出另一种独立的研究方法，

---

〔1〕 参见〔荷〕亨克·范·马尔赛文、格尔·范·德·唐：《成文宪法——通过计算机进行的比较研究》，陈云生译，北京大学出版社 2007 年版，第 338 页、第 343 页。

〔2〕 参见〔荷〕亨克·范·马尔赛文、格尔·范·德·唐：《成文宪法——通过计算机进行的比较研究》，陈云生译，北京大学出版社 2007 年版，第 338 页、第 343 页。

这就是所谓的"结构——功能"研究法。这是一个先例，其示范作用就在于，在不同的方法论之间择其相近者加以整合，不仅是可行的，而且可能是更有效、更实用的。这也许就意味着将价值方法与功能方法整合为"价值——功能"方法在学术上不仅可以做到，而且还具有很强的科学方法论的诱惑力。

将价值方法与功能方法整合为"价值——功能"方法，并非只是出于新奇之想，而是有现实的根据。（1）从我们在前面的分析中可以看出，在价值和功能体系方面，有一些方面是重合的，即是说，有些内容既蕴含在价值层面上，又体现在功能层面上，两者同为一体，这就构成了将两者整合在一起的现实基础。（2）两者在一些方面所表现出来的差异，也可以视为一种互补。这种互补性从理论上来说，应当对包括法律监督在内的研究对象的研究具有裨益作用，而不会造成任何损害。

总之，基于以上考虑，在检察学中建构新型的"价值——功能"方法不仅是可能的，而且是可欲的，值得做出努力予以尝试。

八、法律监督的价值预期和功能实现

前面的分析和研究，当然不止于单纯的学术兴趣，实际上还具有很强的实践目的指向性。具体说来，在我们当下进行的法律监督的价值与功能的研究中，无论是作为价值和功能的认识论，还是方法论，对现时中国检察机关自身的组织、制度完善和检察司法实践，都具有重要的指导意义。

（一）有助于澄清当前检察理论研究中的一些混乱思路

前已指出，现时的检察理论研究方法，包括论述过的历史的方法、制度的方法、意识形态的方法等，尽管对检察理论研究的深入性作出了显著的贡献，但由于各自都有一定的局限性，对于澄清当前检察理论研究中的一些混乱思路，往往表现

出欠缺强有力的说服力。撤销论的主张者和辩护者可以轻而易举地从中找到支持自己思路的理由和根据。正是针对目前检察理论中存在的困境，所以我们主张和倡导在检察理论中引进和适用价值论、功能论和作为方法论的价值方法、功能方法，期望开辟一条打开检察理论研究瓶颈的新通道。价值论、功能论及价值方法和功能方法或许也有其自身的局限，但它的优势是明显的，它超越了历史的方法对历史个别事件和过程的简单追述，也超越了制度的方法对各种制度客观的、平面的描述，把上述各种方法单方面研究的客观对象扩展到了人的观念、思维和意识的领域和客观的实务领域，并致力于在客观认识对象和主观意识之间架起相互沟通的桥梁。现在更有价值哲学论者，认为事实与价值之间并不存在不可逾越的鸿沟，由此又提出了关于蕴含价值的事实和价值判断的事实特征的问题。[1] 但不管怎样，价值论和价值方法，功能论和功能方法现在已经被现代社会科学的学科所引进和适用，并取得了丰硕的成果。倘使我们在检察理论中有意识地引进和适用这些理论方法论，或许有望澄清其间的一些混乱思想。从价值论和价值方法，功能论和功能方法的立场上看，主张取消检察机关的主张，归根到底还是以对检察机关和检察权的价值和功能的负面评价为基础的。直白地说，就是认为检察权和检察机关对中国的宪政和法治没有价值和功能，因为无用所以不需要，因为不需要就要撤销。其实这就是一个对检察权和检察机关的价值和功能认定和评价问题。如果我们能从价值论和功能论及其方法论上深入探讨检察权和检察机关存在的价值，研究检察理论的各个方面，或许

---

〔1〕 参见〔美〕M. C. 多伊舍：《事实与价值的两分法能维系下去吗？（概观）》，载刘继选编：《价值和评价——现代美价值论集粹》，中国人民大学出版社1989年版，第175～202页。

可以澄清学术界关于检察理论的一些混乱思路。

（二）坚持法律监督的正面价值、功能导向，积极、稳妥地推进检察改革

现在主导国家的政治力量再次强调要坚持改革开放的战略方针。在这样的全局背景下，加强和深化包括检察改革在内的司法改革势在必行。我们首先应当看到，中国现行的检察和审判并行，相互协助和制约的司法格局，是宪法规定下来的，是中国宪政中确定的既成体制。这种体制在当前是适应现时中国国情的，能够为建设社会主义法治国家，实行法治作出显著的贡献。但我们同时也应当看到，目前检察权的行使和法律监督职权的开展，无论在理论上还是在实践上都与法治的现实需要存在一些不适应之处，急需深化这方面的改革。目前检察改革正在两个方面展开：（1）检察系统内部在领导和管理体制、法律监督程序、人民监督员建制等方面实行的改革。这种改革虽然局限在现有的体制内，但通过体制内各种局部的改革和完善，使各项具体制度配置到位、运行顺适、流畅，这也是改革中不可忽视的一个重要方面，现时检察职能的行使之所以较之以前得到很大加强，在国家的法治建设中发挥了越来越重要的作用，是与检察体制内近些年来积极改革的姿态和进取分不开的，是这种改革取得成效的一个重要表现。（2）在检察理论的学术层面上的展开，主要是学理上的探讨。学者和检察官提出的各种改革建议，目前集中在民行的检察介入和参与方面，包括有关民事诉讼法和刑事诉讼法的修改，对民行司法审判的合法性监督、抗诉等方面；学者间还探讨了对判决执行、监狱的检察监督等问题，这些探讨和建议都有很大的检察理论意义和实践参考价值。

如果我们能站在更高的学术视野，来看待检察改革问题，

或许能在改革的广度和深度上进一步打开更广阔的检察改革思路，并迈出更坚定、更大的改革步伐。我们应当保持这样一种理论和实践的信念，即宪法上规定的法律监督的权能除具有最高宪法权威和定位的意义之外，在理论和实践上还具有很大的包容性和开放性。除按目前实务界和学术界关于法律监督权能范围的理解和共识之外，是否可以按照宪法解释的理论与方法，对法律监督的权能做引申和扩大的理解呢？换句话说，我们关于法律监督局限在法律执行和适用阶段的理解是否就是立宪的本意？有什么样可以站得住脚的理由认为法律监督就不涉及立法的层面？再或者随着国家法治的深入发展提出的对立法的合宪性、合法性以及合理性更高的要求，是否有必要重新诠释宪法关于法律监督的概念和范围？能否考虑在原有的法律监督的基础上，建构新的法律监督的机制，包括适当地介入对立法的检察监督？除此之外，如果我们能站在更高的宪政体制特别是宪法监督体制的平台上来看，在中国宪法监督运行还远没有到位和缺乏效绩的状态下，如果说在整体上实行司法化监督的时机和条件还不成熟，那么是否可以利用现行具有宪法定位的检察权和法律监督的职能，适当地替代宪法监督体制的部分职能？这些问题从学术上，无疑都是可以、应当和值得探讨和研究的。从广义的司法改革的意义上说，这些或许就是中国未来司法改革的方面和方向。

话归主题，所有上述的改革探讨、尝试和思路都是以检察权、检察机关和法律监督的特有价值为基础的，更是与研究者和改革实践者个人和群体对检察权、检察机关和法律监督的价值认定、评价、喜好等价值感受分不开的。离开了对检察权、检察机关和法律监督的钟爱和倾心的价值情感以及其整体功能的不可替代性，一切都无从谈起，甚至得出完全不同的评价和取舍态度。

（三）坚定法律监督的正面价值选择，大力促进检察功能更全面、更有效的实现

我们主张和倡导在检察理论研究中引进和运用价值论、功能论及其方法论，绝不仅仅是出于纯学术的兴趣和目的，至少不是最终的目的。对于方法论来说，其目的通常都是在理论与实践之间搭建一个互相沟通的桥梁。即使我们把价值论看成一个有独立意义的世界或体系，它也绝不是能够孤立存在的，毕竟人们生活在一个有意义或有价值的现实世界中，想做完善的理论超人是根本不可能的。从这个意义上说，价值论也需要注入实践的品格。具体到检察权、检察机关和法律监督的价值层面上，它也要与现实的检察体制与运行发生密切的联系。检察的特有价值不是像仙人那样从布袋中可以随意取用的宝器，它归根到底是要通过检察的权能或法律监督的功能来体现或实现的。与检察理论研究中的其他方法不同，在价值与功能方面，价值方法和功能方法或许能够在两者之间建立起更紧密的联系。没有对检察权、检察机关和法律监督特有价值和功能的充分评价和肯定，就不可能倾心和全力地支持和履行检察职权，以充分地实现法律监督的功能；相反，如果没有检察功能全面、有效的实现，检察或法律监督的价值也就无由体现。从这个意义上说，检察功能的实现是检察价值的最好体现和表征。也可以说，两者也是一种互为因果的关系。

在检察理论研究中引进和适用价值论、功能论及其方法论，不仅是一个饶有学术趣味的课题，而且还具有认识论、方法论两方面的理论意义，以及重大的实践价值。望本部分不算成熟的抛砖之作，能在检察理论学术界激起反响，愿更多的学术同仁投入到这个领域的讨论和研究中来。

第三部分
强化法律监督与反腐倡廉

一、加强和扩大法律监督机关的职权 *

我国的法律监督机关就是各级人民检察院。人民检察院作为国家法律监督机关，代表国家对法律的施行实行最高的监督。这本身对于保证宪法和法律得到正确的施行就具有特别重要的意义。因此，应该进一步大力加强人民检察院的组织和建设，充分发挥它们在法律监督中的重要作用。

由人民检察院直接担负部分的宪法监督职能，不仅不悖于人民检察院法律监督机关的性质，而且是一致的，便于实行的。我们应当确立人民检察院在宪法监督中的直接责任。这样做不仅不会削弱法律监督工作，反而由于直接的宪法监督的责任，使它更自觉、更主动地加强法律监督工作。我们绝不应当忽略宪法监督对一般法律监督的宏观指导和调节作用。

要加强人民检察院的法律监督工作，并使其直接承担宪法监督的责任，就首先要给予必要的法律依据。即使人民检察院

---

　　* 本部分内容摘自陈云生：《民主宪政新潮——宪法监督的理论与实践》，人民出版社1988年版，第269~271页。

不仅对那些严重破坏国家的政策、法律、法令、政令统一的"重大犯罪案件"行使检察权，而且要对那些还没有构成"重大犯罪案件"的事件也行使检察权，这就是一般监督的职权。这种扩大了的检察权，就给人民检察院实行宪法和法律的监督留下了广阔的天地。此外，人民检察院的监督对象也应扩大，现行人民检察院组织法只规定检察国家机关、国家工作人员和公民。对于群众组织和人民团体是否是检察的对象，没有明确的规定。其实，既然人民检察院是国家的检察机关，它的检察活动理应具有普遍的效力。这就是说，除国家机关、国家工作人员、公民以外，一切社会组织和人民团体、企业事业单位，也都应当成为人民检察院检察的对象。

为了使检察机关能够行使宪法和法律监督的职权，就必须赋予它必要的和足够的手段。人民检察院行使职权的现行程序显然是不够的。这种程序只适用于检察犯罪案件，不适用于一般的违宪、违法事件。因此，有必要补充新的行使职权的程序，并相应地扩大人民检察院的职权。这其中首先应当考虑：为了及时和详尽地了解违法行为，人民检察院有权要求被检察的机关或组织提交有关指示、命令、指令及其他有关的文件，有权要求这些机关、组织的领导人或普通工作人员提供检察上需要的文件和资料，也有权召见公职人员或公民，要求他们就违法的事实作出口头或书面的说明。检察长还有权亲自到有关机关或组织进行检察。为了协助检察长实现一般监督，还可以考虑检察长有权要求派遣专家协助其工作，这种要求对于一切国家机关、组织、公职人员、公民都应当有约束力。其次还要考虑到增强和扩大人民检察院处理违法行为的手段。其中"抗议"和"提议"这两类手段是必不可少的。所谓"抗议"，就是要求违法的国家机关、社会组织或人民团体、公职人员或它们相应的上级机关、社会组织或人民团体等撤销或变更其决定与处分等以及停止公职人员的违法行为，恢复被侵犯的权利等。所谓"提议"是指检察院为了纠正违法行为，向违法的国家机关、社会组织和人民团体、公职人员提出要求。就是要求有关的单位或人员采取措施消除违法现象、违法原因和造成违法的条件。很显然，这些职权的手段对于人民检察院行使具有宪法监督性质的一般监督权具有重要的意义。

总之，国家法律监督机关是我国宪法监督中的重要环节和因素，过去我们对它在宪法和法律监督中的地位和作用重视不够，今后应当重视开发和利用这个环节和因素。

二、法治与公众参与反腐倡廉 *

（一）法治的反腐倡廉价值蕴含

法治的反腐倡廉价值蕴含，本质说来，是法治的社会公正价值蕴含的引申和发展。前已指出，法治与社会公正有着内在相关的有机联系，如果法治不以社会公正为自己的价值内涵，如果法治不能满足和实现人们享受平等和公正对待的愿望和权利，法律就没有任何意义，法治也不能实行下去，因为从根本上缺乏内在的价值驱动力。但是，法律、法治的功能价值不仅体现在它们预设了人们对渴望得到平等而又公正对待的合理期望，以肯定的规范和积极的作为来满足人们这种合理期望，以及合法权利和利益的实现。而且还在于法律、法治还预设了遏制人们非分欲念，以禁止性规范和强制性措施来遏制人们的非分欲念，以及对他人合法权利和利益的侵犯。社会本身是一个矛盾的统一体，真、善、美与假、恶、丑并生共现。社会存在

---

* 本部分内容摘自《反腐败思考与对策——中国社会科学院 惩治和预防腐败体系理论研究 论文集》，中国方正出版社 2005 年版，第 102～120 页。

不同程度的公正，人们期待和追求公正，但社会同时存在不同程度的非正义，人们饱受各种不公正造成的苦难。法律、法治赋予人们对社会公正的期待与实现；同时也治恶罚奸，惩治包括官场在内的一切腐败行为。这一正一反，相辅相成，构成完整的法律、法治的功能价值。因此，法治的社会公正的价值蕴含必然引申和发展出它的反腐倡廉价值蕴含。换句话说，法治蕴含着反腐倡廉的价值，是法治价值内涵的应有之义。

被称作"灰色瘟疫"的贪污、腐败现象正在全球范围内蔓延，使全世界人民饱受其害，许多国家受其严重困扰。中国自实行改革开放以来，社会正在逐步发生深刻的变革，随着社会主义市场经济的逐步建立和完善，经济正以迅猛的势头保持高速度的增长，在社会、政治、观念等领域也正在或即将发生深刻的变化。与此同时，包括贪污受贿等在内的腐败现象也在我们社会中蔓延开来，它不仅严重地干扰了国家正常的经济生活，造成了国家资金和财富的大量流失，而且严重地侵蚀了我们原本健康的社会肌体，腐化了人们的灵魂。为了胜利实现社会主义现代化，为了国家和民族的整体利益和长远利益，一场反腐倡廉的斗争势在必行……

（二）中国公众参与反腐倡廉的基本形式和途径及法律保障

中国公众直接参与反腐倡廉的基本形式和途径是举报，通过知情公民向司法机关或行政监察机关检举贪污、腐败人员及事实，再由专门机关查证落实，最后由司法机关或行政处罚机关依法作出处理，从而达到打击贪污、腐败行为的目的。但是，我们不能仅仅从反贪污、反腐败斗争的一个环节或工作的一个程序上来认识和看待举报的性质、地位和重要性。在中国，举报已经成为公民的一项基本的宪法权利，并在更深层次上构成中国公民行使民主管理国家的权利和监督国家机关与国家工作人员的基本形式和途径。我国现行宪法（1982 年颁布实施）第 41 条明文规定："中华人民共和国公民对于任何国家机关和国家工作人员，有提出批评和建议的权利；对于任何国家机关和国家工作人员的违法失职行为，有向有关国家机关提出申诉、控告或者检举的权利，但是不得捏造或者歪曲事实进行诬告陷害……"把检举确立为公民的宪法权利规范，足以表明检举在国家政治生活和法律生活中的重要地位以及国家和人民对它的重视。为了公民能够更好地实现这一权利，在实际操作中，检举逐渐演化为一项固定的、专门的制度，成为司法机关和行政监察机关一项日常性的专门工作，并且逐步走向固定化、专业化和法制化的轨道。

在中国，公民有一些途径可以实现自己的申诉、控告或者检举的权利。各类各级国家机关设立的信访办公室，各级政府机关负责人建立的群众来访接待日制度，部分是为了实现公民的这项权利而设置或建立的。为了有效地同贪污、腐败违法犯罪作斗争，加大打击力度能使之经常化，人民检察机关和行政监察机关还专门设立了"举报中心"一类的机构，专门受理公民和机关、团体、企事业单位以及台湾地区和港、澳同胞，海外侨胞、外籍人士对国家机关、国家公务人员的违法犯罪行为，特别是其中的贪污、腐败行为的举报。举报中心配备专职人员、办公和其他必要的设备、资金，使之有相应条件开展经常性受理举报工作。"举报中心"一类的机构在各级人民检察院和行政监察机关都有设置，上下一体，网盖全国，在其内部实行统一受理，归口办理，分级负责，上级举报中心指导下级举报中心工作的活动原则。

人民检察院和行政监察机关本着依靠群众，方便举报，取信于民的原则，设置举报专用电话，公布电话号码和邮政编码，设置举报接待室、举报箱，为公众举报提供便利条件，公众可以采用电话、面谈、信函或举报人认为方便的其他形式进行举报。举报中心则要求其接待人员认真受理各种形式的举报，认真记录在案。对其中受理的举报要案线索，还派专人管理，认真审查，提出处理意见，并报本部门首长批阅。举报中心对于受理的举报线索，还要进行初查，查明是否有犯罪事实。对于需要移送其他部门处理的线索，则要求在 7 日内（要案线索 10 日内）完成移送程序。

在中国的举报制度和工作中有一套严格的保密制度，以保护举报人免受打击报复。对于国家公务人员滥用职权，对举报人实行打击报复情节严重构成犯罪的，要依法追究责任人的刑事责任，即使没有构成犯罪，也要移送有关部门严肃处理。举报人确因受打击报复造成人身伤害或侵害名誉、财产和其他损失的，可以依法要求赔偿或向人民法院起诉请求损害赔偿。

为了鼓励公众的举报积极性，人民检察院和行政监察机关除进行精神鼓励以外，还多方筹措举报奖励资金，对举报有功人员予以物质奖励。

中国反腐倡廉斗争的另一大特点和优点，就是注意对公众参与的法制保障。前引宪法第 41 条除了规定检举是公民的基本权利以外，该条还规定："……对于公民的申诉、控告或者检举，有关国家机关必须查清事实，负责处理。任何人不得压制和打击报复。由于国家机关和国家工作人员侵犯公民权利而受到损失的人，有依照法律规定取得赔偿的权利。"这一规定表明，宪法在确定检举是公民的基本权利以后，又对国家机关和国家工作人员的相应责任作了规定。

宪法第 41 条的规定为中国公众参与反腐倡廉奠定了法律

保障基础。依据宪法的原则规定，其他的法律法规，如刑法、民法通则、国家立法机关的有关决定等，也都作了相应的规定，从多方面加强了对公众参与反腐倡廉斗争的保护。

在中国，对检举人全面的法律保护已经和正在取得实效。在全社会已经达成了这样的共识，即对举报人的打击报复不仅受到道义上的谴责，也为国法、政纪和党纪所不容。利用职权打击报复检举人并造成损害的，不仅要负相应的侵权责任，而且必须予以物质赔偿，以补偿受害检举人在人身、财产方面遭受的损失。

（三）厉行法治，进一步加强公众参与反腐倡廉斗争的深层次建设

为了进一步发扬中国公众参与反腐倡廉斗争制度的优越性，中国应当大力加强公众参与反腐倡廉斗争的深层次建设。目前应着手以下几方面的工作：

1. 尽快制定国家统一的反贪污、反腐败公众举报法。目前中国的制度是多头分管的，除了人民检察院和行政监察机关负责接受和处理公众举报以外，有关国家的信访部门、机关首长接待、热线电话等也分别接受和处理一部分公众举报。这些机关和部门为了规范举报行为，都相应地制定了有关的办法或规定等。如国家监察部于 1991 年 12 月 24 日发布并实施了《监察机关举报工作办法》。最高人民检察院早在 1988 年 12 月 26 日颁布实施了《人民检察院举报工作若干规定（试行）》，现正在修改、补充以便颁布正式的版本。国家关于信访制度也有一些规范性的规定。这些规定，一是没有达到正式法律的层次；二是彼此有同有异，难以统一掌握；三是虽经过公布宣传，但还未被广大公众深切掌握。如能由国家立法机关统一制定举报法，则可收到如下的社会效果：（1）易于引起社会各方

面的重视，有利于贯彻实施。（2）便于统一掌握，有利于国家法制的统一。有关机关可以制定实施细则或办法等，也便于发挥本部门工作的特点。（3）便于向公众宣传教育，使举报法家喻户晓，深入人心。作为国家统一的举报法，自然是国家统一的举报法典，其中应明确规定举报原则、受理举报机关的职责、举报形式、举报的受理程序、举报人的权利和义务、举报人的保护、奖励和处罚等内容。

2. 建立国家统一的举报受理机关，如举报中心、举报局、署之类。举报受理的多头分管必然存在职责不明或交叉、重叠现象；相互间推诿的事情也有可能发生。这些显然很不利于举报线索的受理，举报线索得不到及时处理，容易挫伤公众的举报积极性。如能设置国家统一的举报受理机关，则可克服上述弊端。国家举报受理机关不仅要具备相应的法律地位、赋予相当的职权，还要配置、装备必要的人员、机构和设备，使其有充分的条件查处举报线索。考虑到反腐倡廉是一个综合的社会工程，是一个长期的战略任务，国家设立这样的专门机关是必要的、适时的。

3. 在各级国家权力机关内设立"人民监督委员会"。我国各级人民代表大会是国家各级权力机关。人民代表大会制度是我国根本的政治制度。在动员、吸引和组织民众参与反腐倡廉斗争方面，现在就有充分的基础和条件着手进行。"工欲善其事，必先利其器。"为使这一工作卓有成效地开展起来，就必须设置相应的机构，使之专门负责。这个机构可以称之为"人民监督委员会"〔1〕该委员会除了执行一般的或特殊的，特别

---

〔1〕　笔者在论及如何健全我国的宪法监督机制时，曾倡议在各级人民代表大会内设置"人民监督委员会"。参见陈云生：《民主宪政新潮——宪法监督的理论与实践》，人民出版社1988年版，第258～264页。

是宪法监督的职能之外，还应设置分支或办公机构，专门负责动员、组织公众参与反腐倡廉，包括受理公众举报线索，委员会也可以派人深入部门主动调查、了解贪污、腐败现象，并有权将初步查证落实需依法处置的案件移送有权机关查处，并负责催办。通过各级国家权力机关在这方面的实际工作，不仅能扩大中国公众直接参与反腐倡廉的渠道，而且可以收到民主教育和熏陶的实效。公民通过国家权力机关投身到国家的政治法律生活实际中去，可以得到切实的民主体验，有利于增强他们作为国家主人翁的荣誉感和责任感，提高建设社会主义民主的积极性。

4. 建立企业自我约束机制。要制止企业以"拉关系"、"走后门"，特别是用行贿等手段进行不正当竞争，以及由此造成的社会腐败、政府工作部门及其公务人员的腐败，需要全社会共同努力、实行综合治理。这其中包括加强国家对企业经营管理行为宏观的和法律的监控，应当认真地贯彻执行反不正当竞争法，以法律的规范力量调整企业的经营行为。国家工商管理部门还制定了《关于禁止商业贿赂行为的暂行规定》，这是与反不正当竞争法配套实施的又一个法规。该法规规定，凡经营者为销售或购买商品，不论直接给付现金和实物，还是假借促销费、宣传费、赞助费、科研费、劳务费、咨询费、佣金等名义给付财物，或者以报销各种费用等方式给付财物，或是采取提供国内外各种名义的旅游、考察等手段，都构成商业贿赂。在账外暗中给予或收受回扣的，以商业贿赂论处。这一法规的制定和实施，不仅是对商业行为的有力规范，而且具有深远的反腐败意义。此外，政府部门及其公务人员的廉洁自律、社会的监督等，都是影响和规范企业的重要方面。

除了上述从外部规范和约束企业的经营管理行为之外，企业自身自我规范和自我约束也是非常重要的一个方面。我们在前面已经指出，自20世纪70年代以后，国际上私人企业的自我规范、自我约束趋势普遍加强，许多私人企业相继制定自我规范和自我约束的行为准则或道德准则。我们应当从中得到启发，紧随这一世界性的发展潮流，鼓励、支持和帮助企业提高自我规范、自我约束的意识，制定相应的行为规范和道德准则。特别是在与政府有关部门及有关公务人员打交道的过程中，在商品的营销过程中，对于正常开支和收入之外的现金和物品给付、礼品、回扣以及其他种种优惠和好处，都要做出明确的、严格的规定，并严格要求企业营销人员认真遵守。反腐倡廉要从根本做起，要从企业的自我规范和自我约束做起。为此，政府应当实施这样的战略计划，要求全国各级各类企业都要制定严格的、明确的和切实可行的自我行为规范和自我道德准则，限期达标，实行主管首长负责制，到期不达标者，追究有关责任人的领导责任。新建企业，必须在审批报告中附带此类预先制定好的自我行为规范和道德准则，否则不予批准。为了使制定这类规范和准则符合标准，不搞形式主义，国家主管部门应当适时举办展示会、经验交流会、报告会、研讨会，并有组织有计划地派公务人员和法律工作者深入企业，予以指导和协助。倘若这一战略得到实施，不仅可以有效地规范企业的经营行为，使市场经济健康有序的发展，而且还能对我国反腐败斗争、廉政建设起着深远的、重大的促进作用。

5. 建立、健全行业组织，加强行业监督。前已指出，建立行业组织，实施行业监督是企业自我约束和内部监督的深化与扩大。建立行业组织，加强行业监督的重要意义在于：它把单个的、分散的企业组织起来，用行业集体的力量对企业的经营活动实行更有效的监督，以保护整个行业根本的和长远的利益，并惠及整个社会，包括对政府的反腐倡廉发挥重要的促进作用。这是一个值得重视的民间预防和反腐败机制，国外的经验证明了它在这方面的价值。

中国目前虽然建立了一些国家和地方的行业组织，但由于其建立的目的并不是旨在预防和反腐败的，所以没有在这方面确立相应的监督职能，预防和反腐败的功用不强。在中国目前市场经济刚刚起步的阶段，为了促成市场机制的发育，应鼓励和支持企业间开展法制范围内的市场竞争。但是，这绝不是允许企业间进行不正当竞争。目前中国有些行业间的不正当竞争愈演愈烈，不仅在国内市场是如此，在国际市场也是如此。为了确立有利于自己的营销形势，竞相压价，直至以高额回扣等不正当手段去占有市场，结果造成市场的无序状态；对外则造成国家资源、资产的巨额损失。此外，就我们讨论的范围来讲，企业间的不正当竞争，特别是在与政府部门及其公务人员打交道时的行贿及非法给以回扣等行为，导致了严重的政府部门及其公务人员的腐败现象。针对这种状况，在中国目前建立、健全行业组织，加强行业监督，完善行业监督机制是十分必要的。当前应当对这方面的工作做一个通盘的考虑，统筹兼顾。首先应当健全目前已经存在的各种、各级行业组织，重点加强其行业监督职能。还应当新建立一些专门的行业监督组织，诸如"商业改进协会"、"企业正当竞争协会"之类，除了负责协调商业或企业间的关系等工作外，还应当重点负责规范行业营销行为，确立和监督行业道德准则的遵守。行业组织除了协助本行业的商业、企业建立上述自我规范、自我约束的机制以外，还应当建立、健全全行业的行为规范和道德准则，并对全行业进行经常的、有效的监督。如果中国的各级、各类行业都能做到廉洁自律，那么，中国的政府部门及其公务人员、全社会的预防和反腐败就会取得明显的成效，国家和社会的清明、廉洁就是可望而又可及的事情了。

6. 建立、健全反腐倡廉的教育机制。教育对于国家和社会之重要，早已为执政党和国家、社会上的有识之士所重视和强调。但是，教育对于反腐倡廉的重要作用却没有受到应有的重视和强调。应当从反腐倡廉的根本大计和长远战略上考虑和对待教育问题。把人教育好，无论是做官为民、务工经商、从事农桑渔猎都做到清洁廉正，腐败之事自然就不会发生。教育对于预防和反腐败之重要性，怎么估计都不会过高。在中国的社会主义现代化建设中，百业待兴，工作千头万绪，但绝不能忽视教育的地位和作用，其中包括教育对于反腐倡廉的地位和作用。针对中国目前的状况，我们应该从以下几个方面加强反腐倡廉的教育：

（1）进一步加大新闻媒介宣传教育力度。建议电台、电视台设立固定的反腐倡廉节目，采取各种生动活泼、有吸引力的形式进行宣传教育，报刊也要开辟反腐倡廉专栏，多发表一些评论性报道，并多介绍国外一些反腐倡廉的经验和做法。

（2）举办反腐倡廉的讲座、交流会和研讨会。目前中国一般只是在纪检和检察机关以及有关的学术机关较多地举办有关反腐倡廉的讲座、交流会和研讨会。应逐步向社会全方位地普及开来。

（3）制作和使用带有反腐倡廉信息的宣传品、宣传广告和日用品。街头树立的宣传广告除了一些政治性和文明性的标语口号之外，也应适当增加一些反腐倡廉的内容，如"行动起来，反贪污、反腐败"，"领导干部和公务人员要做廉洁的公仆"，"人人自律、清正廉洁"，"伸手必被捉"，"贪财害己、毁家误国"等。要制作一些宣传单张、小册子、海报、挂历、贴纸等，便于向民众发放以收宣传之效。如果把反腐倡廉的有关信息印制在日常生活、学习、办公用品上，更会使公众在日常接触这些用品时，起到潜移默化的宣传教育之效。

（4）主办或协办各种类型的有关反腐倡廉的公开活动和比赛。如辩论大赛、知识竞赛、标语制作大赛、影视创作比赛、征文比赛等。还要经常举办一些生动活泼、丰富多彩的活动，如综合晚会、卡拉 OK 演唱、反腐败展览、文娱活动等，寓教于乐，使公众经常受到反腐倡廉的熏陶和教育。

（5）建立谈心和交流机制。上级领导对下级领导，本单位领导对全体职工要建立定期的谈心和交流制度，要了解和关心领导干部和群众的疾苦，帮助他们及时地解决一些切实的困难问题，这样可以有效地避免许多贪污、腐败行为的发生。在现实生活中，一些领导干部和群众本来早已发现了有关贪污、腐败的现象或苗头，但听之任之，未加及时地疏导和纠正，结果酿成违法事件，给当事人、单位乃至社会和国家都造成了损失，这种状况应当尽快改变。

（6）在学校教育的德育课程内增设反腐倡廉的内容，使学生从小学至大学都要接受反腐倡廉的教育。教育乃为树人的长远大计，倘能如此，定会收到良好的成效。

以上诸项可能都是不起眼的小事。但事小却关系重大，切莫以为事小而不为。反腐倡廉是一项综合的社会工程，只有从大处着眼、小处做起，一点一滴，积沙成塔，才能在中国建立起反腐败的堤坝，筑成清明廉洁的万里长城。

第四部分
宪政视域下的检察制度与检察改革

一、民族地区司法机关的国家性及司法干警的国家认同和忠诚 *

对于民族地区的司法机关的国家性及司法干警的国家认同和忠诚问题。笔者个人认为，这不仅在我们民族地区是一个有现实理论和实践价值的命题，就是在其他地区也是有意义的。

（一）中国宪法规定和宪法结构中的司法机关的法律地位问题

在制定 1982 年宪法时，为了与西方的"三权分立"的政治体制彻底划清界限，在我们制定的宪法中拒绝使用西方"三权分立"体制必然要用到的"立法"、"行政"、"司法"的概念和术语。大家不难发现，在我们现行的宪法文本中，确实见不到这三个字眼。但是，这并不表明，中国的政治体制中就没

---

* 本部分内容为笔者于 2002 年 5 月 18 日做客西藏自治区山南地区人民检察院时所作的学术报告。

有这三类性质的国家机构。宪法明文规定，全国人大行使国家立法权，制定和修改刑事、民事、国家机构的和其他的基本法律；全国人大常委会制定和修改除应当由全国人大制定的法律以外的其他法律。这一规定表明，中国虽不设立专门的立法机关，但宪法安排最高国家权力机关行使立法权。宪法虽然规定国务院，即中央人民政府是最高国家行政机关，但同时也规定是最高国家权力机关的执行机关，一身二任，并不是典型的行使行政权的行政机关。宪法上并没有出现"司法"或"司法机关"的字眼，但这也不表明中国就没有"司法机关"。事实上，宪法在"国家机构"中专设一节规定"人民法院和人民检察院"，实质上就是规定了中国的"司法机关"，我们在宪法文本中只是不这样称呼罢了。这么说，是不是说中国宪法在玩文字游戏，没有什么实质意义呢？不是的，中国对司法机关的这种宪法安排，突出了中国政治体制包括司法体制的中国特色。我们在学理上将此种宪法安排称作是"双轨制"或"双驾马车"式，即中国的"司法机关"是由两个完全分离的机构共同组成的，除了在司法业务流程上依照相关法律的规定建立确定的相互关系，机构各自成系统，互不统属。两个系统各自分工负责，相互配合又相互制约，共同承担国家的司法使命和相关职权。

宪法上还有一个对检察系统的特殊规定，就是中国的检察院是国家的法律监督机关，承担国家的法律监督职能。之所以做这种宪法安排，是从国家总体的政治结构职权协调方面考虑的。在中国有着多重的监督系统，政协的、人民的、国家机构上下级的，但宪法规定的两个监督系统都是刚性的，是上升到国家体制层面的。一个是宪法监督，由全国人大和全国人大常委会负责，这是最高级别的监督，再一个就是法律监督，是仅次于宪法监督的监督。为什么中国要通过宪法并确定由检察院行使这项监督职权呢？这是有原因的，从中国总的政治体制上看，前面说了有个最高级别的宪法监督，此外，由于执政党在国家中的领导地位，又鉴于中国现时国家体制内的公务人员特别是其中的领导人员大多数都是执政党的党员，所以，执政党在执行对自己组织内党员的纪律检查时，在情势上很难做到把党员和国家公务人员分开进行，于是，执政党的纪律检查机构就在实际担负起了对党员干部特别是对国家机构中的领导党员干部的纪律检查，当然，国家机构中也设立了专门的对国家公务人员的行政纪律的监察机构，但党、政的这两套机构从很早就开始了"合署办公"，直到现在也没有分开。这样一来，凡是违反了执政党的纪律和国家行政纪律的党员干部特别是其中的领导干部，就由党的纪律检查部门和国家行政监察机关先行调查并作出纪律上的处分或不处分的决定。一旦查实有关的错误已经触犯了国家法律，就转交由检察院进一步侦查、调查，并依据事实决定是否向人民法院提出犯罪的指控。在初查、进一步调查、起诉、审判、判决、执行这一系列的环节中，检察机关都是以某种特定的形式参与或应该参与其间。如果没有检察机关自身的活动，如果检察机关没有参与、引导、监督公安、法院的活动，中国的司法机关和司法活动就根本不可能运作起来，检察院的重要地位和作用由此可见一斑。由此可见，中国宪法将司法机关分设两大分立的系统绝不是偶然的，也不仅仅是对列宁关于检察思想的信奉和对苏联检察体制的简单模仿，更主要的是基于中国政治体制的总设计考虑的，是为了强化中国的法制，更好地实现国家的司法职能与价值而精心安排，并由宪法确立和固定下来的。

（二）检察院以及法院的国家属性问题

这个问题在宪法制定和颁布实施之后就提出来了，并且一直存在着模糊的认识。原来，在中国这个多民族的统一大国中，我们并没有实行世界上其他许多大国那样的联邦制，而是根据马克思列宁主义的民族理论和国家的实际国情并参照历史经验，实行的是民族区域自治制度，在一定少数民族聚居人口相对集中的聚居地建立民族自治区、自治州、自治县（旗），设立自治机关，由该建立自治单位的同一个或几个少数民族实行自治。西藏自治区就是其中的一个。按照宪法的规定，自治区、自治州、自治县的人大和人民政府都是民族自治地方的自治机关，而没有规定民族自治地方的人民法院和人民检察院是自治机关，这就引发了一些人的疑问，为什么民族自治地方的人民法院和人民检察院不是自治机关呢？原来这也是根据国情而设计的。在中国，既是多民族国家实行民族区域自治，又是统一的国家实行单一的政治体制，而司法系统，无论是法院行使的审判权还是检察院行使的检察权，都属于国家的重要权能，又为了维护这两项权能的完整性和统一性，最适宜也最应当专由国家统一行使。这两项国家权能不像立法权能和行政权能那样，可以在中央统一立法的框架下和国务院对全国行政机关实行统一领导的前提下变通执行，而且宪法还赋予民族自治区、自治州的人大有制定适应本地区特殊需要的自治条例和单行条例的权力。而在民族自治地方的法院和检察院则不具有这项权力，既不能对国家的法律变通执行，也不能对国家的法律作出适合地方情势的独自的司法解释，而必须依照国家的法律，民族自治地方的权力机关作出或制定出来的单行条例和未来制备的自治条例行使国家的审判权和检察权。这就是说，民族自治地方的法院和检察院在国家的宪政中属于国家司法系统中的一个组成部分，而不是自治机关。

这就又引出了如下的问题，即我们民族自治地方的检察院通常都会吸收一部分少数民族的人员作为干警而从事检察工作。作为少数民族的一员，无论在民族情感上，还是民族认同上抑或在民族忠诚上都会自然地表现出对本民族的亲近、依归和忠贞之处，这是朴素的民族感情，我们每个身为某一民族成员的人通常都具备这种民族感情。但我们也不应忘记，在我们身处某一民族的同时，我们又是各民族构成的更大的民族集合体，即我们通常所说的中华民族的一个成员。这个超大的族群不仅是中国 56 个民族共同的集合体，而且构成了我们国家的民族基础。中国在近代通过革命实现了由"家天下"和"军阀割据"的国家形态向民族国家的转变。这个国家形态的转变既是与中华民族亲密结成和认同同步的，也是其必然的结果，这是中国近代史上最具有重要意义的转变之一，也适应了世界性的民族国家形成和发展的潮流。中国在国内取得的巨大进步与发展成就，以及在国际地位上的极大提升，都是在中华民族的团结基础上和民族国家合力建设上取得的。基于这种体认，我们在民族自治地方做检察工作的干警，无论是属于哪一个具体的民族，都应当在朴素的个体民族亲近感情、认同和忠诚的基础上，自觉地提高对中华民族的亲近感、认同度和忠诚。

以上所述，其实不应仅仅单纯地看做是一种思想上的说教，这同时也关乎到宪法理论和宪政学说上的一个重大的理论与实践问题，即关于"国家建设"中的"一体化"价值观念和制度的建设问题。在宪法理论和宪政学说中，一个重要的恒久的价值体系包括观念体系和实体体系，是将一个千差万别，国情、社情、民族情极为错综复杂的社会分支整合为统一的大社会体系；与此同时，在一个多民族的国家，通过具体的制度设计将各个民族联合成为一个更大的统一的族群或族体，从而形成统一的民族国家，整合的社会和统一的国家是实现社会发展目标和国家进步理想的最基础的条件和载体，全部人类的社会和国家发展史从总的历史趋势上看，都是在这个轨迹和方向上前进的，只不过以往的社会和国家的这种发展方向并不总是被人们意识到并被自觉地把握的。人类智识发展到近现代，对于社会和国家发展的智慧积累和技能的把握，都不仅达到了高度自觉的程度，而且运用到了娴熟的地步，特别是人类发现并普及开来的"以宪法为山峰，以法律为峰谷"的宪法和法律观念和制度体系，以及建构了以宪政为核心的国家深层次的制度体系之后，社会和国家的治理、发展都逐渐转移到宪法的规范体系和宪政的规制体系上来，这是全人类或迟或早都要走的路，并且事实上绝大多数的人类社会和国家都已经走上了这条社会和国家治理与发展的道路上，中国自然也不例外。自清末以来，中国就义无反顾地走上了社会整合与民族国家统一的现代道路，无论其间发生过多少挫折与坎坷，这个大的发展方向是不变的，没有人改变得了。中国的现行宪法和宪政也忠实地遵循了中国近代以来的发展方向，在社会整合和民族国家建构上注入了更加强烈的观念意识和制度、机制建构。这就是说，中国现行宪法和宪政关于中华人民共和国是统一的多民族国家的规定，关于民族团结和国家统一的规定，关于统一的宪法监督和法律监督的规定，关于民族区域自治制度的规定，关于一国两制的规定，关于统一的国家政权的规定，关于国家统一司法制度的规定，关于提倡普通话的规定，关于国徽、国旗、国歌等国家象征的规定等，从宪法理论和宪政学说上看，这都是有关"国家建设"的具体内容，这些内容及其全面实施，既是有关加强国家一体化建设大方向的确定，又是建构一体化的社会和国家的具体制度设计和路径选择。我们大家都应当从这个宪法理论和宪政实践的立场上来认识和对待这个问题。现在宪法学术界对这个问题研究得还很不够，这是需要认真改进的。作为从事司法实际工作，特别是从事法律监督的检察系统的干警，都应当率先垂范，以自己模范的行为和卓越的业绩向人民和国家交上一份对中华民族的认同和对统一国家的忠诚的答卷。

二、宪法与宪政视域下的检察改革[*]

有关宪法和宪政与检察改革中的一些理论与实践问题笔者主要谈三个部分：第一部分讲一讲宪法发展的一般历程以及宪法的修改问题；第二部分讲宪法框架和宪政体制下的法律监督的基本原则；第三部分讲检察改革与人民检察院组织法修改中涉及的几个与宪法和宪政有关的理论与实践问题。

（一）宪法发展的一般历程及其修改

宪法作为国家的根本大法，在西方有着古远思想和哲学理论背景的发展史，同时也有着古远的法律实践作为宪法缘起的历史，但宪法理念的初步成型和逐渐成熟发生在西方以文艺复兴为主要潮流的人文运动时期，特别是发生在 17、18 世纪曾经盛极一时的启蒙运动时期。

启蒙学者们致力于解除神法和经院哲学在漫长的中世纪对人们思想的禁锢，倡导以天赋人权、自由平等为核心内容的自然法思想，从而极大地解放了人们的思想，到了公元 17 世纪中末期，以英国的洛克和法国的孟德斯鸠为代表的启蒙学者不仅集自然权利学说为大成，而且为适应新兴的资产阶级势力登上历史和政治的舞台展现了其全新政治力量的需要，

---

[*] 本部分内容为笔者于 2004 年 8 月 27 日做客河南省郑州市人民检察院时所作的学术报告。

开始为如何建立即将诞生的资产阶级政权进行谋划。出于对封建专制制度的反鉴之道，他们心目中的资产阶级新型政权应当是民主的而非专制的，是权力分散型的而非集中型的，他们全部政权的设计都是围绕着如何防止独裁和使人民免遭专制而陷入水深火热之中。在我们直到目前还一直强烈拒斥的西方"三权分立"的政治理念和体制，其实是对前封建政权深刻反思的成果，本身具有时代的进步意义和开明的政治价值。到 18 世纪北美独立之后，以一批曾在英国接受"正统"教育的所谓美国"制宪先父"们，由于深受洛克思想的熏陶并坚信不移，于是以新生美国政权的建立为基地，全面地贯彻了洛克、孟德斯鸠等人的政治思想和政治设计，特别是其中"三权分立"思想和设计，结果在西方世界第一次建立一个典型的"三权分立"的政权，开启了西方政治国家建立的新时代。

作为西方思想解放特别是启蒙思想广泛而深入传播的结果，除了建立全新的资产阶级政权之外，还产生了另一个重大的副产品，那就是"以宪法为山峰，以法律为峰谷"的西方宪治与法治。我们今天所耳熟能详的"法治"，在西方除在早期的德、法等国以单纯的"法律之治"的理念和形制出现过以外，到 19 世纪中后期，欧洲普遍立宪运动兴起之后，就只在宪法的框架下，在宪治的统摄下实行。我们今天在中国实行的依法治国，建设社会主义法治国家，严格说来应当表述为"依宪、依法治国"，"建设社会主义宪治和法治国家"。中国目前包括政治、法律实务界和学术界对这一关键之点至今没有深切的体认。这一点并非难以理解，宪法和宪政并非是中国土生土长的成果，而是西学东渐、中体西用的产物。我们中国开启立宪进程，倡导宪政已有一百多年的历史，从清末的君主立宪，中经孙中山先生在辛亥革命之后制定的资产阶级性质的宪法，又经北洋军阀和国民政府的一系列立宪活动，再到中华人民共和国成立之初直至今天多次制定和修改宪法，中国早已踏上了宪治、法治的道路。中国从倡导立宪、实行宪政的那一刻起，就在实际上开启了融入世界大家庭的进程，应当以开放的心态肯定中国的立宪和宪政是世界性立宪和宪政大潮中的一个重要的组成部分，中国的宪法和宪政尽管与西方的宪法和宪政有着重大的内容差异，但宪法的形制是一致的。从宪法和宪政多样性、开放性的观点看来，独具中国特色的宪法和宪政同样是世界性宪法和宪政森林中的一棵千尺高树，或世界性宪法和宪政百花园中的一朵奇葩。在宪法和宪政方面，我们绝不应当妄自菲薄。但也应当看到，中国的立宪和宪政建构的历史毕竟只有一百多年，比起西方漫长的几百年乃至上千年的历史来说，我们的宪法思想和立宪与宪政建设的积淀毕竟还浅。事实上，我们是在西方列强的欺凌下有些迫不得已才从西方借用来的治国工具，诚所谓实行的是"拿来主义"。从某种意义上来说，我们至今仍然还处在取其"形"，而非理解其"神"的状态，于是我们在立宪主义、宪政的深层次结构性机理，以及宪治与法治的相互关系方面的理解还远没有达到深邃的地步，直至存在诸多的偏差乃至误区，就不足为奇了。重要的是我们必须对此有所认识，并开始有所改进才是。

我们今天在有关检察改革的报告中之所以对一般性的宪法和宪政的话题谈了这么多，绝不是不扣主题之举。实际上是与检察改革的主题密切相关。中国的检察体制是在中国的历次宪法中都明确规定了的，也是宪政体制中自改革开放以来一直处在国家政权高层的稳固结构体系之中。这表明中国的宪法制定和宪政建构是极为重视检察机构和体制的。政治界和学术界通常认为，因为宪法是国家的根本大法，宪政是国家基本的政权结构，所以凡是在宪法中占有一席之地的国家机构以及其他相关内容，都被认为是重要的和具有特定的价值，本质上体现了全国各族人民的根本意志和最高愿望。这也意味着中国的检察体制是由国家的根本大法确立下来的，也是深嵌在国家宪政体制中的，任何随意提出撤销检察建制的意见，无论是来自何方，都必然要面对以宪法和宪政最高合法性作为检察体制保障这一屏障问题。要想穿越这一屏障，绝非易事，尤其是对于个人或少数学者来说，仅凭一己书生之见就想在中国撤销检察院建制，几乎不可能。

（二）宪政体制确立的法律监督的基本原则

为什么要讲这个问题？因为在新拟定的人民检察院组织法草案（修改稿）中，对有些原则给予了确认。在 1979 年制定人民检察院组织法时，正值改革开放初期，当时鉴于"文化大革命"的惨痛教训，痛定思痛，从治国理念和方针上感到有"加强社会主义民主，健全社会主义法制"的必要，但对于支撑民主和法制的理念或原则尚缺乏深刻的体认，所以那时制定的人民检察院组织法及同时制定的其他 6 项法律都缺乏相关理念或原则的明确表述。这次在拟定的修改稿中作出了明确的表述，主要有以下内容：

1. 客观公正原则。修改稿中用"客观公正"的表述，具有强烈的法理蕴含。近代以来世界各国所建立的检察体制，无论其外在形制有多大的差异，但其内含的原理都是基于检察体制运作的"客观性"，在西方国家的检察理论中，特别是在德国的检察理论中，"客观性"得到了高度的强调。因为检察机关只有秉持客观的立场，即站在国家这个公共权力的最高平台上，其全部活动和最终目的都是以客观、公正的立场维护国家法制的统一和权威，务使国家的利益不受侵害。在诉讼的两造之间，也不支持或袒护任何一造，只是以维护国家利益参与诉讼活动，一如法院在诉讼当事人之间居中作出公正的裁判一样。所谓"公正"，就是法理上通常表述的正义原则。正义是人类社会自古以来都在努力追求的价值理想，作为人类控制社会的工具，法律更是以实现"正义"为最高目标。在中国宪政体制中，将人民检察院同人民法院并列作为司法机关的政治设计，意在表明通过彻底地检审分离而实现司法公正，因为西方检察机构设立的初衷，就在于克服以往警检不分、检审合一这一极容易导致警察滥权和法官专横的弊端，以实现最基本的司法公正。正义原则永远都应当作为法律、司法的基本原则，中国自然不能例外。只是过去重视和强调不够、体认不深，今后应当格外地加以重视和强调，在检察实践中致力于实现这一原则。

2. 平等原则。中国宪政体制确立的法律监督的另一项原则，就是平等原则。正如前面讲过的正义原则一样，平等也是一般宪法和法律原则。中国宪法对此有明确的规定，一般的法律规定和司法实践也应当而且必须确实贯彻平等原则。只有实现人人在法律面前平等，彻底摈弃一切人与人之间的不平等地位和待遇，不允许任何人享有和实行超越法律之上的特权，才有希望实现社会公正和正义。同样，要实现社会公正和正义，也必须保持人人在法律面前的平等地位和资格，正义与平等如影随形，不可分离。中国在历史上是一个讲究身份、地位和自然出生辈分的社会，这就是说，人与人之间不仅在实质上，还在身份和地位上都不是处于平等的地位，社会特权包括法律特权不仅得到道德伦理上的承认，甚至还要得到法律上的保障。这早已成为中国古代社会的一个显著特征，沿袭既久，积淀成习，遂而成为传统。现在我们要在全新的社会条件下实现法治，就必须直面以往这个传统的深刻影响。我想我们检察机关在这方面尤其担负更大的责任，坚定地贯彻法律面前人人平等原则应当成为中国检察机关永远恪守的原则。

3. 法治原则。中国法律监督另一项必须恪守的原则，在法律规定和学术表述上通常称之为"法治原则"，"法治原则"确实是当代中国乃至世界许多国家奉行的基本原则，司法机关包括检察机关自然也不能例外。但在中国宪法和宪政语境下，愚以为更为准确的表述应当是"合法性原则"。当然这种"合法性原则"与一般政治理论上和法律理论上通常所说的"合法性原则"不同，这里并不是一般"合法"意指的民意基础或其他"合法性"依据，而是意指人民检察院作为法律监督机关，由宪法和其他法律特别是人民检察院组织法的规定，只对公民个人和部分国家机关、社会团体或组织对"法律"的遵守和执行实施监督。在中国宪政的总体设计中，并不存在"一般的"或"普遍的"司法检察，即对国家的政策和政令等是否得到遵守和执行进行全方位的、无所不包的监督，一如过去苏联曾长期实行过的"一般监督"那样。在中国宪政的总体设计中，将国家层面确认的监督分为三个层面：第一个层面是对违反执政党的纪律和国家纪律的监督，交由执政党的纪律检查委员会和国务院体制内设的对国家公务人员违反国家纪律进行监督的监察部负责；第二个层面的"监督"是所谓的"宪法监督"，由宪法明文规定由最高国家权力机关，包括全国人民代表大会和全国人民代表大会常务委员会负责的监督；第三个层面的"监督"就是宪法规定的由国家专门设立的各级人民检察院负责的"法律监督"。这三个层面的"监督"既相互关联又相互区别，既各自负责又相互配合，统一构成国家层面上的"监督"。在法学界包括检察理论界，通常对党政纪检机关的纪律监督能够有正确的区分和体认，但对"法律监督"与"宪法监督"的关系则不甚了解，甚至存在很大的误区。在检察学理论上，通常认为的那种"法律监督"是一个大概念，它囊括一切监督，甚至包括"宪法监督"的认识是不准确的。从宪法规定和宪法理论上看，"宪法监督"是一个更高层次的也可以说是最高级别的"监督"，这是由宪法作为国家根本大法的法律地位和最大法律权威所决定的。在世界上，通常都是将宪法监督作为国家最高层次的"监督"，中国在这方面并不例外。只是西方国家没有单独设计一个称为"法律监督"的层次和专门机关，在这个层面上的监督通常都是统一汇入"宪法监督"的体系与机制之中。中国虽然将"法律监督"与"宪法监督"分别建制并实行不同的监督机制，但是它们之间并不是截然分开的，但无论如何，总不能将"宪法监督"归附于"法律监督"的框架和运行体系内。中国宪法和宪政观念长期处于薄弱状态，得不到正确的体认，由此可见一斑。总之，在这个"合法性原则"确实需要学术界包括检察理论界更深刻的体认，这不仅关系到检察院性质和司法机制的明确确立，也关系到检察改革的方向，以及如何将检察院的建制与工作机制更好地服务于中国的宪政等一系列更大的理论与实践问题。

4. 独立行使检察权原则。这在宪法和人民检察院组织法中都有明确规定。从最基本的意义上来说，包括检察权和审判权在内的所有司法权都应当是独立的，但司法独立实质上应当是指检察官和法官的职务身份独立，然后才是行使司法权独立，以及财政独立等。如果检察官和法官委身于人，事事受制于人，甚至财政也时时求助于人，就根本不可能秉公办案，也就失去了司法公正和正义的本质和价值。因而，司法独立是实现司法公正和正义的最根本的保障，这是世界法学界和实务界都公认的一种制度建构。

宪法和人民检察院组织法都明确规定检察权的行使是独立的，不受任何组织和个人的干涉。这需要全社会特别是政治层面的保障，也需要检察机关和检察官坚持原则，利用宪法和法律的武器维护自身行使检察权的独立。

5. 接受监督的原则。检察院作为法律监督机关自身也是需要监督的，凡是民主社会的公共权力机关都是要接受人民监督的，对于人民来说，所有公务人员包括检察官和法官都是公仆，都是为人民服务的，向人民负责，接受人民的监督理所当然。从检察机关自身来说，越来越强烈地意识到这种接受监督的必要性和重要性，甚至在检察理论界也不断提出和研究"监督者要不要接受监督，以及由谁来监督和怎样接受监督"这样的问题。在实践上，也在不断地探索这种监督的途径和方式，特别是"人民监督员"制度的推广和普及，使检察机关接受来自人民群众的监督具有形制化和可操作性的特点，值得认真地加以总结。

笔者看来，一个成熟的政治智慧，应当认真看待对包括一切公共权力机关在内的监督问题。事实上，这在政治和宪政语境下是一个如何实现所谓"直接民主"的问题，是一个极其复杂的理论体系，也是一个浩大的社会工程，一般都是以形制化的形式进行制度设计，通常不会考虑面对面的群众直接监督的形式。总之，这方面的理论体系和制度设计涉及一些复杂的机理，需要我们包括检察机关在内的公共权力机关深入地进行研究。

6. 实事求是，重证据、不轻信口供原则。其是法律监督又一个极具中国特色的基本原则。之所以称此原则极具中国特色，是因为这与西方国家的法律证据理念有着很大的不同。在西方国家，首先并不用哲学语汇"实事求是"来表述"法律事实"的情景。西方国家的法律诉讼，一切以法庭认定由双方当事人提交，并经过质证程序的"证据"作为判决的依据，即使在刑事诉讼中，由检察官提交的证据也必须经过法庭的确认。在一些情况下，所提交和确认的证据并不一定就是反映客观实际上发生的事实行为。当"客观事实"与通过证据确认的"法律事实"有不一致的情况时，西方国家的法庭通常只以"法律事实"而非"客观事实"作为判决的"事实根据"。在此刚性的证据规则下，在西方的法律理念和证据决定"法律事实"的规则下是不可能为"实事求是"的哲学语汇留有使用的余地的。

除此之外，在西方国家，在证据的采信上还有一个刚性的规则是务必恪守的，那就是证据必须在合法取得的前提下才能被法庭采信，一切以非法的手段包括通过"酷刑"取得的证据都不被采信，这就是所谓的"毒树之果"的排除原则。而在中国的诉讼中，所采取的证据原则是"重证据，不轻信口供"，这虽然可以有效地提高办案效率，节约诉讼成本，但由于实际上并不禁止"毒树之果"的使用，故也在客观上造成了以非法手段取得口供现象的不断发生，包括刑讯逼供，以致在过去相当长时期的司法实践中逐步演变成为一种司法痼疾，至今纠正起来都很难。我们检察机关作为国家的法律监督机关，应当率先垂范，严格遵守各项法律对检察官的规范要求，坚守正确的、合法的检察工作原则。

（三）检察改革与人民检察院组织法（修改稿）中涉及的几个与宪政有关的理论与实践问题

这其中要谈的问题很多，限于时间，只能扼要地谈一些粗浅的意见。

1. 法律监督在宪法监督中的地位与发展前景问题。在检察理论界，有一种普遍的学术倾向，就是对法律监督取其大概念的学术立场，认为宪法和人民检察院组织法规定的法律监督应当囊括对全部法律的监督，包括宪法监督在内。这种学术立场只有在极其简单的三段论的论证下才能站得住脚，这种循环论证在法学界被一些学者包括宪法学者经常采用，其逻辑推论是这样的：是法都要由检察院加以监督，宪法也是法，所以宪法要受检察院的监督。这种将宪法视同一般的法律，在法学界并不鲜见，有一些法学者曾不断提出并论证：宪法和普通法律都是由全国人大制定的，所以没有高低上下之分，不论是宪法还是普通法律既然都是由同一个最高国家权力机关所制定，就处于同等的地位，所以在普通法律的法案前言上就不该规定："依照宪法制定本法"之类的立法根据。在法律监督方面也是这样，既然宪法也是法，也是由全国人大制定的，自然就应当接受作为国家法律监督机关的检察院的监督。其实，这种学理意见是根本站不住脚的，正如前面刚刚讲过的。宪法和人民检察院组织法规定的法律监督是一种狭义上的监督，既不包括对政令、政策和国家纪律的监督，又不包括宪法监督。宪法监督是宪法明文规定的，基于宪法是国家最高法律和全国人大是最高国家权力机关的基本理念，在学理上所认为的宪法监督是国家最高层次的监督，是不应当被否认的，这在全世界的宪法理论上都是公认的。除此之外，宪法上关于其最高法律地位和最大法律权威的明文规定，也是对宪法监督是最高层次的监督的最有力的确认。由此看来，从宪法和宪政的视域上看，宪法监督是最高层次的国家监督，在西方国家，事实上宪法监督自然地包含了法律监督，因为在西方国家那里，根本就没有确立一种如同中国那样的法律监督的理念，更没有在法律制度的设计上，建构一种专门从事法律监督的机关。而在我们中国，本来宪法监督也是应当而且能够包含法律监督的，只是由于中国特殊国情的考量，才将法律监督从宪法监督中分离出来并变成一种独立的理念，而且更重要的是建构一种专门从事法律监督职能的机关，即人民检察院。

至于法律监督在中国发展前景问题，笔者个人是非常看好的。一者，中国的法治早已走上正轨，检察体制已经步上了正常、稳定发展和进步的坦途，重大的挫折、坎坷的历史悲剧不会重演；二者，法律监督在国家宪政和法治中的重大功能和价值，已经越来越得到社会和国家各方面越来越深刻的体认，特别是得到执政党和国家最高决策层的重视，这无疑是对法律监督职能的强化和检察制度的完善的极大利好因素和政治保障；三者，基于检察体制内加强法律监督的工作热情、主动性和不断推进改革的强烈愿望，业内主动启动和推进的改革举措频出，且取得了可喜的成果；四者，来自法学界特别是来自宪法学界对检察理论与实践的研究不断得到推进，包括笔者本人在内的一些宪法同行近10多年来相继深入从事检察理论与实践的研究，包括承担最高人民检察院理论研究所的一些重点和重大课题、文章和专著。更令我辈宪法学界同仁感到鼓舞的是，这种专业性研究越来越得到最高人民检察院领导、实务界和政治界的肯定、赞誉和支持。这对于增益检察理论水平，加大检察体制改革的力度，无疑都是十分利好的因素。

除了以上学术层面和改革方面具有光明前景之外，从国家的宪法、宪政的视域上看，不仅全部检察职能的重要的位和作用逐渐得到彰显，还在一些专门的领域，特别是在反贪领域，随着执政党和国家反腐败力度的不断加强和建设清明政治的深度需要，已越来越受到检察机关的重视，其反贪的功能和效用也不断地得到增强，并且社会普遍的肯定度也越来越显现。所有这一切，个人认为检察机关及其发展前景是很光明的，也是值得期待的。

2. 检察院的独立建制问题。在西方国家，尽管随着检察业务不断得到重视和加强，检察机关有独立建制的发展趋势，但至少在目前尚未见有独立建制的成例。在美国，总检察长是由司法部长兼任的，法院内设检察官，有时临时聘用律师做检察官；在英国，总检察长被视为公共利益的代言人，有权提起公益诉讼；而在北欧的丹麦则实行检警一体的体制。不论世界各国在检察体制上有多少形制上的变化，其实都是组织形式上的外在变化，其核心的问题始终是使检察业务适应国家宪政、法治的需要，以最大限度地保障实现司法公正和社会正义。从这个核心的检察价值上看，其外在的形制并非一定应该以独立建制为依归。然而这并不是说，检察院的建制就是一个不重要的或不值得关注的问题。事实上，中国检察院的建制除了宪法安排和政治体制的总体设计需要之外，更重要的还在于通过独立建制，以更好地、综合地履行检察院多项功能，特别是履行法律监督功能，无论如何，独立建制在任何政治体制和权力结构体系中都有强化其功能的期待。从这个意义上来说，西方国家的三权分立也是基于分工有利于实现各自分立部门的功能的考量和设计的结果。中国检察院独立建制除了上述普遍性的功能期待以外，还集中了干警专配，机关系统容易领导和管理、财政和办公物品保障等优越性。我们的检察机关无疑应当珍视中国检察体制这一特色，努力做好检察业务工作，更好地为实现国家的宪政和法治作出贡献。

三、宪政与检察改革 *

有关宪政与检察改革的内容。笔者主要谈两个问题：一是检察机关在我国宪法和宪政中的地位和作用问题；二是我国检察改革在今后的大致走向与构想问题，以及人民检察院组织法修改的相关问题。

（一）检察机关在我国宪法和宪政中的地位和作用

以往我们国家的司法改革，包括检察改革，都是从部门法意义上来谈的，没有提高到宪政的高度来认识。这和法学界长期以来对宪法不重视，对宪政不重视有关。因此，检察改革长期停滞在部门法的领域，只有部门法的专家研究这个问题，没有深入到宪政的层面来认识我国的司法改革和检察改革的方向问题，这在一定程度上造成了思路上的混乱。一些比较年轻的学者，受到西方的教育，认为司法改革就是法院改革，没有正确认识我们国家特有的检察制度。

现在情况有所变化，人们对宪法地位的认识越来越高。宪法是宪政的基础，不能仅仅停留在观念上。有些西欧、北欧的发达国家为什么还保留君主制？因为他们的君主是统而不治，人民也已经认可，国家已经稳定在这一制度上，这是宪法确认的，在宪政上已经定型化。有人提出要取消王室，并不那么容易，因为这是宪法和宪政层面上的制度，不是说改就能改的。同样的道理，我国的检察机关及相关制度，也是宪法上规定的，是宪政上实行的国家政权体制的一个重要环节。在当前情况下，我们可以探讨和研究检察改革，因为我国的检察机关以及相应的检察制度与宪法的规定还有些脱节的状况，其机关和

---

* 本部分内容为笔者于 2005 年 11 月 26 日做客珠海市人民检察院时所作的学术报告，刊载于《珠海检察》2005 年第 2 期。

制度本身也不够健全和完善，还不能完全适应社会主义宪治、法治的需要，因此应当加以改革。但有些学术意见是主张取消我国的检察机关。这种意见从宪法和宪政的立场上看有些轻率。因为这关系到宪法和宪政体制问题。司法改革不是想怎么改就能怎么改，想取消检察机关就能取消得了的。检察机关在我国的宪政体制中已经和正在发挥多功能和多价值的法制作用。即使是其中的某个功能，例如公诉功能可以由其他机关甚至由某个新组建的专门机关来执行，但就检察院的总体功能而言，这是目前国家宪政体制中没有任何一个机关可以取代的。我国检察机关在宪法和宪政体制中的独特地位和作用必须予以肯定和重视。因此，我们要进行检察改革。应当而且必须从国情出发，从宪政出发，来研究我国的检察制度。把法律监督放到宪政层面上考虑，理论上会更深一步，在宪政上也会更加完善。

为什么要把检察改革问题放在宪法和宪政的层面上考虑？这是因为宪法不是一般的法律，宪政也不是一般的法制，是由宪法和宪政的独特性质、地位和作用所决定的。全世界190多个主权国家，法律制度千差万别，但除了英国和新西兰是不成文宪法外，几乎每个国家都有一部成文宪法。宪法和宪政的性质、地位和作用，大致有如下几个方面：

1. 宪法把社会公认的价值观和人类为过上美好生活而设计的基本制度固定下来，不是某一集团任意而为，而是社会和国家非人格化统治和管理的总的政治和法律架构。

2. 宪法为国家制度设定了基本的政治法律组织性结构。包括权力结构、分为多少权力，有哪些政治资源、制度存在的合法性和合理性，等等。我国制定1978年宪法时，很多人都主张恢复检察制度，体现出检察制度对我国制度形成的重要作用。

3. 宪法为国家政治形成了基本的行为模式。检察改革单纯从检察制度本身来说可以有各种说法。但是它的性质、地位和作用是宪法和宪政决定的。因此首先要确立它的宪政地位，再来谈制度的改革。如果由于进行检察改革或司法改革而涉及宪法的修改和宪政体制的重大变化，事情会因变得极为复杂和敏感而难以操作。因为在目前的情形下，稳定宪政是事关改革和社会主义现代化全局的根本大计，这是执政党、国家政权和社会各方面的基本共识。我们现在谈检察改革或司法改革，不能脱离这个大环境和大前提。

4. 宪法是确认国家统治合法性的最高规范。司法改革包括检察改革的合法性，要由宪法来最终确认。

下面来看看检察机关在我国宪政中的地位和作用问题。关于检察机关的性质，法学界有不同的看法：（1）认为检察权应当定位为司法权，检察机关是司法机关。这是多数人的观点。（2）认为检察机关是公诉机关。通过公诉，引起一系列的法律后果。（3）认为检察机关是行政机关。（4）认为有司法和行政双重属性。我认为，检察机关在性质上应当被认定为法律监督机关，这是我国宪法确认的，是明文规定了的。但其功能是综合的，多方面的。例如，在某些外国职务犯罪案件比较少。笔者曾经于1998年在丹麦做过一个为期半年的人权保护专题研究，在那里笔者了解到丹麦全国只是在50年前发生过一例会计贪污案，至1999年年初没有发生过第二例，因此没有必要设立像我国检察机关那样的专门机关进行监督，检察机关就是公诉机关，但是我国的国情很不一样，这就决定了我国检察机关的特殊性质、地位和作用。

（二）检察改革以及人民检察院组织法的修改

检察改革势在必行。为什么？首先，这是因为建设社会主义法治国家，实现依法治国总的战略方针要求的。目前的检察机关从其组织机构和工作制度都还不适应这种要求，所以要加以改革。其次，现有的检察机关无论是机构设置、领导体制、工作程序、侦查手段，还是与其他国家机关的关系等方面，本身确有不健全、不完善、关系不顺等方面的情况，因此也需要改革。

说起检察改革，不能不谈到对现行人民检察院组织法的修改问题。现在国家立法机关、主管机关以及法学界许多人士认为应当将检察改革与人民检察院组织法的修改结合起来进行，这是一个很好的思路。确实，人民检察院组织法自 1979 年颁布实施至今，已历 20 多年。在这期间，特别是经过改革开放，社会生活和法律实践发生了很大的变化。对现行人民检察院组织法的修改势在必行。现在，无论是从主管机关，还是从学术界的大多数意见来看，都倾向对现行人民检察院组织法进行大幅度的修改。综合各方面的意见，认为这次修改应从以下八个方面着手进行：

1. 检察机关的领导体制。这是需要修改的重点问题。原人民检察院组织法规定垂直领导，即最高人民检察院领导地方各级人民检察院和专门检察院，上级人民检察院领导下级人民检察院。列宁对检察制度的设计也是垂直领导，但实践中这些设计没有得到很好的落实，并没有形成上下一体化的领导体制。

这次修改人民检察院组织法，应当对领导和决策体制进行修改和完善，大致包括：最高人民检察院和上级人民检察院的决定，下级人民检察院必须执行；最高人民检察院和上级人民检察院可以改变或者撤销下级人民检察院不适当的决定。同时，为了进一步强化上下级检察院的组织领导关系，还应当规定：地方各级人民检察院检察长的人选，由上一级人民检察院检察长提出。地方各级人民检察院的副检察长、检察委员会委员，由本院检察长提名，报经上一级人民检察院同意后，提请同级人民代表大会常务委员会任免。最高人民检察院检察长和省级人民检察院检察长，可以向本级人民代表大会常务委员会建议，撤换下级人民检察院检察长、副检察长、检察委员会委员和检察员。

2. 检察机关的活动原则。随着时代的发展和人们观念的更新，应当对有的活动原则进行概括提炼，并吸收现代理念。应当增加一些新原则，如法治原则、保护人权原则等。还应当确立接受监督原则和人民监督员制度，人民检察院办理直接受理立案侦查的案件应当接受人民监督员的监督。

3. 检察机关的职权范围。其中最重要的是应当增加公益诉讼权，扩大职权，加强检察机关的职能和作用。公益诉讼，就是对涉及国家利益和社会公共利益的民事、行政案件，代表国家提起诉讼或者参与诉讼。在西方国家，公益诉讼的体制比较完善，许多民间的社会组织承担了大量的公益诉讼提起工作，但是我们国家缺乏这种体制。估计这方面的改革会引起争议，学者间肯定会有不同的看法，应当进行深入的研究。

此外，在职权范围方面也应当加以修改，如应当补充对民事、行政诉讼活动的监督权、对限制人身自由的行政强制措施和行政处罚的监督权以及司法解释权等。

4. 检察机关的法律监督的手段和程序。最重要的是应当增加侦查手段，这是侦办职务犯罪案件必不可少的。在对人民检察院组织法的修改中，应当强化有关技术侦查措施的规定。此外，还应当补充规定对政府规范性文件的建议审查，检察长和检委会委员可以列席同级人大、政府、法院的会议，调阅有关机关案卷和其他材料，提出检察建议，等等。

5. 检察机关的组织机构改革。一是对内设机构应当规定：人民检察院根据工作需要，在内部设立若干检察厅和其他工作机构。各级人民检察院内设机构设首席检察官一人，副首席检察官若干人。二是应当规定最高人民检察院和省级人民检察院可以在特定区域、特定场所设置派出人民检察院；地方各级检察院可以在特定场所设置派出机构。这是我国社会变化和加强法治的必然要求。

6. 检察机关的工作机制改革。应当借鉴各国普遍采用的检察一体化原则，规定检察官独立办案，检察长对办案进行领导和监督，检委会讨论决定重大事项的工作体制。同时规定各级检察院的检察厅实行检察官会议制度。检察官会议讨论重大疑难问题。检察官会议对讨论的问题存在重大分歧的，可以报请检察长或者检察委员会决定。

7. 检察机关的检察官任免机制。对人民检察院组织法的修改应当规定，初任检察官从通过国家统一的司法考试，并且具备检察官条件的人员中择优选任。同时还应当增加规定，即上级检察院的检察官一般应当从下级检察院的检察官中择优选任。又特别应当明确规定，由检察官助理升任检察官职位，一定要有严格的条件限制，包括智识、资力、经验等。不能说提就提，更不能行政化地提职运作。

8. 检察机关的检察人员分类管理。现行人民检察院组织法没有规定将检察官与其他类别的人员明确分开，实际上形成了书记员向检察官晋升的状况。今后的修改应当在这方面进行较大改革。检察人员应当分为五大类：检察官、检察官助理、司法行政人员、司法警察和书记员。取消现行的助理检察员职称的设置；检察官助理主要按照检察官的指示协助检察官工作；司法行政人员主要负责管理检察院的日常行政事务和其他事务；司法警察在检察官的指挥下协助收集、调取证据、执行提押、看管、搜查，提供检务保障等工作；书记员办理案件的记录工作和有关事项。这些有利于检察人员的职业化、专业化建设。在西方宪政发达国家，对检察人员和司法人员通常都是按照这种分类进行管理的。笔者认为应当同时增加对检察官的职业保障方面的规定，这是检察独立和司法独立必不可少的条件。

综观法学界，特别是宪法学界对我国目前及今后进行的检察改革和对人民检察院组织法的意见，不少学者大都赞成从宪政的高度来认识检察制度和检察改革。其主要不同意见大致有：（1）人民检察院组织法如何与宪法保持一致。例如检察机关对三大诉讼的监督是否超出了宪法的规定等。（2）关于侦查。检察机关和公安机关的侦查关系如何协调问题。（3）检察权和人大权力的关系如何协调问题。（4）公益诉讼的相关法理问题及运作设计。（5）检察机关的领导体制问题。

检察改革是我国宪政建设和司法改革中的一个大题目，如何在我国宪政体制内建立、健全科学、高效、运作良好的检察机关和检察制度，不仅需要法学界特别是宪法学界认真进行探讨和研究，而且更需要在各级检察机关第一线工作的广大干警在实践中总结经验和创新。

四、检察改革与我心目中理想的检察制度的建构[*]

先谈一下有关检察改革的问题。笔者很赞成先前座谈会大家对当前检察体制内存在的一些机构设置不合理、运行机制不

---

[*] 本部分内容为笔者于 2010 年 5 月 20 日做客安徽省人民检察院时所作的学术报告。

顺畅的看法和评价。例如反贪、反渎和职务犯罪预防这种三分制度以及各自设立机构的做法就很值得研究。尽管有分工的必要，以及分工越细越有效率的潜在价值，但对于检察机关内同属反贪性质的专业性很强的同一业务来说，这种过细的分工未必合理。这样做的结果肯定是分散反贪的力量调配，也不利于领导力量的集中指挥；本来是同一性质的业务分散由 3 个单位来做，其交结和重复之处在所难免，而且还要分散精力协调 3 个单位之间的关系。从总的效果看，这种拆解、分散业务之类的改革效果并不明显，即使在检察院内部对于此类的改革，也是颇有争议的。在其他方面，例如立案、批捕、起诉的分解，也有检察官和学者认为应当改为"一条龙"式的流水作业。除了这些不该分解而分解的例子外，还有相反的情景也值得研究。长期以来，对法院审判的监督，主要由出庭提起公诉的公诉员进行"顺便"的监督，尽管不是完全不起作用，但对于审判的监督应当贯穿从立案到审判结果的全过程来说，显然是不连贯的，业内和学界有呼声要改进这种监督不力的状态，并建议建立专门的监督机关，以加强对法院审判活动的监督，使宪法和人民检察院组织法等法律确立的检察院是法律监督机关的地位名符其实。

笔者同样赞同检察业内和学界普遍的评价意见，即认为由检察院系统内部启动或推行的各项改革，不论是自下而上的还是自上而下的，都彰显了检察体制内改革自觉性和积极性的极大增强，这或许在改革开放初期含有一定自我保护性的考量，因为在中国推进司法改革的进程中，有一种似乎主流的学术意见强烈要求在中国的司法体制中撤销检察院的建制，进而师学西方国家通行的司法体制，即以法院为核心而建立的司法体制，不仅没有检察院独立建制的先例，而且还将检察官及其简单的组织机构附设在法院体制之内，更有实行检警一体或临时聘用律师担任检察官并承担公诉职责的。在这种强势的学术呼声和倡议下，又鉴于中国的检察院曾有过三撤三建的坎坷经历，曾一度引起检察体制内的广大干警以及学术界"力挺"检察院建制的少数学者的忧虑。基于"自保"或"保卫"中国的检察体制和坚持中国的司法体制，乃至坚守中国的宪政体制的不动摇，在20世纪80年代至90年代，中国的检察体制度过了艰苦的"力保"时期，直至21世纪前10年的中后期，中国的检察院建制才真正在国家宪政根基上稳固下来。在这一过程中，中国检察院体系内和学术界特别是检察理论界针对"撤检派"所提出的根据或理由进行了认真的理性思考，也寄希望通过有针对性的理性意见"力挺"检察院建制能够维系下去。那些有针对性的理性意见以及随后启动和推进的检察改革，尽管具有很强的理论影响力及改进检察制度的成效，但有些也存在不同的看法和争议。

这方面需要和能够提出来的问题很多，但有一点特别值得拿出来分析和讨论一下，这就是关于"监督者如何被监督"的问题以及相应启动和推动的"人民监督员"制度的改革。

从一般的理论意义上来说，提出"监督者也应当受到监督"之类的命题是可以成立的。从根本上来说，在现在民主理论的宏大构架下，连宏观意义上的"大政府"都应当也必须接受人民的监督，这一点是由民主的根本性质决定的。近现代社会是由民众所组成的，作为最高政治组织形式的国家是由人民组建的，进而作为公权力机关和公务人员，也是通过各种不同的民主形式，至少在名义上是由人民建立和选派的。各种国家公权力机关和全体公职人员在理论上都是民意的代表者和执行者，对人民负责，并接受人民的监督。这是近现代公认的民主理论与政治逻辑。尽管这种理论与政治架构有推理和假设的成分，并非无懈可击，但也找不到更完善的民主理论和政治架构加以替代。从这个意义上来说，我们应当也必须承认，这种人民有权对政府的一切机关及其公务人员进行监督的命题是成立的。尽管证成有困难，但绝不能证伪。然而，理论上的成立并不表明它可以毫无限制地适用于一切公权力机关或所有的公权力运用场合，这需要具体分析。尽管在理论上有无限分析和适用的空间，但具体到某一国家机关如何接受或怎样接受人民的监督，或者具体建立什么样的监督机制，并非毫无差别，特别是在由人民直接实施的监督方面更是如此。记得笔者本人在 20 世纪 80 年代初拜师张友渔先生攻读博士学位时，在为他初拟和编辑文稿时，曾接触到他如下的一个观点，即在制定 1982 年宪法时，在讨论有关全国人大和全国人大常委会有权监督宪法的实施时，有人提出如果全国人大和全国人大常委会连作为国家根本大法的宪法的实施都有权进行监督，那么，应当由谁来监督作为国家最高权力机关的全国人大和全国人大常委会呢？进而还可以合乎逻辑地追问，如果说人民有权监督，那么，又由谁来监督人民呢？看起来这是一个合乎逻辑的追问，除了最后一个追问难以回答之外，其余的问题并不难作出合乎民主理论和政治逻辑的回答。然而，令人意想不到的是，张老先生并不赞成这种一连串的追问方式。他说过，无论在学理上还是在政治上（笔者顺其意为表达连贯而加）"不能这样提出问题"。笔者当时并不确切明白其意。事实上，当时一些学术大家都不解其意。记得笔者在 1987 年举行的博士论文答辩会上，当时出席答辩会的一名国内著名的宪法学教授也曾经在答辩会的提问环节向笔者提出了大意为"全国人大监督宪法的实施，又由谁来监督全国人大呢"的问题。由于十分清楚张老先生对这类问题的立场，而且牢记在心，所以不假思索就回答说："不该以这种方式提出这样的问题。"结果招致答辩委员会两三位教授的强烈不满，认为作为答辩生太过"狂妄"，他们认为答辩委员会的专家可以向答辩人提出任何问题，答辩生可以任意作答或者可以选择不作答，但不能"限制"答辩专家提出任何问题。当时场面有些尴尬，事后反复解释，总算有所释然。由于这件事留给笔者留下了极深的印象，20多年来总是不断反思。除了反思当年自己无知和轻率的回答方式之外，更多地在思考这类问题的实质和问题的症结所在。笔者现在对这类问题的基本学术态度大致是这样的：

我们首先要承认这是一个真问题，任何人都可以提出，任何人也可以回答或者不回答，如果回答也可以给出见仁见智的答案。其次，如果是我，现在不会提出这样的问题。理由有：（1）这是一个涉及十分复杂的民主理论与运行机制的问题，以如此简单、直白的方式设问，会给回答者提出难以用简单的回答予以应对的难题。（2）这样的问题设问方式似乎有西方认识论和方法论上的"形而上学"方式之嫌。因为在西方以这种方式提出的问题总会给出相应的答案，如上帝、自然法、理性、道德原则、民族或宇宙精神、历史主义、进化论以及历史循环论等。尽管其中不乏科学的元素，但毕竟与中国的入世哲学所讲究的"实事求是"相去甚远。西方那种"万能式"的结论并不能都经得起真正科学性的检验，为此，我们在科学认知上应当与西方的思维方式保持一定的距离。（3）人世间的问题包括这类民主监督类的问题，似乎真的不存在一连串或者无穷尽的追问余地，特别是像民主监督这类问题，如前面所提到的最高国家权力机关监督宪法的实施，如果进一步追问由谁来监督全国人大和全国人大常委会？可以简单地回答是"人民"，若再追问由谁来监督人民？这在中国就难以回答了。这就又回复到我们刚刚提到的问题，即是否应当"以这种方式提出问题"的问题上来。（4）即使这类一连串或无休止的追问在理论层面上具有深化的价值或意义，但如果把握不好，或许成为一种具有诡辩色彩的辩诘，从而使其脱离学术价值。如追问"谁来监督人民"的问题，无论怎样回答，都难以成为一个有学术价值的科学论证。此外，退一步讲，即使有学术价值，也难以通过制度或机制的设计而具有可操作性，如"怎样实现对人民的监督"这类问题，就很难设计出一种制度或机制而加以实施。

现在让我们回到现在的话题，当监督体制业内及学术界提出"由谁来监督'监督者'"的诘问时，普遍的倾向是立足于这是个能够在理论上回答和在实践上能够解决的问题。理论上的回答见仁见智，我们不必一一评述；实践上的设计就是设计一种称之为"人民监督员"的制度，基于前述"宪法监督"长期以来形成的反思观点和学术态度，本人现在并不赞同这种过于直白和浅显的设问，并认为从国家宪政的立场上看，这或许就不是一个"真问题"。理由除了前面有关本人对一般民主理论的体认之外，还关切到这种对国家机关特别是对高级别的国家机关，如最高国家权力机关和国务院、最高人民法院、最高人民检察院等的监督制度和机制的宪法性安排和宪政体制在结构上的设计问题。在立宪和宪政文明高度发展和趋于成熟的今天，政治实务界和政治、法律学术界早已达成了如下的共识，即凡是在建构一种国家政治体制及具体建立某一权力机关时，总是在政治设计上同时会考虑其在总体民主政治结构中的地位和各种同等级的权力机关之间的相互关系问题。这种相互关系除了各自分工、责有专负、相互协调、协力配合之外，另一个更为重要的考量因素便是它们的相互监督问题。

在本人的宪法和宪政的视域下，即使我们承认存在这样一个"监督者由谁来监督"的问题，其实这是早已在中华人民共和国立宪和宪政建立之初就已解决了的问题，在现行的1982年宪法中以及依据该宪法建立的国家宪政中更是得到了精致的解决。在中国的政治层面和学术层面特别是宪法理论和宪政学术界其实早已对一般的民主理论有了深切的体认，并成功地将这一理论创造性地运用到中国宪法的制定和宪政体制的建构之中。这种深切体认和创造性的成功运用主要体现在如下的理论与实践层面：（1）我们运用一般的民主理论建立了国家现实政权的合法性民主基础，中华人民共和国历次宪法在第1条中都明确规定："中华人民共和国是无产阶级领导的，以工农联盟为基础的人民民主专政的社会主义国家。"（2）中国的政治总体制采取了人民代表大会制，由全国人民代表大会统一行使国家权力。（3）在国家的权力系统中按照中国自己的政治理论和实际需要建立了各类各级国家权力的子系统及其相应的国家机构。（4）也是与今天讲演的主题密切相关的，是按照我们自己的政治观念、民主理论建立国家权力之间的相互关系，其中既包括统一行使各自职责又相互协调的关系，也包括相应的负责与监督的关系。

值得特别提出的是中国宪法规定和宪政建构上的监督关系，既不同于西方的制约关系，也相异于"领导"关系。我们国家机关之间的监督关系不同于西方的地方主要体现在以下七个方面：

1. 我们并不实行平等法律地位的国家权力机关的那种姑且称之为"制约性"的关系，这是由我们的国家权力机关根本就不是按三权分立的形制设立的结构特点所决定的。

2. 我们在"监督"概念的使用和机制的运用方面是区别于西方的"制约"概念的使用和机制的运用的。

3. 我们的"监督"关系是单向的,即最高国家权力机关对于由它组建或派生的国家子系统的权力机关进行单向的监督,而不是双向的或交互的。

4. 我们"监督"概念的运用和"监督"关系的确立与"领导"概念的运用和"领导"关系的确立是严格区分开来的。

5. 我们单向"监督"关系的确立是与单向的"负责"关系相对应的,即通过被监督的国家机关对它有权进行监督国家权力机关"负责"而实现的。

6. 中国宪法上的"负责"与"监督"的规定,既适用国家权力机关的关系,也适用"人民"与"公权力"机关的一般民主意义上的关系。

7. 中国的宪法只是在原则上规定了"监督"与"负责"的关系原则,并没有具体规定通过什么样的方式和途径实现这种与"负责"相对应的"监督"关系。这在学理上可以理解为日后由普通法律或专门法律加以规定,或由有权机关通过宪法或立法解释而确立。遗憾的是有权机关至今尚未就这一宪法上的原则规定采取任何立法步骤,有权机关也从未作出有关的宪法或立法解释。故在中国宪政体制中至今尚未建立起制度性的或可操作性的"负责"机制和相应的"监督"机制。可以说,这种"负责"与"监督"机制或制度在中国的宪政体制上,仍然处于一种空白的状态,亟待去填补。

从国家宪政的总体制上看,检察系统创建和推行的"人民监督员"制度可以看做是填补对人民"负责"和被人民"监督"关系方面留下的空白。但是对于这种举措，即使我们承认其具有"直接民主"的意义，但对其成效还有待于进一步观察。

总之，从宪法和宪政的视域上看，我们完全可以对检察系统目前启动和推行的检察改革，包括"人民监督员"制度的建立和推行，重新进行研究、分析和评价。但要做到这一点，加强对立宪原则和宪政体制的研究和体察是必不可少的。否则，就会使检察改革失去正确的方向。

五、有关检察权和法律监督的几个宪法问题 *

很高兴有机会来到区院进行座谈调研，加上前几天桂北之行的座谈调研，收获颇丰。今天利用这个机会将笔者个人关于检察权和法律监督之间的相互关系，在宪法和宪政层面进行的思考在此向大家作一汇报。这也是笔者于去年承担的最高人民检察院理论研究所的重大课题——中国特色社会主义检察制度的完善，所要重点研究的内容。

为什么要选择这样一个主题进行研究？应当说这也是深思熟虑的一个结果，而不是即兴的、随意的选择。主要出于两方面的考虑：一是笔者个人认为现时法学界包括检察理论界对检察权和法律监督概念、边界、交点和相互关系的认识基本上还处在探索的阶段，各家的看法很不一致，推理、猜测的成分太多，经不起推敲，为此需要在理论上予以澄清。二是这关系到检察院权能的宪法定性和法律监督机关的宪法定位，这不仅影响当前和今后检察功能的发挥，更决定着检察改革的方向以及最终能否使检察价值目标得以实现。

先说理论层面上的混乱现象。正确的理论认识无疑都是任

＊ 本部分内容为笔者于 2010 年 6 月 8 日做客广西壮族自治区人民检察院时所作的学术报告。

何实践活动的先导，检察理论认识对检察实践活动的先导作用自然也不例外。从大的理论背景上看，国家机关之设总是与实现某种国家公权力的职能相匹配而设立的，或者反向理解也行，先确立了某项国家公权力的职能，然后为它量身定做一个国家公权力机关以实现国家的特定职能。此乃政治学和国家学说上的一般通理，举世皆然，少有例外。说少有例外并不远，就在我们国家的政治机构的设立上，就有一个例外，这就是在中国的检察权和检察机关，或者确切地说是国家法律监督机关方面，就出现了不一致的情况，笔者个人在学术上是用"疏离"的概念来表述这种不一致状况的。

人们首先会问，检察院和检察权怎么就"疏离"或不一致了呢？这不难理解。同是作为国家司法机关的法院，其被赋予的国家权能就是国家审判权，或者说人民法院之设就是为了实现国家审判权的。审判权是国家的一项重要的权能，自古皆然，概莫能外，古今中外区别的是设立什么样的官衙和机关来行使这项国家权能。中国宪法规定，各级人民法院是国家的审判机关，即是说法院是为了实现国家审判权而设的，在举国体制内，举凡一切法律争讼或审判案件都由各级人民法院统一受理，概莫能外，此权之专属法院所有，意即是排他的，或者说除了人民法院之外，其他任何国家机关都不能擅自行使国家审判权。"文化大革命"中发生的"群审群判"乱象，除了是对国家法制的破坏外，还是对国家审判权只能由法院拥有的政治机制的违反。现在国家早已恢复了正常法治状态，各级人民法院正在担负被人民以宪法的名义赋予它的国家审判权，两者是一致的、统一的，需要研究的只是如何行使或怎样能更好地行使国家审判权的问题，当前则要关注如何和怎样提高司法审判的公信力问题。现在再来看一看宪法上所规定的实现国家检察权能的机关之设。如按照上述的正常状态，宪法应当规定各级人民检察院行使国家检察权，检察权与检察机关的配套和一致应当是显而易见的。然而，中国宪法则不然，宪法明文规定"中华人民共和国人民检察院是国家的法律监督机关"。按理应当规定的"人民检察院是国家的检察机关"，怎么就变成了"国家的法律监督机关"了呢？这是需要仔细分析和研究的。

在法学界特别是在检察理论界，一个普遍的看法先是将法律监督机关转换为法律监督权，然后再把法律监督权与宪法上明文规定的检察权建立起内在的关联，这种关联是通过抽象的"本质"分析而"假定性推论"出来的。首先，"假定"检察权的本质与法律监督权的本质是"一致"的，这一点很难作出反驳，任何人都不能作出相反的"假定"，总不能说"检察权"和"法律监督"是不一致的，更不能是矛盾的或者是相反的，如果那样，立宪本身就是在做一件悖谬的蠢事，那是根本不可能的。既然如此，"检察权"与"法律监督权"在本质上的一致就立于不败之地了。然而"检察权"与"法律监督"终究不单是以"本质的一致"相关联，既然是两个不同的表述，如果不是两个完全不同概念的话，那么，在它们之间是否在内容、体量上也存在差别？有许多检察理论界的学者是承认这一差别的，但他们解释这一差别时，一般都是套用一"大"一"小"的体量差别法，即认为法律监督权为"大"，"检察权"为"小"，然后"大"中套"小"，"小"容于"大"。如此一来，两者的关系就理顺了。

然而，从我们宪法学和宪政学说的视域上看，这仍有追问和讨论的余地。从我们专业的观点来看，在宪法上同时规定检察院是国家法律监督机关和检察院行使国家检察权，这绝不是偶然的宪法规定，必有其内在的原因存在。至于这种原因究竟是什么？宪法文字上没有表明，在制定宪法时所做的说明也未加以明示。所以，我们也只能用"推理"和"假定"逻辑语言和思维来对此加以分析。

我们的"推理"和"假定"是这样的，首先，我们必须承认，检察机关行使的是国家检察权，这毫无疑义；其次，宪法明文规定检察院是国家法律监督机关，这也没有疑义；最后，法律监督机关是否行使"法律监督权"，宪法上没有明示，这需要分析，或者如一般学术界倾向的那样，认为"法律监督机关"行使的就应当是"法律监督权"，顺理成章，这不应成为问题，或者认为"法律监督机关"行使的依然是国家"检察权"，而不是"法律监督权"，这可以从宪法的明文规定上得到支持。我们当然采取的是后一种分析，即检察院行使的是"检察权"而不是宪法上没有明示的"法律监督权"。有了这些前提性的"推理"和"假定"，接下来就应当分析一下，为什么宪法要做这样的规定和安排？

1. 这首先与检察理论和实践的宏观背景有关。列宁在"十月革命"成功后，建立苏俄社会主义共和国的时候，基于当时严酷的对敌斗争和保卫新生政权的实际需要，就在原来发展和创新的无产阶级革命和无产阶级专政学说的基础上，特别强调和重视国家法制的统一及其必须得到无任何地方差别的遵守，这就是著名的法律监督思想的最初源起。按照列宁当时的想法，监督不仅是法制层面的监督，也包括一般政令和国家纪律的监督，学术界后来将这种监督称为"一般监督"。这是一个庞大而又复杂的监督体系，列宁进而认为，如果不单独设立一个专门从事这种监督的国家机关，是不可能实现这种国家监督的设想的，于是就有了人类历史上第一个独立的国家检察机关的设立。这一思想和体制先后在苏俄和苏联得到延续，及至苏联解体后，现在的俄罗斯也基本上继承和延续了这一思想和体制。

众所周知，中华人民共和国建立之初，是深受列宁思想和苏联政治体制影响的。我们接受了列宁的监督思想，包括法律监督和一般监督，也独立地建构了检察机关，但我们并没有全盘照搬苏联的检察建制，而是结合我们中国国情有所创新和发展。一般监督的思想我们也是接受了的，并连最初的检察机关的职权中作出过规定，但后来并没有真正贯彻实行。我们的检察机关在国家政权结构中的真正职能始终把重点放在对法院刑事审判、判决执行和监狱羁押等方面，学术界将此情况总结为中国检察机关进行的法律监督，实际上只是"唯刑事监督"，进而为"刑事诉讼监督"。从法律监督的含义上讲，中国的检察机关并没有实行到位，但其长期实行得来的经验值得珍视，而且习惯成自然，又成为固定的思维模式，故在 1979 年制定人民检察院组织法时，将检察院定位于国家法律监督机关，又在 1982 年的宪法中加以确认。这应当是改革开放中国检察机关复建后将其定位于法律监督机关的历史原因。

2. 这是吸取"文化大革命"沉痛教训的结果。经过对那场动乱的反思和拨乱反正，执政党和国家以及社会全体层面都深刻认识到，如果一个国家法制不彰，又得不到正确的监督机制以贯彻实行法制，将会对包括人权在内的各个社会和国家层面造成多么可怕的后果。所以在改革开放之初，执政党和国家就确立了"发扬民主，健全社会主义法制"新时期治国的战略方针，加强法律监督就是在"健全法制"中作为重要组成元素而确立下来的。

3. 是当时关于国家总体政治和法制结构中有一个重要的考量，就是在加强国家法制的总体设计中，除了安排司法性的检察院作为专门的国家法律监督机关外，还特别重视加强执政党对其党员特别是对其党员领导干部的党的纪律监督，以及作为国务院所属行政监察机关对国家公务人员的国家纪律监督。这就在国家政治体制中并列存在两套监督体系，一为国家的法律监督，二为国家的党政监督。适应这种分工，便在具体监督事项上作了先后的安排，先是对党员干部和国家公务人员进行党纪和政纪监督作出相应的纪律处分，其中如发现有情节严重到违反了国家法律的事情，则由党政纪律检查和监察部门将案件移送检察院，由检察院继续侦查并作出起诉或不起诉的处理。这种双重的监督体系尽管在理论上长期以来多有批评和质疑意见，但鉴于现有政治体制难以改变，且运行多年还算顺畅，我们姑且可以将其视为可行的、有效的监督体系，并由人民检察院组织法和现行宪法加以确认。认识到在中国为什么要将检察院作为国家专门的法律监督机关这一点，应当也是一种实事求是的科学态度。

4. 还有一个不应忽视的原因，就是我们在理论上从来都没有，或许在事实上也不能对检察权、法律监督、检察院和法律监督机关、检察权与法律监督（职）权之类的法律和政治性概念作出明确的界定，况且它们之间总有相互交叉和重合的地方，很难将它们断然分开。理论上如此，在实践上更是如此。前面讲的包括笔者在内的学者大都只能通过"推理"或"假定"将它们彼此区分开来，并建构各自的认为是"理所当然"，而实际上是"想当然"的相互关系模式。

以上是笔者本人关于为什么在中国要建立一个专门的法律监督机关，而且这个机关就由独立建制的检察院来担当的一些分析。前三点或许不足为奇，而最后一点个人认为非常有意义。如果我们将检察院行使的检察权与作为法律监督机关行使的职权按照宪法的规定加以区分，而不是想当然地认为就是一个东西，再作出有事实根据的分析，那么，我们不仅可以挑战甚至推翻一般法学界特别是检察理论界普遍倾向认为的那种"一致论"或"大小说"的分析模式，而且更有可能为它们建立更可信的认知模式；更重要的是，此种认知模式不仅能提供一个适当的分析框架，更有利于强化检察院的职权与功能，最终实现国家建立独立检察院的最高价值和终极目标。

　　我们的分析框架是这样的：自苏俄以降直到中国的检察院，行使的都是国家检察权，此乃名正言顺，顺理成章。至于检察权究竟怎样界定，它的范围有多大，这不是仅能从理论上探讨和研究就能得出的，而要靠在实践上逐步摸索实现的。又由于各国国情不同，其实际需要自然不同，即使在同一国的不同时期，也会因情势的变化而产生不同的需要，所以在某一特定的时期，检察权也会发生范围上增与减、大与小方面的变化。那么，如何看待极具中国特色的法律监督这一现象呢？除了其由来之外，我们应当从检察院行使国家检察权这一万变不离其宗的总框架下来考量法律监督的职权。如此一来，我们情愿将法律监督这项职权看做是检察权在特定时期的一种特殊表现形式，这种特殊表现形式尽管在本质上一致，但内容、范围等方面的不同也应当有一个能够显明区分出来的称谓。在中国自改革开放 30 多年来，我们就称其为法律监督。总的说来，法律监督在本质上就是检察权，只是它是特定时期有别于整体意义上的检察权，或者更确切地说，法律监督是在特定历史时期可以通过探索和不断变动的法律监督而朝着逐渐实现检察权的一种过渡形态。检察权是最终确定的一项国家权能，我们对它知之不多，故不能一步到位地加以确定和实施，而现阶段我们用法律监督的称谓和实践上不断探索其形制和范围，为的是取其灵活性之利，这不仅有利于维护国家检察权能的统一性和完整性，而且有利于实行检察改革，从而使国家的检察院在不断探索和改革过程中逐步得到健全和完善。

笔者个人认为上述基于宪法和宪政的分析论点是站得住脚的，至少是得到现行宪法的支持的。当然，在学理上由于见仁见智，可能不被学界认同，毕竟在中国的学术界，不仅是第一次而且也仅是笔者本人持这种分析论点。这可以继续探讨、研究。但不管怎样，那种无视宪法上的分别规定，只是一味地"抹平"检察权和法律监督（职）权之间差别的做法，是不可取的，或许都算不上是秉持实事求是科学态度的学理分析路径。

接下来，还想讲一讲有关检察改革的问题。首先笔者认为，目前检察系统自我启动和推动的各项改革一个接一个地出台，充分表现出检察院系统内进行检察改革的积极性和主动性。这一点连我们体系外的人，比如笔者自己就能明显地感受到。但也许是旁观者清的认知逻辑使然吧，笔者个人也同时感觉我们检察体系内长期以来所致力于的一些改革举措，也是有值得反思和再深入研究之处的。不仅是个人有这种想法，这次笔者先期到桂北的宜州、罗城、桂林和恭城进行的座谈调研中，也有不少的基层检察干警反映出对一些改革举措的不理解和不适应的方面，在其他省市的调研中也发现过同样的情况。可见笔者的感觉并不是业外之人的片面感觉。

笔者感觉首先应当对我们为什么要大力启动和推进检察改革的目的性和方向性进行反思。检察业内人士可能会理直气壮地说，我们的改革当然是进一步健全和完善检察机构，强化检察职能，这当然是真的。但是，我们考察这种目的性和方向性，并不能仅凭主观动机的正确就能够加以认定，还要看实际的改革路径的选择是否正确，举措是否得当，更重要的还要由改革的实际效果来判断。综观迄今为止的检察改革，正如前面分析过的，有些检察改革似乎偏离了方向，一些举措不仅不利于检察业务的进展，而是造成了工作环节上的障碍。此外，内部机构的分分合合造成上下级、地方各级的检察院机构林林总总，各立门户的状况，使得上下级、各地检察业务的衔接颇多不便、不顺。这些都说明，我们的改革并没有紧紧抓住加强检察工作、完善检察院建制的大方向。

其次，应当在深入进行理论研究和广泛调查研究的基础上进行改革。中国面积大，国情复杂，虽然在举国实行检察院统一建制，但也应当照顾到各地方的差异以及不同的需要。这就需要在进行重大改革之前，先要组织力量深入进行理论研究。现在各地检察院普遍设立了研究室，有的研究室都设到了县级检察院。应当适当地分配和利用研究资源。现有些地方检察院的研究室很少有力量从事理论和政策方面的研究，多数力量被领导用在其他业务工作上。由于研究基础不深，故很难提出重大的有分量的改革规划和具体意见。这种状况无疑应当加以改变。此外，进行广泛的调查研究也很重要，这种重要性越在上级检察院越显得突出，但这并不是说，基层检察院对调查研究就可以放松。现时出台的一些改革，由于缺乏深度理论支持和调查研究不够，有些一出台就出现不同的反应和意见，进行自然也很难顺畅。

还有在检察改革中最近一些年出现的"跟风"现象也应当引起重视。不错，有些地方的检察改革的积极性和主动性都很高，他们根据本地情况和实际需要提出一些改革设想，并付诸实施。但是，他们的做法是否能够成为一个好的经验，以及如果是一个好的经验又是否有推广的价值这些问题，都值得认真地加以总结和研究。可是，现时常见的做法是，只要有一地进行了尝试，其他地方便紧跟其后，蜂拥而上，以致在短短的一两年内，便在许多地方乃至全国大面积地推广开来。例如，在乡镇设立检察室。在东部发达地区，在财政较有保障的情况下，以及在人口稠密地区，设立乡镇检察室有利于减轻基层检察院的工作负担，而基层检察院的干警人数多，适当分出一些力量组建乡镇检察室也有这个能力，而在广大西部地区，未必具备上述条件，也跟着又设乡镇检察室就未必适当了。由于这方面的话题涉及的问题很多，这里就不一一讨论下去了。

六、检察机关的自立自强与检察制度理想前景的实现*

今天很高兴在此与百色人民检察院的同志们作一讲演和互动。笔者对百色是有着深厚感情的。这是因为早在 1968 年至 1978 年间曾在百色地区生活、工作过整整 10 个年头，期间先后在靖西县、德保县和百色地区的公检法军管会、县革委会、县师范学校和中学、县法院工作过。在座的调研员周素权同志，我们早在德保工作期间就认识和熟悉，且几十年来保持联系，至今笔者还有一大批师范、高中的学生在百色及各地工作。但现在他们也都到了或即将到了退休的年龄。不过，百色地区在过去几十年间的改革开放过程中发展之快，变化之大令人吃惊，原想到原来工作、生活的旧址去造访，以发怀旧之幽思，然而早已踪迹全无了。尽管如此，百色各族人民在那个不平凡的岁月中给笔者的教育、锻炼、磨砺和关怀至今感怀不忘，这是笔者走到今天这一步所赖以成长和进步的宝贵精神财富。在此，笔者想借这个机会向百色各族人民深鞠一躬，表示

---

* 本部分内容为笔者于 2010 年 6 月 9 日做客广西壮族自治区百色市人民检察院时所作的学术报告。

深深的敬意。

话回正题。此次笔者先期已在宜州、罗城、桂林、恭城、南宁召开过几场座谈会，进行了调研，昨天又在百色市院召开了座谈会，收获很大。今天，就这几次的座谈和调研反映出来的一些情况谈一谈自己的一些想法。

这次在桂北的宜州、罗城、桂林、恭城以及南宁、百色市院的座谈中，反映最多的问题主要在三个方面：（1）基层检察院开展业务的环境和条件不理想，包括人手少，有的科室只有一人，还要分担本来不该由他来承担的其他工作；办案经费不足；工作机制不顺，上下级业务联系不畅达等。（2）在协调、处理检察系统的上下级关系、检察院与同级党委的关系和同级人大的关系，以及一地的检察院与外地的检察院之间的关系方面，还有诸多不顺畅的方面，直接影响了检察业务的开展。（3）检察院同公安、法院在职级评定、待遇等方面实际存在的差别待遇问题。基层检察院在这方面反映也是最多、最突出的问题。

限于时间，前两个问题笔者在其他地方讲的比较多了，那些主要是要通过司法改革和加强国家立法来加以解决，在那些方面，上级检察院负有更大的责任，无论是启动和推行改革，还是建章立制主要都应当由上级检察机关特别是最高人民检察院和省级人民检察院进行。但笔者这么说，绝不意味着我们下级和基层检察院在这些方面可以袖手旁观或消极等待。事实上，国家检察体制的一体性和垂直领导体制也决定了我们基层检察院也是国家检察体制的重要组成部分，没有基层检察院全体干警努力和卓越的工作，检察工作就不会在整体上取得突出业绩，国家的检察制度也是不完整的。

笔者现在主要想谈一谈第三个方面的问题，即检察院在与公安、法院的关系中处于相对弱势的地位，相应的检察干警的待遇，包括政治待遇和个人职级乃至福利方面的待遇也较之公安、法院干警的待遇相对较差一些，这些都是事实。平心而论，人非圣贤，我们检察干警的思想觉悟再高，也不可能要求每一个人都能坦然面对，有些怨言和不满情绪也是可以理解的。我们在座谈、调查中了解到，这方面的差别待遇主要表现在以下几个方面：在政治待遇方面，公安和法院是由中组部正式下文规定定级问题，但在文中没有规定检察院的定级问题，现在地方上县一级的检察长只享受副处级待遇。派出所所长是正科级，而县一级的副检察长才是副科级，这显然不合理。此外，职务待遇上，在县一级，公安、法院一定职级的职务津贴在退休后依然享受，只有检察官例外，退休后不再享受职务津贴，这显然是一种差别待遇。此外，公安干警可以发办案津贴，检察干警却没有享受这一待遇。在干警进门的学位要求上也不一样，法院进门的门槛较低，不强行要求要具有学士学位，而检察院一定要有学士学位，这虽然从总体上提高了检察干警的素质，但也带来了进人的难度，等等，还可以举出一些。笔者认为应正视这个物质待遇方面的差距，如迟迟不能解决，必然会影响基层检察干警的积极性。事实上，这已经造成了一些不好的后果。有一些基层检察院反映，说检察干警在最近几年多有流失，以致一些基层检察院不仅不满员，而且招人进来还很难，导致有的院出现一个科只有一人的现象。这当然并不都是地位低、待遇差造成的，但也不能说这不是一个原因。

在座谈中，有的基层检察院干警反映，说你们搞理论研究的，不光应当只关注宏观上的大事，也要关注一下微观上的小事。这位同志讲的是对的，既是一位基层检察干警对理论界的一种批评声音，也反映了他们的期待。说来惭愧，笔者从事法学特别是宪法学研究多年，很少到基层进行调查研究。现在承担了最高人民检察院的重大课题，也是为了更好地完成课题，顺利结项才下来进行调查研究的，也并非完全出于一种科研态度和方法的理性诉求。不过，我总算是来了，而且是千里迢迢，来到祖国南疆百色这么遥远的地方进行调研，也还是可以嘉许的。现在整个社会都表现得很浮躁，深入基层，联系群众，重调查研究，这些工作和科研作风的提倡，虽然至今还不陌生，言犹在耳，但事实上早已经不被国人特别是学者们所遵奉和践行，反而渐行渐远。

还有一些基层检察院干警对笔者个人抱有很高的期待，希望回到北京去促进国家立法或让有关部门拿出政策来尽快地解决这类问题。笔者表示说，只能尽力，笔者只是个学问人，人微言轻，即使有机会作出此类努力，恐怕也是隔靴搔痒。解决不了什么问题。不过，笔者还是会在力所能及的范围内，如在研究报告或项目中以适当的形式发表，仅此而已。

今天要讲的，当然不只是这些。倒是想从另外两个角度谈谈个人的一些看法。

首先，笔者考虑的仍然是大局和宏观问题。检察系统并非从来都是处于一种弱势地位，在建国初期，由于当时信奉并笃行列宁关于独立建置检察机关并赋予其强大的国家法律监督和一般监督的思想，所以当时检察机关在公、检、法三机关中还是比较强势的，其中最重要的表现就是检察系统实行垂直领导，各级检察机关包括县检察机关的检察长和副检察长都由最高人民检察署独立任命；在各级党委政法委中，一般都是由检察长任书记；当然，那个时代在三机关的物质待遇包括工资、补贴等也是同等而无差别的。稍后不久，上述体制由于各地情况复杂，没有地方党政的参与和指导，检察机关的各种业务活动发生了一些"窒碍"的状况，才对检察院的领导体制作了调整，但检察长任政法委书记的做法由于已形成"惯例"，一直延续到"文化大革命"时公检法的体制被中国人民解放军接管。此外，当然也不存在公、检、法三机关干警的差别待遇问题。现在看来，过去的做法早已成为历史，我们回忆这段历史绝不是在抒发一种怀旧的情绪。实际上，在现今的法学界包括检察理论界以及检察实务界也有不少的学者和检察干警认为，现在的状况不应被认为是一种正常的状况，因为我们国家在历史上不是这种状况，那段历史虽然短暂，但却蕴含了丰富的经验，应当认真地加以总结。在当今的检察改革中，更应当吸取中国本土的经验，充分利用那个时代检察体制的各种优长，以推进当今的检察改革并使这一国家重要的宪政体制进一步得到完善。

现在检察院在公、检、法三机关中处于弱势地位，绝不是偶然的，既有内在宪政体制设计上的原因，如将检察院的监督只定位在法律监督方面，而法律监督又受限于刑事方面以及相应的诉讼方面，检察理论中的"唯刑事论"和"唯诉讼论"就是在这种宏观背景下产生的，我们认为这并不是一种理想的正常状态。要实现检察体制的一种理想状态，至少要让检察系统的干警不会觉得自己受到了不平等的待遇，我认为只有通过检察改革，并放在与公安、法院平等的宪政平台上进行改革才能实现。这无疑是一项艰巨而又漫长的过程，但仍值得我们满怀期待，并通过包括检察系统的干警在内的社会各方面特别是国家领导层面主导的改革加以实现。在座谈调研中，一些检察干警殷切地希望笔者回去要向国家的有关部门多反映一些基层特别是边远地区基层检察院的实际困难，争取早日作出政策性调整。从现实体制上看，公、法目前的较强势地位及相对较高的待遇也是它们通过各种努力，充分利用各种有利条件而争取来的。但无论如何，它们不是从公、检、法这块国家财政"蛋糕"中多切去一块的，而是从国家总体财政分割出去的。这就是说，公、法并没有在实际损失检察院财政的情况下获得较多的实际利益。既然这样，我们是否有可能也通过努力，包括我们学界的努力，创造一些有利的条件，也能从国家财政上多分得一些"蛋糕"呢？完全有可能，而且目前已初步实现，我们本地县级检察院能从上级直接得到财政拨款，就已经在很大程度上改善了财政紧缺的状况。通过努力，还是可以争取更好的改善。笔者所做的努力也是尽量从学理上建构国家独立财政体系，由国家实行专项拨款制度的必要性和可能性。我们法学界多年的呼吁，中央和上级财政部门肯定早已听到了，这项财政体制意义上的改革迟早都要进行。我们所能做的，就是尽量争取早日实现。

其次，笔者还想强调一下，检察系统自身方面作出更大努力的必要性和重要性。谈到这一点，还要想说一下有关"精神"方面的问题。首先必须肯定，我们检察系统的干警在总体素质上丝毫不让于公安和法院。尽管我们的境况现在在一些方面还不尽如人意，检察院跟公安、法院比起来在政治、财物及个人待遇上也存在一些差距，但并没有因此就影响我们的工作热情，检察业绩的明显提高也是大家有目共睹的，在社会和国家层面上都是得到公认的。这表明，我们的检察干警并没有因为一些不平等的待遇而影响对国家法制事业的忠诚和工作积极性。这首先是必须肯定的，但也毋须讳言，正如刚刚讲过的，某些消极性的情绪和负面影响也还是存在的，这是当前不适应国家加强法治，建设社会主义法治国家需要的不容忽视的因素。这当然是一个问题，应当重视而且必须加以解决。解决之道是多方面的，国家有关部门的政策调整当然是首要的，但作为检察机关及全体干警们也不应当只是消极性地等待，作出自身的努力也是必要的和重要的。只要我们通过努力作出昭彰的成绩，以实际的行动证明我们的检察机关和全体干警是能够为国家的法治作出突出贡献的，就会得到社会和国家各个层面的理解、同情和支持。到那个时候，无论从什么渠道和层面，包括我们法学界特别是检察理论界提出改善检察院和检察干警待遇的要求，至少比起现在还不尽如人意的检察业绩的状况来说，肯定是要容易得多。

笔者是在 20 世纪 60 年代末到百色地区的，那时公检法三家合一办公，由中国人民解放军实行军管。尽管在内部也有"批斗"等活动，但基本的司法工作还是要去做的，而且是不讲条件去做的。笔者到靖西、德保县之前不久，国家只配给小马用做坐骑下乡办案，连自行车都没有，更别说汽车了。不方便之处可想而知。后来慢慢配置了自行车，也只有几辆，只有下乡办案需要时才能使用，而且山地路况很差，骑时少而扛着车上下山的时候多。有的干警嫌麻烦，索性就步行下乡办案。有一次与现任百色市政协主席的卢新贵同志（那时是同事）从德保县城去东陵公社办案，从早上 6 点出发到晚上 8 点多，共用去 14 个小时才走完一百多里的山路赶到公社所在地，半路饿了就吃口自己带的干粮，喝几口山泉水，到公社所在地之后又已下班没有饭吃，只好到街边买几个芭蕉充饥。即使是那种状况，那个时代的人并没有什么怨言，认为下乡办案受些艰苦不仅理所当然，而且还是对个人品德和毅力的考验，要比的话，就跟长征比，跟乡下贫下中农比。当然现在说这个，早已不合时宜了，不知在座的能否听得进去。但无论如何，那时候的人是有些"精神"的，不会随意就去与他人攀比。时代虽然变了，我们现在的办公条件是那个时代的人根本无法想象的。至于那个时代人们的精神状态和思想境界是否值得传承和发扬，现在可能都是见仁见智的问题了。不过，个人认为还是值得传承和发扬的，无论什么时代都有一个国家与个人的关系问题需要调整，都有一个责任与担当的更高价值的存在。如果我们都能从这个角度看待机关与个人待遇问题，至少能部分地消弭一些不良的负面情绪。

总之，我们国家的检察制度是宪政体制中一个不可或缺的重要方面，现在无论在体制上、机制上还是工作条件包括个人待遇上都有些不尽如人意的方面，所以需要改革，更需要全体检察干警的努力与奉献。个人确信，通过各方面的努力，特别是检察系统全体干警的努力，中国的检察制度会日臻完善起来，一个理想的检察制度一定会在不久的将来实现。

七、中国检察制度特色的认识和坚持检察改革的正确方向[*]

（一）中国检察制度特色的认识问题

我们学术界特别是检察理论界和实务界，总是习惯地将现实的检察制度称为具有中国特色的检察制度。由于这样的话语早已耳熟能详，我们有时竟不假思索地接受和传播这样的话语。但这个"特色"究竟是什么，以及它又意味着什么样深层次的问题，人们未必都会清楚。事实上，从现有检察理论的总体上看，尽管有着很深刻的学理解读，但通常只从与西方国家的检察制度，特别是与苏联的检察制度的比较中得到这个"特

---

[*] 本部分内容为笔者于 2010 年 9 月 1 日做客河南省郑州市人民检察院时所作的学术报告。

色"的特别之处，但多是基于历史过程和建制的外在体征而作出的认识。其实，这只是形式上的比较罢了，不用太深奥的理论或只凭常识就能描述它们之间的差别，以及怎样和如何凸显出中国检察制度的特色。当然，这方面的比较研究以及从中得到的认识也是检察理论的一个重要组成部分，也是不可缺少的。但我们同时也应当看到，中国检察制度的特色其实更多的是基于中国立宪主义和宪政建构的形制而形成的，只有从这个宪法理论和宪政学说的立场上分析中国检察制度的特色，才能使我们不仅认识其"形"，还能深刻地体会其"神"，而只有体会其"神"，我们才能正确地认识中国检察制度何以会独具中国特色，以及如何坚持和发展这种特色，最终实现中国检察制度设计的价值、功能和宪治、法治理想。

那么，深嵌在中国立宪主义和宪政结构中的中国检察制度的特色究竟是什么呢？我认为以下几点是我们不能不深察和体认的：

1. 中国在政权总体的设计中坚持了整体统一建制的理念与原则。与西方的"三权分立"体制不同，中国并没有在中央政权结构体系中在一个平面上展开三个子系统，并在它们之间以制约和平衡的原则建立相互关系的机理与制度。中国只设一个最高国家权力机关，让它以人民的名义行使人民当家作主的权力，这个权力被赋予最高性、主权性和统一行使的完整性。学术界以前以至当今仍有学者将其称为"议行合一"的体制。这虽然有马克思列宁主义支持的学理和历史根据，但与马克思所热情赞扬与倡导的巴黎公社式的"议行合一"体制毕竟不同。最大的不同是巴黎公社是由同一个政权机构作出决议，然后又由同一机构中的主要责任人去具体贯彻执行。其实就这一体制来说，在执行层面上由个别"委员"负责执行，其实也带有

"分工"的意义。而在中国，在其政权体制下，由最高国家权力机关派生各个国家次级政权的分支机构，这些分支机构共同向最高国家权力机关负责，并接受最高国家权力机关的监督，但它们之间并不相互统属，也不存在一般意义上的制约与平衡关系。从这个意义上来说，中国的政权体制尽管有不少的学者坚持认为这就是"议行合一"的体制，但与巴黎公社式的"议行合一"显著不同，之所以说"显著"，是因为在理论上最高国家权力机关只行使宪法上确认的最高权力和它本身认为应当由它行使的权力，并非不分差别地大小权力"统使"。在制度的设计和实践上，由各个专门机关分别行使宪法赋予它的权力。它只对最高国家权力机关负责，并不承担对同级别的其他国家机关的制约或监督的权限。尽管这也可以理解为是一种"分工"形式，但其根据的观念和原理，以及制度建制既显著区别于西方的三权分立制，也不同于巴黎公社式的那种马克思主义经典意义上的"议行合一"制。笔者认为，我们考察中国检察制度的特色，首先就应当体察中国政权建制的观念基础和总体设计这一特点。

　　2. 在中国的政权建制中，与上述总体政治体制设计相适应的，是我们设计了两套国家级的监督体制：一为宪法监督，二为法律监督。之所以设计出宪法监督，一是由最高国家权力机关行使的最高国家权力以及它有权监督其他国家机关的活动的法律地位所决定的；二是与法律监督是法律全部活动中一个不可或缺的环节有关，宪法作为国家的根本大法，依然保持了作为法律共性监督的特质，从理论上和实践上都有必要对宪法的实施进行监督，否则宪法就会流于一纸空文。然而，中国的最高国家权力机关由于只行使最高国家权力，所以其具体职权只能与其最高的法律地位相匹配，而宪法以下的各种法律实施的监督显然是极其复杂的业务，不可能也不应当由最高国家权力机关全部承担下来。于是，在中国的政治体制中需要设计另一套法律监督制度并建立相应的专门机关予以承担。在这种情势下，有两种可能的选择：一是建立专门的法律监督机关，但这随之引出其他的相关问题，即除了人力、财力等成本性付出之外，还有其法律地位的确立以及其他国家机关相互关系的协调这类问题需要解决，但这种建制既没有先例可援，又没有成熟的理论支持和制度设计合理性的研究基础，诚如"治大国若烹小鲜"的古训所教导，在任何一个政治上成熟的国家都不应当如此贸然行事，所以这一选择自然被排除在外。另一个选择就是在原来有经验可循，在既有成例和制度的基础上，由一个职能相当的机关予以承担，综观中国所有的国家机构，只有检察院是最适合承担法律监督重任的国家机关。这是因为：检察院在宪法安排上是将其设计成并确定为国家的司法机关，其法律地位及其承担的相应的司法、行政上的职能大部分与法律相关联。显然，在中国现行政治体制和国家政权结构体系中，检察院是最适宜承担法律监督职能的机关。于是宪法就作出了相应的规定，宪政也作出了相应的安排，就这样，检察院最终被确认为国家的法律监督机关。在中国的法学界包括检察理论界，长期以来对检察院的性质和法律地位有种种不确定的认识，或主张取消，或认为是行政性机关不适宜承担法律监督职能，又或认为检察院职能繁复，不好把握，应以公诉权为核心进行再建制等，这些理论上的认识之所以狐疑不定或争论不休，在笔者看来，正是对中国的宪法规定和宪政体制的总体设计缺乏明确认识的结果。总之，要全面地、正确地认识中国的检察制度和法律监督的职能，就必须脚踏实地地站在宪法和宪政理论和实践的平台上予以考察和体认。

3. 要认识中国检察制度的特色还必须考察中国检察院行使检察权与作为法律监督机关行使法律监督职权之间的相互关系。在检察理论界，主流学术意见长期以来对此都秉持一种本质"同一说"，笔者认为应当反思这种认识，从宪法理论和宪政学说的立场上看是有区别的。不错，检察院的设计与建制从列宁时代起，就带有强烈的监督色彩，包括一般监督和法律监督，但检察院在实践的长期发展过程中，它整合了包括公诉在内的行政性职权，成为一个综合性的集多项职能于一身的特殊机关，原初设计中确立的与其机关性质相匹配的"检察权"，尽管从来都没有被真正严谨界定过，但大体上是适当的，检察权的不确定也有其好处，就是可以根据实际需要在实践中不断地适当加以调整，或扩或缩均以情势而定。但作为法律监督机关，理论上只能匹配与其法律监督地位相匹配的"法律监督权"，但什么是"法律监督权"，它又应当如何界定，这又是一个新问题，老的"检察权"的问题尚不明确，又加上一个更加不明确的"法律监督权"，这就使问题变得越发复杂了。这无疑需要深入研究，那种本质"同一说"似乎显得过于简单化了，经不起推敲。笔者个人对此也并没有明确的认识，也给不出一个确切的答案，但可以提出解决这一问题的思路。首先，应当而且必须承认"检察权"与"法律监督权"之间的差别，称谓的不同再明确不过地表明它们之间有差别，我们总不能认为在同一宪法文本中以两个不同的专有名词对检察院的权能作出规定是一种毫无意义的举动。为此，个人在学术报告、论文和专著中，只用宪法上明确规定的"检察权"，而对于检察院作为法律监督机关行使的权力，由于宪法上没有明确作出规定，所以我只用"法律监督职权"的称谓，也不用"法律监督权"，尽管"法律监督权"与"法律监督职权"之间有什么差别也需界定，对此本人也没有深入的研究过，况且这个问题本身或许并不是一个应当由学理来回答的问题，但无论如何，用"法律监督职权"至少能与"检察权"在表面上可以区分开来，意在指明它们之间并非是"同一的"，即使在本质上或许都有差别。其次，笔者的思路是将"检察权"确认为既是原初的，又是最终的，或是始终如一被自然地赋予检察院这一专门机关的"原配"权能，"检察院"行使"检察权"，犹如法院行使"审判权"一样，如影随形，水乳交融，最自然合理不过。而作为"法律监督机关"行使的"监督职权"是阶段性的，至少不是与"检察院"的特定机关始终相匹配的权能。如果在理论上认为它不如"检察权"那样稳固和始终如一，在实践上有更多的调整伸缩的"余地"，这不仅能给目前检察院作为法律监督机关行使的"法律监督职权"有一个合理的解释，而更重要的是能给检察院作为"法律监督机关"为适应行使"法律监督职权"而作的调整和改革确定一个明确的方向，即"法律监督职权"行使要向全面行使"检察权"的方向靠拢，最终实现二者的"合一"或"同一"。这无疑是一个漫长的宪政发展过程，要在实践中不断地探索和调整。不过，这种思路是重要的，带有根本的方向性。如果只满足于本质上的"同一说"。就会失去这种方向性，盲目从流，只会导致这方面的检察改革和检察院权能调整的主动性和积极性的丧失。

（二）坚持检察改革的正确方向

中国检察院的领导体制也有一大特色。本来，按照原来列宁的思想，为了保障国家法制的统一实施，也为了排除部门和地方的差异而导致国家法制得不到一致遵守的情形发生，检察院不仅要单独建制，而且要实行"垂直领导"，即上级检察院领导下级检察院，最高人民检察院领导地方各级和各类检察院。中华人民共和国建立之初，曾在短期内实行过这种"垂直领导"，后来由于中国地方上的特殊复杂情形，以及政治体制所影响，检察院完全脱离地方的领导，在实际工作中发生了诸多"窒碍"情状，所以后来就改变了原来典型的"垂直领导"体制，将地方各级检察院纳入同级地方政权体系之中，宪法规定地方人大选举产生同级地方检察院检察长，地方检察院要向同级人大负责，接受其监督。这种地方检察院与同级人大的相互关系由宪法规定和宪政安排，一直延续至今。现在的法学界通常将这种体制理解为"双重领导"体制，即地方各级人民检察院既受来自检察系统的领导，又受来自同级人大的领导。因为在宪法语言的表达上，是严格将"领导"与"监督"区分开来的，如国务院对全国各级国家行政机关的"领导"等，而"监督"包括人大对同级检察院的"监督"都不是在同"领导"同样的语境和意义上使用的。在笔者看来，严谨些应该说"监督"只是一个特殊关系的表达，绝不同于"领导"的语境及其意义。将二者硬性地划为"同一"，就犹如将"检察权"与"法律监督职权"之间的差异强行划为"同一"一样，是缺乏精细的考察和分析的结果。但这个问题十分复杂，不是几句话就能说清的。日后笔者会在最高人民检察院的重大课题中对此详加分析。

八、检察权与法律监督机关"疏离"的宪法安排及其寓意[*]

笔者在与此文相关的另外两篇文章[1]中，针对当前法学界特别是宪法学界随意使用"宪法定位"的现实状况，持一种自认为较为严谨的表述方式，即将宪法上规定的"国家权能"表述为"宪法定性"，"性"指性质，权能所属之谓；与此同时，将宪法上规定的"国家机关"表述为"宪法定位"，"位"指地位，某一机关在"国家机构"总体结构和序列中的位置。按照这种分类，我们认为中国现行宪法将国家检察权定性为国家的"司法权"，构成这个司法权的还有国家审判权，这就是所谓的"双轨制"；而"机关定位"则是定在"法律监督"的位上；我们的分析还表明，与人民法院的国家审判权和审判机关的"性"与"位"相重合不同，人民检察院的国家检察权和法律监督机关的"性"与"位"是不重合的，或者说是"疏离"的。这种"疏离"的"性"与"位"，在我们看来，显然是中国宪法对中国检察制度一个具有特色的规定，反映了中国检察制度在宪政中的实际定位与作用。现时中国宪法学界和检察理论界长期以来对此种疏离缺乏研究，甚至可以说都没有引起必要的关注。迄今为止，尽管对"法律监督权"和"检察权"的理论与实践在检察理论界进行了大量的、深入的研究，但从总体上来说，都是分别进行的，即使有不少的学者在两者相互关联的意义进行宪法解读和学理研究，但也总是循着法律监督与检察权"本质一致"，二者"同一"的"统合"或"归一"的思路进行诠释，鲜有学者关注其"疏离"的意义并深入

---

[*] 本部分内容刊载于《法治研究》2010年第11期。

[1] 其中一篇是《我国宪法上检察"机关定位"及意义》，另一篇是《我国宪法上检察"权能定性"及其意义探析》。

地加以解析。这种检察理论缺失乃至空白状态亟须加以改变，这不仅关系到对中国宪法的正确解读和对检察权、检察机关的科学认识，更关系到检察制度乃至司法制度改革的方向。在我们看来，在检察制度和检察改革的方向等方面，之所以长期以来都存在一些消极性观点与意见，究其根源，基本上都是出于这种对检察权的"性"与法律监督机关的"位"的宪法误读与检察学理的误判上。学术界之所以难以苟同对上述消极性的观点和意见以及反方向的简单的、非说理性的反驳和批判，原因也在于这种观点和意见以及反驳缺乏深厚的理论支撑力。正是基于这种考虑，本研究将重点放置在这种"疏离"现象的探讨和研究上。研究的关切点有如下一些：

（1）为什么宪法在人民法院的审判权和审判机关的规定上是一致的，而偏偏在人民检察院的检察权与法律监督机关的规定上出现了"疏离"现象？这种"疏离"是必然发生的，还是偶然出现的？（2）这种"疏离"现象意味着什么？它在检察制度的设计和建构方面有什么样的意义？（3）这种"疏离"现象会长期存在下去吗？换句话说，是否能够或者应该固定化或模式化？如果不能，那么接下来的问题是什么？（4）这种"疏离"对检察制度的改革乃至整体的司法改革意味着什么，特别是对这种改革目的的意向性是否具有特别的指示意义？（5）如果这种"疏离"不应被固定化和模式化而永久地存在下去的话，那么，这种"疏离"的最终归宿是什么？是否可能，以及在什么条件下使检察权的宪法定性与法律监督机关的宪法定位最终实现"九九归一"？即实现终极的统一？

下面依次对这些理论的关切点进行必要的说明与分析。

（一）历史和现实的情势

这个问题实质上关系到中国检察制度初建时期的一些政治

与法律问题的考量，对于其中涉及大量历史性和背景性的资料，笔者拟另辟专题予以梳理和分析，这里隔开有关历史性和背景性的综述，只就其中形成的从历史到现时的事实，作出如下分析。

在 20 世纪 50 年代，检察理论和检察机关之设的形制与宪法定位等问题就世界范围而言，也还只是处于探索和初步发展时期，在理论上尚不成熟，至于在实践上也缺乏成功或失败的经验与教训，成功或失败的范例尚未出现。当然，检察理论与检察机关的设立首创于列宁的理论与苏俄苏维埃政权的建设的实践。但列宁的检察理论由于意识形态方面的原因，不可能被西方国家所研究和借鉴；至于其包括检察权与检察机关建制的政权建设实践，不待说被西方世界所接受和引进，简直就是视之为恨不得早一天就予以灭杀的对象。更何况，处在当时极为困难的捍卫新生政权的关键时期，任何大规模的理论体系都不可能得到深入的研究和发展，而以维系新生政权合法存在为紧迫任务的政权建设实践，更不可能容许执政者们腾出手来予以大幅度的改善，更不待说通过改革使其尽可能地完善和健全。这种情势表明，即使到了今天仍被我们所信奉、肯定和借鉴的列宁的检察理论以及苏俄苏维埃政权关于检察机关和检察制度的实践，从世界范围来说，也只能算是一枝独秀而不具有普世的借鉴和参考的意义与价值。而列宁的检察理论以及先是苏俄后为苏联检察机关与制度建设的实践，又是中国检察理论和检察机关与制度实践的唯一指导思想和形制参照实体。在中华人民共和国建立初期，中国的新生政权面对外国敌对势力的压迫和封锁，以及应对国内敌对势力颠覆新生政权的紧迫态势，也不可能有足够的时间和集中智力对中国检察理论与检察机关和制度的建立仔细地进行研究与谋划。更何况，中国的国情又不同于苏俄和苏联的国情，无论在检察理论的创立与发展上，还是在检察机关设立和检察制度的建制上，又面临着如何适合中国自己的国情问题。而当时尽快地建立人民自己的政权以巩固革命的成果，并为新生国家规定必要的建国方略与构想，又是势在必行，刻不容缓，这对任何新生政权都是如此，新生的中国自然不属例外。我们猜想，在当时紧迫的建立政权的情势下，对于国家的审判权和审判机关与审判制度的建立，鉴于法理与事理比较单纯，而国内外包括民主革命时期的政权建设在这方面都有成熟的经验可鉴以及范例可循，所以自然地就将审判权的"性"与审判机关的"位"在宪法上作了一致的或重合的规定。这种"一致与重合"在意义上明确，不致引起争端或误用。至于作为国家审判机关如何利用好宪法上的定位以及日后制定的人民法院组织法和相应的程序法如何能够忠实、科学地担负起宪法赋予的国家审判职能以完全、不折不扣地实现国家的审判权，则是日后政权建设进一步建构和不断完善、健全的事了。

而作为宪法上确立的司法权的另一支系的检察权就没有那么简单了。（1）检审分离相对于法院独立行使审判权来说，是相当晚近的司法发展；（2）检审分离在西方宪治和法治国家，囿于三权分立的宪法原则与政制设置，在组织形式或机构建制上从未实现真正彻底的分离，除极少数国家有独立建制外，大多数国家的检察官都设立在法院、警察机关甚至律师系统内，而在苏俄和苏联以及其他苏联阵营内的国家独立检察权和独立检察机关之设，从理论上和实践上都没有获得普世的价值与公认。在这种情势下，无论是作为司法权能一个重要方面的"性"，还是作为国家机构中一个重要机关的"位"，都处于一种未确立的状态，尤其是对检察权的内涵和外延都缺乏明确的界定和体认，而新政权的建构又刻不容缓，为此，当时处于政治主导地位的制宪者，在设计和构建检察权和检察机关与制度的时候，采取了坚定而又灵活、务实的态度和做法。所谓坚定是指对在国家政权中设定作为司法权属一部分的检察权，以及为实现这种检察权能同样必须建构相应的检察机关持坚定不移的态度，而且坚信有在国家的根本大法上予以规定的必要；所谓灵活、务实是指在检察权能尚不能严格界定和不能明确表述的情况下，通过建构一个法律监督机关来匹配国家检察权。当时就认为，后来60多年的实践也证明，法律监督如果从权属方面来说，确实是国家检察权的范畴，而从国家法律监督机关来说，当时认为以及后来的实践也证明，法律监督机关确实是实现国家检察权最适当的机关。法律监督是一个很宽泛的概念，理论上可以涵盖立法监督、执法监督和守法监督等所有法律的制定与运行环节，但不容否认的事实是，迄今为止，我们的政治、法律智慧，还达不到建构一种科学的体系与完备的制度以准确地实施法律监督的程度；更何况法律监督本身就是一个庞大的体系，如果要在国家的权能与运作中全部地实现法律监督的权能，不仅在建国初期难以实现，就是在今天也做不到。法律监督权能都是如此，更不待说是作为国家司法权能一部分的检察权能了。事实上，从宪法和法律对国家检察权和法律监督机关配置的发展历程上看，上述的分析就得到了充分的支持。

在检察权的"性"与检察机关的"位"的最初设计上，从当时的宪法性法律、宪法以及有关法律的规定上看，基本上也是循着检察权与检察机关相重合的思路进行的。1949年9月27日中国人民政治协商会议第一届全体会议通过的中央人民政府组织法第5条规定："中央人民政府委员会组织政务院，以为国家政务的最高执行机关；组织人民革命军事委员会，以为国家军事的最高统辖机关；组织最高人民法院及最高人民检察署，以为国家的最高审判及检察机关。"第 28 条规定："最高人民检察署对政府机关、公务人员和全国国民之严格遵守法律，负最高的检察责任。"从这一最早的宪法性文件的规定上看，最高的检察责任与最高的检察机关是一致的。到 1954 年 9 月制定中华人民共和国第一部正式宪法时，第 81 条又明文规定："中华人民共和国最高人民检察院对于国务院所属各部门、地方各级国家机关、国家机关工作人员和公民是否遵守法律，行使检察权。地方各级人民检察院和专门人民检察院，依照法律规定的范围行使检察权。"1978 年宪法第 43 条规定，最高人民检察院对于国务院所属各部门、地方各级国家机关、国家机关工作人员和公民是否遵守宪法和法律，行使检察权。地方各级人民检察院和专门人民检察院，依照法律规定的范围行使检察权。这两部宪法都只规定了检察机关"行使检察权"，没有刻意规定检察机关本身的机关定位。再看 1949 年 12 月 20 日中央人民政府批准的《中央人民政府最高人民检察署试行组织条例》规定，中央人民政府最高人民检察署依中央人民政府组织法第 5 条及第 28 条之规定，为全国人民最高检察机关，对政府机关、公务人员和全国国民之严格遵守法律，负最高的检察责任。在 1951 年 9 月 3 日中央人民政府委员会第十二次会议通过的《中央人民政府最高人民检察署暂行组织条例》第 2 条规定："中央人民政府最高人民检察署，为全国人民最高检察机关，对政府机关、公务人员和全国国民之严格遵守法律，负最高的检察责任。"同时通过的《各级地方人民检察署组织通则》第 2 条第 1 项规定："检察各级政府机关、公务人员和国民是否严格遵守中国人民政治协商会议共同纲领、人民政府的政策方针和法律法令。"第 2 项规定:"对反革命及其他刑事案件,实行检察,提起公诉。"

值得注意的是,这两部法律仍坚持检察机关与检察权重合的建制原则。1954 年 9 月 21 日第一届全国人民代表大会第一次会议通过的人民检察院组织法第 3 条规定:"最高人民检察院对于国务院所属各部门、地方各级国家机关、国家机关工作人员和公民是否遵守法律,行使检察权。"这一条明文确定最高人民检察院行使检察权。但在有关地方各级人民检察院职权规定的第 4 条,有了一引人注目的变化,该条第 1 款规定:"对于地方国家机关的决议、命令和措施是否合法,国家机关工作人员和公民是否遵守法律,实行监督;"第 3 款规定:"对于侦查机关的侦查活动是否合法,实行监督;"第 4 款规定:"对于人民法院的审判活动是否合法,实行监督"。这 4 款将先前的宪法、法律明文规定的或没有明文规定的"行使检察权",统统改为"实行监督"。这一改变应当视为对国家检察机关职权定位的重大变化,本质上也可以视为对检察机关定位的一种深化,尽管这种变化或深化只是体现在地方各级国家检察机关的职权上。

前述的变化从检察制度的总体上看,也可以看作是一种试验,即从地方各级检察机关确定的监督职权开始,再通过实际实施再观察这一对检察机关重新定位的效果。由于后来的社会、政治情势的发展发生了巨大的变化,这一试验的进程没能顺利进行下去,直到制定 1975 年宪法时,检察院建制被公安机关所取代。但到了 1978 年的"文化大革命"结束后,执政党和国家通过认真总结建国后特别是"十年动乱"的经验教训后认识到,法律监督制度的缺失是造成国家法制遭受严重摧残和破坏的重要原因之一。执政党和国家在新的历史时期确定发展社会主义民主，健全社会主义法制的战略方针以后，国家的法律监督制度的重建就顺理成章地提到了国家法制建设的议事日程上来。原来被我们视为实验性的法律监督制度就在新的社会和法制情境中由于受到执政党和国家的高度重视和强调，也终于逐渐长大并结出了成熟的果实。

法律监督的理念与制度从一开始就树立和建构在一个很高的起点上。1979 年 7 月 1 日第五届全国人大第二次会议通过了7 部重要的国家法律，其中就包括建国后第 2 部人民检察院组织法。该法第 1 条明文规定："中华人民共和国人民检察院是国家的法律监督机关。"彭真于 1979 年 6 月 26 日在第五届全国人大第二次会议上作了《关于七个法律草案的说明》。在关于人民检察院组织法的说明中，彭真指出："修正草案仍然确定人民检察院是国家的法律监督机关。但把宪法中关于检察机关职权的规定加以具体化，使之更加明确和集中。为了维护法制的统一和国家的统一，修正草案规定检察机关'对于叛国案、分裂国家案以及严重破坏国家的政策、法律、法令、政令统一实施的重大犯罪案件，行使检察权。'对于国家机关和国家工作人员的监督，只管严重违反政策、法律、法令需要追究刑事责任的案件，一般违反党纪、政纪的案件，分别由党的纪律检查部门和政府机关去处理。这样规定，分工明确，事权统一，更加便于掌握和执行。"对人民检察院组织法的这一重大修改，最终得到 1982 年宪法的肯定和确定，宪法第 129 条规定："中华人民共和国人民检察院是国家的法律监督机关。"

在宪法上这样以法律监督机关匹配国家检察权能，消极地说，是一种迫不得已的做法；积极地说，是通过法律监督机关的运作，对所行的职权可以针对实际情况和经常变化了的情势随时作出调整。由此可见，当时在宪法上对国家检察权能的定性与国家检察机关的定位之所以出现过我们称之为"疏离"的规定，虽说是属于当时的情势所做的不得已的决策，但也并非是单纯的消极性，其实也具有积极的意义，这就是下述第二个问题所要分析的。

（二）"疏离"的意义

这个问题包括如下两个方面，即这种"疏离"现象意味着什么，以及它在检察制度的设计和建构方面有什么意义。彭真在 1979 年 6 月 26 日所作的《关于〈中华人民共和国人民检察院组织法〉（草案）的说明》中指出，"确定检察院的性质是国家的法律监督机关。列宁在十月革命后，曾坚持检察机关的职权是维护国家法制的统一"，"第三，检察院对于国家机关和国家工作人员的监督，只限于违反刑法，需要追究刑事责任的案件。至于一般违反党纪、政纪并不触犯刑法的案件，概由党的纪律检查部门和政府机关去处理。"从字面上，我们可以将前述内容理解成为确立检察机关法律监督的宗旨，即维护国家法制的统一；"第三"可以理解成为法律监督的范围，即刑事法律监督。

除此之外，1979 年 6 月由最高人民检察院作的《关于〈中华人民共和国人民检察院组织法修正草案〉的说明》，又给我们理解检察权与法律监督机关"疏离"提供了重要的思路。该说明指出："按照毛泽东同志在制定一九五四年宪法时所作的'本国经验和国际经验相结合'的指示，一九五四年的人民检察院组织法从我国实际情况出发，采取了列宁所创造的社会主义检察制度的指导思想。但是由于检察工作是一项新的工作，经验不足，如何建立适合我国情况的社会主义检察制度，需要有一个实践和认识的过程，才能逐步趋于完善。现在，我们国家已经进入了社会主义革命和建设的新时期，情况有了很大变化。同时，经过 20 多年的实践，我们对于检察工作也有了正反两方面的经验。"[1]

据此，我们理解法律监督是一个开放的体系，它可以放得很宽，也可以收得很紧，一切由情势和条件而定。所谓灵活、务实还表现在它具有实验性，如同今天所谓的"摸着石头过河"之意。当发现某些法律监督的事项不适当时，就及时地加以调整；而需要作出新的法律监督事项时，就及时地加以补充，这种宪法安排既能使法律监督的事项或范围在保持方向基本正确的同时，也便于随时加以修正或补充。这种实验性也是灵活、务实的一种表现。

还应当强调地指出，宪法将检察机关"定位"于法律监督机关，行使相应的法律监督权，除了上述的灵活、务实的考虑外，还意味着法律监督正处在生长和发育的阶段，犹如一个正在成长中的青少年，青少年总有一天要长大成人。一个完整的国家检察权就犹如一个"成人"，但这个"成人"现在还没有出现，要由一个现在称之为"法律监督"的"青少年"在将来长大成为那个称之为"检察权"的"大人"。法律监督在向检察权发展的过程中，总会遇到这样或那样的一些问题和困难，犹如成长中的"青少年"总有些"成长中的烦恼"，这都很正常，不足为怪。

（三）"疏离"延续的时期长短问题

这个问题也是一个饶有学术趣味的问题，这种"疏离"是否意味着会长期存在下去呢？是否能够或应该固定化或模式化？可能这个问题提出来有些突兀，好像从来没有人在公开场合提出过这个问题。一般认为，凡在国家根本大法上规定的事

---

〔1〕　闵钐编：《中国检察史资料选编》，中国检察出版社 2008 年版，第 417 页。

项都是经过深思熟虑之后，将有关国家和社会事务中最重大、最成熟的政治、法律理念及相应的制度确认下来的结果。怎么现在会冒出这样不合常规的问题呢？其实这并不奇怪。宪法是一个开放的多元价值体系，宪法固然要规定一个国家和社会的一些重大的国是、国策、国政和国法等，这些都是经过确认、比较成熟的经验和做法后，将它们在国家根本大法上固定和确认下来，意在使其取得最重要的宪法保障，而不至于被轻易更改。但这不是绝对的规则，事实上，在千差万别、千变万化的国情与时情下，总有些重大的国家和社会事务处在不确定或者正在变化的状态，一时还难以确定下来，在宪法上作出临时或短期的安排，也是被经常利用的宪法手段。在许多国家的宪法中常常有"过渡条款"等规定，就是这种宪法安排和利用宪法手段的表现。中国宪法关于法律监督机关的规定，虽属国家政权中司法权能的一项重要的宪法安排，也并没有采取诸如"过渡条款"等宪法手段，但通过我们在上面的分析，基于其不确定以及正处在成长中的状态，有理由认为这应当属于宪法中的"过渡性"规定。

总而言之，从我们研究的立场上看，中国宪法存在的检察权能的定性与法律监督机关定位之间"疏离"的现象不会也不应当长期地存在下去，即使要经历相当漫长的过渡时期，但终究不会永远这样存在下去。这也就意味着，目前这种"疏离"不会被固定化和模式化。至于法律监督机关的宪法定位以及被赋予的法律监督职权的发展方向在何方？它的最终归宿是什么？这正是下面的分析所要回答的。

（四）"疏离"对司法改革的意义

这个问题需要分析的是，宪法上作出的这种"疏离"的安排对检察制度的改革乃至整体的司法改革意味着什么？特别是对这种改革目的意向性具有特别的指示意义？我们可以从两个方面对此问题加以分析：

1. 应当肯定，这种"疏离"对检察制度的改革乃至整体的司法改革具有重要的指示意义。经过我们在上面精心的分析后，就不难明白其中的指示意义。既然这种"疏离"是基于对检察权能的"定性"以及法律监督机关的"定位"直到目前还不能明确地确定或界定而作出的迫不得已的宪法安排，又是基于法律监督职权的开放性和灵活调整性的宪法手段，还是法律监督机关及法律监督职权是宪法上一个过渡性的安排，那么这其中就蕴含了对法律监督制度必须进行改革的意义了。很显然，没有这种对法律监督制度的改革，法律监督如果永远都是以往和目前的状态，那么，它永远都不会实现完整意义上的国家检察权。因此，这种"疏离"存在的本身，就意味着法律监督还没有达到国家检察权能实现的状态，两者间的差距只能通过对法律监督制度进行持续不断的改革才能缩小。"疏离"本身就蕴含着通过改革使之接近或靠拢之意。

2. 正如前面分析所指出的，这种"疏离"是迫不得已而为之的，但仅仅认识到这一点是不够的。问题是：既然明明知道法律监督职权还是一个没有到位的检察权，而且明明知道法律监督职权又是一个很难用公认的规范来加以界定的职权，本身又具有开放性和适时变化性的特点，那为什么又堂而皇之地占据宪法上的一席之地？想必这其中必有足以支撑其这样做的理由，而这种理由恐怕还要从法律监督职权内在的性质及其价值与功能等方面去寻找了。鉴于这个问题极其深奥和复杂，笔者拟另设"法律监督的价值与功能"专题予以尽可能详尽地加以探讨和研究。通过对这方面即将进行的探讨和研究，我们将表明如下的研究意旨，即法律监督的职权和法律监督机关之设竟是如此的重要和必不可少，它本身含有巨大的、综合的法律价值与功能，是迄今为止所能找到的实现检察权能最适宜的制度形式和运行程序，尽管它处在发育期，或许正在经历"成长中的烦恼"，但我们还不能在现在就抛开它、舍弃它，而是要充分地利用它，而要充分地利用它，就必须加强它、健全它。这看似是一个悖论，其实不然，其中所蕴含的辩证逻辑至为顺恰。在一个未可限量的很长的历史时期内，作为国家检察权能现时最适应的实现形式的法律监督机关及其或许还会有些变动的职权，仍是实现国家检察权的必经"途径"或过渡的"桥梁"，为实现完全、彻底的国家检察权的目的，时下留给我们的选择，只能沿着这条"途径"或"桥梁"前进，而目前这个"途径"还有些坎坷不平，或"桥梁"还有不够坚固的地方。为达到顺利前进的目的，我们还必须下力气、用工夫去修路从而使其更加平坦顺畅，或加固"桥梁"使其更加坚固耐用。如果将这种比喻还原成我们讨论的本题，那就是在当前以及今后不可预期的很长时期内，我们必须加强法律监督机关的建设，改革现行的法律监督制度，特别是要用心调适其职权，使之更有力地实现国家检察权。这就是我们强调的这种"疏离"对检察制度改革乃至整体司法改革的意义，特别是对这种改革目的的意向性所具有的特别指示意义。

（五）"疏离"的最终归宿

"疏离"的最终归宿是什么？是否可能，以及在什么条件下使检察权的宪法定性与法律监督机关的宪法定位最终实现"九九归一"？即实现终极的统一？有了前面分析的基础，这个问题的回答就无须再悬疑了，即历史上和目前实行的法律监督机关的定位及其依据情势可随时加以调整的职权，犹如一个人一样，不论多么年轻，只要不出现特别的意外，终究要长大成人，现在无论怎样缺乏经验，经过不断的历练，终究要成熟起来，也无论需要经过多么漫长时期的过渡，终究会达到理想的国家检察权的"彼岸"。再如果借用佛学的哲理来分析这个问题，那就像唐僧去西天取经一样，只有经历千难万险，历经"九九八十一难"才能取回佛家的"真经"，用如来佛祖的话说，就是"九九归一，才算圆满"。对法律监督机关及其制度的改革也是这样，只有经过漫长时期艰难的探索和不断锐意进取的改革，才能最终实现法律监督职权与国家检察权的"九九归一"，进而实现宪法上与国家审判权的同等国家权能的位阶，以及更进一步地实现宪法上与国家立法、行政并列的国家司法权能的完整建构与建制。

中国现行宪法上关于检察权与法律监督机关之间的"疏离"现象长期被法学界忽视的情况再也不能继续下去了。这不仅关系到对中国宪法和宪政的正确解读，更关系到建设具有中国特色的检察制度，以及强化检察制度乃至整体司法改革的深层次理论与实践建设的根本性问题，应当深入地加以研究。

九、检察理论应当重视吸纳宪法理论和宪政学说的学养元素 *

（一）一般意义上的宪法和宪政

毋庸讳言，中国既往和现实的检察理论或检察学界许多学者正在大力倡导建构的"检察学"，基本上是建构在刑法和刑事诉讼法这两个法学学科基础之上的，从事检察理论或"检察学"专业研究的专家、学者基本上或大部分也都是具有这两个学科理论背景和学养的。其自然而然的结果，就是使既往和现实的检察理论或"检察学"基本上吸纳的是刑法和刑事诉讼法

---

* 本部分内容刊载于《检察论丛》（第15卷），中国检察出版社2010年版，第13～47页。

这两个学科的学养元素，甚至可以说这种吸纳差不多已经到了饱和的程度。这种理论和学说状态有它的优越性，有了这两大法律学科理论的支持和作为发展的平台，使检察理论赫然傲立于众多的法律学科之林，或者发展成为一门如一些检察理论学者所倡导的那种名为"检察学"的独立学科。相比之下，至今尚无学者倡导建构什么"审判学"之类的学科。检察理论或"检察学"借力刑法学和刑事诉讼法学使自己获得广大的发展空间和勃勃生机，这既是它的幸运，又是它的优势。

　　然而，我们也必须清醒地认识到，既往和现实的检察理论研究中常常被提及或作为基础理论的相关宪法理论和宪政制度中的一些重大理论与实践问题，在相当多的著述中往往都显现出或多或少的迷茫、似是而非、游移不定、以偏概全、自相矛盾或缺乏逻辑自洽性等认识上的盲点、片面性甚至误解等弊病，这在相当大的程度上影响了检察理论向着健康的、深入的方向发展。这也是造成检察理论中长期存在诸多争议、聚讼不止的根本原因之一，更是形成检察理论研究中长期不能突破的某些难点的原因所在。为此，笔者坚信，看似与检察理论或"检察学"不甚相关的一些宪法理论和宪政制度问题，在中国检察理论现时的情境下反而显得重要和必要了。为此，我们认为现时有必要重视吸纳宪法理论和宪政学说的学养元素。但这并不是一件知难行易之事，不论是否真有如常理所说的"隔行如隔山"的情形存在，但说到对宪法和宪政在真正科学的层面上的认知，就绝不是一件简单容易的事。（1）宪法和宪政作为多元的价值体，在体量、空间和历史等维度上展开，就足以锻造出一个如今被称为宪法理论和宪政学说这一博大精深的重量级学科。（2）由于中国特有的学术和政治情境，宪法和宪政始终没能在经世治国的层面上占有显著的地位，也没有在其中发挥应有的价值和功能，而宪法理论和宪政学说在整体法律科学上，至今都没有摆脱被边缘化的窘状，更遑论成为一些西方国家法学界的那种"显学"。考虑到上述这些状况，我们认为别无良法，只有从最基础的基本知识梳理和展示做起。此外，还须说明的是，这里所列的宪法理论和宪政学说与检察理论并非是全部所关切的问题。相关的其他问题，拟另写专文予以探讨。

1. 何为宪法——人类最伟大的社会发明[1]

拙译《成文宪法——通过计算机进行的比较研究》（*Written Constitutions A Computerized Comparative Study*）于 2007 年 3 月由北京大学出版社再版。该书曾于 1987 年 10 月由华夏出版社作为《二十世纪文库》的首选法学类书目出版，并于 1990 年 8 月由台湾的"久大"和"桂冠"两大文化和图书公司再版。原著的作者是荷兰鹿特丹伊拉斯谟大学两位宪法学教授亨克·范·马尔赛文和格尔·范·德·唐。他们在原著的"前言"开头写下了如下一段耐人寻味的话：

"当一个刚刚升入天国的人询问圣彼得，他是否可以得到一部地方宪法的时候，他惊奇地被告知这是不可能的，因为根本就没有这种东西，天国里的居民是宁愿不要宪法的。这样一想，人们可能要问自己，宪法是否还真正重要？在这个问题上经过 5 年争论之后，我们已经得出结论：宪法的确应该得到它们所受到的重视，尽管天国和英格兰树立了有影响的先例！"[2]

此段话的耐人寻味之处，至少有以下两点：

---

〔1〕　这是笔者本人多年研习宪法学的成果，已在本人的专著、教科书中发表过。详见陈云生：《宪法监督司法化》第一章，北京大学出版社 2004 年版，第 12～28 页；《宪法学学习参考书》第一章，北京师范大学出版社 2009 年版，第 3～11 页。

〔2〕　英国是不成文宪法的国家，故笔者有此说。

（1）西方人（这里当然是指具有宪治和法治长久传统的西方发达国家）的宪法和宪治观念之强，令人叹服！当他们还活在人世间的时候，宪法作为国家的根本法，就与他们结下了不解之缘，与他们终生相伴，须臾不可分离。他们生活的社会，因而称为法治和宪治的社会；他们生活的国家，因而称为法治和宪治的国家。宪法对于他们的重要性，已经远远超出了它作为国家和社会具有最高权威和最高法律效力的规范实体本身。换句话说，宪法对于他们，已经不仅仅是确定其所生活的国家和社会的经济、政治、权力和社会组织的基本架构和活动原则；也不仅仅是为了规范全体公民包括各种社会组织、团体行为的准则和行为模式，宪法在实际上还作为一种观念形态，广泛而深刻地渗透到他们的精神生活领域，寄托了他们的政治信仰和社会理想。他们之所以那样地信赖宪法、钟情宪法，归根到底是他们知道，宪法会给他们带来社会的安宁、政治的清明与透明；还会给他们带来种种社会的、经济上的平等机会与机遇。总之一句话，宪法所造就的国家与社会，会给他们带来幸福以及对更进一步幸福的企盼。尽管他们也知道，宪法所造就的国家和社会不会也不可能尽善尽美，面对纷乱的世象甚至残酷的竞争，他们有时不得不迫于无奈作出痛苦的抉择乃至个人的某种牺牲。然而不管怎样，他们对于宪法的迷恋和敬畏的确到了痴心的程度。这种社会利益和精神心理的双重驱动力使他们视宪法为治国安邦的根基，视宪法为个人追求幸福生活的护身符和指路灯。

经过几百年漫长历史时期的宪治实践和宪法体验，宪治、宪法已然深入人心，熔铸到他们的灵魂中，混化到他们的血液里。在西方宪治发达的国家，无论国家和社会情势发生多么大的变化，宪法总是像中流砥柱一样，稳稳地屹立在国家和社会深深的根基上，从未动摇过。在这样的国家，持各种不同政治态度的人包括那些怀抱政治野心的政治家，他们可以施展各种伎俩，包括合法的和非法的手段（如非法的政治集资、窃听等）从事竞选，以夺取或保住最高的国家政治职位，并实现自己的政治抱负或政治野心。而他们一旦得逞，几乎没有例外地宣称自己忠诚于原有的宪法，继续遵循既定的宪政方针；或出于变化的情势，修改或制定新的宪法，从而使自己获得合法的宪法资格和地位。没有人试图超越宪法，因为这会冒极大的政治风险，宪法上的任何问题在宪治发达的国家一向被认为是十分敏感的，即使专司宪法监督的机关，非到万不得已，都不敢轻易提起宪法诉讼或争议；当然，更没有人敢冒天下之大不韪而抛弃宪法，或背离既定的宪法轨道。人们从新闻媒体不时地听到或看到西方国家出现政治危机，有的国家政府更迭频繁，像走马灯似的你上台我下台，有的政府甚至只有短短几天的寿命。但不管怎样，纷乱变动的政局并没有影响其国家的稳定和宪政的整齐划一。人们为了登上政治的宝座，有时会争得你死我活，但没有人会超越宪法所确定的政治游戏规则而施以其他的法外力量，因而基本上排除了像某些宪制不发达国家那样常常见到的军事政变或外来的武力干涉，更排除了各种非宪法规制的政权交替。宪治发达与不发达，宪法在国家政治生活中是否起作用，这是一个极其重要的方面，也是是否真正实行宪治的分水岭和试金石。这大概就是宪法生命力和魅力的所在，当然也是人们崇信、敬畏它的根本原因所在。正因为如此，才有开头那位刚刚离开尘世而升入天国的人，迫不及待地向他的天国主宰讨要一部地方宪法的故事发生。习惯成自然，没有一部宪法的保护和遵守，他可能感到无所适从，会认为无法过正常的天国生活。斯人的敬宪、尊宪的观念和习惯，并没有因去到另一个世界而有所改变，而且还成了他初来乍到天国时的第一件要办的事，这种执著和诚信的精神，实足值得称赞，也足以令人赞叹！

（2）世俗人类社会的绝大多数国家现在普遍有了自己的宪法，已经离不开宪法了。从前面个人对宪法的尊敬和诚信的精神和态度，我们大体上已经揭示了宪法对个人乃至他的国家和社会的重要性。宪法之所以具有如此的重要性，是由它的特殊性质、多价值的功能所决定的。在我们这个纷争不已的人类社会，以及诸多变乱多难的民族国家，普遍需要一部自己的宪法，而且感到离不开它。宪法之所以对现代国家和社会如此重要，是由它的特殊性质决定的。

宪法究竟是一种什么样的法律呢？遗憾的是，学术界至今还没有找到一个大家普遍赞同的统一说法。源于宪法的多样性、复杂性以及囿于观察者个人的眼界以及他所在国宪法情势的局限，他所给出的宪法定义或说明，只能反映其国的宪法或同类宪法的情形，一旦用另一部宪法或另一类宪法来对照，就可能不适用了。此外，西方学者的一些武断的命题，又给试图下一个普遍定义的努力增添了困难。例如，早期的法国，曾流行没有三权分立，就没有宪法的断言，按此标准，后世的宪法中就有相当多的一部分被排除在宪法行列之外了，因为这类宪法既没有确立三权分立的原则，又没有三权分立的实际规定。尽管如此，现代的宪法学者还是在宪法的法律性质、主要规范的内容、法律效力以及法律功能等方面，取得了相当普遍的共识。如果说给宪法下一个普遍接受的统一定义目前还不大可能的话，那么，对宪法的概貌给予比较科学的、准确的说明和描述是完全可以做到的。概括地说，宪法是由下列的一系列特质构成的法律实体：

（1）宪法是近现代社会和民族国家的产物。尽管古代直到中世纪的中外文献中，都不乏"宪"、"宪章"、"宪法"的记载，但学术界已普遍承认，那些只不过是指普通的典章制度或具有某种法律特质的法律实体。充其量只具有近现代宪法的某个或某些性质或内容。近现代宪法在性质和内容上要广泛和丰富得多。把宪法看成是近现代社会和民族国家的产物，并在性质和内容上与古代、中世纪的"宪"或"宪法"区分开来，是有充分理由的，可以并已经得到了普遍的接受和承认。

（2）宪法集中了国家统治者或管理者的最高意志，代表了国家统治者或管理者的最高利益。不管人们对国家的性质和阶级属性的认识有多么不同，但有一点是肯定的，就是国家的统治者，不管是某一个人、政党或其他政治势力、阶级、阶层、全体人民，都是把他（它）们最想确立的立国或治国原则、纲领、方略等在宪法中固定下来，使之昭示人民，并使人民自愿或强迫地接受和顺从这些原则、纲领、方略等。据此，国家的统治者或管理者便可以有效地组织和实现国家和社会一体化的目标，集中全国和全社会的意志和力量，共同实现国家的统治者或管理者预定的国家发展方向和社会理想。

（3）宪法规定的都是有关国家和社会的一系列重大事项。宪法虽是国家的根本大法，但并不是包罗万象的法律全书或法律大全，它是并且只能是国家的根本法，即通常只规定有关国家和社会的一系列重大的和根本性事项（当然也有个别的宪法例外）。这些事项通常包括：国家的政治结构，权力体系的设置、活动和相互关系原则。一般说来，近代宪法最初主要是为了巩固和组织政权而设计和创立的。所以早期宪法通常具有浓厚的政治色彩，通称政治法。这一特点沿袭至今，现代各国都必然具有这方面的内容，概莫能外。随着宪法地位的不断提高和作用的显著发挥，有关国家和社会的一些其他重大事项，如经济制度、文化教育制度以及一些有关国家和社会的重大国策，便逐步收进宪法的条文中来，成为宪法中重要的和不可缺少的内容。正是在这一点上，宪法的根本法地位和作用得以充分显现，并与普通法律区别开来。

（4）宪法规定着公民的基本权利和义务。在任何国家和社会，都有一个国家和社会与其人民以及个人与个人之间的关系问题。近现代国家通常把以往国家和社会颇为复杂的相互关系，大大地简化了。它们把社会上的人变成具有特定法律地位的公民，然后在宪法上规定公民应当享有的基本权利，以及必须履行的基本义务。基本权利和基本义务的设置和规定并没有一定之规，但国家和社会生活的共性以及各国制宪时的相互参考，常常造成有关基本权利和义务方面一些相似或相近的内容规定，由此相延逐渐形成惯例，使世界上绝大多数国家的宪法都有关于法律面前人人平等，公民享有集会、结社、表达意见等自由和权利，以及劳动和受教育的权利等。有关基本权利和义务的规定，也不是随意而为的。国家统治者或管理者总是把国家的整体利益与公民个人的利益作全面的、综合的考量以后，再通过权利和义务的宪法和法律形式分配给每个公民。因此，在公民的基本权利和义务的背后，体现的是国家、社会和公民各方的利益以及相互间的关系；并且，这种利益的分配通常被认为是限定在某种合理的"度"内，至少国家的统治者或管理者认为是合理的。

在宪法上规定的公民基本权利和义务，表面上看来只是或多或少的一些章节或条款，实际上却是极为复杂的法律现象。从广义上说，这种法律现象植根于有关国家和社会深厚的文化根基之上，或者说，是某种具有特质的文化沃土历史地、自然地培养出来的产物。正是由于这一原因，世界各国宪法包括基本权利和义务的规定都不尽相同，它们所体现的社会文化背景和价值观自然也是各异。希图以一种统一的、超然的社会文化标准或价值观来看待或评价各个相异的基本权利和义务体系及相关原则，是非科学的、不现实的。强而为之，势必造成误解甚至反感，根本无助于问题的解决。在一国的特定社会文化情景下，盲目地吸纳异质的权利和义务系统和价值模式，往往达不到借鉴的预期目的。只有立足于本国自己的社会文化背景之上，出于自身从政治、经济、社会、哲学、价值观和价值取向、社会心理等立场上对权利和义务现象的深刻理解，才能正确地认识和解释宪法上的权利和义务现象，才能取得预期的宪法权利和义务规定的国家和社会效果。也只有在这个基础上吸纳异质的权利和义务体系或价值模式，才能与自身的权利和义务体系或价值模式有机地结合起来，成为其中自然融合的一部分。

在宪法上着力规定公民的基本权利和义务，是人类宪治、法治乃至人类整体文明的一大进步。它留给我们许多经验、教训、幸福、满足、无奈、痛苦、求索、诉求、企盼、困惑和迷惘，总之留给我们探求不尽的话题。在当代，公民的基本权利和义务又以人权幽灵的姿态在全世界游荡、徘徊，无孔不入，人人受其株连，有人为之欢乐，有人为之愁苦。这又给人类权利的探索和思考增加了新的难度。本书将以随笔的形式，基于社会文化的深层次背景，透过从混沌的史前蒙昧时代直到当代的漫长历史跨度，从文化、政治、经济、哲学、价值、社会意识等全方位、多视角揭示人类权利和义务的本质、相互关系、运行发展的规律、不同权利和义务价值观及价值模式的冲突与融汇等深层次的问题，为人类权利和义务的理论研究和实践活动，多开拓一些思路，多提供一些思考。

（5）宪法具有最高的法律地位和法律效力。宪法作为国家的根本法，除了表明它规定的都是有关国家和社会最重要的事项以外，还表明它具有最高的法律地位和法律效力。这种最高性是指：宪法在国家法制体系中的地位最高，宪法因此号称"母法"或"父法"，所有的法律文件及它们相应的规范体系都必须源自宪法、从属宪法，与宪法的原则和规定相一致，而不允许相背离。这就是宪法学上著名的也是聚讼不已的"合宪"和"违宪"问题。这个问题之所以著名和聚讼不已，是因为它在概念界定、性质认定以及判断上难以把握。宪法的最高性也表现在与其他的社会行为规范，如社会道德规范、政党或社会团体的章程、纲领以及宗教的教义、教规等相比，宪法是最高的。其他社会行为规范的遵守都不能违背宪法的原则和规定，也不能妨碍宪法的遵守和执行。宪法的最高性还表现在它的规范范围涵盖全社会，概莫能外。不仅一切公民，就是一切政治或社会势力、团体、组织包括政党，都必须在宪法和法律的范围内活动，都必须认真地遵守和执行宪法。

（6）宪法是国家立法的基础和依据。宪法是国家的根本法、最高法，而且只能是根本法、最高法，不是也不应该是法律大全。国家宪法只就有关国家和社会的一系列重大事项作出规定，而不是一览无遗地对所有事项作出规定。在国家和社会各方面生活的管理中，只有宪法的根本性规范显然是不够的，还需要国家的立法机关从事经常性的、大量的日常立法工作，使国家和社会的各方面生活都能够有章可循、有法可依，从而保证国家和社会得到稳定的、模式化的和有秩序的管理。立法机关的日常立法活动及其制定出来的所有法律、法规、规章等都必须以宪法为基础和依据，而不能相违背，否则就构成所谓的"违宪"，而违宪的法律、法规等是无效的。法律、法规等之所以必须与宪法相一致而不能相违背，其根本原因首先是如前面所说的，宪法是国家的根本大法，是国家的统治者或管理者的根本意志和国家与社会的最高利益的体现。法律、法规等与宪法相一致，就是服从这种最高意志和最高利益的法律形式的体现。同时，也是维护国家宪治和法治统一的需要。一个国家和社会的有效治理，其基本条件之一就是要建立和维护宪治和法治的统一。法出多门，必然引起各方面的利益冲突，从而给国家和社会有序、协调的管理造成障碍。因此，法律、法规等必须与宪法的精神、原则和规定相一致，不能相违背，这是宪治和法治的必然要求。

（7）宪法并没有确定的文书形式。世界各国文化背景和社会情势不同，制宪风格和宪法形式也各异。英国尽管是近现代宪政的发祥地，是最早实行宪治的国家，但至今都没有制定一部统一的成文宪法，甚至在其法律体制中，也没有明确标识哪个或哪些法律具有较高的法律地位或法律效力。只是其中的一些法律、判例、权威学者的意见被官民倾向地认为是宪法性文件。不过，近些年来在英国国内，兴起了一股越来越强烈的立宪思潮，官民中越来越多的人要求制定一部统一的成文宪法典。英国的宪法是典型的"不成文宪法"，除此之外，现在世界上实行"不成文宪法"的国家只剩下新西兰了。还有为数不多的一些国家实行所谓的"复式宪法"或"复合式宪法"制度。这些国家的宪法不是一部统一的宪法文件，而是由几部宪法性法律合并而成的。世界上绝大多数国家的宪法都采取单一的文件形式，即一国具有统一的成文宪法。这种宪法形式明显地具有统一、显现、悬示、便于保存、好学好记、易于贯彻实施和监督等特点和优点，所以大多数国家都乐于采纳，并通行于全世界。

上述的介绍和分析可以大体和初步地了解宪法是什么性质的法律文件以及宪法对于国家、社会、个人何以如此重要的原因。那个刚刚升入天国的西方人想必是在这样的宪法治理下及其相应的社会情境中颐养了天年，使他（她）离开尘世以后都难以忘怀，并实实在在地养成了尊宪守法的心态和习惯。所以他一升入天国，就迫不及待地向他（她）的新主人讨要一部地方宪法。这样看来，斯人的举动当在情理之中。

中国是世界上著名的文明古国，古代虽以德礼教化和人治为治国的根本方略，但从不排斥法治，并辅之以法制。在漫长的历史进程中，通过引经断狱，以礼入法，形成了具有浓重的封建道德和礼教的古代法制。这其中，尽管在《尚书》、《国语》等古代典籍中不乏"宪"、"宪法"、"宪章"的记载或陈述，也不甚明了地形成过"大经大法"的意识，但总体上说，中国古代法制里缺乏作为国家根本大法的法的体系。在封建专制的年代，皇帝自称"天子"，口含"天宪"，言出法随。在世俗的封建王朝里，倒是皇帝老儿宁愿不要宪法，因而根本就没有宪法。如果把中国的地上王国与西方的天上王国作一比较，或许相映成趣，一个是地国不需要宪法，一个是天国不需要宪法，人间天上都曾有过没有宪法的时代。由于中国古代根本就没有宪法，自然更谈不上宪法治理，先祖们由于缺乏宪法体验和宪治经历，自然无从形成现代宪法观念和宪政经验。在中国古代的传说、神话、小说、戏剧中，不乏正统的天国和阴曹地府的统治者或主宰者，如玉皇大帝或阎罗王们以及民间传说中的怪力乱神展现在天上、人间和地府，但从未听说过他们那里曾经制定或实施过宪法。同样，也未听说过，一代又一代的先祖们在世间享尽天年以后，或上天堂或下地狱，会有什么人向他们的新主人讨要一部地方宪法。在中国广大的地域内，民间长期流传祭拜灶王爷的习俗。传说每到一年一度的阴历腊月二十三，灶王爷就要上天国向玉皇大帝汇报每个家庭的情况，并带回玉皇大帝下达给每个家庭的旨意。人们总是希望灶王老爷向玉皇大帝报喜不报忧，报善不报恶，企盼他带回玉皇大帝的良好祝愿，保佑家人幸福、平安。我清楚地记得，小时候每到腊月二十三的清晨，便被老人拉来按在地上向灶王爷神像叩头，口中还要跟着老人反复叮嘱灶王老爷"上天言好事，下界保平安，不干不净瞒埋着"。在供奉给灶王老爷的祭品中，沾牙的关东糖是必不可少的。据说灶王老爷吃了关东糖以后，牙就沾在一起因而无法向玉皇大帝汇报家中的阴暗面和坏事。这真是一个矛盾的诉求，张不开的嘴巴怎能言好事呢？这一民俗从一个侧面反映了国人以家庭为群体本位、向善从良和企盼幸福、平安的观念和愿望。从中根本看不出我们的先祖有何宪法观念和宪治的企盼。这与上述西方人的宪法观念和宪治诉求相比较，又是相映成趣的。顺便指出，目前社会上愈演愈烈的欺上瞒下、报喜不报忧的恶劣社会和官场风气，或许能从这一民俗所反映的人们价值观中，找到古老的、深厚的社会心理基础。

然而，斗转星移，时代在变迁，世事在进步。随着西方列强的坚船利炮敲开了腐朽的清王朝闭关锁国的大门，一向以泱泱的中央帝国自命不凡的"天朝"，如同受到了8级地震般的震撼。正如马克思在1858年写的一篇文章中指出的："一个人口几乎占人类三分之一的幅员广大的帝国，不顾时势，仍然安于现状，由于被强力排斥于世界联系的体系之外而孤立无援，因此竭力以天朝尽善尽美的幻想来欺骗自己，这样一个帝国终于要在这样一场殊死的决斗中死去，在这场决斗中，陈腐世界的代表是激于道义原则，而最现代的社会代表却是为了获得贱买贵卖的特权——这的确是一种悲剧，甚至诗人的幻想也永远不敢创造出这种离奇的悲剧题材。"[1]

可喜的是，国人并没有在这场突兀而来的国家和民族劫难中沉沦，更没有甘心充当那个离奇的悲剧题材中的失败角色。国人终于从失败和耻辱中奋起。他们首先对西方世界产生了好奇心，想弄明白他们究竟用什么稀奇古怪的法宝打败了自己。这其中他们发现了一件闻所未闻、见所未见的稀罕物，这就是我们前面所介绍的称作"宪法"的东西。于是官民齐动手，官家派大员出洋考察，民家则倡行开国会、制宪法，实行"君主立宪"。一时朝野沸沸扬扬，终于把这种似觉好用，又感陌生的东西引到这块古老的土地上。到 20 世纪开启之初，中国终于有了自己的宪法。以后则一发不可收拾，在你方唱罢我登场的军阀时代，宪法像走马灯一样地变来换去，也像少女一样被人随心所欲地装扮。渐渐地，庄严神圣的国家根本大法被那些只信枪炮威力的武夫们糟蹋得不像样子，从而失去其庄严神圣的光环。

随着新中国的诞生，宪法才真正在这块古老的土地上落地生根。但是，宪法还没有来得及完全适应它生长的条件和环境，又在一次又一次的政治风雨飘摇中饱受摧残。现在，中国终于认识到宪法和法律在治国中不可替代的重要地位和作用，已经坚定不移地踏上了依法治国，建设社会主义法治国家的"不归路"。不过，我们应当清醒地认识到，实行依宪依法治国，并不是简单地制定一部好的宪法和与之配套的法律、制度就能实现的。制宪立法固然重要，但更重要的是保证它们得到

---

〔1〕《马克思恩格斯选集》（第 2 卷），人民出版社 1972 年版，第 26 页。

切实的贯彻实施。但宪法和法律的实施并不是简单的宪法和法律运作问题，它涉及包括社会文化背景在内的一系列经济、政治、社会等问题。或许是中国在几千年漫长历史时期形成的超稳定社会文化价值模式影响的结果，国人常常用传统的社会文化观念去理解和诠释极具现代精神的宪法和法律，这势必使宪法和法律在实施中走了形，变了样，从而不能得到正确的贯彻实施。目前不容回避的问题是：国家花了大量的人力、物力和精力制定了宪法和许多法律、法规，却没有使它们在国家和社会的各方面生活中发挥应有的作用，其中不少的宪法和法律规定都流于形式。国家的法治陷入难以解脱的悖论，一方面制定了宪法和法律，另一方面却没有注意使其得到正确的贯彻实施；现实改革开放的需要，又要求制定更多的法律并进一步完善宪法，结果还是没有得到正确的贯彻实施。这种状况的形成，或许从中国目前还缺乏现代宪治和法治实施的社会文化基础得到部分解释。我们别无选择，只有下工夫营造适宜现代宪治和法治的文化氛围，才能真正实现依宪依法治国，建设社会主义宪治和法治的战略目标。

2. 何为宪政——人类最伟大的社会工程。

宪政对于当代人类社会和国家的重要性，其实早已超出了西方传统宪法学认为的是对政府活动或施政行为规范化约束的制度体系的认识局限。宪政以及作为其建制来源的宪法的价值功能和作用，早已扩展到了极其广大的领域，宪政不再主要是针对政府施以规范化的制度约束，而是在社会生活和国家生活的各个重要领域起着任何其他次级制度或规范体系所不可代替的约束、调控、调节等价值功能和作用。具体说来，主要体现在以下一些方面：

（1）宪政是最深层的人类社会和国家的结构。每个社会都有一个深层次的结构，或者为某种深层结构而斗争，这个结构旨在或具有形成或界定社会（包括其政策或功能履行）的作用。[1] 从最一般的社会——政治哲学上看，一个社会的形成是由各种因素促成的，其中较为重要的因素通常包括政治、经济、社会、文化和意识形态等方面。然而，这些因素之间并不是孤立存在的，它们相互或彼此之间要么相互关联，要么形成一般关系或因果规律。正是这种关联，一般关系或因果规律构成了上述一个特定社会的深层次结构。我们通常见之于社会和国家的政治体制、行政设置、党派制度甚至经济制度都不是孤立存在的，更不是彼此不相干的，它们统一于国家的政体，即现代社会和国家的宪政之中。没有政体或宪政，所有上述因素就不可能凝聚成为一个整体的社会力量，也就是说不能取得国家的形式。因此，政体或宪政是比社会和国家其他的因素或制度更为重要的制度，即是社会和国家的根本制度。

现代宪政体制是全部人类文明和文化、思想进步的重大成果。但是，这绝不意味着宪政是自发产生或形成的。事实上，社会只是提供或创造了宪政产生和形成的条件和基础，而宪政的产生或形成，归根到底还是人的创造和精心设计的产物。人类组织社会和建立国家，并相应地建立起政体或宪政，不管其过程多么曲折和类别多么殊异，从长期的历史趋势上看，总是向着文明和进步的方向发展。乃至近代，特别是到了现代，宪政更是人类为实现自己的价值和为了过上美好的社会生活而精心设计的制度。

既然宪政是通过人类活动审慎选择的结果，那么，人类在

---

〔1〕 参见［美］斯蒂芬·C. 埃尔金等：《新宪政论——为美好社会设计政治制度》，周叶谦译，生活·读书·新知三联书店 1997 年版，第 75 页。

做这种制度选择时，一定是具有某种社会目的的指向性或者是为了达到某种社会理想的。在诸多可以选择的社会目的指向性或社会理想中，安全、稳定、祥和、富裕等无疑会成为首选。人类的天性是在追求一种可预见的、稳定的秩序，希图在这个有秩序的世界中求得安宁、发展和幸福。当然，作为有理性的人类，无论是其个体还是某一群体，在追求安全、稳定秩序的同时，也不会忘记自己毕竟是身处在一个"危机四伏"的世界，诚所谓"居安思危"是也。不仅如此，有些人包括一些学者，例如尼采，甚至认为，人应当"生活在一种不安全感之中"[1]。最新的生物心理学研究表明，人的与生俱来的"恐惧感"是促成人类进化的重要元素。有关的研究成果表明，在人类进化的初始时期，为了生存，人类的初民对自己周围陌生和危机四伏的世界关系总是充满着持续的"恐惧"，正是这种"恐惧"心理驱使人们趋利避害，最终使人的智力进化胜出了其他所有的动物而成为"万物之灵长"。此外，最新的生物医学研究表明，保持适度的"紧张"，对于增强人的免疫力，提高健康水平，是不可或缺的重要元素。不待说，紧张通常是源于体力的或心神上的"压力"，而这种压力是基于某种程度上的"恐惧"。但不管怎样，社会发展到今天，正如美国著名的心理学家马斯洛所指出的："我们社会中的大数成年者，一般都倾向于安全的、有序的、可预见的、合法的和有组织的世界，这种世界是他所能依赖的，而且在他所倾向的这种世界里，出乎意料的，难以控制的、混乱的以及其他诸如此类的危

---

[1] 参见［美］埃德加·博登海默：《法理学：法律哲学与法律方法》，邓正来译，中国政法大学出版社2004年版，第236～240页及第239页中的注释［26］。

险事情都不会发生。"[1] 人类及其社会和国家既然发明了宪法，创建了宪政，自然就会使自己追求安定、幸福、和谐的社会生活的理想熔铸于宪法和宪政之中，使之成为建构和谐社会的政治法律工具，又鉴于宪法是迄今为止人类所能创造和选择的最得力的社会调控和国家治理的工具，这种工具因其具有的国家强制力而最受人类特别是政治精英们的青睐，因此就理所当然地成为人类及其社会和国家建构和谐社会理想的载体和工具，并为人类及其建构和谐社会提供和打下最深层的人类社会和国家结构的基础和基本框架。

（2）宪政是建构清明政治的最基本的政治法律工具。前已指出，建构和谐社会是一项极为繁杂和漫长的社会工程，是由各种人类社会因素合力建构的，也是由全社会一体共同促成的。这就是说，每一个社会的因素，每一次人类大规模的社会活动，都有可能影响和谐社会的建构或影响社会的和谐质量。但是，这并不是说，在所有的社会因素和人类社会活动中就没有重要性程度上的差别。我们在充分肯定其他社会因素和人类活动重要性的同时，也必须肯定和承认政治因素和政治活动是其中最重要的因素和活动，这是因为，在人类的文明特别是社会发展史上，国家是其整个过程结出的最大和最高的成果。这种成果的出现意味着，人类最终找到了基于各种传统的社会关系、精神和道德等因素而又超越这些因素使自己的社会更有效和更有力地组织起来的政治形式。人类社会的政治组织形式特别是到了近现代以后，有了极大的丰富和发展，但是，迄今为止，一切人类政治组织形式在广度、深度以及组织的有效性和

---

〔1〕〔美〕埃德加·博登海默：《法理学：法律哲学与法律方法》，邓正来译，中国政法大学出版社 2004 年版，第 239 页。

影响力等方面，都没有也不可能超越国家这种组织形式，国家这种政治组织形式，在当代以及可以预期的未来都是和必将是人类能够有效地组织起来的基本组织形式。

然而，我们也必须想到，人类的国家有这种政治组织形式对人类自身来说，也是一把双刃剑。它既能够利用来为人类的安全、秩序、福利服务，进而把人间变成"天堂"；也能被某些阶级、集团甚至个人所利用而成为人类社会灾难的渊薮，即将人间变成"地狱"。"天堂"与"地狱"之间的天壤之别，向人类提出了一个自古至今不断被求索和探究的课题，即如何使国家成为人类社会生活的天堂而不是"地狱"？要实现这样的社会目标别无他法，只能通过人类自身对国家这种政治形式实施有效的政治控制，只有实现对国家这种政治形式实施有效的政治控制，即只有实现对国家的掌权者和管理者有效的政治监控，才能保证他们真正地为了社会和国有的公共利益而实施对国家的统治和管理，这就是说，只能在国家的治理中建立起清明的政治，包括科学、合理和有序的政治权力及其合理的安排和公正廉洁、公开透明的政治活动和政治行为，才能够实现建构和谐社会的目的。在当代，宪法、宪政之所以成为建构和谐社会最重要的政治法律工具，说到底就是因为只有宪法、宪政才能建立科学、合理的政治制度，进而实现政治的清明。

自西方启蒙运动以来，启蒙学者们就在不断地提出和强化对人性普遍的不信任。如早期的启蒙学者洛克就认为人类的弱点是经不起攫取权力的巨大诱惑，而他们攫取权力的欲望并不是出于增进公共利益的目的，而是借助制定和执行法律的权力以满足他们自身的私利，法国那位因倡导三权分立而名垂后世的著名学者孟德斯鸠更是认为人性卑鄙，有权必滥。而资产阶级哲学家休谟则以一段看似极端的论述而为后世广为流传：

"政治家们已经确立了这样一条准则，即在设计任何政府制度和确定几种宪法的制度和控制时，应把每个人都视为无赖——在他的全部行动中，除了谋求一己的私利外，别无其他目的。"[1] 到了资产阶级革命成功后立国制宪时期，美国的"制宪先父"们在参与制定美国宪法的过程中，更是强烈地认为人类具有自私和滥用权力的天性，表现出对人性的不信任和防范的态度。例如杰弗逊就不无武断地指出："权力问题，请别再侈谈对人类的信心，让宪法来约束他们吧。"[2] 麦迪逊则认为近代历史足以证明，健全的治理不能依赖传统的公民美德和公共教育的概念来保证防止党派专制，这些方法不能克服人类天生的私心，即使在他们担任政治活动家时也是如此，他还认为，天赋才能和财产所有权上的差异将不可避免地去产生私利和党派斗争。[3] 而汉密尔顿说的更明白："……人是野心勃勃，存心报仇而且贪得无厌。"[4] 基于这种对人的自私贪婪和滥用权力倾向本性的深刻体察和强烈反对态度而制定出来的宪法，被认为是"尽量地节约使用美德"的宪法，他们刻意在宪法条文中设置多重的监督和制约机制，以约束政府的执政行为而不致使其成为"专制政府"。联邦制首先是被用来制约中央政府的权力扩张的，通过中央政府和各州政府相互之间的制约，州政府出于保护公民与地方利益将会进一步保证反对扩大

---

〔1〕 〔美〕斯蒂芬·C.埃尔金等：《新宪政论——为美好社会设计政治制度》，周叶谦译，生活·读书·新知三联书店1997年版，第27~28页。

〔2〕 宪法比较研究课题组编：《宪法比较研究》（3），山东人民出版社1993年版，第8页。

〔3〕 参见〔美〕汉密尔顿等：《联邦党人文集》，程逢如等译，商务印书馆1982年版，第45~46页。

〔4〕 〔美〕汉密尔顿等：《联邦党人文集》，程逢如等译，商务印书馆1982年版，第23页。

全国性政府机构的权力。除此之外，全国性的代议制、两院制，间接选举、政府三大权力系统之间的分权与制约等都是构成制约政府的复杂机制和环节，目的是通过它们的合力以有效地限制政府的执政活动与行为，从而实现清明政治。

　　然而，假如我们只是关注这种人性上的弱点以及由此而导致的政治上的阴暗面，并因此丧失对我们人类的信心也是不对的。因为这样做对我们人类及社会本身并无益处，反而会使情况和境遇变得更糟。人类的伟大之处就在于，她在总体上永远不会自暴自弃，人类有一颗永不停息的跳动之心，永远保持对周围世界的好奇和进取，这同人类的天生弱点一样也是人类的天性。其实，依现代的生物心理学观点看来，自古以来关于人性之辩，特别是善恶之分，都是不同的阶级和立场之人的价值判断，实在说来都是一种先验的"假定"，并无科学上的有力支持，基于这种认识，即使在政治推理中，假定人性普遍堕落和假定人性普遍正直本身并没有实质性差别，人类普遍接受以国家这种高度政治形式组织起来，并审慎地选择自己的政体（现代为宪政）形式设立政府以分掌各项国家职能，并努力建立和实现政治上的清明，这本身就意味着，人类尚有一种美德和道义可以作为信任的基础，我们人类在近代通过制定宪法，建立政府，实行宪政，一方面要限制、约束和监督公权力机关特别是它们的公职人员的施政行为，预防公权力的滥用和公职人员的腐化；另一方面，只要给予各类公权力机关和广大公职人员以必要的信任，支持它（他）们秉公执政，以造福人类的公共利益和福祉。总之，我们人类的宪政任务是要建构这样的政府结构和政治体制，在其中既要有效地预防和克服政治上的腐败和权力滥用；又要在平常时期和非常时期使我们可能最大限度地发挥人类具有的善性和公益之心，以实现政治上清明、廉洁和公正的社会理想。只有做到这一点，我们才能将建构和谐社会建立在坚实的政治基础之上。

（3）宪政是保证司法公正的最根本的体制保障。不论古今中外的何种社会制度和国家形态，欲保持其稳定和安康，都必须保证和保持司法的廉洁和公正，这是最基础的制度因素，也是关键的环节。历史经验表明，许多国家由于存在着长期的、大范围的司法不公现象，往往会引起民众的强烈不满乃至对抗，从而引发社会动乱或革命，并进而导致国家的衰落直至败亡。这种情况即使在当代的民主国家仍然如此，而且由于现代社会的民主观念、正义观念、自由和平等等观念广泛地深入人心，社会公众对司法不公尤其敏感，对司法腐败更是反感。有鉴于此，通过革命取得国有政治统治权的资产阶级，便在国家政治制度的设计中倾注了很大的精力，希图设计出最能保证司法公正的政治体制和司法制度，并最终在近代资产阶级当权者制定的国家宪法上将政治家和思想家们精心设计出来的政治制度和司法制度在宪政中加以实施。可以说，宪政体制中的司法制度是近现代宪法和宪政区别于任何一种社会制度的最显著的特征，彰显了社会的发展和国家的进步。

那么，近现代国家的宪法和宪政关于司法体制的规定和实行的最核心的本质特征是什么呢？简而言之，就是"司法独立"。司法独立源于西方国家总体政治体制中的三权分立。既然国家的政治体制在总体上分为三个互不统属各自独立而又相互制约的分支机构，而司法系统又是其中之一，那么，司法独立就是其中应有之义了。

在现代，任何社会和国家欲保持安定和祥和，都必须从保证司法公正和廉洁做起。这已经为许多社会和国家的历史和现实经验所证明。相反，在一个大范围的、长时期的存在枉法判决、司法腐败的社会和国家中是根本不可能建构起和谐社会的。在任何的现代社会和国家，保证司法公正和廉洁都是一个关系建构和谐社会的关键因素。

（4）宪政是社会利益冲突的最佳和最有效的调节器。同前近代社会相比，近现代社会在社会的组成和结构等方面显然是复杂得多了。其中一个重要的方面，就是社会呈现利益多元发展态势。从历史发展的观点来看，社会利益的多元化既是社会进步的结果，也是社会进步的根本驱动力之一。

近现代社会的利益多元化的发展及其结果的出现，并不是偶然的。可以说，这是近现代社会包括思想、政治、法律、人权、社会、经济、文化等诸多社会进步因素综合作用的结果和产物。

这首先是思想解放和观念更新的产物。在自由、平等、人权等思想和观念指导下发展的社会结果，自然每个人都有权拥有自己的志向和以自己的方式获取社会利益和满足幸福的愿望。然而，从一般的社会哲学的立场上看，人类社会绝不应该也不可能以个人而不是以社会为基点得到生存和发展，一盘散沙的社会是没有生命力的。人的社会性决定了人类可能也许只能以各种形式的、性质的群体方式存在和发展。人类在社会生活中有意无意地总要按照历史给定的社会条件和社会情境而成为各种性质和形式的利益群体，大到民族、种族、文化集团，小到社会、邻里、家庭；从政治上的党派到生产、经营中的行业组织等都是人类结合的社会群体，而这些群体由于各种不同的利益诉求或利益链结，构成各种不同的利益关系体。从历史上看，每一个人类社会制度中都会存在不同的利益群体，只不过前近代社会中的利益群体的数量比较少，而且其自觉性和自主性不那么强烈罢了。而近代社会特别是到了现代社会，由于上述社会价值的主导，社会的利益群体在数量上急剧增多，更为重要的是，各利益群体的自觉性、自主性及组织能力和影响力都极大地增强了。因此，只有现代社会才能称得上是真正意义上的多元社会，多元利益群体的利益整合、利益协调才能真正提到现代社会组织和结构的社会议事日程上来。

这其次是现代多元社会利益群体的出现，还与现代社会的自由市场经济体制与社会生产方式密切相关。市场经济体制的基本元素是由生产者或经营者自主地决定生产或经营的各种事项（当然不排除特别是当代新形势下还需要国家公权力的介入，包括为市场经济的发展创造国内、国际良好的市场和法律等条件，以及实行有利于市场正常运作的监控行为），通过积极地参与市场竞争而使生产或经营在市场上占有优势，从而求得生存和获得更大的发展空间。从市场的全局上看，虽然在非垄断情况下各个生产者或经营者的投资、生产、经营活动有相当大的盲目性和随意性，但市场运行仍有一只看不见的手在调整，这就是市场运行的内在规律，它是通过供求关系的变化而自发地调整全社会的投资、生产和经营活动，使市场能够保持相对的基本正常运行的态势（当然不排除导致经济崩溃的现象）。市场经济的最大优越性就在于：它通过市场规律的自发调节作用，使市场永远保持活力和进取的态势。而其他的经济体制如由国家主导的计划经济体制或垄断型的经济体制，其最大的弊害是缺乏活力，由于没有经常的竞争性激励机制，这些经济体制往往导致经济体制的僵化和经济运行的停滞，最终导致经济效率的低下。两相对比，优劣毕见。这就是为什么当代世界上许多国家都力行或通过改革而实行市场经济体制的根本原因。

现代社会是一个多元的社会，那么在利益多元群体阶层之间不可免地会出现利益上的对立甚至冲突。如果这些对立和冲突得不到及时的、适当的调节，势必会引起社会的不安甚至混乱，社会因此也很难保持安定和祥和的状态。为此，现代社会的统治者和管理者莫不把调节社会的利益对立和冲突当做自己对国家治理的重要政务。在采取社会的、道德的、文化教育的各种措施对此予以调节的同时，更重要的是利用宪法和宪政这一最重要的政治法律工具来调节各种群体、阶层的利益对立和冲突。

宪政通常是通过以下方式和途径来调节社会利益对立和冲突的：

第一，通过各种制度性安排，落实宪法关于尊重个人和团体保持个性和自主发展的规定，通过制度性的规范、约束和监督机制消除对任何个人、社会阶级和阶层、各种社会团体和行业组织等歧视性行为，无论在实质上还是在形式上都要保证个人和各种利益群体能够自由、平等地得到发展。在各种制度性的安排中，法制尤其被看重在社会利益调节过程中的价值和作用。通过实行法治，使社会利益的调节具有规范性、普适性、可预测性和强制性的机能，从而更加稳妥和有效。

第二，通过宪政的制度性设计和实施，并通过强化国家权力的干预力度，使一般的社会利益或公共利益取得相应的确定地位。任何个人和社会组织、团体的利益都不允许凌驾于公共利益之上，不允许损害社会的经济秩序和妨碍社会的公序良俗以及普遍的价值准则，等等。它为一般社会利益或公共利益和个人、社会团体或组织确定一个为广大公众都能理解和遵循的总的利益架构。在这个架构中，一般的社会利益或公共利益与各种利益群体乃至个人的利益通过各种制度性的安排而得到整合，最终达到使各种不同诉求的社会利益得到合理调节，进而使社会得到和谐发展的目的。

第三，通过宪政中法律制度的安排，使各种社会、文化、经济、宗教、政治行业等各种社会组织或团体，一方面取得合法存在的地位，这为它们的存在、活动和管理取得必要的合法基础；另一方面，通过法律制度的安排，所有合法的社会组织或团体都能取得特定的法律权能、活动范围和方法等。这对它们有效地组织和影响各自联系的公众，更好地发挥其社会功能是重要的法制保障。没有有力的法律及制度的安排，各种利益群体的组织和活动就不会得到必要的规范、引导和监控。利益上的对立和冲突往往导致利益群体之间的冲突，社会动乱往往由此引发。

第四，通过宪政中的政治制度的安排，使各社会利益群体的组织和团体依法取得政治上的发言权和彼此进行政治上协商的机会。通过各种制度性的建制，特别是在国家权力体系中的代议机关，使各种合法的社会组织和团体都依法取得政治上的发言权，吸引和组织各种社会组织和团体广泛地参与国家的政治生活和政治事务的管理，通过各种政治制度性的安排，一方面能够增强国家政治上的民主性，提高政治决策的质量和政治活力；另一方面通过各种社会组织和团体在国家政治体制内，特别是在国家公共权力机关内的政治协商，使它们之间可能存在的社会利益冲突通过政治途径得到调节。在当代，宪政中的政治协商功能和作用越来越受到重视和强调。即使是宪政发达的西方国家也不例外。[1] 此外，通过对政治权力的控制和联合，也使多元的政治格局得到整合和协调。正如克莱尔·帕

---

〔1〕 参见〔英〕M. J. C. 维尔：《宪政与分权》，苏力译，生活·读书·新知三联书店1997年版，第326~329页。

雷所指出的:"自从启蒙时期以及边沁及其信徒阐述了功利主义的原则以来,宪法和法律的制定者和实施者一直在寻求恰当的宪法机构。他们努力驾驭政治权力,通过控制和取舍达到社会各种力量之间的均衡。"[1] 总而言之,通过宪政在政治制度上的各种安排,可以有效地消除社会多元利益群体在政治上的冲突或对抗,从而成为建构和谐社会最重要的条件和保障机制之一。

第五,通过宪政中制度性安排,使已经发生了的利益冲突获得一个正式的非确断性和确断性缓和或化解机制。在前面的几点分析中,都有重点在于预防或防止发生社会利益群体之间或群体与个人之间产生利益上的对立和对抗,宪政体制在这方面发挥着独特的引导、规范和调节作用,这是应当充分肯定的。但是,并不是说,在宪政体制下就可以完全预防或防止社会利益上的对立和冲突。事实上,这种利益上的对立和冲突还是会发生的,这是一个规律性的发展事态,不以人们的意志为转移。即使如此,宪政的优越性就在于,它可以利用各种制度性的安排或制度性的机制使各种随时发生的利益对立和冲突得到调和或化解。在一个宪制国家,由一个独立的、公正的和权威的司法机关来保障社会利益的协调,被认为是宪政体制的"精髓"。

总而言之,在宪政体制下,通过各种制度性的、非制度性的安排,使各种随时可能发生的利益对立和冲突能够得到及时的调解和化解,从而使多元社会的利益在各群体或个人间保持一个大体的平衡,进而使社会和国家维系在一个总体和谐的状

---

〔1〕 〔英〕克莱尔·帕雷:《宪法与少数人集团》,刘兴武译,中国社会科学院民族研究所世界民族研究室1981年版,第12页。

态中。

（5）宪政是效率、民主、正义的最佳调整体制。从最一般的社会政治思想来说，人类之所以断然采取革命的手段，不惜以鲜血和生命的代价实现了从前近代社会向近现代社会的转变，其终极的动因，归根到底就是源于人类的三大价值诉求。其一是对美好生活的追求，特别是人类对物质利益的追求，这在人类的历史长河中就从来没有停止过；其二是对社会和国家政治参与的追求，人类经历一个两千年的封建皇权和神权的残酷统治以后，再也不想让皇帝和神仙为他们做主，而要求自己亲自参与社会和国家事务的管理；其三是要求获得平等、自由的社会主体地位，不再受到各种社会差别以及歧视性的对待。这三个方面便是被历代学者所概括和浓缩的效率、民主和公正的三大价值体系。毫不夸张地说，全部近代的社会史、国家史包括宪政史以及思想史都是在围绕着实现和调节这三大价值体系展开的，只不过在近代的各个历史时期因情势的不同，这三个价值体系所处的历史地位和社会作用有所差别而已。但这三大价值体系的总体社会地位和作用至今并没有发生根本性的改变。

在近现代的社会结构和国家体制中，效率价值观的起伏变化最大。受西方启蒙思想和早期政治家治国理念的影响。早期西方近代国家的政府并没有赋予在提高社会经济效率方面担负重要角色。那时的思想家和政治家笃信"有限政府"理念，认为"管理得越少的政府越是好的政府"。他们将个人的志向、欲望、幸福的满足与实现的目标交给公民个人，让他们通过个人奋斗和参与竞争去达成。然而，到了 20 世纪初和上半叶，社会情势发生了显著变化。自由市场经济虽然造成了资本主义社会空前的繁荣，社会财富的总量以惊人的速度增长。但是社会却出现了严重的两极分化，即富者越富，穷者越穷。除此之外，市场自由竞争的盲目性导致了周期性爆发经济危机，使社会陷入了严重的倒退；加之垄断性的经济活动严重危害了社会公共利益，这就在客观上要求政府加大对经济事务的干预，以往放任的经济活动受到了必要限制和监督。那时候对效率的关注开始受到了重视和强调。特别是到了第二次世界大战以后，欧美一些先进国家先后步入了福利社会阶段，公众急剧膨胀的福利追求以及相关的消除贫困、减少失业、加强环境和生态的保护等一系列事关社会发展全局的诉求，已经形成了一股强大的社会压力，迫使政府去面对、去解决。自那时以来，西方福利国家的政府再也不能坐享"有限政府"的"超脱"与"清闲"了。它们必须时时绷紧"效率"这根弦，丝毫不能懈怠，通过不断地调整和制定新的经济政策，以求尽快解决社会面对的各种窘迫问题，最大限度地满足公共对日益增长的福利需求。否则，它们就不能继续执政。可以说，现代国家的所有政府都不能对事关社会发展和政治合法性的"效率"问题漫不经心了。

民主则是西方资产阶级革命时期的一面思想旗帜，也是资产阶级革命成功后立国的政治纲领。"主权在民"或"国民主权"因而成为西方宪政国家根本的政治基础和政权合法性的终极源泉。正是因为民主是西方宪政国家最重要的政治关切点，所以民主的实际建设在西方宪政国家得到格外的重视。不过，由于近代、现代国家基于地理和人口的因素进行可能和有效统治和管理上的需要，除极小的国家实行直接的民主以外，绝大多数国家都是实行的间接民主，即通过民众直接、间接地选举代表，组成各级的代表机关，在国家的中央通常设立一个名叫议会或国会的全国代议机关，由国家宪法赋予其代表人民行使国家主权的宪法地位，其主要职权就是立法权，早期的资产阶级思想家和政治家认为，国家的立法权是人民主权的最高和最集中体现，应当紧紧地掌握在人民（通过代议机关的代表）自己手中，因此那时曾广泛流行着"议会至上"、"唯立法权"的理念与实践，这是西方宪法国家关于民主理念最初的实践及其制度性建设。

作为西方宪政三大基本价值观之一的"正义"，在西方宪政国家一向受到重视，可以说"公正"是西方自思想解放运动以来，在人类价值观方面一个必然的结果和重要的成果。在人文运动中倡导的人性回归和对人的主体性的强调，在启蒙运动中弘扬的生而自由和天赋人权，以及在资本主义社会建立以后和发展过程中所鼓励的人格平等、自由竞争和平等保护，都是导致人类正义价值观积淀与确立的重要的思想和社会基础。但是，我们必须指出，正义的价值观的起源和形成绝非是从资产阶级思想解放运动和资本主义社会起始的。事实上，正义是一个古老的命题，在漫漫的历史长河中，人类无论处在何等的社会情况之下，从来都没有停止过对正义的向往与追求。与此同时，作为人类的智者和代言人，历代的思想家们也从未间断地对正义观念和实践的思考、探索和研究。从古希腊的柏拉图、亚里士多德到中世纪的神学家，到文艺复兴时期的人文学者以及相随而来的启蒙学者，又到十七八世纪唯心主义思想家，19世纪浪漫主义思潮中的诸多学者，再到 20 世纪革命运动中的思想家，直至晚近的美国学者罗尔斯，都对正义的理念与实践进行过认真的思考、探索和研究。从一定的意义上来说，现代社会正义观念的形成也是历史上人类对正义的追求、思索和探讨的逻辑结果。

此外，由于当代的人格和利益已经广泛地融入和纳入人权和公民权的法律原则和法制保护的范围，关于个人的尊重和平等对待，包括排除歧视性对待都已经纳入人权和公民权的法律和法则保护的体制与机制之中。最早发展起来的一些刑法原则，如一罪不二罚、法律不溯及既往、疑罪从轻、无罪推定、有利被告、罪刑法定、罚当其罪、是否构成犯罪由法院通过审判决断、司法独立、法官职业保障等，都是为了确保司法公正所必不可少的理念与机制。而由民法发展起来的民事法律关系中原被告双方法律地位平等，体现民事法律关系平等对待和保护的一系列原则，以及由行政法律发展起来的罚必当错、使受处罚的行政当事人在听证程序中有为自己申辩的权利和机会、行政机关以及行政工作人员的自由裁量权受合法性和合理性限制和约束、信赖保护等一系列理论与实践，无不都是为保障个人受到公正的司法对待而提出、设计和实行的。现在举世已经公认，司法公正是确保公民个人和社会成员享受社会正义的最后一道社会屏障和最重要的保障机制。从而司法独立以及其有效地行使职权成为宪政体制中最重要的制度设计，有的学者认为这甚至构成了现代立宪主义的"精髓"。

还应特别指出，经济领域里的社会正义在现在社会中占有极其特殊的地位，举凡自然资源、社会财富的占有和分配，都直接、间接地关乎到社会正义问题。中国自古就有"不患寡而患不均"的说法，是人们对物质财富在社会各阶级、阶层、个人之间的占有和分配重要性认识的生动、贴切的表述。在古代，在社会财富的占有和分配方面的长期"不均"，往往就是造成农民起义和有时伴随而来的改朝换代的直接社会原因。及至现代社会，社会资源和财富的占有和分配如果得不到适当的把握和协调，同样会引发强烈的不满，并往往造成社会不安定，甚至引起社会动荡。在当代，任何国家的统治者或管理者欲建构和谐社会，都不会对此掉以轻心或漫不经心。正义原则被认为构成了国家的基础。[1]

从以上三个方面的分析可以看出，效率、民主、正义这三个基本的价值体系，即使分开来看，都是关系到建构和谐社会的重要因素。但是，如果我们仅仅认识到这个层面上，显然还是不够的。更深层次的问题或许是这三种价值体系的协调问题。因为在这三个价值体系之间，不仅并非是一种顺适的、成正比例发展的关系，而且还是一个内在相关的矛盾或冲突关系。强调和重视提高效率，常常导致社会控制特别是公权力控制的加强，因为在通常的情况下，强有力的经济干预特别是通过公共经济政策的干预，可以在经济效率方面取得快速的、明显的成效。这已经被无数的事实所证明。但是，通过这种方式提高的效率，往往会以牺牲部分的民主为代价，国家的统治者或管理者为了提高经济效率，通常会站在生产的经营者或管理者一边，从而自觉不自觉地会压制部分或广大民众的民主诉求。同样的道理，效率的提高，往往会导致富者越富，穷者越穷的社会效果，这势必会引起社会的不公正。如果一个国家的统治者或管理者在公共政策的制定和（或）执行上处理不当，还可能造成"劫贫济富"的社会效果，这种状况如果得不到及时、妥善的解决，造成社会正义的缺失就不可避免。反之也是一样，一个国家如果过分强调和重视民主和正义，往往会阻滞经济上的活力，导致效率的降低。

应当强调指出，尽管在这三种价值体系中间存在内在相关的矛盾，有时甚至形成尖锐的冲突。但绝不是说这种矛盾或冲

---

〔1〕 参见〔英〕昆廷·斯金纳：《现代政治思想的基础》，段胜武等译，求实出版社1989年版，第538页。

突就是不可调节或难以调和的。近现代宪政的最大优越性之一就在于，宪制为适当调处上述三方面的关系建构了一个平台。从一定的意义上来说，宪政中全部的政治、经济、社会等制度，特别是其中最基本的政治、经济、社会制度，可以说就是为适当调处这三种基本价值体系之间的关系而设计的。

为增强和提高经济效率，宪政所设计的经济体制通常是自由市场经济体制，这种主要通过在生产和经营的各主要环节进行自由竞争和市场自发的调节，使经济的发展能够保持旺盛的活力；而且在宪制条件下，这种经济活力可以得到长期的、稳定的保持，因为这种活力发自经济必然性之中的生产者和经营者对经济效益和利润的永无止境的追求。当然，在专制或经济统制的条件下，通过国家公权力的强力干预也能取得高效率甚至经济奇迹。但那只能是短期的，不可能维持长久。而通过宪政安排取得的经济效率，从短时期看可能不会太明显，甚至会出现停滞、倒退的现象，但是，从长期来看，它会以稳定、持续的发展来体现其最终的经济高效率。

在维护和增强国家的民主性方面，宪政的政治设计更有其独到之处。宪政中的政治制度最明显的特征是其民主性的体现，特别是其中的代议制，是迄今为止在国家主权层面上实现民主的最佳制度选择。民众通过选举自己的代表，在国会或议会中实现国家主权，通过制定或修改法律贯彻和体现民意，议会还对政府的另外两个分支——行政和司法部门有监督和制约职能，使这两个政府部门不能在行政职务中擅权或越权而导致对民众的压迫、不公正甚至对民主造成威胁。

宪政中的司法机关是维护个人和社会公正和正义的最后一道关卡。它通过行使审判职能和在一些国家中行使的司法审查职能，使国家和法律得到适当的或正确的执行。公民、法人或社会团体一旦发生权利受到损害的情事，即可以通过诉讼使法院在审判过程中作出判断，从而有望使受到侵害的权利得到司法上的救济，当然，司法机关及其审判职能在古今中外的各类国家中都是存在的，但以往国家的司法机关由于缺乏制度上公正性的保障，往往发生枉法判决、滥施刑罚的现象，所以其公正性是没有保障的，并没有也不可能真正地实现在维护社会正义的价值目标方面的担当。而在宪政体制下，由于从制度上致力于司法的独立性保障，至少在理论上和在绝大多数的国家，司法的公正性基本上是得到保障的。这就是为什么一个独立的、公正的司法机关及其职能的适当行使，被认为是宪政"精髓"的根本原因所在。

关于宪政为效率、民主和正义之间的关系设计最佳调节机制，早已被法学界所研究和承认。正如有学者所指出的："效率、民主和正义这三种价值确实发生了尖锐的冲突，但这种冲突可以被制度化并被控制，也正是这种冲突当年从根本上促成了权力分化的概念。因此，职能意图、组织结构以及隐含在程序中的价值结合起来，赋予了这一政制（指宪政——笔者注）学说一种含义。在许多关于权力分立的著述中的明显不合逻辑的背后曾有一种逻辑关系。"[1]

总而言之，宪政为效率、民主、正义这三种基本的价值观和价值体系的关系协调提供了基本的制度性安排和保障，并在人类有意识地调控特别是通过公共政策的调控下，已经使这三者之间的关系基本上达到了协调的发展。这既是宪政的优越性表现，又是人类宪政经验成熟和行宪能力提高的表现。

---

〔1〕 〔英〕M. J. C. 维尔：《宪政与分权》，苏力译，生活·读书·新知三联书店1997年版，第333页。

（6）宪政是立宪政治与常规政治（政策）有机整合的最佳机制。在宪法学的意义上，宪政体制下的政治大体上可以分为两大类，一类是所谓的"立宪政治"，另一类是所谓的"常规政治"。这种区分之所以必要和重要，我们最终可以从宪政的科学性和合理性中找到它的根据和理由。

首先，"立宪政治"之所以必要和重要，是由宪法的政治特性所决定的。在近现代国家可选择的已经存在过的政治性文件中，只有宪法取得了正式的、具有最高法律权威的根本大法的地位。它通常是由最具权威和合法性的最高立法机关或专门成立的制宪机关制定和颁布实施的。传统上，有关社会和国家的一系列重大的政治事项，如政治机构的设置、政治权力的分配、政党在国家政治生活中的地位和作用、各种政治势力和政治力量之间的相互关系、公民参与国家政治生活的组织和形式、公民的基本政治权利与义务等，都是各国宪法通常所规定的事项。正因为如此，宪法才被认为是"政治法"或"政治性文件"，它所具有的政治性已是一个不争的事实。相比之下，社会和国家中大量存在的其他政治性文件，如一般只适用于各政党和政治组织的章程与纲领等，即使取得了某种样态的国家形式，也只是代表了某种政治角色和政治关系的一个方面。宪法正是具有这一特点，才与政党等政治组织的章程、纲领之类的政治事件区分了开来。国家因为有了一部正式的宪法，才取得了合法的国家体制形式，也因此才具有权威地位和以国家暴力机器，如军队、警察、法庭、监狱等为后盾的强制力。除此之外，国家权力的管辖范围还具有一般性和普遍性，举凡一国范围内的政治机关以及它们的公务员，一切政党、社会组织和公众团体，以及全体公民、法人，无一例外地都处在国家主权的管辖范围之内。由此可见，"立宪政治"是宪法政治的固有本性，是由宪法的内在性质所决定的。宪法学、政治学和国家学都应当关注和研究宪法的政治性，不仅要在学术上保持其准确定位，而且还要探讨它的范围和程度，以便为国家的统治者或管理者的政治行为，为国家的政治生活和政治关系提供参考和指导意见。

其次，"立宪政治"的重要性，还表现在保持国家总体体制层面上的稳定和总体政治和谐方面。宪法所规定的都是有关社会和国家的重大事项，从社会——政治哲学的立场上看，这些事项之所以能在宪法上作出规定，第一是因为它们是由某种特定的社会——政治情境决定的，是历史发展的必然成果；第二是由公众和政治精英们共同选择的结果。在一个理性的社会情境中，公众和政治精英们通常为了把自己的社会和政治生活安排得有序和协调，总会将得到公认的价值观、社会目标和国家理想等通过宪法固定和确认下来，作为社会——政治生活的基本框架，既便于组织和安排社会——政治生活，又便于大家共同遵守。正是这种框架性组织安排和得到公认后的自觉遵从，才能使立宪政治具有明确性、稳定性和协调性。这既是立宪政治的内在要求，也是其重要性和优越性的体现。

然而，对于一个宪政体制来说，光有"立宪政治"是不够的。"立宪政治"所确立的政治只是一个基本的架构，并不确定政治组织和活动的细节和流动细则。它需要"常规政治"加以补充并使之有效地运作。"常规政治"的基本特点在于它的灵活性和适应性，这最适宜通过公共政策或执政党政策来规范和调整。政治上的领导精英应当而且必须在"立宪政治"的框架下，充分发挥自己的政治才能，审时度势，适时地推出或修改有关的政策，使"常规政治"保持必要的和适当的灵活性和适应性，以适应不断变化的国内外社会、政治形势。在一些宪政经验尚不成熟的国度，不仅公众，就是政治精英们总以为不分社会和政治事务的性质与巨细，只要入宪就好。这实际上是对宪法和宪政理解上的一个误区。

将"立宪政治"与"常规政治"区分开来固然必要和重要，但更重要的是，必须将两者有机地结合起来，使之并行不悖、协调发展。宪法和宪政正是为使这两种政治的有机整合构建了一个理想的平台。宪政通过各种制度性的安排，使"立宪政治"始终确定在一个相对固定的格局内，使国家的基本政治保持长久的稳定性；与此同时，宪政也是通过各种制度化的安排，给"常规政治"必要的和充分的开放空间，通过其有效的运作，使本来有些呆板、格式化的"立宪政治"灵动起来，从而使国家总体的政治生活既不失去基本的方向和确定性，又能始终保持必要的和充分的活力。宪政的这种政治调节作用在所有的国家治理模式中是独一无二的，任何其他的治理模式都不会达到此种效果。这就是宪政优越性的重要表现和魅力所在。

（二）宪法理论和宪政学说关乎检察理论或"检察学"的基础性研究

正如一些学者所正确指出的那样，中国的检察制度首先是一个宪法和宪政问题，非基于宪法和宪政而不可解释和对待。[1] 在主要基于刑法学和刑事诉讼法学而立论并自成体系的检察理论中，能有此见地实属难能可贵，表明中国的检察理论正在向更广阔和更深入的学术佳境大踏步地前进。不待说，这对于改善以往和现时检察理论研究中长期存在的"自

---

〔1〕 代表此种意见的学者和著述包括：孙谦主编：《中国特色社会主义检察制度》，石少侠：《检察权要论》，甄贞等：《法律监督原论》，韩大元主编：《中国检察制度宪法基础研究》等。

说自话"，枉顾其他法学学科特别是宪法学科基本知识和研究方法的状况来说，是一个令人欣慰和振奋的学术进展。然而，我们也同时认为，作为一个长期从事宪法学研究的专业人员，并没有满足于目前这种状况。开始重视宪法理论和宪政学说只是一个极好的开头，但要使检察理论如同深深嵌入到刑法、刑事诉讼法理论和法律体系与制度之中一样，也深深地嵌入到宪法理论、宪法层面与宪政体系中去，还需要作出很大的努力。我们认为，中国目前的检察理论从总体上来说，离这样的学术目标还有很大的距离。要缩短这个距离，不仅需要从事检察理论研究的同仁提高这种学术研究重要性的认识并作出积极的努力，同时也需要从事宪法学研究的人员更多地参与到检察理论的研究中来，毕竟，中国的检察理论是中国宪法学说中一个不可或缺的重要内容，同时也是中国宪政中一个不可或缺的、具有鲜明中国特色的重要制度。只有通过这种多学科研究队伍的合力研究，才可期冀总体的检察理论在尽可能短的时期内在学术品位和质量上有一个较大的提升。我们认为，这种学术品位和学术质量上较大和较长的提升，首先就体现在宪法理论和宪政学说关乎检察理论或"检察学"的基础性研究。

可以从以下几个方面来理解这种基础性：

首先要说的是它关系到检察制度的合宪性问题。在现时的检察理论中，有一些学者从宪政建构必要性的高度认识检察制度存在的合法性，还有的认为"衡量检察权之正当性及其理性的价值标准"，"应当着重透视这一公共权力的配置是否秉承了法治的基本理念，是否符合现代刑事诉讼法程序的内在精神以及检察权的运作是否能够确保上述价值观念成为指导诉讼过程的理性力量。这是我们评价中国检察制度及检察权理论的基点"[1]这虽然很必要，但还不够，应从"合宪性"的高度来认识检察制度存在的必要性。合宪不仅确立检察制度在中国的建制根基，而且在宪法这一根本法的形式背后体现的是人民的根本意志和国家的最高利益。中国的检察理论无疑应当从这样的高度和深度来为自己打下牢固的基础。现时的检察理论著述人包括一些有影响的学者通常只是从宪法既成规定的层面来为自己的观点立论，几乎无人触及这一深层次的最高意志原理。而另有宪法学专业人员的论述，也只是简单地从宪法认定的角度来分析宪法对检察制度的确认作用。有论者指出："检察机关的宪法地位是由检察机关的法律性质决定的。"[2]这样的表述不论论者有意还是无意，都使中国检察制度合宪性确立的重要性打了折扣。给人的印象是，"检察机关的法律性质"似乎是"先定的"，是这个"先定""决定"了"检察机关的宪法地位"。这似乎将宪法对检察制度确立的立宪重要性弱化为只是被动的保障作用。确实，宪法确实存在这种保障作用，这种保障作用也是重要的宪法职能之一，在宪法学专业术语上，通常表述为宪法的确认或巩固的职能。[3]但从宪法学的意义上说，这种情况通常发生在一国宪政发展的特殊时期或特殊环境，如在中国的改革开放时期，对于经济体制由计划经济向社会主义市场经济的转型，在执政党和国家的经济政策发生重大的转变之时，通过现行宪法在序言中先行确立国家实行"改革开放"方针的先行授权，由执政党和国家主导在现行国家的经济体制

---

〔1〕　郝银钟：《中国检察权研究》，载《刑事法评论》（第5卷），中国政法大学出版社2000年版，第10页。

〔2〕　韩大元主编：《中国检察制度宪法基础研究》，中国检察出版社2007年版，第38页。

〔3〕　参见陈云生：《宪法学学习参考书》，北京师范大学出版社2009年版，第37~42页。

上实行了经济体制的转型，而后在证明这种新的市场经济体制是适合中国国情并发挥卓著的经济成效并可以正式确立为国家宪政中的经济体制上的根本制度时，再在条件成熟时，通过修改宪法使之正式得到根本大法的合宪性确认。宪法理论和宪政学说尽管有这种情况发生，但通常只是特例，并不允许这种事后追认的常态化。因为维护宪法和宪政的稳定并使之具有至上的权威，宪法理论和宪政学说认为这具有更高的宪法价值和宪政功能。基于这种立宪主义体认，一个国家的权力配置，公共机关的设置、组织和活动原则等重大事项，通常都是在宪法制定前精心地研究和设计后才在宪法上确立下来的。宪法规定的根本意义就在于它把预备立宪阶段的各种讨论乃至争论的意见经过集中而后作出的选择，便在理论上形成代表人民共同意志的宪法形式。一种立宪事项，例如我们现在讨论的中国检察机关的宪法性质一旦在宪法上确立下来，便在理论上确认为是人民这个国家最根本的权力来源的共同意志的体现，而不论在预备立宪阶段人们在讨论这个事项时有多少不同的甚至对立的意见，时人及后人在认识这一事项时，只能以宪法的规定作为基础。当然，在宪法解释学中，有一种通常被称为"原意主义"或"原旨主义"的解释方法论。这种方法论对于理解现时宪法最初的真实原意确实大有裨益，进行对于使实施的宪法不致太过背离立宪的原意也有重要的理论指导作用。但这种方法也存在难以克服的局限和弊病，一是追踪原始立宪资料不易，因而很难确切地把握立宪者们的原意，因而容易造成后世解释者们的各种甚至是完全不同的主观揣测。二是即使解释者们能够准确地把握原先立宪者的原意，但宪法在理论上是应当而且可以是与时俱进的。新的情势需要对宪法作出适合新情势的解释，以便使宪法更好地为社会和国家的重大事务适时地作出调整和规范。这种宪法变动的理论方式是得到宪法学理论和宪政实践承认的。为了避免因这种"原意"解释方法产生任意性的弊病,在宪法解释学中又同时发展出另一种解释方法,即所谓的"文字解释方法",这种方法主张对宪法的解释只能以宪法规定的"文字"为准,脱离宪法文字的解释都是不可接受的。在西欧哲学上的实证主义思潮的影响下,在宪法解释中也发展出宪法的实证主义解释方法。在中国的宪法学界,"文字"的解释方法也被一些宪法学者所重视和强调,这对于促进中国现行宪法的正确理解和贯彻执行有着积极的促进作用。但这种方法的运用也需要科学地把握。现时一些宪法学者在讨论宪法司法化时,就有据宪法上没有"司法"二字而从根本上加以否定的学术意见。这就使这种方法的运用由不当而转向偏颇了。

宪法理论和宪政制度作为检察理论和检察制度研究的基础,并不排斥检察理论包括一些学者正在大力倡导建立的独立检察学科自身内在相关理论与实践的研究。前已指出,检察理论与实践在刑法学科和刑事诉讼法学科有着广阔的学术发展天地,中国的检察理论界和检察实务界在这个领域的研究已经取得了不凡的成就,检审关系、检侦关系、检察制度内的组织和活动原则以及领导体制和与检察官相关的各项具体制度,都是检察理论与制度研究中的重要内容,在这些领域中国检察理论与相关制度的研究同样取得了令人瞩目的成就。但从总体的检察理论和制度的研究上看,以宪法和宪政为基础的研究却处于比较或相当薄弱的状态。这就是为什么中国检察理论与制度的研究在法学界至今还存在激烈的争论乃至完全对立的观点和主张的根本原因之一。离开了宪法和宪政这个共同的研究基础和可以达成共识的平台,法学界的各个学科的学者站在各自的学科立场上进行研究,造成"公说公有理,婆说婆有理"的状况，就不足为怪了。

（三）宪法理论和宪政学说可以成为检察理论和检察制度研究中各种不同的观点和意见的客观评价系统

尽管检察理论学术研究已将检察制度的起源追溯到西方的古希腊时代和中国的秦汉时代，但不可否认的是，现代检察制度的形成在西方不过二百年，而在中国直至民国初年才正式从西方引入而建制，至今不过一百多年的历史。检察理论和制度相对于以审判权为核心的"司法"理论和制度发展既晚又薄弱，甚至在西方以三权分立为基础的宪法理论和宪政体制至今都没有给检察理论和检察制度找到一个恰当的宪法和宪政的定性和定位。检察理论和制度在西方的宪法和宪政发展史上至今还处在不确定状态，与苏俄和苏联建国后检察理论和制度得到极高的强调和重视形成了鲜明的对比，延至后来的东西方在检察理论与制度上拉开的巨大差距远远地超过了其他任何成型的法学理论和制度。在中国实行改革开放之后，包括法学研究自由在内的学术研究自由以及总体上的思想解放程度的提高，一些检察理论和制度的研究者将自己学术研究的兴趣扩展到西方后发现，西方国家的检察理论和制度与先师之苏联而后独立建立具有中国特色的检察理论和制度，竟是如此的不同。于是在面对现时中国司法改革的理论方面和制度建制的课题时，便提出了以西方司法制度为主要参照系的改革意见，鉴于西方宪法和宪政没有给予检察制度以确定的地位，在此类的司法改革意见中，便对中国的检察制度提出了种种质疑，甚至主张将检察机关和检察制度撤销，以西方的司法制度为参照系再建中国的司法制度。这种主张和意见自然为主张坚持和强化检察制度的学术意见所反对。后者依据中国宪法和宪政所确立的检察机关和检察制度的优势地位，对前者的意见进行了批驳和争论，虽然有些反对意见似乎超出了学术上平等讨论的界限，但总的说来，后者抓住了中国检察制度合宪性这个根本，从而揭示了主张撤销检察机关的意见缺乏现行中国宪法和宪政支持的理论困境。

站在宪法和宪政的立场上看，西方的宪法和宪政之所以没有给予检察制度以确定的地位，有其独自的原因。从立宪理念到宪政体制对检察理念和检察制度的集体无意识的"轻视"或忽略，从根本上说来，也并没有影响到宪法和宪政的总体品质和功效。况且，西方各国在宪法和宪政发展过程中逐渐意识到了检察制度的重要性和不可替代性，于是通过局部的改革和建制，已将检察制度以它们认为适当的形式融入到一般法制，特别是检审之间、检侦之间的法律关系层面上来，尽管除了少数国家，它们没有将检察制度提升到宪法和宪政的高度，但通过一般法制的调整与建制，也发挥了相当不错的成效。由此看来，对西方的检察理论和制度的重视，从消极的方面来说，并不是完全不可以接受的。大而言之，这是学术自由，应当予以尊重和保障；从积极的方面来说，反对的观点和意见中似乎切中长期困扰中国检察制度中的一些软肋和困境，在改进和加强中国检察制度中应当而且可以成为反鉴之道。对此，检察理论队伍中有的学者采取了公允的评价态度："必须承认，尽管检察权'行政权说'、'司法权说'和'双重属性说'均不同程度地存在着理论上的缺陷与逻辑上的矛盾，但在三权分立的模式下，从不同角度观之，各种学说又具有一定的合理性与合法性，都在某种程度上表现出与其宪政体制和权力结构的吻合，这也正是上述各种学说在西方各国历久不衰的原因之所在。"[1] 还有的论者指出："对检

---

〔1〕 石少侠：《检察权要论》，中国检察出版社 2006 年版，第 60～61 页。

察体制改革进行的一切理论探索都是可贵的。"[1] 这些都是值得赞赏的科学包容态度。充分利用宪法理论和宪政学说，客观地评价检察理论中的各种意见，是当前中国检察理论界值得反思和重视的一个重要方面。

总之，站在宪法和宪政全视域和整体背景下，截然相对的意见和主张都可以找到各自的宪法理论和宪政体制的支持。即使在中国的国家层面上，检察制度尚有三建三撤的坎坷经历，何必苛求法学者们认同同一种意见和主张？更何况，相反的意见和主张事实上从一个侧面激励了对检察理论和制度更大的研究兴趣，并成为研究的动力，成为检察理论向纵深方向发展的催化剂，使检察制度向着更完善的方向前进。从这个意义上说，针锋相对的意见和主张对促进检察理论和制度的进步和完善，还真是功不可没！

对于当前蔚然成为主流的检察理论，从我们所理解和专业考察的宪法和宪政的全视野上看，尽管论者言之凿凿，但实际上在宪法和宪政上不耐推敲；从整体检察理论体系上看，似乎是从一个模子中脱坯而出，不仅话题相近，所持立论和论证也大同小异，鲜见有人提出自己独创的学术意见。试举几例：在检察权或者被不确切地称为"法律监督权"的认识，不外乎归类于"司法权"、"行政权"、"半司法权"、"半行政权"、"双重权"、"独立权"几种，好在每种"权能说"都有人主张，任选其一或其二总是有所凭据；在论及检察机关建立和检察制度建构的理论基础时，"挺检说"在排除"撤检说"所依据的西方权力分立说的同时，几乎无一例外地借用与三权分立

---

〔1〕 韩大元主编：《中国检察制度宪法基础研究》，中国检察出版社 2007 年版，第 13 页。

说不可分割的"制衡原则"作为自己立论的"基础"、"依据"，甚至"原理"。罔顾中国的立宪主义原理和宪法中"人民法院、人民检察院和公安机关办理刑事案件，应当分工负责、互相配合，互相制约，以保证准确有效地执行法律"这一明确的规定，非要将检察机关的权能和某些职权生拉硬扯地置于对国家行政机关、审判机关特别是前者虚构的严格的制度性的"监督"关系。还有，对中国现行宪法上关于"法律监督机关"和"检察权"明确规定的学理解释上，也几乎无一例外秉承："本质说"、"同一说"、"形式与内容说"、"上位说"，而没有考虑到这两个概念宪法"疏离"的安排和宪政建构或许蕴含着深刻的立宪原意，问题恐怕不是像有些学者所想象的那样简单，只要将两者之间的界限通过学理上的"粉饰"和"掩盖"，就可以消弭两者在立宪上实际存在的"疏离"。此外，对"法律监督"作包括更高层面的"宪法监督"的"广义"解释，更是与现代蔚然成为时代潮流和宪政发展中异军突起的"宪法监督"大势和宏大制度建构工程相去甚远。如此等等，都是值得当前检察理论界认真反思和需要深入研究的问题。

我们认为，只有站在宪法和宪政的学科立场上，才能对各种包括针锋相对的检察理论和观点进行全面的分析和评价，从中找出各自的学术优长与不足，经过理论上的整合，使检察理论获得更科学的发展空间。

十、中国检察制度与"权力制衡原则"的内在关联的排除之辩*

权力分立和制衡原则，或另一种形式的表述——"以权力

---

* 本部分内容刊载于《政法论丛》2011 年第 1 期。

制约权力"的这一典型的西方宪法理念和政权建构模式,同其在中国的理论界和政治界长期以来所遭遇的批判和拒斥的境况截然不同,它在既往和现时的检察理论和创议建构的"检察学"中,被中国检察理论界许多学者——无论是主张撤销检察机关建制的学者,还是主张力挺检察机关建制的学者——不约而同地深度依赖。

在我们看来,无论持何种意见和主张的学者欲借用西方的三权分立和制衡原则来作为分析和解构或建构中国检察理论和检察制度的理论基础和实体框架,都是如同有病"乱投医"或治病"抓错药"一样的不当做法。

(一) 三权分立和制衡原则的前世今生、是是非非

三权分立,以及附随发展出来的制衡原则,一向被视为西方宪政、宪治的"核心的价值"或"精髓"、"精华"。[1] 不仅如此,这一理论与原则还独立地发展成为一种宪法学上的"学说",通称"分权学说",热心的研究者被称为"分权理论家"。这一现象的出现和存在绝不是偶然的,它是与近现代宪法及宪政、宪治的基本精神和特点紧密相连的,换句话说,讲到近现代宪法及宪政、宪治,就应当从其最基本精神和特点内在相关地推导出"权力分立",或者说,不讲"权力分立",就无法谈及宪法及宪政、宪治。正如 1789 年 8 月发表的《法国人权宣言》第 16 条申明的,"凡权利无保障和分权未确立的社会,就没有宪法",就是对宪法及宪政、宪治与"权力分立"这二者之间内在相关关系的明白无误的表述。

"权力分立"之所以与宪法及宪政、宪治如此紧密相关,

---

〔1〕 参见〔英〕M. J. C. 维尔:《宪政与分权》,苏力译,生活·读书·新知三联书店1997 年版,第 1 页、第 2 页、第 7 页。

主要是由下列诸多因素促成的，包括价值、功能、组织、机制，等等。

1. 权力分立适应并满足了西方为实现特定的社会和国家目标而建立相应的立宪政体的需要，是最终发现了的和被确认了的实现西方社会理想和国家目标的政权组织形式。在西方近现代的社会和国家中，主导的社会势力和国家政治力量一直在刻意地实现他们理想中的一套社会和国家的价值目标，其中最重要的，就是正义、自由、平等和私有财产神圣不可侵犯，等等。但这些价值目标的实现决不会是自动的，也不可能是一蹴而就的，甚至更不可能从根本上通过拒斥由个人或少数政治精英人物的权威影响或个人政治号召力，以及他或他们卓越的组织才能来实现。在批判性地或革命性地否弃了以往历史中长期存在过的君主专制政体和国王、贵族、平民分享政权的"混合政体"以后，最终找到并确认了这种权力分立的政体或政权组织形式。这种政体或政权组织形式，由于三个权力部门之间的分工和掣肘，很难发挥具体的政治决策和施政行为的高效，但从长远来看，却也避免了重大的政治决策和施政行为的失误，从而保持了政治决策和施政行为的科学性、连续性和稳定性，这就进一步避免了造成社会资源重大浪费的社会动荡和国家混乱情况的发生。在对权力分立理论和实践的批判中，最常遭诟病的一个方面，就是认为权力分立导致政治决策和施政行为的滞后和无效率。其实，把政治决策和施政行为的速决和高效率作为一个价值取向，这本身或许就成为二律背反的问题。因为单纯地追求政治决策和施政行为的速决和高效率，并不必然地保证决策和施政的科学性和正确性，事实上，由于片面地追求政治决策和施政行为的速决和高效率，往往缺乏甚至根本就没有严谨的科学意义上的论证过程，或盲目地相信或轻信必然会产生预期的积极效果，而不会产生消极性的弊害。然而，由于世事的复杂和存在诸多不可预料的变数，事态的发展往往会与人们的预料背离甚至截然相反。一旦出现这种情事，任何速决和高效率就失去了价值和意义，留给人们的只能是自尝盲目进行政治决策和施政行为所结出的苦果了。

2. 权力分立比较贴切地反映了政府管理"职能"区分的实际状况。分权学说之所以大批不倒、历久弥坚，其根本原因之一，就是因为它比较贴切地反映了政府管理的客观"规律"，这是权力分立学说和政体存在和发展的内在根据和根本生命力。从哲学上说，没有生命力的事务（物）是不可能长久存在的。我们必须承认和肯定，政府管理是极为庞大、复杂的系统工程，任何时代和性质的政府管理应该都是如此，概莫能外。作为一个系统工程，其总系统差不多必然是由若干"子系统"整合而成为一个统一体的。这种系统理论上的常识同样适用于政府管理职能上，只不过其"子系统"也表现为"子职能"罢了。

关于政府职能不同和区分的观点，很早就被注意到了。依据法律而建立的政府至少预设了两个不同的工作，即法律制定和法律实施。否则的话，人们就会面临一堆无定型也不稳定的事件，那就没有基础来建立政制，或者在古希腊人看来，就不能建立一个有节制的政府。政治学鼻祖亚里士多德虽不如现代人如此明确，但也不算含糊地将政府职能作了区分。他将他的政治科学分为立法科学和政治学或政策两部分。前者是立法者的事，后者属于行动和深思范畴。他又将后者分为深思科学和司法科学。这样，亚氏便分辨出每一个政制都具有 3 种要素，并认为一个好的立法者必须考察这 3 种要素，即深思性要素、管理性要素和司法性要素。[1]其中的深思性因素与现代的立法职能确实有某些关系，还与我们现代通常称之为司法职能和行政职能相关；至于管理性要素和司法性要素，也与现代的行政职能和司法职能大体相对应。

在欧洲中世纪，由于基督教神学对社会和国家生活广泛而深入的渗透，人们自然会将神学思想导入世俗的政治结构中来。但在政治学领域，确实也存在着一种用类似后世的"政府职能"的观点来看待政府的方式，它包括了政府活动的全部范围，同时又承认政府活动涉及不同的机构和要完成的不同任务，以及要运用不同的程序，等等。这表现在中世纪早期关于法律的制定、适用和解释方面。那时人们认为法律是确定不变的习惯模式，它可以由人来适用和解释，但不能由人来改变，就"立法"的人来说，他们实际上是在宣布法律，澄清这一法律究竟是什么，而不是创造法律。立法实际是司法程序的组成部分。因此，如果用"职能"的观点来看待政府，那么，政府就只能有一种"司法职能"。

学术界的前辈和今人大多把"三权分立"的理论与学说与英国著名学者洛克和法国著名学者孟德斯鸠联系在一起，在一般性的宪法学、法律学和政治学著作中，也多数倾向认为或一般地表述为是洛克创立，而由孟德斯鸠发展和确立的分权理论与学说。

---

〔1〕 参见〔英〕M. J. C. 维尔：《宪政与分权》，苏力译，生活·读书·新知三联书店1997年版，第20～21页。亚氏还较明确地把城邦政体的"职能"作过区分。他认为，城邦是由不同的公民团体作为各个部分所组成的，"一个政体就是城邦公职的分配制度"（亚里士多德：《政治学》，吴寿彭译，商务印书馆1981年版，第182页。），他甚至还把城邦的"职能"分为3类："就是城邦的军事（战争）职能、主持公道的司法职能以及具备政治理智的议事职能。这三种职能由同一组人或不由同一组人来担任，对于我们当前的论证并不重要。"（亚里士多德：《政治学》，吴寿彭译，商务印书馆1981年版，第187页。）

　　洛克的政府职能区分理论受古代两分法的影响，虽然提出了立法权、执行权和对外权的三分，但他自己也承认，执行权和对外权"这两种权力几乎总是联合在一起的"〔1〕这样，洛克提出的仍然是两分法，缺少标准三权分立中的"司法权"。尽管如此，由于洛克的政府职能区分理论和方案的提出恰逢其时，适应了掌握国家政权的新兴社会势力组建国家政权的需要，因而具有很大的影响力。

　　孟德斯鸠对分权学说确实作出了重大贡献，主要表现在政府职能的区分、界定与机构的分配行使方面。他重新界定和解释了洛克关于英国政制的"三权"：（1）立法权；（2）有关国际法事项的行政权力；（3）有关民事法规事项的行政权力。他解释说："依据第一种权力，国王或执政官制定临时的或永久的法律，并修正或废止已制定的法律。依据第二种权力，他们媾和或宣战，派遣或接受使节，维护公共安全，防御侵略。依据第三种权力，他们惩罚犯罪或裁决私人讼争，我们将称后者为司法权力，而第二种权力则简称为国家的行政权力。"〔2〕这种界定和解释显然较之洛克的界定和解释明晰和确定得多了，并真正奠定了后世流传深远的"三权分立"的概念基础，至今已历300余年并无明显变化。

　　至此，经过一千多年漫长历史时期的探索、积淀，作为分权学说的精髓、核心内容的政府职能划分思想，便在宪政观念中被确认和定型下来了，这也标志着分权理论与学说的成熟。承认这一点很重要，全部的宪政学说、政治学说，乃至一般的社会管理学说，实际上都是以客观上必然存在的职能区分为前

---

　　〔1〕　［英］洛克：《政府论》（下），叶启芳等译，商务印书馆1984年版，第90页。
　　〔2〕　［法］孟德斯鸠：《论法的精神》（上册），张雁深译，商务印书馆1961年版，第155页。

提条件的。正如前引著作的笔者维尔所指出的："可以肯定，无论大多数西方理论家在其他问题上如何尖锐对立，他们都同意不应当由'他的话就是法律'的某单个人作出所有的决定，都同意不应当由一个代表会议来完成所有的政府工作。除了在革命时期外，这些极端都不在可能选择的范围之内，因此某种意义上，政府组织从根本讲都必须有一种职能划分。而就是这种组织结构之间、职能之间和价值之间的联系——不论它是如何难以精确确定——赋予了权力分立，或者更确切地说赋予了关于组织的中心主题一种品质，这就是我们在关于组织的全部历史中发现的那种不可摧毁的品质。"[1]这一评价，对于正确认识"三权分立"的原理，至关重要。

3. 权力分立其实反映的是不同组织机构参与国家普遍管理活动方式的多样性和组织的良好性。同前一个因素一样，这一因素具有明显的管理学上"分工"性质。它不是基于某种或特定的意识形态而做出价值判断，而是出于管理上的一个基本常识。作为一个政府，一个政制，实际上实行的是一套复杂的、连续不断的，由多种职能构成的政府管理活动。这一管理活动具有两个明显的特征：（1）管理的主体是公共的权力机关，这个公共权力机关在西方近现代国家，则是以各种不同形式的民主方式，主要是通过选举方式组成的，通常程度不同地代表民众的利益和意志，在一些不规范的或变了性的民主制度中，则主要代表了占统治地位的、具有优势条件的阶级、阶层、社会势力或既得利益集团的利益和意志。（2）管理的客体是多方面的，包括人和事。从政府对人，即民众的管理来说，就涉及人

---

〔1〕　〔英〕M. J. C. 维尔：《宪政与分权》，苏力译，生活·读书·新知三联书店1997年版，第323～324页。

身、财产、自由、幸福、发展、免受贫穷和歧视、健康、教育、环境、安全等诸多方面；从管理事务来说，更是复杂、多样，仅从大的方面来说，就包括政治、经济、社会、文化等重大领域，而每一个领域又包含着诸多的分领域。所有这些，都需要国家以公共权力掌握者的"政府"形式进行统一、综合和全面的管理。但这不能理解为只能政出一人或一个公共权力机关。纯就管理学上的立场上看，适当的"分工"是绝对需要的，一个人即使是管理上的天才或超强人，也不可能做到日理万机而不致顾此失彼或发生管理上的失误。这就是为什么即使在皇权独揽的专制时代，也要分职设官派员分掌兵、刑、钱、谷、户、造等事项。历史发展进入近现代社会，社会的复杂程度进一步加大并且不断地加大，相对带来的社会和国家的管理范围不断扩大并且继续扩大，在这种情况下，对政府管理活动的分工也不断地提出精细化和职业化的要求。管理学上的常识告诉我们，精细化和职业化的管理，是任何管理活动高效和有序的必然要求，政府的管理活动自然也不能例外。基于这种管理学上的认识，把政府的权力适当分开设立，由专职的部门实行专业化的管理，就应当受到重视而不应当受到批判和拒斥。这应当是显而易见、不言而喻的事情。而三权分立的政府组织形式，恰恰在于它适应和满足了这种政府管理活动的内在需要，它之所以久经磨难而不倒，就是有着存在的合乎管理规律上的根据。

4. 三权分立的组织结构的设计与形成，在很大程度上是因为它能满足掌权者对不同的国家机关理想的深层次的功能期待。在前面的分析中，我们重点揭示了政府中三权存在的"客观性"，以及政府职能需要适当分工和良好组织的"规律性"。但如果只说到这一方面显然还是不够的，因为三权分立既不会自动出现和存在，也不会自发地发挥多样性的职能并自我良好地组织起来，掌权者只能面对它并顺从于它。它之所以能够成为西方主要社会和国家的政权组织的基本结构和普遍原则，还在于这种政权结构能够满足人们，特别是能满足掌权者对国家机关理想的、深层次的功能期待。这种"功能"首先是因为它从根本上源于前述的权力职能的区分与分工和良好组织的"客观性"，从而使其"功能"的发挥有了坚实的客观基础；其次是人们，特别是社会和国家掌权者希望从更深层次上，即透过权力机关表面上的权力安排和职能分配，来满足于其某种理想的"功能"诉求。这种"功能"所具有的主观性又相应地导致了人们对三权分立原则及实体结构建设的重视，从而使它愈发完善和历久弥坚。

那么，这里所指的"功能"究竟是什么呢？简而言之，就是"参与"、"约束"和"行动"。

"参与"是指民众的参与。议会是由民众通过直接或间接的方式产生的机关，在政府的三权中，议会是立法机关，负责为社会和国家立法。无论在形式上还是在实质上，议会体现的是社会和国家的民主。民主程度的强弱决定于民众参与议会组织和活动的深浅程度。除了极端的虚伪或虚假的民主形式和实质的极少数例外，绝大多数的西方社会和国家都很重视议会的立法作用，并不断地增进民众的参与程度以标榜其民主程度之高。结果，在西方社会和国家，在民主政治发展的历程中，已经达成了这样的共识，即议会是民主的最根本的政治体现形式，是代表民众的多元利益，贯彻民众根本意志的最适宜的国家机关。尽管议会在西方的政权结构中的地位和作用在政治历史发展进程中已经发生了显著的变化，特别是发生了从 19 世纪以议会为三权中的政治中心变为 20 世纪的以行政权为中心这样重大的变化，但议会作为民意集中代表机关的地位和作用，并没有发生根本性的变化。议会通过吸引和组织民众参与社会和国家的政治生活，使它与社会和国家的民主紧密地联结起来了。

"约束"是指最高法院的约束。在政府的三权中，司法权是分配给法院掌握的。但是，有关国家一些重大的争议事项，特别是有关政治性违宪等重大事项通常都是由最高法院予以审理和裁决的。在许多西方国家，出于对一些重大的政治问题的敏感性、利害关系、政治平衡等方面的考虑，政治家们往往不能或不愿意做出决断。在许多情况下，他们便把有关的争议交给最高法院予以裁决。最高法院尽管有时也不情愿，甚至拒绝裁决有关重大的政治性争议，为此还在一些国家发展出司法审查的所谓"政治问题回避"原则，但是，一旦最高法院迫于情势的需要作出了裁决，便对全社会，包括议会和行政机关在内的一切国家机关具有约束力。这种约束力依托的是宪法的最高法律效力。因此，最高法院实际上体现的是宪法约束。宪法约束的必要性和重要性，在西方宪治发达的国家早已被不容置疑地承认和尊重，它构成了西方宪政的基础性组成部分，是实现发达宪治的一个必要条件。

"行动"是指行政机关的管理活动。在政府三权中，行政机关掌管"执行权"。所谓"执行权"，早已超越了原来意义上的"执行宪法"和"执行法律"的范围了，尽管这仍然是行政机关最基本的"执行"范围，但现代的行政机关的执行范围却要广大得多。为了满足社会和国家的发展目标和民众日益增长的需要，行政机关还往往利用宪法和法律规定和认可的自由裁量权，采取许多积极的步骤和措施，加大行政管理的力度。从一定的意义上来说，社会的进步和国家的发达，在很大程度上取决于行政管理的经济和高效。因此，行政机关的"行动"对社会和国家的发展、进步是至关重要的。这就是为什么现代行政机关日益壮大，行政权不断加重的最根本的社会和国家动因。[1]

(二)"撤检派"的立论和论证何以不可行

前已指出，围绕着中国检察机关和检察制度存撤之争及在讨论中形成的针锋相对的两派，尽管各自沿着不同的研究路径走到了观点和意见的两极，但所依据的宪理和法理却具有共同之处。区别只是"撤检派"所立论的根据，正如许多"挺检派"的学者所正确指出的那样，对立方的立论差不多完全是以西方的三权分立和制衡原则作为理论基础和制度框架的参照物。在西方的三权分立的理念和体制中，由于司法权和司法机关基本上或最主要的职能都归附于以审判权或裁判权和审判机关或裁判机关在名称上通常称之为法院的机关或审判制度。为保持三权的完整性和分立与制衡理念和原则的逻辑自洽性，势必要将以审判为主要权力和职能的法院打造成为一元化的司法体制，以便在形制上形成与立法权和行政权构成三足鼎立的独立一支，进而通过相互制约和获得平衡权力行使状态的宪法和宪政理念与制度的构想。在这种理念与体制下，容不得有一个名为检察权和检察机关形同婚姻家庭中的"插足者"一样挤进早已形成稳定的由立法、行政、司法三权组成的传统"婚姻大家庭"，在这样的"婚姻大家庭"中，将检察权和检察机关作为"第四者"硬插进这个"家庭"，是绝对不允许的。面对检察权和检察机关欲插足这个"家庭"的任何企图和努力，这个

---

〔1〕 关于"参与"、"约束"、"行动"的政府三机关的"功能"，是由西方学者提出来的。参见〔美〕埃尔斯特、〔挪〕斯莱格斯塔德编：《宪政与民主——理性与社会变迁研究》，潘勤等译，生活·读书·新知三联书店1997年版，第4页。

"家庭中三个成员"或许都会友好地，但一定毫不迟疑地异口同声地说："你来得太晚了，我们只能遗憾地说，你太不走运了，最好还是另傍权力的'大款'吧!"然而，作为在现代宪政体制和法治机制中日益凸显其不可或缺的，乃至愈发重要的"第四权"的"角色"，以其勃发的青春英姿不断地展现其自身独特的活力和魅力。而行政权和以审判为中心的"司法权"还是抵御不住这种诱惑，终于将检察权和检察机关收在自己的"宅内"作为"偏房"。这就是为什么在西方国家，有的将以公诉为主要职能的检察官及其机构归入行政机关，而另有些国家则归入法院，形成"审检合署"的机构建制。但无论是归于行政机关还是法院，检察官及其机构都有自己相对独立的地位，在行使检察职权时不受行政机关和法院的干扰，更不形成我们所理解的那种监督与被监督或相互监督的关系，所形成的只是检察官及其机构在执行职务时事实上形成的制约关系。而这种"制约"关系建立的最初动机，只不过是为了对行政权特别是其中由警察机关行使的侦查权和法院实行的审判权力加以分散并弱化其权力，通过重组和新建我们现在称之为的"公诉权"或"检察权"并通过形制化的检察官及其检察机关独立行使原来由行政机关特别是警察机关和法院行使的一部分职权，以达到最大化地消除警察擅权和司法专横等陷法律于不公、不义境地的弊病，从而最终回归到通过法律、法制实现社会公正和正义的初始理念与制度保障的"良法之治"。

前已指出，在我们并不十分恰当和不太准确地称之为"撤检派"的立论和制度建构的设想中，正如在前面的分析中所指出的，并非全无根据的空穴来风或主观臆想，他们所依凭的三权分立和制衡原理，正如上面刚刚综述和分析的那样，也并非无一是处。该派依据这一理论思考中国的司法改革包括重造或改建检察机关问题，本身属于个人的学术自由，并没有什么不妥。从纯学术的意义上来说，该派学者所指出的中国现时检察制度本身存在的一些在司法体制上存在的某种程度的悖谬，也绝不是毫无根据的虚妄之言，而他们提出的有关司法改革的设想和建议在学术上也有一定的参考价值，毕竟他们的设想和建议在国际上也有许多国家的先例可援。问题出在罔顾中国的国情和政权建制的实际，特别是通过宪法建立的宪政制度的实际，最终使他们的设想和建议不能成为现时司法改革和检察建制的考量参考。人们不应当质疑他们探求真理的科学精神和所付出的努力研究的善意目的。但不那么厚道一点地说，"撤检派"中的一些学者太过书生气了。他们所付出的良苦用心和真诚努力，从积极的意义上说，可以增加有关检察理论和知识的总量，并开启人们的学术思路，从消极的意义上说，完全是脱离实际、无的放矢。正如许多检察理论的学者所正确地指出的那样，他们或许把有关司法改革和中国检察制度建制的重大事项看得太简单了，也或许根本没有意识到这还是一个事关国家的宪法和宪政的一项基本政治和司法制度，现时的宪法和宪政关于中国检察权、检察机关和检察制度的规定正是他们的理想实现所不可逾越的"高山大川"。因为到目前为止，在中国还没有出现有影响的和决定性的政治意愿或政治意志欲改变中国业已确立和实行了60多年的宪法体制和政治权力架构，更不可能实现宪法体制和政治权力架构的"华丽转身"。因此到头来，他们信誓旦旦地立论、论证和殚精竭虑地提出的种种设想、建议，只能在学术的舞台上"玩玩"而已。

（三）"挺检派"的立论和论证何以不足凭

自改革开放以来，法学界特别是刑法学界、刑事诉讼法学界许多有识之士直接、间接地参与到检察理论与制度的研究和建构中来，他们与检察理论中成长起来的特别是通过最高人民检察院和地方各级人民检察院自身苦心经营多年并最终培养和造就出来的一大批高层次的专业理论人员合力，无论是对中国检察理论的研究上，还是对巩固、完善现行的检察制度的建制上，毫不夸张地说，贡献良多，厥功至伟。在中国的检察理论和制度史延至中国的宪政、法治史留下了浓重的一笔，今人乃至后人都不会忘记他们所作出的突出贡献。

"挺检派"在长期的理论研究和制度建构中，始终从中国的国情出发，从中国的宪理和宪政的深层挖掘检察理论和制度的合宪性、合法性及其正当性和合理性。从我们宪法专业的角度上看，这真是切中肯綮。这是我们认为，"挺检派"的立论和论证坚实有力的根本原因。凭借宪理和宪政，就是借助人民根本意志和国家最高利益这个大力，不仅自身练就成为"理论坚强"，而且理论锋芒所指，无坚不摧，战无不胜。

当然，学术理论基础的科学性或许是一个仁者见仁、智者见智的非确定性问题。但至少有一点是应该得到公认的，那就是所选取的学术理论基础的"适格"问题。如果所选取的学术理论基础是非适格的，即不恰当的，即使论者——不论是研究个人或是一个大小不等的研究群体——的预设的立论被后来的论证证明是何等的正确，但最终因为其立论的理论基础的非科学性而使该立论难以成为"理论坚强"，犹如建立在松软地基之上的高楼大厦一样，随时都有倒塌的危险。

在我们看来，中国现时检察理论的主流之重要的一个方面，就是属于不适格的理论基础范畴。确切地说，就是"权力制约"的理论。这个理论基础之所以不适格，理由如下：

1. 如前所述，作为西方早期资本主义国家的政权建设的总体范式的三权分立，最初是为了吸取封建专制统治权力过于集中必使个人或少数统治者形成对更多民众的压迫之势和专断统治的教训，为了分散国家政治权力，从而将国家权力一分为三，使之成鼎足之势，互不统属各负国家不同权属之职。国家统治力量通过这种分化和肢解，理论上再也不能使任何个人和权力机构集中过大乃至绝对的权力从而形成专制的统治。对于新生的资产阶级政权来说，实践并形制化启蒙学者们的建国理想和设计，其最初的动机就是为了防止权力过于集中而避免陷民众于专制的压迫之中。不论时人和今人对三权分立的政治设计和建国方案持何等殊异的认识和态度，二百多年的西方资本主义国家政权的基本建制都是按这种方案进行的，以至延至当代并无基本的改变，西方国家的政权组织形式尽管在传统上可分为议会制、责任内阁制、总统制等不同的外在形制，但在表面差别的背后，一贯秉承的政权建设理念仍是一成不变的三权分立的理论。中国学术界曾有人通过列表统计，说西方国家只有极少数的国家如美国才是三权分立的国家，其他大多数国家都不是。这种只看表面形式的认识方法是不科学的，其结论也是错误的。人们可以批判、反对三权分立的理论和实际政治设计，但不能否认它。从西方国家总体的政治建设的基本经验和格局上看，三权分立的政治设计应该说是成功的，否则就无法解释西方国家的政权建立和运行何以经二百多年而持续至今。一般说来，一项人事制度包括国家政权只有符合社会和国家的需要时，才会有生命力。一项有持久生命力的人事制度包括国家政权想必一定在其背后有某种合理的理论基础作为支持力。这正是前面所分析过的"撤检派"所持立论和论证中对此予以体认的可取之处。

　　人们习惯上对"三权分立"的称谓和叫法，其实只是为了简单、便捷而做了简化的处理。实际上，被简称的"三权分立"作为完整的理论体系和政权建制包括密不可分的两个方面，一个方面就是我们刚刚分析过的将国家权能一分为三，即立法权、行政权和司法权，这三权大体上可以涵盖全部的国家权能，但也不是绝对的，还可以再分出一些，如孙中山先生就把国家政权分为"五权"，另分出"考试权"和"监察权"。一般说来，这种"三分法"大体上就能满足分散国家权力的需要了。另一个方面就是所谓的"制衡"原则，准确的英语表述是 Checks and Balance，汉译通常译为"制约与平衡"，简称"制衡"，"制衡"在整体的三权分立的理念与政权运行中是一个不可或缺的重要方面。如果说分权只是形制层面的设计与安排从而处于一个平面静止状态的话，那么，只有通过所谓的"制衡"才能使政权的运行灵动起来，它才是控制政权运行的阀门和调节器，在政权理论上，这通常被称为政权的运行机制。只有通过这个机制的驱动、控制和调节，权力分立才能实现其最初提出和设计的初衷。因此，三权分立和制衡原则是一个理论与政制总体两个不可分割的方面，无论人们怎么称呼它都应当作统一的和整体的理解。

我们在前面有些刻薄地将"挺检派"的理论基础称为"有病乱投医"和"治病抓错药"，就是指他们的这种理论基础在这一点上陷入了某种误区。就是说，他们中的许多学者有意无意地将三权分立的理论分割开来形成两个互不相干的方面。我们这么说，相关论者可能不以为然，更可能认为这是宪法、法理和政治学中的一个常识，凡是受过法学和政治学基础教育的人都会懂得其中之意。这也许是事实，但不期然在检察理论队伍中的许多学者在自己的立论和论证中，几乎是不约而同地精心论证中国检察制度背后赖以支撑的理论基础或原理，都少不了"制衡"的原则，或称为"以权力制约权力"或概述为检察权或法律监督权对行政权或司法（审判）权的制约，等等。在我们看来，这种分析范式的运用，就是对三权分立和制衡原则的误读，将一个本来在总体上不可分开的理论体系生生地拆为两个互不相干的部分，并武断地抛弃前面的"权力分立"的部分，这已经在大量的"挺检派"的学术著述中包括一些有影响的学术专著中对"撤检派"的理论批判中明显地表现出来，而与此同时，又截取后半部分，即"制衡原则"拿来为自己所用，作为支持检察机关法律监督的最基本的和最重要的理论基础。在我们看来，对任何一个得到学术界公认的或成型的传统理论体系，是不应该采取任意的分别对待和处理的态度的。在中外的学术界，恐怕没有人会否认"三权分立"与"制衡原则"是密不可分的理论整体。既然承认是理论整体，就应当以科学的态度予以整体的理解和加以整体的运用。如果相反，只取对自己有用的部分而抛弃对自己无用的部分，就很难称得上是科学的态度。我们认为，"挺检派"在建构自己的理论基础时，恰恰在三权分立与制衡原则的理解和运用上陷入了上述的误区。

辩之者可能会反问，何以见得中国的政权建设不以三权分立为理论支持和政权蓝图所依，就不能在国家权力之间或国家权力部门之间建立"制约"的运行机制？难道中国的政权建设就不需要以权力制约权力吗？何况中国现行宪法第135条明文规定："人民法院、人民检察院和公安机关办理刑事案件，应当分工负责，互相配合，互相制约，以保证准确有效地执行法律。"对于诸如此类的问题，正是接下来所要回答的。

2. 应当从宪法理论和宪政实际两个方面分析和对待这个问题。从宪法理论上说，探讨和研究中国政权建立是否就有或者是否应该有"制约"，即以权力制约权力的指导思想或依循的原则，这样的问题本身属于学术自由的选择问题，研究者选择什么，都无什么不妥。即使从应然的立场上对此类问题加以肯定的回答，也并没有什么错。毕竟这种自启蒙时代以来就确立的权力分立和"限权"、"以权力制约权力"的观念和思想早已深入人心。如果说在中国实行改革开放之前或初期，由于意识形态和极左思想的影响，对西方的包括权力分立和制衡原则，一概采取简单的拒斥和批判态度，还是可以做到的话，那么，在改革开放之后，随着人们思想的解放，对包括"以权力制约权力"的宪法理论和宪政学说也慢慢地采取理性的态度；加之一批又一批的中国法学者通过学术交流、访学和接受西方正规法学教育，使中国的法学界——至少是相当一部分的学者——开始体认和宣扬"以权力制约权力"的"限权"宪法原则。于是，中国法学界在最近二三十年间不断地出现从正面肯定这一"限权"和"制约"的话语。但这样的话语多出现在对西方的宪法和宪政有关问题的客观描述或分析上，极少有论者针对中国的宪法和宪政而作出有针对性的判断或分析。总的来说，中国法学界对西方的权力分立和制衡原则基本上还停留在纯理论的分析范围，而非针对中国的宪法和宪政这个实体的实际问题。例外的情况恰恰发生在检察理论的研究上，或许是因为中国的检察机关的宪法地位和检察制度的存废一直以来都在法学研究上存在着激烈的争论，并且至今仍在继续，面对中国的司法改革中有学者不断提出撤销中国检察院的建制的现实压力，"挺检派"的学者便不遗余力地为中国检察院的宪法地位和宪政建制的合理性苦寻理论基础或"原理"的支持。在此种学术背景下，"制约"或"以权力制约权力"的原则在没有经过对中国立宪和宪政体制建立的基本前提进行严谨和科学论证的学术环境下，便被轻率地拿来作为自己的立论和论证的"理论基础"或"原理"。

我们之所以作出如上的分析和判断，就是认为在中国的立宪和宪政体制的建立中，从根本上并不存在权力间的"制约"或"以权力制约权力"这样的理论基础或原则、精神或原理。正如许多检察理论界的先进和同仁所正确地指出的那样，中国立宪和宪政体制建立是在马克思列宁主义、毛泽东思想的指导下进行的，秉承的马克思主义的无产阶级革命和无产阶级专政的国家学说，其核心的指导思想是人民民主专政、民主集中制的组织原则和"议行合一"的政权体制；在权力之间以及各权力部门之间所要确立的相互关系，除了必须遵循民主集中制的组织原则外，就是要在它们的相互关系上贯彻既分工，又相互配合，共同协力实现国家的人民民主专政的根本立国宗旨。在这种立国和建政思想的指导下，在最初的立宪和宪政体制建立的过程中从建国前夕起临时宪法作用的《中国人民政治协商会议共同纲领》到1954年宪法再到1982年宪法，都刻意避免使用像西方国家的宪法和宪政体制中那样几乎百分之一百地使用的"立法"、"行政"、"司法"之类的专门术语，更没有在宪法中使用这类专门术语作为宪法内容的标题。之所以作这种宪法和宪政安排，就是为了与西方的三权分立首先在形制上保持距离，然后又在权力和权力部门之间相互间关系的内涵和活动原则上，彻底地斩断了与权力分立不可分割的"制约"或"以权力限制权力"的原则和理念。中国之所以要实行人民代表大会制度，就是要以这样一个基于全国各族人民根本意志而建立的最高政权组织集中行使国家的一切大权，以更好地实现人民民主专政的立国宗旨；也通过贯彻民主集中制原则实现"议行合一"的如同巴黎公社那样的政权建立范式。全国人民代表大会是最高的国家权力机关，但不是像巴黎公社那样典型的"议行合一"建构，全国人民代表大会和全国人大常委会虽然要自己决定一切国家大政方针和法律，但不是亲力亲为地要执行它自身的一切重大国事的决定和它所制定的宪法和法律，它除了由自身"行使国家的立法权"以外，还组建作为自己执行机关和国家行政机关的国务院，并派生国家的审判机关和检察机关独立地行使司法权。此外，全国人民代表大会还选举产生国家主席和国家军事委员会，分别行使代表国家的权力和军事领导权力。

这是一个典型的现代国家少有实行的总观一体但又是自上而下"层级"的权力结构，又具有中国自己的特色。它的特色除了其他方面以外，就是将政权"层级"建构的理念以及相互关系的确立与调节，集中在上、下级之间的关系上。这就是说，在最上面"层级"的全国人民代表大会和全国人大常委会以最高国家权力机关的地位和权威产生各下一层的国家权力机关，并监督它们的工作，要它们向自己负责，并通过一些硬性的监督机制，如有权撤销各下面"层级"的权力机关不适当的决定等，以保障这种监督关系的实现，而对于各权力机关来说，则是分别地，但都是集体地或者说无一例外地要向最高国家权力机构负责（国家军事委员会在宪法中没有向全国人民代表大会负责并报告工作的规定），并接受最高国家机关的监督。在这样的上下"层级"的关系中只有产生或派生、监督、负责和接受监督的关系，这种关系本质上并不是西方国家权力部门之间的那种"制约"关系。在这种关系上首先就排除了"制约"的原则和机制。既然这在宪法结构和宪政体制上是如此，那么在宪法理论和宪政学说上就不应该，更不必要非要解释为"制约"关系，因为这种解释不符合宪法和宪政的实际，也得不到立宪和建制"原意"的支持。其次，在各级权力部门之间的关系上，基于上述政权建构的理念，逻辑上无须在宪法上作出特别的调节规定，更不可能作出它们相互间"制约"的规定。宪法只规定它们分别集体向最高国家权力机关负责并接受监督，它们之间的关系在宪法规定上是个空白。当然，它们之间应当或怎样建立什么样的关系，包括现在学界许多人所理解的"监督"或"制约"关系，在学理上是可以探讨和研究的，但在宪法规定和宪政运作的层面上，根本就不存在任何所谓的相互"监督"或"制约"的关系。检察理论中被反复论证和强调的这种"监督"或"制约"关系，在我们看来，其根本的原因就是出于对中国宪法规定和宪政体制上的结构及运行机制的误读。当然，当前在法学界有学术意见认为应当深入研究人民代表大会制度的科学性和合理性，这是另一个学术层面的问题，应作别论。

3. 至于说到中国现行宪法第 135 条的规定，我们认为也被检察理论中的不少学者所误读。在我们看来，这一条的规定可以作如下的 4 点分析：（1）这一宪法规定虽然明确地使用了"制约"的词语，但不能成为三权分立和制衡原则中那种"制约"意义上的理解。其基本依据还是存在于宪法的规定之上。宪法中的"制约"是给予严格的限定条件的，即是对"事"的限制。"事"是专指"办理刑事案件"的"事"，而非指一般的"事"或全部的"事"，是专指"办理刑事案件"的"事"。当然，现在检察机关随着职权的扩展，已经或即将有权"办理民事案件"、"办理行政案件"，等等，但无论如何，这都是指"办理案件"，只是一种工作关系，而绝非是与人民法院、公安机关在整体机关意义上的那种关系。（2）宪法上的这一规定对"机关"作了严格的限定，指的是与人民法院和公安机关的关系。这一限制有着重要的立宪意向的指示意义。在这

231

三机关建立的相互关系中，首先确定的是"互相配合"的关系，这与中国立宪和宪政建制的基本理念是一致的，正如上述的那样。其次才是"制约"关系，但这种"制约"只是限定与人民法院和公安机关在办理刑事案件中的应遵循的活动原则。并不是一般意义上机关与机关之间的"制约"关系，除了这种特指外，宪法上并没有规定在这三机关中从总体上应当建立和遵循什么样的关系。现实检察理论中将这种"制约"关系扩大化到泛指人民检察院与人民法院和行政机关的关系，并不遗余力地精心论证或主观构建这三机关的"制约"关系，特别是人民检察院对人民法院和行政机关之间的"制约"和"法律监督"关系，这些都是对宪法规定和立宪原意的误读。（3）将宪法这一关于与公安机关的"相互制约"理解为对行政部门的"制约"，也是显失妥当的。众所周知，公安机关只是国务院的一个部门，将与公安机关的"互相制约"扩及国家整体的行政机关，其不妥之处，也是显而易见的。（4）将人民检察院行使的法律监督职权视为对行政机关的"制约"或"以权力限制权力"的认识，其根据是人民检察院有对国家公职人员职务犯罪的侦查、起诉的职权，视为是其通过"法律监督"而对行政权力的"制约"，这也是对宪法上"制约"和对"法律监督"规定的误读。有关的详细讨论，我们拟另外以专论的形式进行。

十一、宪法和宪政视域下的诉讼监督***

在中国社会急剧转型和法治不断深入发展的总体形势下，客观上提出了加大国家法律控制的需要，对包括检察改革在内的司法改革提出了更高、更迫切的要求。近期许多省级人大常委会纷纷通过加强人民检察院法律监督工作的《决议》、《决

---

* 本部分内容刊载于《国家检察官学院学报》2011 年第 1 期。

定》，就是适应上述形势和需要的新发展。鉴于有关方面对此给予了密切关注并进行了热烈的讨论，宪法理论和宪政学说对此也不应当失语，对上述的《决议》、《决定》进行解读，不仅应当，而且必要。否则，宪法学就会因脱离现实政治法律生活而失去应有的学术活力。假如宪法理论和宪政学说不能深刻地解读上述的《决议》、《决定》，它就不配称得上是一个博大精深的优势法学学科。

（一）宪法关于地方人大和地方人大常委会以及包括省级人民检察院在内的检察机关的权能定性与机关定位

许多省级人大常委会近期作出的有关加强人民检察院法律监督工作的《决议》、《决定》，从宪法理论和宪政学说上看，首先引起学术兴趣的不是它们的法律形式、法律效力及实施效果等问题。这些问题如果值得特别关注和分析的话，那是因为必须是建立在符合宪法规范，有宪法理论和宪政学说支撑的基础上和前提下才能进行，否则，对这些问题的讨论和分析就失去了意义。

宪法理论和宪政学说长期以来忽视对如下一个学术问题的研究，即在宪法安排和宪政制度设计上如何为国家权能"定性"和为国家机关"定位"的问题。前者关系到国家宪政制度的根本政治设计，具体关系到权力配置问题，是集权还是分权的设计问题。如果是分权分成多少权、各权力体系之间的关系如何配置；如果是集权，其他国家权能的关系如何配置与调处；等等。后者则是关系到设立什么样的国家机关和为各个国家机关如何量身定做哪些职权以匹配其所担当的国家"权能"，以及各个国家机关之间的关系原则等国家机构安排问题。世界上古往今来的所有国家都必然存在这种国家权能的"定性"和国家机关的"定位"问题。所不同的是，现代国家通常都是通过宪法安排和宪政制度设计实现的。中国的宪法和宪政当然也不例外。只不过中国宪法和宪政在国家权能的"定性"方面不同于其他许多国家,具有鲜明的特色而已。

先从中央和地方国家权力机关方面看,按照中国宪法安排和宪政设计,在国家层面上设立一个"最高国家权力机关",在地方设立"地方国家权力机关"。这一安排和设计意指国家权力和地方权力的统一行使,这显著区别于西方的三权并列平行、互不统属的政权建制。但宪法这种安排和宪政的设计,并不意味着中央和地方国家权力机关的权限广大无边,以至于像瑞士法学家狄尤所描述的英国议会那样,除了将男人变女人,女人变男人之外,无一事不能为的那种程度。中国宪法在规定中央和地方国家权力机关在国家和地方层面的最高的和相对高的法律地位的同时,也相应地列举包括它们的常设机关的具体职权。在学术上,我们也可以将这种列举视为一种"限权"方式,即作为最高国家权力机关和地方的权力机关,其权限的行使要受到宪法上列举职权的限制。即使是现行宪法第 62 条列举全国人大的职权及第 15 项的所谓"兜底"条款,即"应当由最高国家权力机关行使的其他职权"的规定,也用"应当"的前置词加以限定。这是用"合理性"标准对最高国家机关权限的"约束",以免发生其权力无限的地步。如果全国人大常委会要行使这样的职权,也须按宪法第 67 条第 21 项的规定予以授权。值得注意的是,宪法第五节在地方国家权力机关的规定中并没有这类的"兜底"条款,这反映了中国单一制的国家结构特点。由此引发的问题是,目前许多省市人大常委会纷纷制定的上述《决议》、《决定》将面对是否有宪法条文明确依据的考究。即使人们能够从其他相关的法律文件中找到或解释出相应的法律依据,在立宪主义和宪政体制下,还有一个是否合宪的讨论或分析的空间，也不能一律毫不区分地用做法律依据。

再从检察权和检察机关的方面看，按照宪法安排和宪政设计，将检察权能连同审判权能共同定性为"司法"[1]，即中国的司法权能是一分为二或合二为一的。学术界有时形象地称"双轨制"或"双驾马车"，这也是中国宪政制度显著区别于西方三权分立体制的一个重要方面，极具中国特色。除此之外，宪法安排和宪政设计还有一个显著的特色，就是将检察权的"定性"与检察机关的"定位"作了被笔者称为"疏离"的规定。[2]与宪法安排和宪政设计中关于人民法院既是国家权能中的"审判权"，即"司法"权，又是国家机构中的"审判机关"相一致的确定形成明显的对照，宪法第 129 条明文规定："中华人民共和国人民检察院是国家的法律监督机关。"法学界包括检察理论界对此条款延及"法律监督"的概念和体制的解读，从笔者本人所持的宪法理论和宪政学说的立场上看，是与宪法安排和宪政设计的原意不切合的。[3]

但无论如何，从上述宪法安排和宪政设计中，我们可以读出如下的一些至关重要的信息：

1. 检察权能的司法定性是基于国家整体的权能作出的，司法权能与立法权能、行政权能是处在同一位阶的，包括检察权在内的司法权具有最高位阶的"国家性"。换句话说，检察权是国家的检察权，不是地方的检察权。中国是单一制国家，检

---

〔1〕　对于检察权能是否是"司法"的定性，学术界有不同意见，此当别论。

〔2〕　详细的分析请参见陈云生：《检察权与法律监督机关"疏离"的宪法安排及其寓意解析》，载《法治研究》2010 年第 11 期。

〔3〕　详细的分析可参见陈云生：《检察权与法律监督机关"疏离"的宪法安排及其寓意解析》，载《法治研究》2010 年第 11 期。

察权统一由国家所专有而不是由地方分有或地方与国家并有，这应当是关于检察权的宪法安排和宪政设计的基本体认。这一体认意味着包括省级人大和省级人大常委会在对检察机关实行监督时，对事关检察权能的事项应当谨慎从事，尽量做到按宪法的定性和定位有所为，有所不为。目前一些省级人大所作出的相关《决议》、《决定》，在这方面不耐推敲。其中一些内容似乎有偏离上述宪法安排和宪政设计之嫌。

2. 包括省级人大常委会在内的地方国家权力机关与检察机关的相互关系，须以宪法和其他国家法律为依据进一步予以厘清。依据宪法第五节的规定，包括省级在内的地方人大和地方人大常委会在人民代表大会这个根本政治制度下，确实有明确的政治、法律关系的确定，正是对这一确定的体认，给省级人大常委会作出的上述《决议》、《决定》以合宪性根据。但对此仍有进一步分析和辩明的必要。还是让我们先看一看宪法是如何确立这种政治、法律关系的。宪法第 101 条规定："……县级以上的地方各级人民代表大会选举并且有权罢免本级人民法院院长和本级人民检察院检察长。选出或罢免人民检察院检察长，须报上级人民检察院检察长提请该级人民代表大会常务委员会批准。"第 104 条规定："县级以上的地方各级人民代表大会常务委员会……监督本级人民政府、人民法院和人民检察院的工作……"

关于第 104 条监督规定的意解，将在下面再作出分析。下面将针对"选举并且有权罢免本级人民检察院检察长"的规定作出分析。

在宪法理论和宪政学说上，宪法学界在宪理上通常概括地将此种产生方式称为国家机关的"派生"，意指国家机关须以合宪性或"合法性"为依据。而由其他机关所建立，即使在实行三权分立体制的美国也是如此。如联邦法院的法官的选任须由总统提名，参议院批准，法官职位一旦完成这个"派生"程序，便依宪法的规定独立行使审判权，从此与提名的总统和批准的参议院脱离了直接法律关系。在人民代表大会制度下，只有作为最高国家权力机关的人民代表大会才有权决定包括检察机关的建制、法律地位和职权，以及选举和罢免包括最高人民检察院检察长在内的中央国家机关的首长。但从宪法和宪理上说，最高人民检察院等中央国家机关一旦脱离产生它们的母体，便具有独立的权能"定性"和机关"定位"，从此便依照宪法和相关法律（以不违宪为前提）行使职权，它们与产生它们的母体之间的关系也要由宪法和相关法律的规范来调整。除此之外，在国家单一制的结构下，县级以上的地方各级人大只须依据宪法和相关法律的规定选举或罢免地方国家机关的首长。但对各级人民检察院检察长的选举或者罢免，还须报上级人民检察院检察长提请各该级人大常委会批准。从宪理和法理上说，县级以上各级地方人大和它们的常委会对其行政区划管辖下的司法机关的产生，即人民法院和人民检察院的产生，从发生学的意义上说，该是到此为止了。对各该地方的人民检察院的建制、法律地位、工作机制、监督方法等事关基本的组织和活动原则等方面，均须依照宪法和相关法律所做的规范执行。我们不能用人类的父母与子女之间的亲属关系的"常理"来看待地方人大与其产生的人民检察院之间的关系，在地球上所有的动物中，没有哪一种动物像我们人类那样哺育、呵护自己的子女长达 20 年之久。在中国传统文化的语境下，竟至许多上了年纪的老人还心甘情愿地做个模范的"孩奴"、"房奴"，又竟至有极少数的子女在老大不小之后还安之若素地做个"啃老族"。我们不能用这样的人情"常理"看待县级以上地方人大和各该级人民检察院的相互关系。如果再用动物界的例子打个比喻，倒是应当像刚刚孵化破壳而出的小海龟，全凭预设基因的指令和自己稚嫩的幼体奔向大海，从出生第一天起就开始了自己漫漫的人生路。所不同的是，县级以上地方各级人民检察院自从其产生之日起，就应当依照宪法和相关法律的规范承担起被赋予的全部职责。宪法和相关法律已经给各级人民检察院规定了保障其忠实地实行职权所必要的组织和活动原则，在宪政和法治发达的状态下，检察机关大可不必奢望，也无须其他国家机关给予宪法和法律之外的关爱与指点。而各级其他地方国家机关也应当"欲有所为，当先知止"（亚里士多德语）。

（二）"监督"与"领导"之辩及其意义解析

现在重拾前面放下的话题，即县级以上各级人大常委会对各该级人民检察院有监督之职权。但如何理解、解释和实施这种"监督"却有很大的讨论空间。

我们首先需要讨论的是这种"监督"是广义的"监督"还是狭义的"监督"？是严格政治法律意义上的"监督"还是一般社会意义上的"监督"？是积极的"监督"还是消极的"监督"？在一般法理和宪法学的研究中，对包括宪法监督在内的"监督"的理解上存在着上述三个方面的不同认识。就宪法监督而言，笔者个人的见解是主张在以上三个方面都应采取同时承认和尊重的态度，认为都是同等重要的。[1] 因为那是宪法，宪法性质的根本性和调整范围的宽阔性以及政治法律效力的综合性、至上性，决定了对宪法的监督应当而必须采取上述

---

〔1〕 参见陈云生：《民主宪政新潮——宪法监督的理论与实践》，人民出版社1988年版，第7～12页。

的立场和途径。而眼下讨论中的法律监督或诉讼活动中的法律监督，在其性质上已经表明是国家检察机关的法律监督或诉讼活动的法律监督，在一般法律监督缺失的情况下，按照人民检察院组织法等法律的规定，检察机关的法律监督主要浓缩成为诉讼活动的法律监督，所以就不存在广义的、一般社会意义理解的余地，相反，只能理解为是狭义上的和专门法律意义的监督。至于是否是或应当是积极的监督，在学术上可能有不同的理解。综观这些《决议》、《决定》的内容，正如有论者所指出的，基本上属于宏观层面的安排，如把强化法律监督，维护公平正义作为检察工作的根本任务；以人民群众反映强烈的影响司法公正的突出问题为重点，加强对诉讼活动的法律监督工作；创新监督工作机制，改进监督工作方法，增强监督实效等，这些内容主要是一些原则性规定，旨在为检察监督提出总体发展方向。[1]这虽然只是针对北京市人大常委会作出的相关《决议》所作的概括，但具有代表性，就目前20个左右省市、自治区人大常委会所作出的相关《决议》、《决定》来看，犹如从一个模子里印出来的一样，大同小异。从我们宪法和宪政专业的立场上看，省级人大常委会对检察工作的监督更重要的方面，还是应当放在消极性的监督上，即如果发现各该级人民检察院的法律监督特别是在诉讼活动中的法律监督存在非法的、不适当的行为或没有尽到责任的行为，等等，直接针对需要改进或必须加以纠正的问题进行监督。这种监督虽然在学理上被称为消极的监督，但其实具有积极的价值和意义。

还必须提及的是，在地方公、检、法三部门中，地方人

---

〔1〕 参见韩大元：《地方人大监督权与人民检察院法律监督权的合理界限》，载《国家检察官学院学报》2009年第3期。

大常委会从政治建制的立场上看，是唯一可以居上进行监督的机关，这给相关的《决议》、《决定》的作出提供适格的地位。但对三机关之间相互关系的统一协调的权力和资质，仍然有研究的余地，至少不是宪法和法律规定的必须履行的职权。

现在再来说"领导"。现行宪法中关于"领导"的规定在国家行政机关特别是在国务院的职权中作了 8 项规定；在第 108 条中也明确规定："县级以上的地方各级人民政府领导所属各工作部门和下级人民政府的工作……"这诸多的"领导"规定突出了关于行政事务性质的统一性和整体性特点的宪法安排和宪政设计，其宗旨是为了强化行政指挥和管理的效率，体现了"行在于一"、"断贵于独"的行政本质要求。这里且不去说它，但行政上的"领导"体制却给我们对检察机关的"领导"体制的理解予以启迪，不由得不加以重视和分析。

检察机关的"领导"体制集中体现在现行宪法的第 132 条的规定："最高人民检察院是最高检察机关。最高人民检察院领导地方各级人民检察院和专门人民检察院的工作，上级人民检察院领导下级人民检察院的工作。"此外，这一领导体制还间接地体现在现行宪法第 101 条的规定中："……选出或者罢免人民检察院检察长，须报上级人民检察院检察长提请该级人民代表大会常务委员会批准。"这一"领导"体制从发生学的意义上来说，最初是来自列宁的司法思想和苏俄、苏联的检察机关领导建制的实践借鉴。学术上通常称之为"垂直领导"，又由此垂直领导体制衍生出"检察一体"、"上命下从"之类的检察理论与实践。在中华人民共和国建立初期，并没有全盘照搬苏俄和苏联的纯正垂直领导体制，具体体现在 1954 年宪法第 84 条的规定中："最高人民检察院对全国人民代表大会负责并报告工作；在全国人民代表大会闭会期间，对全国人民代表大会常务委员会负责并报告工作。"仅此而已，并没有县级以上人民检察院向各该级人大负责并报告工作的规定，也不见任何县级以上人大常委会对各该级人民检察院工作监督的规定。笔者于 2010 年 5 月在广西恭城县人民检察院调研时，在其院精心布展的陈列室中竟意外地发现一份由当时最高人民检察署（即最高人民检察院的前身）署长签署的对该县检察院一位副检察长的"任命状"。由于当时的交通不便，这份《委任状》竟在路上传递了大半年之久才到达恭城县被委任的人员手中。由此佐证当时的中国检察院垂直领导体制"上下一体"的执行状况。反观现行宪法关于人民检察院领导体制的规定，中间加上了县级以上人大和人大常委会对各该级人民检察院检察长的选举、罢免和监督的规定。学术界有学者认为这是由建国初期的"垂直领导"体制转变为"双重领导"体制，即由最高人民检察院和相对上级人民检察院的单一领导改为与县级以上地方人大和它们的人大常委会的"共同领导"。笔者对此持保留态度，毕竟现行宪法是分别使用两套词语概念表述这种体制的。尽管在学术上有广泛的关于"选举"或者"罢免"，"监督"的理解和解释的余地，但不论怎么宽泛，这类用词从语义学上看相对于"领导"而言，无疑是一种"弱语境"的表达方式。如果硬说这种规定就是"领导"也显得过于牵强。在检察理论的研究中，有一种主流的学术意见认为宪法上关于"检察权"和"法律监督"职权的分别规定无甚太多值得关注的意义，从而在学理上用一种"本质一致"、"同一"、"大小概念"之类的理由来模糊或弥合两者之间显见的"疏离"情状。[1]但那只是一种学术意见,见仁见智都是可以讨论的。而现在各省级人大常委会相继通过的相关《决议》、《决定》表明,这已不仅仅是停留在学术层面上,而是渗透到国家的宪政和法治层面上来了。这些《决议》、《决定》给我们提出了一系列值得深思的相关问题。其中与此题直接相关的问题是:现行宪法关于"选举"和"罢免"以及"监督"的规定与"领导"的规定如何理解?它们真的就是一个"双重领导"体制吗?如果是,怎样才能作出有说服力的学理解释、让人们信服"选举"和"罢免"以及"监督"即为"领导"的一种别样的表述。如果不是,接下来合乎逻辑的问题应当是:省级人大常委会是否做了宪法规定由它们必须做的事?抑或是有做了负有"领导"责任的机关依宪、依法应当做的却没有做或尚未来得及做的事?也许,从这些相关的《决议》、《决定》中折射出来的合法(宪)性和正当性,值得法学界和政治法律实务界深思。

唯一值得负有"领导"责任的机关思忖和踌躇的事,是如何协调检察机关与公安、法院的关系问题。其实,从宪法理论和宪政学说的立场上,宪法关于法律监督规定的原意,是在中国建立两套宪法意义上的监督体制,一套是"宪法监督",由全国人大和全国人大常委会行使,另一套是"法律监督",为人民检察院所专有和独享。"法律监督"是仅次于"宪法监督"位阶的监督。依据这样的宪法安排和宪政设计,法律监督的地位相对于审判机关和侦查机关的地位来说,本

---

[1] 参见陈云生:《检察权与法律监督机关"疏离"的宪法安排及其寓意解析》,载《法治研究》2010年第11期。

来就应当居于主导的地位，也就是说，这本来就是题中应有之义，只是现在还做不到而已。因此，从协调公、检、法三机关的关系方面来说，负有"领导"责任的检察机关也并非全无用武之地。

（三）关于《决议》、《决定》的文件形式与内容的合宪性、合理性的探讨

近两三年来，省级人大常委会纷纷出台有关加强人民检察院的诉讼监督或法律监督工作的《决议》、《决定》。此种《决议》、《决定》的出台，被认为是中国政治法律生活中一件有影响的大事，引起各方面的关注也很自然。有宪法学者曾就北京市人大常委会的《决议》进行了全面的分析和讨论。[1] 笔者欲另辟蹊径，从另外两个方面再行探讨。

1. 关于《决议》、《决定》作为政治法律文件的性质与形式问题。在中国现行宪法上，已经为中国法律体系建构了一个阶梯式的结构体系。这个结构体系的最高层自然是宪法独占，接下来则是"基本法律"阶层，再接下来便是"法律"，再接下来则分为两支，一支为国务院制定的行政法规及各部、各委员会制定的规章；另一支则为省级人大和它们的常委会制定的地方性法规。这样的法律阶梯式结构的构成，完全符合法学界公认的"以宪法为山峰，以法律（法规）为峰谷"的国家法律结构体系。除此之外，在中国确实还存在着大量的其他具有法律性的文件形式，诸如条例、决议、决定、措施、办法、命令等，其中有的符合相关规范性文件的归类，有些则不能。但这类法律性的文件又是中国法律体系中不可或缺的重要组成部

---

〔1〕　参见韩大元：《地方人大监督权与人民检察院法律监督权的合理界限》，载《国家检察官学院学报》2009 年第 3 期。

分，往往规范现实国家法律生活中最鲜活的内容。在学术研究上，笔者长期以来习惯将这类文件称为"具有法律规范性文件"，一则是为了表示同上述法律体系中的由宪法使用的正式称谓相区别；二则也是为了突出其具有的法律规范性及其必要的法律效力。尽管中国目前确实还没有就这类文件形式作出规范性规定，在学术上也没有作出一致公认的分类系统或分类标准。但无论如何，将这类《决议》视同地方性法规还是有些牵强。

依笔者个人之见，认为这类《决议》、《决定》还是称为"法律规范性文件"为宜，又考虑到它们还不是一个纯粹的法律文件，既然是由政治机关作出的，因此再附上政治性，称为"政治法律规范性文件"似更恰当些。不过，这只是一般性的学术探讨。

2. 关于《决议》、《决定》的合宪性、合理性问题。真正与本题意义讨论关切的问题是：省级人大常委会在这类事项上使用《决议》、《决定》的文件形式，是否符合宪法的规范？不错，现行宪法在第99条明确规定："地方各级人民代表大会在本行政区域内，保证宪法、行政法规的遵守和执行，依据法律规定的权限，通过和发布决议……有权改变或者撤销本级人民代表大会常务委员会不适当的决定。"但没有其本身可以作出"决定"的规定。从中可见，地方各级人大使用《决议》的文件形式有宪法依据，这不是问题。问题是宪法上没有使用《决定》文件形式的依据。更须注意，这项规定只是针对"地方各级人民代表大会"作出的。在第104条关于县级以上地方各级人大常委会职权的规定，见之于文字的只有"讨论、决定本行政区域内各方面工作的重大事项"等规定，并没有见诸作出《决议》的规定。不过，从第99条规定的普适性上看，以及从第 104 条的"各方面工作的重大事项"的规定上看，如果作出延伸性的解释，是可以涵盖《决议》、《决定》中的相关内容的。换句话说，相关的《决议》、《决定》是经得住合宪性检验的，这不应当成为问题。

然而，对于宪治、法治健全的国家来说，现代的趋势除了应当满足合宪性、合法性的要求之外，还应当经得住合理性的检验。武断专横、恣意妄行、随心所欲、超越逻辑、违背事理等政治法律行为都为现代的宪治与法治所不容。对于当下省级人大所作出的相关《决议》、《决定》的合理性，尽管不存在上述的严重情事，但在仔细推敲之下，也有值得商榷之处。

在前面的分析中，在论及检察院的"领导"体制时，就涉及了这类《决议》、《决定》由谁来作最适当的问题，这自然是合理性的一个重要方面。除此之外，在本标题的语境下，我们又想到由省级人大常委会作出什么内容的《决议》、《决定》最适当的问题。很显然，近一两年来省级人大常委会相继作出这类《决议》、《决定》，显然是事出有因。据北京市人大常委会内务司办公室的分析，《决议》出台的背景除了其他方面之外，其中就有："诉讼监督工作中还存在一些亟待解决的困难与问题。"此语可谓一箭中的。如果作为负有监督之责的省级人大和它们的常委会直接针对那些久已存在的困难与问题作出相关的《决议》、《决定》，显然具有更直接的针对性和现实需要性。但综观现有的《决议》、《决定》，感觉其基本的格调还是原有体制的宣示、原有原则的重申，以及一些涉及激励性的或是劝勉性的内容，并没有见到其中涉及检察界所企盼的那些"亟待解决的困难与问题"。在表面上的轰轰烈烈之后，有着利益关切的方面更希望看到实质性的内容，而不是那些空泛的体制上和原则上的重申与强调。

笔者在承担最高人民检察院理论研究 2009 年重大课题[1]之后，在孙谦副检察长的热情关照和最高人民检察院办公厅的大力支持下，于 2010 年 4 月至 10 月曾先后到安徽、广西和河南等省（区）、市、县三级检察院进行调研，召开的座谈会总计有十几次之多。主要是在基层检察院进行。在座谈中，检察干警反映最强烈的一些问题有办案经费的缺乏；编制紧缺；在职级厘定、享受待遇等方面与同级别的公安、法院干警存在着明显的差异，职级与待遇不配套；等等。这些都在一定程度上影响了检察干警的积极性和检察队伍的稳定性，在客观上也形成了公、检、法三家中检察部门成为相对弱势的现状。对这些久已存在而又亟待解决的困难和问题，在省级人大常委会作出的《决议》、《决定》中几乎失语。而在我们看来，作为地方国家权力机关的省级人大常委会是最适合在这些方面作出相应的《决议》或《决定》，哪怕是这些《决议》、《决定》不太符合规范文件形式上的要求，也是可以得到宽容的。考虑到既然目前乃至不可预期的未来尚且不大可能对国家分级财政体制和分级人事管理制度作出重大的调整，那么地方政府对包括检察机关在内的财政给付和人事管理就在相当大的程度上掌握决定权和配置权，而地方政府作为地方国家权力机关的执行机关的法律地位，又决定了它们必须向产生它的地方权力机关负有执行之责。在这一系列的宪法和法律的逻辑关系的合力作用下，我们可以肯定，如果省级人大常委会能够在这些方面作出一些实质性的《决议》或《决定》，如根据本行政区域经济发展的状况适当提高财政给付的比例，以及适当增加基层人民检察院的一些编制，调整和提高检察干警特别是基层检察干警的某些

---

[1] 项目名称：《中国特色社会主义检察制度的完善》，项目号：GJ2009A01。

待遇，如再可能，消弭与公安、法院干警在职级厘定和待遇上的一些差别，等等，如果那样的话，对包括诉讼监督在内的法律监督工作的加强是可以期许的，对于各级检察机关和检察干警不啻于雪中送炭。

中国有句极富哲理的俗话："打铁还需自身硬。"包括诉讼监督在内的法律监督要取得过硬的业绩，终将要由检察机关自己去践行。至于现时中国检察机关由于种种主客观原因不能或无力去取得宪法、法律和广大人民群众所期待的优良业绩，以至寄希望于省级人大常委会施以援手的原因以改变现状的窘境，不是本文要探讨的主题。但上述俗语也有另一个方面值得关注，那就是忽视了客观条件的作用。就以"打铁"这个生产活动而言，盘一个好的炉灶，多添加一些优质的木炭或煤炭（不知道现在有没有用电炉打铁的，恐怕不能），再配置一个好的铁帖、锤子、铁钳之类的工具，对于打出好的器具是完全必要的。如果把检察机关比作"打铁人"，那么省级人大常委会当是"置办这些必要工具和满足这些必备条件的人"，它们有能力为"打铁人"创造更好的实际条件去支持、帮助"打铁人"打出各种好的器具，问题是如上述的那种需要作出实质性的投入，而不是站在一旁高喊"加油"或做"技术"指导。现代的法治与日常事理相通之处由此可见一斑。然而，事理还有另外的一个方面，就是"做总比不做好，有人做总比没人做强"，这又与现代法治的精神拉开了距离。现代宪政和法治是要国家机关、社会组织和个人等依宪、依法作出责任担当的。

关于省级人大常委会作出的《决议》、《决定》引出值得探讨的话题决不是上述三个方面。[1] 限于篇幅，这里就不再讨

---

[1] 相关的探讨笔者已经完成了一系列专论的写作，有的已经发表，有的即将发表。

论下去了。

最后，重申几点突出的印象和感想，应该不是多余之举。

1. 从长期的历史趋势上看，省级人大常委会的相关《决议》或《决定》的纷纷出台，应该看作是具有中国特色政权建设和检察制度加强与完善探索中的一个历程。凡是探索性的东西，都不应该寄予太高的效绩期望。

2. 诉讼监督只是全部"法律监督"之中的一个"网结"，解开和强固这个"网结"可以作为加强法律监督工作的一个"切入点"或"突破口"。"法律监督之网"的强固必须对组成的其他"网结"进行整体的调整和加固。换句话说，全局的观点和全盘操作过程不可缺失。

3. 包括诉讼监督在内的一切政治法律行为都需要理性的考量引导和精深的理论研究做支撑的基础。兴之所致，动不动就搞出个大动静来，难以取得预期的成效。跟风随进，缺乏独立思考致使千篇一律，千人一面的格局一现再现，同样不可取。

4. 宪法理论和宪政学说不受重视乃至轻视、忽视的状况再也不能继续下去了，应更加受到重视。当前中国政权学说和检察理论亟需吸纳宪法和宪政的学养元素以丰富自己的理论体系。宪法学博大精深，它能为解析各种政治法律现象提供独特的，也是其他任何学科不能取代的视角和探索路径。本部分只是对此所做的一个尝试而已，切盼法学界同仁的批判和检验。

十二、中国宪法上检察"权能定性"及其意义*

（一）一般宪法学上的"权能定性"的基本认识

说来这并不是宪法学上一个新奇的问题，或许只是宪法学

---

* 本部分内容刊载于《法治研究》2011 年第 3 期。

上的一个"常识"问题。让我们不妨从最基础的宪法知识谈起。

　　宪法是一个近现代以全新形式出现的法律结构体系，它从一开始出现就占据法律的制高点，并从"高级法"的阶梯上一路走来，它把以前所有的法律结构体系如民商法、刑事法等统统置于其体系之下，形成所谓"以宪法为山峰，以法律（法规）为峰谷"的阶梯式或层级式的完整、统一的国家法律体系。这个体系虽然是近现代人类社会及其国家的伟大发明，但它绝非是偶然的或即兴的发明，而是凝聚以往人类社会管理和国家政治统治的全部经验与技术，是人类社会和政治智慧与艺术的结晶。法治的必要性和重要性尽管早在古希腊时期的先哲们特别是亚里士多德就作为最优良的治国理念而有深刻的体悟和明确的阐述，但直到近现代时期才被西方资产阶级新兴势力的代表启蒙学者们予以明确而又彻底地加以阐释。又由于这种阐述是在基督教传统深厚的社会基础上进行的，再加上许多启蒙学者们本身都是基督教的忠实信徒，自觉不自觉地使他们的启蒙思想或浓或淡地染上了神圣宗教的色彩，这在洛克的学说中显得尤其突出，他强烈地主张，人之所以享有天赋的人权，特别是财产权和反抗暴虐统治的反抗权，以及人类还有支配自然界中的万事万物，包括将动物杀死作为食物的特权等，都是人类特有的人权和特权。而所有这些人权和特权都是源自上帝的赐予，人之所以为人，是因为能从无所不能，以及只能感知其渺远和神秘不可测的上帝那里获得人的价值的至高性，这就是说，人只能借助上帝的神圣性才能获得人的尊严无上性和天赋人权的不可让渡性和不可侵犯性。然而，近代新兴的社会势力及其阶级代表并没有以此为满足，他们清楚地懂得仅有观念上的新启蒙思想的体认并不能足以保护和保障他们的实际权益，尽管这种思想被罩上了一层神圣的光环。在资产阶级建国之前同封建势力争夺政权的斗争过程中，新兴的资产阶级势力及其思想和政治上的领军人物终于发现了人类的社会史上实现根本统治利益的最稳定、最具强制力和最有效的政治、法律工具，这就是被称为"宪法"或"基本法"的文件。宪法凝聚了国家统治阶级的根本意志，体现着统治阶级的最高利益诉求和经世治国的最高和最终的理想。从现世的立场上看，它关系到国家的组织形式，政权的建制和社会、经济、政治、法律各方面重大事务的有序化和制度化的安排。而所有这些都是以"民主"的名义进行的，它实际上或被假定是全体社会成员或国家公民至少是绝大多数的社会成员和国家公民"公意"的体现，是"人民"以一种所谓的"契约"形式将国家的统治权和管理权赋予他们选出的代表所组成的国家政权组织；他们不仅假定理解这种政权组织所体现的整个社会和国家深层次的结构的意义，而且还假定他们同意和支持这种政权组织将以什么样的具体组织形式和运作机制，使他们的意志、利益和个人权利与自由得以最大化的实现和保障。其结果，就使宪法上的基本原则和形制向着趋同化甚至模式化的方向发展。这就是为什么世界各国的宪法千差万别，但总有一些基本的规范和内容成为必不可少的规定的根本原因。关于国家政权"权能"的规定就是宪法上必不可少的内容之一。

所谓宪法上的"权能"，是指通过宪法，把原来统一的国家权力按照性质划分为几个子权力系统，并按照特定的价值预期为每个子系统设定量身定做的权力性质和活动范围，此即宪法上的权能之谓。近现代国家之所以通过宪法为国家统一的权力系统设定和分派子系统及其权能，从最初的发生学的意义上来说，并非是出于自卫和防止异己力量夺取政权的考虑，也不带有任何特定的意识形态的色彩，纯粹是基于普遍存在的社会分工和增加权力运行效率的目的。尽管有西方学者推论出基督教神学中的"圣父、圣子、圣灵"之说是三权分立的最初渊源，[1] 但此说显得极为勉强。实际上，三权分立的学说是根据英国在临近前近代时期形成的"混合政体"的实际经验，经英国启蒙学者洛克，特别是法国启蒙学者孟德斯鸠的创立而逐渐成型的。这种政权分权建制的构想与设立的蓝图，在资产阶级革命成功地夺取政权之后，便在资产阶级国家政权的实际建制中，通过宪法的形制化最终付诸实施。

西方资产阶级国家政权为了实现统治者所理解和欲实现的三个价值诉求而分别设立了三个相应的国家权力分支机构。

第一个价值诉求是"参与"。"参与"是指民众的参与。议会是由民众通过直接或间接的方式产生的机关，在政府的三权中，议会是立法机关，负责为社会和国家立法的职能。无论在形式上还是在实质上，议会体现的是社会和国家的民主。民主程度的强弱决定于民众参与议会组织和活动的深浅程度。现在绝大多数的西方社会和国家都还重视议会的立法作用，并不断地增进民众的参与程度以标榜其民主程度之高。结果，在西方社会和国家，在民主政治发展的历程中，已经达成了这样的共识，即议会是民主最根本的政治体现形式，是代表民众的多元利益、贯彻民众根本意志的最适宜的国家机关。尽管议会在西方政权结构的地位和作用在政治历史发展进程中已经发生了显著的变化，特别是发生了从 19 世纪以议会为三权中的政治中心变为 20 世纪的以行政权为中心这样重大的变化，但议会

---

[1]　Right of the Kingdom , London, 1649. p86. 转引自［英］M. J. C. 维尔：《宪政与分权》，苏力译，生活·读书·新知三联书店 1997 年版，第 14 页。

作为民意集中代表机关的地位和作用，并没有发生根本性的变化。议会通过吸引和组织民众参与社会和国家的政治生活，使它与社会和国家的民主紧密地联结起来。

第二个价值诉求是"行动"。"行动"是指行政机关的管理活动。在政府三权中，行政机关掌管"执行权"。所谓"执行权"，早已超越了原来意义上的"执行宪法"和"执行法律"的范围，尽管这仍然是行政机关最基本的"执行"范围，但现代的行政机关的执行范围却要广大得多。为了满足社会和国家的发展目标和民众日益增长的需要，行政机关还往往利用宪法和法律规定和认可的自由裁量权，采取许多积极的步骤和措施，加大行政管理的力度，从一定意义上来说，社会的进步和国家的发达，在很大程度上取决于行政管理的经济和高效。因此，行政机关的"行动"对社会和国家的发展、进步是至关重要的。这就是为什么现代行政机关日益壮大，行政权不断加重的最根本的社会和国家动因。[1]

第三个价值诉求是"约束"。"约束"是指最高法院的约束。在政府的三权中，司法权是分配给法院掌握的。但是，有关国家一些重大的争议事项，特别是有关政治性违宪等重大事项通常都是由最高法院予以审理和裁决的。在许多西方国家，出于对一些重大的政治问题的敏感性、利害关系、政治平衡等方面的考虑，政治家们往往不能或不愿意做出决断。在许多情况下，他们便把有关的争议交给最高法院予以裁决。最高法院尽管有时也不情愿，甚至拒绝裁决有关重大的政治性争议，为此还在一些国家发展出司法审查的所谓"政治问题回避"原

---

〔1〕 参见［美］埃尔斯特、［挪］斯莱格斯塔德编：《宪政与民主——理性与社会变迁研究》，潘琴等译，生活·读书·新知三联书店1997年版，第4页。

则，但是，一旦最高法院迫于情势的需要作出了裁决，便对全社会，包括议会和行政机关在内的一切国家机关具有约束力。这种约束力依托的是宪法的最高法律效力。因此，最高法院实际上体现的是宪法约束。宪法约束的必要性和重要性，在西方宪治发达的国家早已被不容置疑地得到承认和尊重，它构成了西方宪政的基础性组成部分，是实现发达宪治的一个必要条件。

在这种"三权分立"思想指导下设立的国家司法机关，正如刚刚分析过的，其最初的立意是调节基于与其处于同一位阶的另两项权能，即立法权能和行政权能之间的相互关系，而不是为了调节司法权能自身内部相互关系的。正是基于这一最初的和根本的立意，为了维持与立法权能和行政权能的同等地位，更好地发挥制约与平衡的效能，加之资产阶级理论家和政治家认为司法权能是三权中最弱的权能，所以下功夫强化司法权能的地位，拓展其职能，以增强与立法权能和行政权能的抗衡力。在这一过程中，司法权始终朝着统一的方向进行强化建构，在司法权能自身内部再行分权，显然是与前述的立意背道而驰的，故极不可取，更无可欲。这就是为什么西方国家的宪法要把统一的国家政权分为三个分支权力系统，并为每个权力分支系统确立一个相对固定的、轻易不允许三权之间相互侵犯的情事出现的根本原因。也正是基于这一点，由宪理和法理支持的和由宪法确立的立法、行政和司法三个权能，最终成为西方国家政权的基本形状和模式。

从"权能"的性质来说，举凡所有的近现代国家都必然具有的政权组织形式范式，概莫能外。尽管有的国家在特定的历史时期不承认或不接纳这种国家政权分列权能的组织形式，但泰半只是特定意识形态的产物，而无实际的效果。因为只要是近现代国家，只要是以人民的名义建制的国家政权，分列权能就是一个绕不开的话题。原因很简单，如前所述，没有权能的分工，就不能有效地施政，浑然一体没有任何分工的政权，要有效地运转起来是不可想象的事，这在以往的君主专制国家都难以做到，所以才有封官设职、建立有司衙门的政权建制。即使完全不考虑西方近现代政权建制的基本理念，即权力分立，相互制衡的原则，结果也不会有所改变。或许现代社会分工的原理在其中发挥着根本的内在驱动力，没有分工，就谈不上责任和事有专司，国家政权乃至社会生活便是一片混乱状态。因此，基于管理上的需要，国家政权分为不同的权能子系统，就势在必行。基于此种考量，我们尽可以在这样的问题上节约智力资源，任何希图另辟蹊径以寻找或创造一个全新的政权组织形式的想法和做法，无异于在浪费时间和精力。

（二）中国现行宪法对国家权力的"权能定性"的分析

从宪法对于国家权力的权能定性方面来说，至少有两点需要分析和澄清。

1. 中国的国家政权是中国共产党领导中国人民通过武装斗争推翻"三座大山"建立的，而中国共产党是信奉和遵循马克思列宁主义的，马克思列宁主义是在同资产阶级国家学说作斗争中建立起来的自己的国家学说，这种学说是马克思在分析无产阶级革命初期法国巴黎公社的经验基础上逐步建立和完善起来的。基于对资产阶级三权分立学说的批判，马克思认为巴黎公社的政权尽管存在短暂的 80 多天，但其"议行合一"的政权组织形式精干、有效，马克思高度赞扬其是无产阶级终于发现的无产阶级政权的最适宜的组织形式。此种政权理念后来被列宁继承和发展，并在苏俄十月革命成功后建立的苏维埃政权中得以实践。中国共产党在取得国家政权后，也遵循这个指导思想建立了中国式的"议行合一"的国家政权。这种政权建构的基本思路及最终确定的形制是这样的：

在国家权力总体系中，在中央设立一个最高权力，由这个最高权力产生或派生出一些子权力，包括立法权、行政权、司法权、军事领导权以及相应地方权力系统。其中的立法权是内含在最高国家权力之内的，中国宪法不是没有设立立法权，只是它是由最高权力自身行使的，并没有也无必要再设立一个独立的立法权；行政权也只有半独立性质，因为它同时还是国家最高权力的执行权，这部分权能是从属于最高国家权力的；司法权由双权构成，即宪法上规定的国家审判权和国家检察权；此外，中国宪法还设定一项在一般宪法中极其罕见的特殊权能，即国家军事领导权，这是中国在制定 1982 年宪法时所处的特殊政治领导转型时期的产物，并不具有普遍意义，只是中国宪法的一个特色而已。再有，由于中国的国家元首权虽然在形制上是单独设立的，但并不是实质上的独立元首权，元首权或可被认为是与最高国家权力共同行使的，所以在本质上也是从属于最高国家权力的。由此可见，国家不单纯设立立法权，是因为不需要，立法权已由最高国家权力机关来行使，这是典型的议事和立法的统一；国家不单独设立行政权，是基于"议行合一"的理念，确认执行权从属于国家的最高权力；国家也设有司法权，但在"议行合一"体制下，司法权不是独立的，而是从属于最高国家权力的，或者说是最高国家权力派生出来的权力。这样，我们在中国宪法上就可以看到这样一幅国家权力体系构成图：

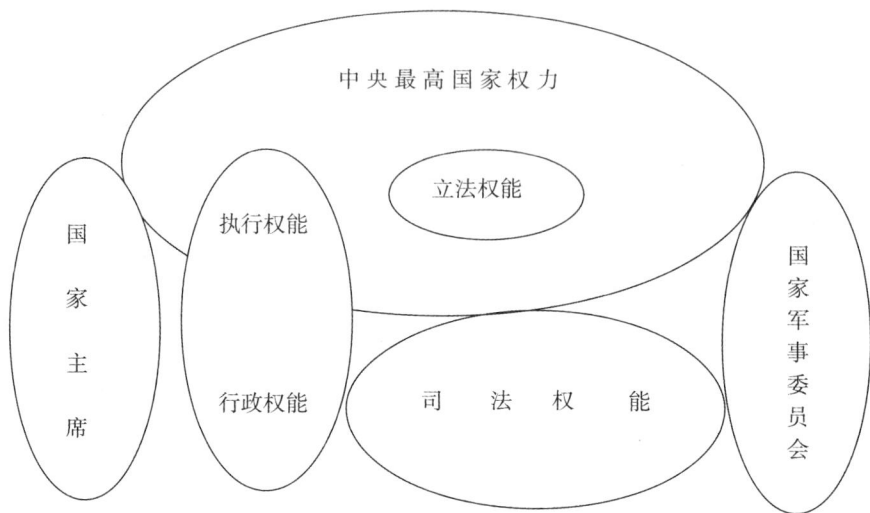

中央国家权能配置图

从图中可以清楚地看出，最高国家权力地位最高，权威（从体量上体现出来）最大，国家的立法权是内含在最高国家权力之内的；而行政权作为最高国家权力的执行权是含在最高国家权力之内的，但就行政权总体而言，这只有一部分是执行权，没有包含的另一部分则是最高国家权力派生出的国家行政领导权；至于司法权则是由最高国家权力所派生的，只是作为权力体系它是独立于最高国家权力体系之外的，但这种"独立"并非如西方那样的"完全的独立"，从图中所示可以看出，中国的司法权是依附于最高国家权力的，如图示所表明的，司法权的圆圈是紧贴在最高国家权力的圆圈上的。此外，在中国最高国家权力体系下，还设有国家主席和国家军事委员会。前者为非典型的国家元首，后者为国家的军事领导机关。

或问这样国家权力结构图有什么特殊的意义可以昭示于外呢？回答是肯定的：它昭示中国的国家权力体系是按照"议行合一"的理念建构的，"议行合一"的内在关联较为明显，尽管并不典型。从这个意义上来说，中国政权建构的"议行合一"的理念与形制是不应该否认的，应当肯定这是中国国家权力结构的显著特点。

2. 不应当过分强调中国国家权力的"议行合一"中的"合"的特性，而忽略其中含有"分"的特性。中国的国家权力尽管是按照"议行合一"的理念建构的，在形制上也具有"议行合一"的特点，这应当是理解中国国家权力结构的基础和出发点。但不应当以此为满足。其中有"合"亦有"分"的特性，才是我们认清中国政权性质的关键点。归根结底，再好的国家学说和权力理论都必须适合国情，才能建构出科学、有效的国家权力体系及其运行方式。像巴黎公社那种典型的政权组织形式，也只有在战时极其特殊的条件和环境下才能出现，而其短暂时期的存在也并没有得到必要的政权运行的实际检验以及相应的改善和健全的机会，即使其具有很大的优越性，也没有来得及充分显现和经过较长时期或经久的历练。马克思在其著名论文《论法兰西内战》中对它的充分肯定和高度赞扬，其参照政权只有马克思深恶痛绝并深刻批判的资产阶级"三权分立"的政权体系；此外再没有其他任何可供参照的成功的革命政权予以借鉴。事实上，像巴黎公社那样典型的"议行合一"的政权在它以后的政权建构史上再也没有出现过，即使在信奉和实行马克思主义的无产阶级政党在夺取国家政权后，也并没有严格地按照巴黎公社的典型模式建立自己的政权，列宁所领导的苏俄政权是这样，其他的社会主义国家包括中国的政权也都没有建构典型的如巴黎公社那样的"议行合一"政权。因此，中国的上述政权体系只可认为是根据基本上遵循马克思主义的"议行合一"的原则建构的，而非典型的"议行合一"的建制。这种政权形制上的差别正是中国共产党将马克思主义适用于中国具体国情的创造性发展。我们的宪法学界包括政治学界在诠释和建构国家学说、权力理论中，应当与时俱进，用科学发展观为指导，深入研究中国政权权力体系中的"分"的意义和价值。这不仅是政权建构应当遵循的原则，如前所述，从一般的管理学的意义上来说，更是人类治事理物所应当和必须遵循的社会分工原则。我们的法学界特别是宪法学界现在应当深入地研究其中所蕴含的意义和价值。毕竟，深入体察中国政权权力结构的性质和特征，用科学发展的理论指导其沿着正确的方向运行，有效地发挥人民政权在治世和建设现代化国家中的巨大领导作用，这才是我们法学界特别是宪法学界真正需要关切的问题和出发点。

（三）中国现行宪法中对检察权能的"司法定性"的意义

如前所述，中国现行宪法将检察权定性为"司法权"，更确切地说，是检察权与审判权联合定性为司法权。这既是中国国家权能配置的特色，又是中国检察权和检察制度自身的中国特色。深刻体认和正确诠释这种特色，澄清在宪法解释上的一些混乱观点，认真地贯彻实施宪法和推进宪政建设，明确司法改革的方向，以及对于坚持和完善具有中国特色的检察权和检察制度，都具有重要的目的指向性意义。试分析如下：

1. 有利于澄清在宪法解释上的一些混乱观点。近年来，中国法学界特别是宪法学界在关于"宪法司法化"的讨论和争议中，引出了一个颇有兴味的学术话题，即中国有无"司法"、"司法权"、"司法机关"的话题。主张"无"者所持的最重要的根据，就是中国宪法"从不出现司法"一词。论者认为，在宪法中写的只有"审判权"、"审判机关"、"审判工作"以及"人民法院"等词汇，而从不出现"司法"一词。记得当年在宪法起草过程中，曾明确拒绝使用"司法"一词。这在较大程度上同我国不采用西方"三权分立"体制的指导思想有关。今天如果不问缘由，倡导所谓"宪法司法化"，草率地用那曾为宪法所拒绝使用的"司法"去"化"宪法，那是同宪法起草的原意背道而驰的，是对宪法的不尊重。[1]这种观点至少有两点值得评析：

（1）西方近现代的宪法和宪政，确实是以"三权分立"为其典型特征的。"三权"是对"立法权"、"行政权"、"司法权"的概括性简称，三权各自独立，互不统属，但相互制约，以保持政权在总体上平衡运行。在西方，美国是实行典型的三权分立宪政体制的国家，而英国等议会制国家实行责任内阁制，立法权与行政权并没有完全分立，但也被认为是非典型的三权分立的政体。不过，司法权在西方国家都是独立的，这被认为是西方宪政的"精髓"。世界上各个国家包括西方国家，都是根据自己的国情和政治理念来决定是否实行典型的或非典型的三权分立的宪政体制。中国是社会主义国家，以马克思主义的国家学说和政权理论为指导，不实行"三权分立"的宪政体制也是情理、法理和宪理使然，无可厚非。在制定宪法时，拒绝或刻意回避使用"司法"一词，甚至拒绝或刻意回避使用"立法"、"行政"二词，都是可以理解的情理和自身理论的支撑使然。

（2）为"拒绝"使用"司法"一词，"在宪法中写的只有'审判权'……等词汇"，这种表述因为用了"只有"两字，应当被理解具有排他性。而宪法在第七节中，明确地是把"检察权"、"检察机关"、"检察院的工作"在"审判权"之后作出规定，实质上可以看做是并列作出的规定。这就是说，曾被宪政拒

---

〔1〕 参见《关于"宪法司法化"这个提法》，载《北京日报》2006 年 7 月 10 日第 17 版。

绝使用，而后来由"好事者""故意""杜撰"出来的"司法"的范畴内，实际上应当包含"审判权"和"检察权"两个方面，而不是"只有""审判权"这一个方面。尽管在学理上，就人民检察院是否是"司法"机关存在争议，但宪法的意旨是明确的，即"检察权"同"审判权"一样，都属于那个曾被拒绝使用的"司法"一词的范畴，不知这种说法是否"站得住脚"。

上述两个方面既关系到宪法学研究的范式，特别是关系到如何对待和使用长久以来宪法学界共同使用的概念和词语的问题，也关系到对中国宪法和宪政的正确体认和解释的问题。将宪法上规定的"检察权"理解成为"国家权能"中的"司法权能"的一个必不可少的组成部分，又将宪法上规定的检察制度理解成为中国宪政体制中一项重要的司法制度，会有利于澄清中国宪法学界长期以来在检察权和检察制度方面存在的混乱思想。

2. 有利于清除对人民检察院和检察制度的不重视或轻视的态度。前已指出，在中国宪法学界存在对检察院和检察权的忽视态度，但这种态度决不止于宪法学界，在法理等学术界也存在这种状况，甚至表现得更为明显。最突出的表现，就是在讨论和研究中国司法改革的问题和方向时，有相当数量的法学者主张，在中国的司法改革中要建立以人民法院为中心的司法体制，为了突出这一司法改革的意向，相应地主张要在中国取消检察院的建制及相应的检察制度。作为一种法学主张和观点，原本都是仁者见仁智者见智的事，无可厚非；况且有大量的西方司法制度的先例可援和成型体制可鉴，绝不是空穴来风或异想天开。对这种意见用激进的论战语言进行指责无益学术问题的解决，故不可取。

与此同时，我们还应当注意到，对中国的人民检察院和检察制度的不重视或轻视态度决不仅仅表现在法学界，在实务界也有相当明显的表现。表现之一是在"公、检、法"三机关（公安机关只有部分司法职能）中，检察院的地位至今还没有回复到二十世纪五六十年代的水平。那个时期的同级执政党党委中的"政法委"通常都是由人民检察院的检察长担任的，那时在人们的政治法律观念中，认为检察长在"三长"中的地位最高，担任"政法委"书记最合适。表现之二是，来自另外两个兄弟机关中个别人员主张取消检察院的建制的主张和意见也不时有所耳闻。当然，对于这些存在于法实务部门或其他方面的意见，更不宜用简单的方式来对待。

我们认为，上述各种不重视或轻视人民检察院和检察制度的态度和意见，固然出于各种不同的原因和理由，但其中一个突出的原因和理由，就是对中国的宪政体制的根本特点，以及对中国司法制度的"双轨制"缺乏深刻的体认，由此生出种种对人民检察院的建制和检察制度的认识上的种种偏差，就不难理解了。中国的法学界特别是宪法学界加深这方面的研究和宣传，或许就是破解中国宪政体制和司法改革中这个久已存在并至今尚未完全得到解决的难题的根本之道，或者说是一个治"本"的途径和方式。

3. 有利于明确司法改革的方向。改革开放以来，关于中国司法改革的话题始终保持着高度的关注度。其中关于司法改革的方向，或者说是朝着以法院为主导的一元司法体制方向进行改革，还是朝着坚持现行的法院、检察院二元司法体制方向进行改革的问题更是得到格外关注。一派的意见主张取消检察院；另一派的意见则是保持检察院。双方的意见针锋相对，争执不下。从学术的立场上看，双方的意见各持之有据，谁都很难争得上风。因为双方所持的理论根据本来就没有什么高下之分，而所凭借的实例在历史上确也同时或先后存在。从我们宪法学理论和宪政学说的业内看来，如果双方的讨论和争议只局限在司法体制和检察制度本身优劣或存废的问题上，结果只能是这样。这就是说，要想从司法体制和检察制度自身打破困扰在司法改革方向上的僵局是不可能的，而应当另辟破解这个难题的途径。

新的途径应当从更高的起点寻起。这个更高的起点就是宪法和宪政。站在这个最高的起点上，要辨明司法改革的方向应当不会有什么障碍。既然体现人民根本意志的宪法和为实施宪法所确立的宪政体制，已然确认了中国司法的"双轨体制"，那么要在未来的司法改革中取消检察院的建制，这就是一个极为现实的障碍。尽管从理论和实践上都不存在宪法不能修改和宪政不能变动的问题，但宪法上的任何修改和宪政上的任何变动都应当需要慎重考虑，除非有重大理由，否则不能轻易而为。检察院的建制和检察制度牵一发而动全身，甚至关系到整个司法体制乃至宪政体制的变动。以一种尚不成熟以及存在重大争议的学术意见试图突破宪法的格局和宪政的体制，其困难程度怎么估计都不算过分，在目前以至不可预知的未来的长时期内，几乎不可能实现这个改革方向。当然，至于法学者们从理论上进行这个方面的研究和探讨，在学理上并无什么不妥之处或不能为，持相反意见的学者和有关方面也应当予以包容和允许。

相反，如果从这个高起点上来看待坚持司法"双轨制"的观点和意见，则会得到宪法格局和宪政体制极为有利的现实支持，更不待说，从当今在世界上其他一些国家的检察体制正朝着独立建制的方向发展的态势中，又获得更为广阔的国际环境和新发展背景的支持。

4. 有利于使现行检察制度的改革朝着更加健全和完善的方向发展。在前面分析的基础上，这方面的分析就简单和容易得多了。现行中国的检察院建制和检察制度绝非尽善尽美，自不待言，还需要进行各方面的改革，但改革应当向着或只可能向着健全和完善检察院的建制和检察制度的方向发展。这不仅是中国的宪治和法治这个治国方略所要求的，也不仅仅是中国宪法的格局和宪政体制所限定了的，更是检察制度本身所具有的重大法律价值与功能所决定的。[1]

十三、中国宪法上检察"机关定位"及其意义*

中国检察理论界通常用"定位"词语来表达和研究宪法上的"检察权"和"法律监督机关"，然而，我们认为这是不确切的，甚至认为这是有些混乱的表述和研究。实际上，中国宪法上同时用"检察权"和"法律监督机关"来规定中国检察制度是有深刻的寓意的。"定位"不等于"定性"，"定性"应是指从国家权能上给检察权作出司法性的"定性"，而"定位"应是指在"国家机构"的序列中，将检察机关"定位"于"法律监督机关"。"法律监督机关"这种"宪法定位"既确定了中国检察机关的性质，又彰显了中国检察机关即检察制度的特色。其中所蕴含的深刻意义应当被认为是中国检察理论研究中的一个突破点，遗憾的是，这个突破点至今还游离于中国宪法学和检察学的理论视域之外，更不待说有学者对之进行深入的研究了。

＊　本部分内容刊载于《法治研究》2012 年第 1 期。

〔1〕　关于检察制度的法律价值与功能，请参阅陈云生：《法律监督的价值与功能》，该文是笔者承担的最高人民检察院检察理论研究重点课题的结项成果，先后发表在几家期刊上，请参阅《法学杂志》2009 年第 10 期。

（一）一般宪法学上的"机关定位"的基本认识

国家权力系统的三个子权能的划分与设定，无论多么可欲和可行，但终究是不能自动实现的。要实现三权分设的最初构想，还需要切实可行的组织形式、职权设定以及运行机制的建立。在这方面，西方国家政权并没有什么特别的独到创造。举凡世界上一切成形制的国家，在其政权建制中都会"封官设职"，各负其责，哪怕并非严格的界定与分明，这是一切形制化国家都必然存在的政权组建形制。即使在古代中国，虽号称政刑不分，但也只是指州、府之类的地方官衙，至于在中央一级，一般都要设"三法司"、"大理院"、"刑部"之类的专司司法审判的官衙。

比起古代国家来说，西方近代资产阶级建立起来的国家在国家机关的分别设立、责任专属、职权法定等方面，确也有了巨大的进步。其中的原因，首先是管理上的需要。资本主义最初是从社会分工发端的，先是社会大分工，资本主义工商业从农业、手工业中分离开来，进而是工商业的分工，继而是工业的分工、工厂的分工和流水线上作业的分工，分工极大地促进了生产效率的提高，使社会化的大生产成为可能，资本主义就是在这个分工的基础上发生、发展和渐次发达起来的；其次是国家政权权能的实现需要的分工，前已指出，资产阶级国家政权基于政治统治和管理的需要，将统一的国家政权分为三种权能，而这三种权能要求也只能通过设立各自的机关来实现。于是在资产阶级国家，实际上在西方乃至世界上所有的近现代国家，基本上都相应地设立了三大机关或曰政府的三大部门，分别承担立法、行政和司法的责任。在各自专属的责任下，又分别通过宪法、专门的组织法或其他法律对各自的机关职权作了或概括的或详尽列举的规定，促使各个国家机关在自己的法定职权范围内各负其责、各司其职。又为了更好地实现三权相互制衡的原则，提高工作效率，又相应地使三机关各自独立，互不统属，除英国等实行议会制的国家外，一般都不允许立法机关和行政机关的成员相互兼职，如其立法成员改任行政职务，则必须辞去原任国会议员的职务，反之也是一样。至于司法机关，无论在西方何种政制下，务必要保持其独立性，确切地说，在机关、人事和财政等各方面都不允许与国会、行政部门直接发生牵连；法官一经任命便终身任职，直到法定退休年龄，除非任职期间自愿辞职或因犯罪遭弹劾而离职。司法独立——包括司法机关和法官独立——被认为是西方国家宪政和法治的"精髓"。

由此看来，就一般宪法意义而言，所谓"机关定位"，就是由宪法按照国家政权权能设定的原则和分工的原则，分别设立负责与其权能相匹配的国家机关，又由宪法、组织法或其他法律确定其职权范围及相应的运行机制或活动原则，使其在组织上和程序上都得到国家力量提供的各种保障，从而使各自机关切实地担负起被赋予的国家职能，从而实行国家的政治统治和对国家与社会事务的有效管理。

从"机关定位"来说，这关系到国家机构的组织形式和设立的问题。这个问题之所以要同"权能定性"问题分开来看，原因就在于国家机关的设立并非总是与国家权能一一对应的。不错，在西方某些典型地实行三权分立的国家，国家机关的设立通常是同国家权能的性质一一对应的，一事一机关，一权一责任体，这无疑有利于事有专司，职权与责任由同一主体承担，便于国家机器的有效运转。但鉴于各国千差万别，历史背景和文化传统各不相同，而现实国情又各有异；再加上建国理念和所尊奉的意识形态也各个不同，故此在建立国家机构等方面，就表现出不同甚至很大的差异，尤其是根据需要、现时条件和历史基础，有些国家的国家机构的设立并非总是，或往往不是与国家权能——对应的，例如，有的国家并非一定设立专司立法权能的立法机关，而有些国家也不设立专司行政的行政机关，又有些国家的司法权也并非由单一的司法机关来行使；或另有其他国家机关相互间职权交叉或相互重叠之现象发生。如果对这些情况没有深入的体察和实事求是的分析，就会造成对国家机关定位的不准确甚至错误的认识。在中国的法学界，包括宪法学界，长期以来且至今也都存在种种偏颇的认识和判断，这种状况在对中国司法权、检察权、法律监督职权和法律监督机关、检察机关的认识上，延及司法改革的方向和目标上，就一再表现出来。从这个意义上来说，本文关于国家机构的"机关定位"的话题，既是一个亟待澄清的宪理和法理话题，又是一个关乎国家司法改革乃至国家加强宪治和法治的更深层次、更长远的话题。

（二）中国现行宪法中对国家机构的"机关定位"的分析

首先应当对宪法上的"国家机构"和"国家机关"加以辨析，在中国的现行乃至先前的几部宪法上，都专设"国家机构"一章。从宪法在该章的条文规定中可以看出，这里的"国家机构"应当是全部国家机关的总称，包括作为最高国家权力机关的全国人民代表大会和全国人民代表大会常务委员会、国务院、国家主席、国家军事委员会、地方各级人民代表大会和地方各级人民政府、民族自治地方的自治机关、人民法院和人民检察院。所有这些国家机关在统合的语境中被称为"国家机构"；而"国家机关"则是指某一个或某一类的国家机构而言，是在分解的语境下被称为"国家机关"的。当然，在学术的语境下，学者们往往不那么考究，相互混称的表述频频可见。但从严格宪法规范的语境来说，二者是相互区分开来的。当然，这种区分并不表明二者之间有什么实质性的差别，只是对丰富的中国语汇一个较为考究的并且是人们约定俗成的习惯用法罢了。

中国宪法规定的国家机构，其基本形制是这样的：

在国家的政权体系中设立一个最高国家权力机关，这个最高国家权力机关被命名为全国人民代表大会。它是由全国各方面人民依次通过直接、间接形式选举而产生的，具有广泛的代表性。只有全国人民代表大会才能以人民的名义为国家制定宪法，即国家的根本大法，并通过国家宪法，实际上是以人民的名义赋予全国人民代表大会最高的法律地位和最大的政治、法律权威。宪法规定，全国人民代表大会有权决定国家的一切重大事项，包括战争与和平等事项；有权为国家的各方面事务进行立法，或修改或废除既有的法律；作为最高国家权力，它根据自己的组织形式和活动特点，有权选举一定人数的人大代表作为成员组成全国人民代表大会常务委员会，该常委会构成最高国家权力机关的一个内在的、有机的组成部分，全国人民代表大会闭会期间主持全国人大的日常工作；全国人大还根据国家主席的提名，决定国务院总理，再由国务院总理提名，经全国人大或全国人大常委会批准，组成国务院的其他领导成员以及组成各部、委、局，国务院一身二任，对最高国家权力机关来说，它行使执行权，从属于最高国家权力；而对于行政工作来说，它又是国家的最高行政机关，领导全国的行政工作。由于中国国家权力体系内的司法权实行"双轨制"，所以在司法机关的配置上也相应地实行"双驾马车"式，即相对于司法权设立人民法院作为国家审判机关；相对于检察权设立人民检察院作为检察机关或法律监督机关（此中的区别后文还要详细论述）。在国家的体制内，由某一人或某一机关行使国家元首权成为必要，所以在国家机构内设立"国家主席"一职，虽由一人独任，但实质上是一个国家机构的性质；此外，为实现国家的军事领导权，所以在国家体制内设立"军事委员会"作为军事领导机关。此"军事委员会"与执政党内的"军事委员会"是两块牌子，一班人马，彰显了中国军事领导体制的特殊性。在这些国家机关中，除国家元首和军事委员会之外，在地方的各层级，也相应地建立了地方国家权力机关、行政机关、审判机关和检察机关。至此，我们可以用图式来显示国家机构的全景如下：

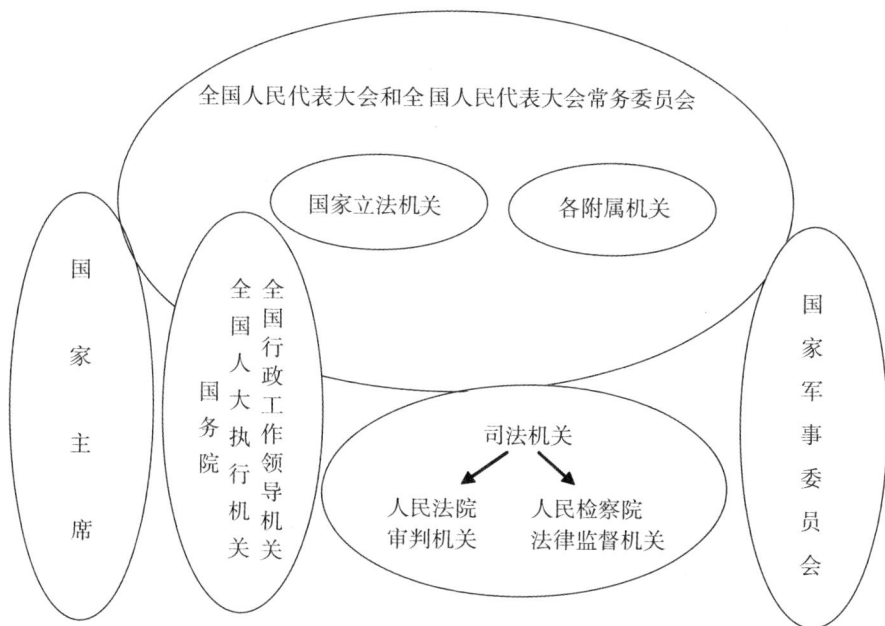

中央国家机构配置图

从上图可以看出，中国并非没有立法机关，只是立法机关与最高国家权力机关浑然成为一体，当全国人大和全国人大常委会行使立法权时，此时被认为是国家立法机关；国务院即中央人民政府身为一个机关却行使两种职能，一是最高国家权力机关的执行机关，这是内含在最高国家权力机关内的，并不独立，其作为国家行政的领导机关，虽然在形制上是独立的，但也是从属于最高国家权力机关的；司法机关并非像有些人所说的没有宪法上的根据，只是它被拆解成为国家的审判机关和国家的法律监督机关；至于国家元首和国家军事委员会，虽在形制上是独立的，但实质上都是附属于最高国家权力机关的。这便是中国国家机构的特色，在总体一体的相关联中，有分有合，各司其职，各负其责，共同维系和推动庞大的国家机器正常且有效地运转。

（三）中国现行宪法中检察机关的"法律监督"定位的意义

中国的宪法学界和检察理论界至今尚未对中国宪法关于人民法院和人民检察院的"机关定位"的规定及其之间的差异问题引起必要的关注，就我们的学术视野所及，也未见到对这方面的规定及其之间的差异问题的相关研究成果。然而，在当前国家的宪治和法治的深入发展的大趋势下，中国宪法学界和检察理论界不应当再让这一学术空白继续存在下去了，因为这既关系到对宪法的正确解读和国家的宪政建设的大局，又关系到中国的检察制度乃至司法制度的宪法地位的科学认定问题，更关系到中国检察制度乃至司法制度改革的方向这样的根本性问题。试分析如下：

1. 有利于对中国现实担负国家检察职能的机关的科学认定。根据中国现行宪法对国家权力权能的分类和配置，[1] 现行

---

〔1〕 有关中国宪法关于国家权能的分类和配置的分析，笔者已另撰文，以《我国宪法上检察"权能定性"及其意义探析》为题将予发表，详见发表后的该文。

宪法将担负国家检察职能的国家机关定位于"法律监督机关"。现行宪法之所以作出这种安排，是因为中国现在既不能发展出严谨而又科学的检察权的理论体系，又不能建构严谨的权责相匹配的适格国家检察机关，鉴于这种情势，在制定现行宪法时通过展现实事求是的精神，用现行较为重要并且能够予以实现和运作的法律中司法执行环节中的法律监督职权"暂代"整体的或完全的"检察权"，并通过建立相应的国家机关来担负和执行这项职权。从这个意义上来说，现行宪法确定担负检察职能的机关为"法律监督机关"的科学性首先就是实事求是的精神方面得到的体现。

现行宪法的这种安排的科学性也体现在灵活性方面。宪法如同其他普通法律一样，其严谨性或者说刚性是其基本特性。但是，这并不是说宪法和普通法律就不应具有或不能具有灵活性。事实上，睿智的立宪者或立法者总是经常展现其立法智慧与技巧，使其所制定的宪法或法律具有一定的灵活性。因为他们知道，事实也证明了，宪法和法律具有灵活性更便于实施，所发挥的宪法和法律效能更大。在中国现行宪法上将担负检察职能的机关定位于"法律监督机关"就是立宪灵活性的体现。在法学界看来，法律监督是一个很宽泛的概念，其职权也有广泛的伸缩余地。这样，国家的政治法律决策者就可以根据国家宪治和法治发展的实际情况和进程，审时度势对"法律监督机关"的具体职权和适用的原则适时地、及时地加以调整，以适应新的宪治、法治发展情势的需要。改革开放 30 多年来的实践证明，这种灵活性发挥了较好的作用，通过适当、及时地调整法律监督机关的职权，使国家的法律监督机关的地位得到了提高，也使其法律监督的职能得到了更好的实现。

现行宪法的这种安排也是在对国家总体的政治体制进行综

合考量下作出的。这种综合考量包括两个方面：一方面是现行宪法已经确立由全国人大和全国人大常委会作为宪法监督的机关，而对于仅居其次的法律监督的机关则赋予国家的检察机关来担当。这种宪法和宪政体制上的安排和设计符合国家机关权能的分工和职权的配置的专业化和科学分工的原则。另一方面的考量是从中国政治体制的全局出发的。鉴于对中共党员干部的纪律检查和对国家行政工作人员的监察已分别交由中共各级纪律检查委员会和国家的行政监察机关负责（现时的体制是两部门合署办公），那么，将包括党员干部在内的国家工作人员的违法犯罪行为的查处，交由专职负责的国家各级检察机关担当，就不仅顺理成章，而且构成了一个完整的国家法纪监督的全景合理的结构图。

2. 有利于彰显法律监督的价值与功能。具体而言：

（1）统一和整合法律运作体系——统合价值。国家检察机关建制的意义，或者说它存在的最高价值，不仅在于它是法律设置中一个不可或缺的环节，其重要性和价值更在于它使法律运作成为一个贯通和流动的过程。它的这种价值我们可以称之为统合价值。这种价值是通过赋予国家检察机关一系列的职能实现的。具体来说，检察机关通过监督对违法犯罪行为和嫌疑人的侦查活动，以及亲自参与对职务犯罪的侦查活动，通过提起公诉和出庭支持公诉，通过对法院审判活动以及审判后执行的监督活动，使国家的侦查机关、审判机关和执行机关连接成为一个整体，构成对打击犯罪，维护国家法制和尊严，保护当事人权益的一个连续不断的流程。

（2）调处各司法机关及各自职权的相互关系——协调价值。检察机关通过行使国家的公诉权，以国家的名义将侦查机关的犯罪侦查结果进行审查，认为构成犯罪的，便以国家的名义提起公诉，并通过出庭支持公诉，或委托公诉性律师将犯罪嫌疑人交付国家审判机关作出有罪或无罪的终局判断。国家检察机关在这中间绝不是仅仅起到一个中转作用，而是在侦查活动和审判活动中，对这两个机关的职权活动进行必要的协调，使之既符合法律规范，又能实现法律的正义价值。

（3）防止和纠正侦、审机关的越权或滥权——制约（匡正）价值。近现代司法中一个极其重要的理念与机制，就是检察权和检察机关或人员的设计与建制，通过使诉审实行彻底分离，其本身就蕴含着对审判人员和机关的制约或匡正价值。

（4）对社会行为和国家公职行为进行有国家强制力的监督——反腐和清政价值。检察机关或检察人员以其国家赋予的特定职务行为，将违法犯罪中的较严重的犯罪嫌疑人以国家的名义交付国家审判机关加以审判，对其中确有较严重犯罪情节的人员实行法律制裁，这其中自然也蕴含了反腐的价值。

（5）恪守法定职权主义而疏离社会利益纷争——（社会和政治注意力的）转移价值。①检察机关可以用自己的职务行为、人民检察院组织法上规定的法制宣传职能，以及近些年来强调建立和健全起来的信访、人访接待制度，人民检察员制度等组织和形式，将公众中的个人抱怨、社会不满、政治上的怨愤，最大限度地吸引到国家法制的轨道上来，通过国家法制行为加以化解，从而最大限度地减轻社会和国家政权的压力。②国家法律监督和司法判决当然以追求法律的公正为最高目标和己任。做得好，公众将赞美和拥护投以国家，因为检察机关和审判机关都是国家机器的一个组成部分，国家的信誉和政治信赖度会因为司法机关的公正司法行为而受益；即使司法机关由于种种原因没有做到或不被认为做到司法公正，引起了公众的抱怨和不满，也会集中在司法环节，从而起到转移公正社会和政治怨恨的效果。毕竟国家的司法机关是国家机器中的一个环节和局部，以一个环节和局部的信誉"损失"换取国家政治整体信誉的保全，在价值上还是可欲的。

（6）检察职权的优化配置和各种职能的一体行使——功利价值。中国检察机关独立建制的优越性，就在于将西方国家分散的检察权由各个国家机关行使的模式改变为由统一、独立的检察机关统一行使检察职权，特别是法律监督权。基于这样的体认，中国的检察制度不仅在权力的配置和行使上体现集中、统一的优化原则，而且在减少国家权力机关设置层次，节约建制财政和人力成本上，都体现最大化的功利价值。

（7）检察权上命下从的领导与管理体制及运行方式——效率原则。在中国的检察体制中，最具特色的制度与活动方式，当属上命下从的领导与管理体制运行方式。上级人民检察院特别是最高人民检察院在法律的理解和掌握上更能做到准确和总揽全局，不容易出现太大的偏差；特别是上级人民检察院和最高人民检察院在部门利益特别是在地方利益上比较超脱，更容易把握法律适用和理解、司法解释的尺度。这样的法律理念以及设计实行的检察制度及其运行方式，较之分散型的或层阶型的领导与管理体制来说，更应当体现效率的价值，从而避免了在法律适用上由于不同规格和层阶的检察机关各自掌握尺度上难以统一而可能造成的迟滞或龃龉。

（8）便利吸纳公众参与——亲民价值。①按照人民检察院组织法的规定，各级各类人民检察院有通过自己的检察活动，向广大人民群众进行法制宣传教育的职责。②现在在全国的检察系统中普遍设立的人民监督员制度，至少在公职行为的法律监督环节上能够反映民意，是一个有成效的亲近民众的制度形式。③各级人民检察机关设立并不断改进的信访和接访制度、检察长接待日制度，也能在一定程度上直接接近民众，听取他们的申诉和抱怨，切实解决他们中的一些人或案件的具体问题。④建立和实行的公众参与反腐败的举报制度。

（9）法律监督承担部分宪法监督的职能——替代价值。国家检察权和检察机关的存在，把在法律运行过程中存在某些局部的监督问题在法律监督的体制内化解了，从而从局部在事实上替代了国家宪法监督的部分职能。

与此同时，有利于彰显法律监督的功能有以下几种：

（1）合法性功能。作为法律监督机关的人民检察院，其最基本和重要的功能就在于它为国家和社会行为的合法性提供了根本性的法制和运作的保障。这种合法性的功能主要体现在三个方面：①体现在为各种司法机关的司法活动提供合法性保障和监督；②体现在对国家公职人员的职务行为提供合法性的保障和监督；③体现在对公民、法人和社会团体、组织的私人和集体行为提供合法性保障和监督。

（2）合理性功能。人民检察院在执行法律监督职务中，不仅要关注对严重的刑事犯罪者予以严厉的惩罚，而且也要关注对有情可原的犯罪者予以法律允许范围内的轻缓处罚或免予处罚。尽可能地避免罚不当罪的现象发生。从一定的意义上来说，当前国家司法机关执行的刑罚轻缓化、宽严相济的刑事政策，本质上也可以认为是法律合理性原则的一种体现。

（3）规制功能。在各种法律机关的功能中，检察机关的规制的范围最广，它的范围涵盖行政乃至全体国家公职人员的尊法、守法的行为准则；还涵盖对国家审判活动的合法性监督，以及刑事侦查机关的侦查行为的监控。

在现代的法律程序中，检察机关的规制功能是独特的，是任何其他法律机关所不能代替的，它的功能的发挥，就使法律特别是刑事法律的执行保持在稳定的、可预见的和可观察及监督的流程之内。

（4）疏通功能。检察机关的疏通功能主要体现在两个方面：①就纯粹依法定程序进行的情况下，需要由检察机关在刑事侦查机关和审判机关以及执行机关之间架起疏通的桥梁。为了保证法律正义的实现和保障人权，刑事侦查机关和审判机关及执行机关的职权被严格区分开来。但在任何一个具体刑事案件的审判中，上述各个机关之间不仅不能相互隔离，而且还要保持密切的联系和流程的顺畅。这种需要在它们之间建立联系的桥梁和流通的渠道。在现在宪政和法治国家中，这种建造桥梁和流通渠道的疏通功能便为检察机关所专有。不能想象，如果没有这种疏通功能，无论是刑事侦查机关，还是审判机关，或是监狱等执行机关，它们的职权便无法行使，各自的功能也就无法实现。国家的法治也许又倒退到以前司法黑暗和警察滥权的时代。②在法律流程特别是刑事审判流程中，检察机关一旦发现在法律流通特别是刑事法律流通环节出现阻滞状况，便通过法定的认可侦查、自己侦查、批捕、提起公诉、出庭支持公诉、发出检察建议书（现时中国制度）等职权行为加以疏通。

（5）障碍功能。一旦出现或疑似出现某些法的因素特别是司法人员贪腐等行为可能造成的伪造事实、枉法判决乃至制造冤假错案等情事，作为法律监督机关的检察院就可以利用自己职权所专属的障碍功能加以制止或纠正，直至对违法的司法人员予以法律责任上的追究。当然，检察机关的障碍功能也只能以法定专有的职权行为来实现，这也是法律监督合法性所必然要求的。

（6）救济功能。中国的各级人民检察院在关注打击犯罪、维护国家法制统一和尊严的同时，也注重对公民权利和自由的保护事宜，通过建议或经过抗诉，使一些受到损害的公民权利和自由得到救济。

（7）信息功能。检察机关在行使职权，在具体履行法律监督的活动中，就是向公民、社会和国家机关传送了某种信息，这种信息至少包含了什么是合法的信息，什么是不合法甚至是违法犯罪的信息。除此之外，检察设置和存在的本身，也在无形中向公民、社会和国家机关发送了信息。这个信息包含了国家法制的统一、权威，以及法律面前人人平等、任何人都不能违反法律，违反了刑事法律还要负相应的刑事责任。法律监督所传达的信息最核心的内容，就是告诫人们牢记法律至上的信息，国家法制必须统一，任何人都不能违反，人们可以挑战任何权威，但不能挑战法律权威。谁违反法律，都要被强制地负起相应的法律责任。

（8）法制教育功能。人民检察院组织法在第一章"总则"第4条第2款明文规定："人民检察院通过检察活动，教育公民忠于祖国，自觉地遵守宪法和法律，积极同违法行为作斗争。"这一规定没有明确的职权属性，可以理解为是法律条文对检察院法制教育功能的硬性规定，这体现了中国检察制度的特点。

3. 有利于明确检察制度乃至整体司法制度改革的方向。改革开放以来，特别是20世纪90年代以来，中国的司法改革一直都是法学界和政治法律实务界关注的热点，同时也是难点问题。各方面的专家、学者和各方面有识之士仁者见仁、智者见智，提出了一些有价值的改革设想和方案，但最终由于难以达成共识，所以至今在司法改革的方向上都没有达成一致的意见，甚至形成截然不同的取向。这种局面的形成，正如我们在前文所指出的，归根到底是由于缺乏对中国宪法和宪政关于司法双轨制的正确解读，以及由于对中国现行宪法关于检察权与法律监督机关这种权能与机关不相一致缺乏起码的体认，更不待说深入的研究。在这种理论和实际建制都缺乏科学认识的情况下，无论专家、学者和各方面的有识之士怎样挖空心思去谋划、构想司法改革，到头来都无异于瞎子摸象，终不得要领和全貌。如果我们能够科学地解读宪法规定和宪政建制上早已确立的司法"双轨制"，再如果我们能够准确地把握检察权与法律监督机关之间内在差异的深刻含义，那么，我们在把握整体的司法改革方向和检察体制内部的改革方向时，就会有个正确的起点和最终的目标。简而言之，这个起点和最终目标应当就是：体认和尊重中国司法体制的"双轨制"，在提升国家审判权和审判机关重要地位和作用的同时，给予国家检察权和法律监督机关更多的关注和更加力度的支持；同时，在通过国家法律监督机关加大国家法律监督广度和力度的同时，不要轻视更不能忽视对国家检察权理论的研究以及对检察权实践途径与方式的研究，要通过积极地创造条件，经历无须预期的长期历练，最终实现现时人民检察院的"法律监督"的职权与国家的检察权的一体化的检察制度改革的目标。

宪法关于法律监督机关的"定位"与宪政中关于法律监督机关的建制寓意深刻而又丰富，值得并应当予以深入的研究。

十四、检察权能定性与法律监督机关定位的宪法之辩及其解析[*]

中国的检察理论秉承列宁的司法思想，师法苏俄和苏联的

---

[*] 本部分内容刊载于《京师法律评论》2011 年第 3 卷。

检察制度，其立论与建制本来志存高远，但其在中国的建立和发展却是命运多舛，甚至经历了三上三下的坎坷与挫折。尽管如此，中国的检察制度在改革开放以来的法律的科学理性的指引下，经过 30 多年的建制、巩固、增容、扩权，已然在国家的宪制和法制上牢牢地扎下了根基，其在国家的宪治和法治中的重要地位和作用日益得到彰显。现在早已不是要不要检察院建制的问题了，而是如何加强其建制以及如何更充分地发挥其在国家宪治和法治中的地位和作用问题。

然而，围绕着检察权、法律监督权和检察机关的性质等检察理论与制度上的争论并没有结束，法学者们见仁见智，纷争不断，不仅难以达成共识，各种歧见针锋相对，让人大有雾失楼台、月度迷津之慨。这表明，中国的检察理论尚处在初步发展的过程中，远没有达到成熟的地步。就检察理论的整体来说，仍然面临着繁重的研究任务，许多重大的理论课题亟须深入地加以研究，其中检察权、法律监督权、检察机关的性质等方面的问题，就是亟待加强研究的课题之一。依笔者看来，围绕着这些问题之所以出现如此长时间的纷争和歧见，归根到底是法学界缺乏对这些问题的深入研究，特别是宪法学界学者的缺席，更使这些问题的宪法和宪政意义长期得不到一个不可或缺的和极其重要的法学门类科学的阐释。缺失这一重要的宪理和宪政基础，无异于让一个人骑在瞎马上信马由缰，尽管信心满满，但终究辨不清前进的方向。与此同时，宪法学作为博大精深的优势学科的价值与意义并未在检察理论与实践的研究中得到彰显。

（一）一般宪法学上的"权能定性"与"机关定位"之辩及其对本题研究的意义

1. 一般宪法学上的"权能定性"的宪理分析。说来这并不是宪法学上一个新奇的问题，或许只是宪法学上的一个"常识"问题。让我们不妨从最基础的宪法知识谈起。

宪法是一个近现代以全新形式出现的一个法律结构体系，它从一开始出现就占据法律的制高点，并从"高级法"的阶梯上一路走来，它把以前所有的法律结构的体系如民商法、刑事法等统统置于其体系之下，形成所谓"以宪法为山峰，以法律（法规）为峰谷"的阶梯式或层级式的完整、统一的国家法律体系。这个体系虽然是近现代人类社会及其国家的伟大发明，但它绝非是偶然的或即兴的发明，而是凝聚以往人类社会管理和国家政治统治的全部经验与技术，是人类社会和政治智慧与艺术的结晶。法治的必要性和重要性尽管早在古希腊时期的先哲们特别是亚里士多德就作为最优良的治国理念而有深刻的体悟和明确的阐述，但直到近现代时期才被西方资产阶级新兴势力的代表启蒙学者们予以明确而又彻底的阐释。又由于这种阐述是在基督教传统深厚的社会基础上进行的，再加上许多启蒙学者们本身都是基督教的忠实信徒，自觉不自觉地使他们的启蒙思想或浓或淡地染上了神圣宗教的色彩，这在洛克的学说中显得尤其突出，他强烈地主张，人之所以享有天赋的人权，特别是财产权和反抗暴虐统治的反抗权；此外，人类还有支配自然界中的万事万物，包括将动物杀死作为食物的特权。所有这些人权和特权都是源自上帝的赐予，人从无所不能的上帝那里获得了人的价值的至高性，这就是说，人只能借助上帝的神圣性才能获得人的尊严无上性和天赋人权的不可让渡性和不可侵犯性。然而，近代新兴的社会势力及其阶级代表并没有以此为满足，他们清楚地懂得仅有观念上的新启蒙思想的体认并不能足以保护和保障他们的实际权益，尽管这种思想被罩上了一层神圣的光环。在资产阶级建国之前同封建势力争夺政权的斗争过程中，新兴的资产阶级势力及其思想和政治上的领军人物终于发现了人类的社会史上实现根本统治利益的最稳定、最具强制力和最有效的政治、法律工具，这就是被称为"宪法"或"基本法"的文件。宪法凝聚了国家统治阶级的根本意志，体现着统治阶级的最高利益诉求和治国经世的最高和最终的理想。从现世的立场上看，它关系到国家的组织形式，政权的建制和社会、经济、政治、法律各方面重大事务的有序化和制度化的安排。而所有这些都是以"民主"的名义进行的，它实际上或被假定是全体社会成员或国家公民至少是绝大多数的社会成员和国家公民的"公意"的体现，是"人民"以一种所谓的"契约"形式将国家的统治权和管理权赋予他们选出的代表所组成的国家政权组织；他们不仅假定理解这种政权组织所体现的整个社会和国家深层次的结构的意义，而且还假定他们同意和支持这种政权组织将以什么样的具体组织形式和运作机制，使他们的意志、利益和个人权利与自由得以最大化的实现和保障。其结果，就使宪法上的基本原则和形制向着趋同化甚至模式化的方向发展。这就是为什么世界上各国的宪法千差万别，但总有一些基本的规范和内容成为必不可少的规定的根本原因。关于国家政权的"权能"的规定就是宪法上必不可少的内容之一。

所谓宪法上的"权能"，是指通过宪法，把原来统一的国家权力按照性质划分为几个子权力系统，并按照特定的价值预期为每个子系统设定量身定做的权力性质和活动范围，此即宪法上的权能之谓。近现代国家之所以通过宪法为国家统一的权力系统设定和分派子系统及其权能，从最初的发生学的意义上来说，并非是出于自卫和防止异己力量夺取政权的考虑，也不带有任何特定的意识形态的色彩，纯粹是基于普遍存在的社会分工和增加权力运行的效率的目的。尽管有西方学者推论出基督教神学中的"圣父、圣子、圣灵"之说是三权分立的最初渊源,[1]但此说显得极为勉强。实际上,三权分立的学说是根据英国在临近前近代时期形成的"混合政体"的实际经验,经英国启蒙学者洛克,特别是法国启蒙学者孟德斯鸠的创立而逐渐成形的。这种政权分权建制的构想与设立的蓝图,在资产阶级革命成功地夺取政权之后,便在资产阶级国家政权的实际建制中,通过宪法的形制化最终付诸实施。

西方资产阶级国家政权为了实现统治者所理解和欲实现的三个价值诉求而分别设立了三个相应的国家权力分支机构。

第一个价值诉求是"参与"。"参与"是指民众的参与。议会是由民众通过直接或间接的方式产生的机关,在政府的三权中,议会是立法机关,负责为社会和国家立法的职能。无论在形式上还是在实质上,议会体现的是社会和国家的民主。民主程度的强弱决定于民众参与议会组织和活动的深浅程度。现在绝大多数的西方社会和国家都还重视议会的立法作用,并不断地增进民众的参与程度以标榜其民主程度之高。结果,在西方社会和国家,在民主政治发展的历程中,已经达成了这样的共识,即议会是民主最根本的政治体现形式,是代表民众的多元利益、贯彻民众根本意志的最适宜的国家机关。尽管议会在西方政权结构的地位和作用在政治历史发展进程中已经发生了显著的变化,特别是发生了从19世纪以议会为三权中的政治中心变为20世纪的以行政权为中心这样重大的变化,但议会作为民意集中代表机关的地位和作用,并没有发生根本性的变

---

〔1〕 *Right of the Kingdom*, London, 1649 年 . p86. 转引自［英］M. J. C. 维尔:《宪政与分权》,苏力译,生活·读书·新知三联书店1997年版,第14页。

化。议会通过吸引和组织民众参与社会和国家的政治生活，使它与社会和国家的民主紧密地联结起来。

第二个价值诉求是"行动"。"行动"是指行政机关的管理活动。在政府三权中，行政机关掌管"执行权"。所谓"执行权"，早已超越了原来意义上的"执行宪法"和"执行法律"的范围，尽管这仍然是行政机关最基本的"执行"范围，但现代的行政机关的执行范围却要广大得多。为了满足社会和国家的发展目标和民众日益增长的需要，行政机关还往往利用宪法和法律规定和认可的自由裁量权，采取许多积极的步骤和措施，加大行政管理的力度，从一定意义上来说，社会的进步和国家的发达，在很大程度上取决于行政管理的经济和高效。因此，行政机关的"行动"对社会和国家的发展、进步是至关重要的。这就是为什么现代行政机关日益壮大，行政权不断加重的最根本的社会和国家动因。[1]

第三个价值诉求是"约束"。"约束"是指最高法院的约束。在政府的三权中，司法权是分配给法院掌握的。但是，有关国家一些重大的争议事项，特别是有关政治性违宪等重大事项通常都是由最高法院予以审理和裁决的。在许多西方国家，出于对一些重大的政治问题的敏感性、利害关系、政治平衡等方面的考虑，政治家们往往不能或不愿意做出决断。在许多情况下，他们便把有关的争议交给最高法院予以裁决。最高法院尽管有时也不情愿，甚至拒绝裁决有关重大的政治性争议，为此还在一些国家发展出司法审查的所谓"政治问题回避"原则，但是，一旦最高法院迫于情势的需要作出了裁决，便对全

---

〔1〕 参见〔美〕埃尔斯特、〔挪〕斯莱格斯塔德编：《宪政与民主——理性与社会变迁研究》，潘琴等译，生活·读书·新知三联书店 1997 年版，第 4 页。

社会，包括议会和行政机关在内的一切国家机关具有约束力。这种约束力依托的是宪法的最高法律效力。因此，最高法院实际上体现的是宪法约束。宪法约束的必要性和重要性，在西方宪治发达的国家早已被不容置疑地得到承认和尊重，它构成了西方宪政的基础性组成部分，是实现发达宪治的一个必要条件。

在这种"三权分立"思想指导下设立的国家司法机关，正如刚刚分析过的，其最初的立意是调节基于与其处于同一位阶的另两项权能，即立法权能和行政权能之间的相互关系，而不是为了调节司法权能自身内部相互关系的。正是基于这一最初的和根本的立意，为了维持与立法权能和行政权能的同等地位，更好地发挥制约与平衡的效能，加之资产阶级理论家和政治家认为司法权能是三权中最弱的权能，所以下功夫强化司法权能的地位，拓展其职能，以增强与立法权能和行政权能的抗衡力。在这一过程中，司法权始终朝着统一的方向进行强化建构，在司法权能自身内部再行分权，显然是与前述的立意背道而驰的，故极不可取，更无可欲。这就是为什么西方国家的宪法要把统一的国家政权分为三个分支权力系统，并为每个权力分支系统确立一个相对固定的、轻易不允许三权之间相互侵犯的情事出现的根本原因。也正是基于这一点，由宪理和法理支持的和由宪法确立的立法、行政和司法三个权能，最终成为西方国家政权的基本形状和模式。

2. 一般宪法上的"机关定位"的宪理分析。国家权力系统的三个子权能的划分与设定，无论多么可欲和可行，但终究是不能自动实现的。要实现三权分设的最初构想，还需要切实可行的组织形式、职权设定以及运行机能的建立。在这方面，西方国家政权并没有什么特别的独到创造。举凡世界上一切成形制的国家，在其政权建制中都会"封官设职"，各负其责，哪怕并非严格的界定与分明，这是一切形制化国家都必然存在的政权组建形制。即使在古代中国，虽号称政刑不分，但也只是州、市之类的地方官衙，至于在中央一级，一般都要设"三法司"、"大理院"、"刑部"之类的专司司法审判的官衙。

比起古代国家来说，西方近代资产阶级建立起来的国家在国家机关的分别设立、责任专属、职权法定等方面，的确也有了巨大的进步。其中的原因，首先是管理上的需要。资本主义最初是从社会分工发端的，先是社会大分工，资本主义工商业从农业、手工业中分离开来，进而是工商业的分工，继而是工业的分工、工厂的分工和流水线上作业的分工，分工极大地促进了生产效率的提高，使社会化的大生产成为可能，资本主义就是在这个分工的基础上发生、发展和渐次发达起来的；其次是国家政权权能的实现需要的分工，前已指出，资产阶级国家政权基于政治统治和管理的需要，将统一的国家政权分为三种权能，而这三种权能要求也只能通过设立各自的机关来实现。于是在资产阶级国家，实际上在西方乃至世界上所有的近现代国家，基本上都相应地设立了三大机关或曰政府的三大部门，分别承担立法、行政和司法的责任。在各自专属的责任下，又分别通过宪法、专门的组织法或其他法律对各自的机关职权作了或概括的或详尽列举的规定，俾使各个国家机关在自己的法定职权范围内各负其责、各司其职。又为了更好地实现三权相互制衡的原则，提高工作效率，又相应地使三机关各自独立，互不统属，除英国等实行议会制的国家外，一般都不允许立法机关和行政机关的成员相互兼职，如其立法成员改任行政职务，则必须辞去原任国会议员的职务，反之也是一样。至于司法机关，无论在西方何种政制下，务必要保持其独立性，确切地说，在机关、人事和财政等各方面都不允许与国会、行政部门直接发生牵连；法官一经任命便终身任职，直到法定退休年龄，除非任职期间自愿辞职或因犯罪遭弹劾而离职。司法独立——包括司法机关和法官独立——被认为是西方国家宪政和法治的"精髓"。

由此看来，就一般宪法意义而言，所谓"机关定位"，就是由宪法按照国家政权权能设定的原则和分工的原则，分别设立负责与其权能相匹配的国家机关，又由宪法、组织法或其他法律确定其职权范围及相应的运行机制或活动原则，使其在组织上和程序上都得到国家力量提供的各种保障，从而使各自机关切实地担负起被赋予的国家职能，从而实行国家的政治统治和对国家与社会事务的有效管理。

3. "权能定性"和"机关定位"之辩对本题研究的意义。从一般的宪法学、政治学的意义上来说，"权能定性"与"机关定位"都不是无关紧要的理论与实践问题。这首先是因为这二者的研究对象和范围不同。从"权能"的性质来说，举凡所有的近现代国家都必然具有的政权组织形式范式，概莫能外。尽管有的国家在特定的历史时期不承认或不接纳这种国家政权分列权能的组织形式，多半只是特定意识形态的产物，而无实际的效果。因为只要是近现代国家，只要以人民的名义建制国家的政权，分列权能就是一个绕不开的话题。原因很简单，如前所述，没有权能的分工，就不能有效地施政，浑然一体没有任何分工的政权，要有效地运转起来是不可想象的事，这在以往的君主专制国家难以做到，所以才有封官设职、建立有司衙门的政权建制。即使完全不考虑西方近现代政权建制的基本理念，即权力分立，相互制衡的原则，结果也不会有所改变。或许现代社会分工的原理在其中发挥着根本的内在驱动力，没有分工，就谈不上责任和事有专司，国家政权乃至社会生活便是一片混乱状态。因此，基于管理上的需要，国家政权分为不同的权能子系统，就势在必行。基于此种考量，我们尽可以在这样的问题上节约智力资源，任何希图另辟蹊径以寻找或创造一个全新的政权组织形式的想法和做法，无异于在浪费时间和精力。

从"机关定位"来说，这关系到国家机构的组织形式和设立问题。这个问题之所以要同"权能定性"问题分开来看，原因就在于国家机关的设立并非总是与国家权能一一对应的。不错，在西方某些典型地实行三权分立的国家中，国家机关的设立通常是同国家权能的性质一一对应的，一事一机关，一权一责任体，这无疑有利于事有专司，职权与责任由同一主体承担，便于国家机器的有效运转。但鉴于各国千差万别，历史背景和文化传统各不相同，而现实国情又各有异；再加上建国理念和所尊奉的意识形态也各个不同，故此在建立国家机构等方面，就表现出不同甚至很大的差异，尤其是根据需要、现时条件和历史基础，有些国家的国家机构的设立并非总是，或往往不是与国家权能一一对应的，例如，有的国家并非一定设立专司立法权能的立法机关，而有些国家也不设立专司行政的行政机关，又有些国家的司法权也并非由单一的司法机关来行使；或另有其他国家机关相互间职权交叉或相互重叠的现象发生。如果对这些情况没有深入的体察和实事求是的分析，就会造成对国家机关定位的不准确甚至错误的认识。在中国的法律学术界，包括宪法学界，长期以来且至今也都存在种种偏颇的认识和判断，这种状况在对中国司法权、检察权、法律监督权和法律监督机关、检察机关的认识上，延及司法改革的方向和目标上，就一再表现出来。从这个意义上来说，本文关于国家"权能定性"和国家"机关定位"之辩不仅不是一个虚幻之见，而是一个亟待澄清的宪理和法理话题；与此同时，又是一个关乎国家司法改革乃至国家加强宪治和法治的更深层次、更长远的话题。

（二）中国宪法对国家权力的权能定性和对国家机构的机关定位

如果用前述一般意义上的宪法学的"权能定性"和"机关定位"之辩的意义来看待中国宪法的权能定性和机关定位问题，则有很多值得认真分析之处和饶有兴味的研究点。

1. 中国宪法对国家权力的"权能定性"的基本认识和分析。从宪法对于国家权力的权能定性方面来说，至少有两点需要分析和澄清。

（1）中国的国家的政权是中国共产党领导中国人民通过武装斗争推翻"三座大山"建立的，而中国共产党是信奉和遵循马克思列宁主义的，马克思列宁主义是在同资产阶级国家学说作斗争中建立起来自己的国家学说，这种学说是马克思在分析无产阶级革命初期法国巴黎公社的经验基础上逐步建立和完善起来的。基于对资产阶级三权分立学说的批判，马克思认为巴黎公社的政权尽管存在短暂的 80 多天，但其"议行合一"的政权组织形式精干、有效，马克思高度赞扬其是无产阶级终于发现的无产阶级政权的最适宜的组织形式。此种政权理念后来被列宁继承和发展，并在苏俄十月革命成功后建立的苏维埃政权中得以实践。中国共产党在取得国家政权后，也遵循这个指导思想建立了中国式的"议行合一"的国家政权。这种政权建构的基本思路及最终确定的形制是这样的：

在国家权力总体系中，在中央设立一个最高权力，由这个最高权力产生或派生出一些子权力，包括立法权、行政权、司法权、军事领导权以及相应地方权力系统。其中的立法权是内含在最高国家权力之内的，中国宪法不是没有设立立法权，只是它是由最高权力自身行使的，并没有也无必要再设立一个独立的立法权；行政权也只有半独立性质，因为它同时还是国家最高权力的执行权，这部分权能是从属于最高国家权力的；司法权由双权构成，即宪法上规定的国家审判权和国家检察权；此外，中国宪法还设定一项在一般宪政中极其罕见的特殊权能，即国家军事领导权，这是中国在制定1982年宪法时所处的特殊政治领导转型时期的产物，并不具有普遍意义，只是中国宪法的一个特色而已。再有，由于中国的国家元首权虽然在形制上是单独设立的，但并不是实质上的独立元首权，元首权被认为是与最高国家权力共同行使的，所以在本质上也是从属于最高国家权力的。由此可见，国家不单纯设立立法权，是因为不需要，立法权已由最高国家权力机关来行使，这是典型的议事和立法的统一；国家不单独设立行政权，是基于"议行合一"的理念，确认执行权从属于国家的最高权力；国家也设有司法权，但在"议行合一"体制下，司法权不是独立的，而是从属于最高国家权力的，或者说是最高国家权力派生出来的权力。

由于最高国家权力地位最高，权威（从体量上体现出来）最大，国家的立法权是内含在最高国家权力之内的；而行政权作为最高国家权力的执行权是含在最高国家权力之内的，但就行政权总体而言，这只包含一半是执行权，没有包含的另一半则是最高国家权力派生出的国家行政领导权；至于司法权则是由最高国家权力所派生的，只是作为权力体系它是独立于最高国家权力体系之外的，但这种"独立"并非如西方那样的"完全的独立"，中国的司法权是依附于最高国家权力的，司法权的方格是紧贴在最高国家权力的方格上的。此外，在中国最高国家权力体系下，还设有国家主席和国家军事委员会。前者为非典型的国家元首，后者为国家的军事领导机关。

中国政权建构的"议行合一"的理念与形制是不应该否认的，应当肯定这是中国国家权力结构的显著特点。

（2）不应当过分强调中国国家权力的"议行合一"中的"合"的特性，而忽略其中含有"分"的特性。中国的国家权力尽管是按照"议行合一"的理念建构的，在形制上也具有"议行合一"的特点，这应当是理解中国国家权力结构的基础和出发点。但不应当以此为满足。其有"合"亦有"分"的特性，才是我们认清中国政权性质的关键点。归根结底，再好的国家学说和权力理论都必须适合国情，才能建构出科学、有效的国家权力体系及其运行方式。像巴黎公社那种典型的政权组织形式，也只有在战时极其特殊的条件和环境下才能出现，而其短暂时期的存在也并没有得到必要的政权运行的实际检验以及相应的改善和健全的机会，即使其具有很大的优越性，也没有来得及充分显现和经过较长时期或经久的历练。马克思在其著名论文《论法兰西内战》中对它的充分肯定和高度赞扬，其参照政权只有马克思深恶痛绝并深刻批判的资产阶级"三权分立"的政权体系；此外再没有其他任何可供参照的成功的革命政权予以借鉴。事实上，像巴黎公社那样典型的"议行合一"的政权在它以后的政权建构史上再也没有出现过，即使在信奉和实行马克思主义的无产阶级政党在夺取国家政权后也并没有严格地按照巴黎公社的典型模式建立自己的政权，列宁所领导的苏俄政权是这样，其他的社会主义国家包括中国的政权也都没有建构典型的如巴黎公社那样的"议行合一"政权。因此，中国的上述政权体系只可认为是根据基本上遵循马克思主义的"议行合一"的原则建构的，而非典型的"议行合一"

的建制。这种政权形制上的差别正是中国共产党将马克思主义适用于中国具体国情的创造性发展。我们的法学界特别是宪法学界现在应当深入地研究其中所蕴含的意义和价值。毕竟，深入体察中国政权权力结构的性质和特征，用科学发展的理论指导其沿着正确的方向运行，有效地发挥人民政权在治世和建设现代化国家中的巨大领导作用，这才是我们法学界特别是宪法学界真正需要关切的问题和出发点。

2. 中国宪法对"国家机构"的"机关定位"的基本认识和分析。首先应当对宪法上的"国家机构"和"国家机关"加以辨析，在中国的现行乃至先前的几部宪法上，都专设"国家机构"一章。从宪法在该章的条文规定中可以看出，这里的"国家机构"应当是全部国家机关的总称，包括作为最高国家权力机关的全国人民代表大会和全国人民代表大会常务委员会、国务院、国家主席、国家军事委员会、地方各级人民代表大会和地方各级人民政府、民族自治地方的自治机关、人民法院和人民检察院。所有这些国家机关在统合的语境中被称为"国家机构"；而"国家机关"则是指某一个或某一类的国家机构而言，是在分解的语境下被称为"国家机关"的。当然，在学术的语境下，学者们往往不那么考究，相互混称的表述频频可见。但从严格宪法规范的语境来说，二者是相互区分开来的。当然，这种区分并不表明二者之间有什么实质性的差别，只是对丰富的中国语汇一个较为考究的并且是人们约定俗成的习惯用法罢了。

中国宪法规定的国家机构，其基本形制是这样的：

在国家的政权体系中设立一个最高国家权力机关，这个最高国家权力机关被命名为全国人民代表大会。它是由全国人民通过直接或间接形式选举而产生的，具有广泛的代表性。只有全国人民代表大会才能以人民的名义为国家制定宪法，即国家的根本大法，并通过国家宪法，实际上是以人民的名义赋予全国人民代表大会最高的法律地位和最大的政治、法律权威。宪法规定，全国人民代表大会有权决定国家的一切重大事项，包括战争与和平等事项；有权为国家的各方面事务进行立法，或修改或废除既有的法律；作为最高国家权力，它根据自己的组织形式和活动特点，有权选举一定人数的人大代表作为成员组成全国人民代表大会常务委员会，该常委会构成最高国家权力机关的一个内在的、有机的组成部分，全国人民代表大会闭会期间主持全国人大的日常工作；全国人大还根据国家主席的提名，决定国务院总理，再由国务院总理提名，经全国人大或全国人大常委会批准，组成国务院的其他领导成员以及组成各部、委、局，国务院一身二任，对最高国家权力机关来说，它行使执行权，从属于最高国家权力机关；而对于行政工作来说，它又是国家的最高行政机关，领导全国的行政工作。由于中国国家权力体系内的司法权实行"双轨制"，所以在司法机关的配置上也相应地实行"双驾马车"式，即相对于司法权设立人民法院作为国家审判机关；相对于检察权设立人民检察院作为检察机关或法律监督机关。在国家的体制内，由某一人或某一机关行使国家元首权成为必要，所以在国家机构内设立"国家主席"一职，虽由一人独任，但实质上是一个国家机构的性质；此外，为实现国家的军事领导权，所以在国家体制内设立"军事委员会"作为军事领导机关。此"军事委员会"与执政党内的"军事委员会"是两块牌子，一班人马，彰显了中国军事领导体制的特殊性。在这些国家机关中，除国家元首和军事委员会之外，在地方的各层级，也相应地建立了地方国家立法机关、行政机关、审判机关和检察机关。

从以上分析可以看出，中国并非没有立法机关，只是立法机关与最高国家权力机关浑然成为一体，当全国人大和全国人大常委会行使立法权时，此时被认为是国家立法机关；国务院即中央人民政府身为一个机关却行使两种职能，一是最高国家权力机关的执行机关，这是内含在最高国家权力机关内的，并不独立，其作为国家行政的领导机关，虽然在形制上是独立的，但也是从属于最高国家权力机关的；司法机关并非像有些人所说的没有宪法上的根据，只是它被拆解成为国家的审判机关和国家的检察机关；至于国家元首和国家军事委员会，虽在形制上是独立的，但实质上都是附属于最高国家权力机关的。这便是中国国家机构的特色，在一体的相关联中，有分有合，各司其职，各负其责，共同维系和推动庞大的国家机器正常且有效地运转。

（三）中国宪法对检察权能的定性和检察机关定位相互"疏离"的特点分析

在前面关于中国宪法对国家政权的"权能定性"和对国家机构的"机关定位"的分析中，我们已经从这两个方面认定中国宪法将国家检察权定性为国家的司法权，构成这个司法权的，还有国家审判权，这就是所谓的"双轨制"；而"机关定位"则是定在法律监督的位上；我们的分析还表明，与人民法院的国家审判权和审判机关的"性"与"位"相重合不同，人民检察院的国家检察权和法律监督机关的"性"与"位"是不重合的，或者说是疏离的。这种疏离的"性"与"位"，在我们看来，显然是中国宪法对中国检察制度一个具有特色的规定，反映了中国检察制度在宪政中的实际定位与作用。现时的中国宪法学界和检察理论界长期以来对此种疏离缺乏研究，甚至可以说都没有引起必要的关注。迄今为止，尽管对"法律监督权"和"检察权"的理论与实践在检察理论界进行了大量的、深入的研究，但从总体上来说，都是分别进行的，鲜见有学者在两者相互关联的意义进行宪法解读和学理研究。这种检察理论缺失乃至空白状态亟须加以改变，这不仅关系到对中国宪法的正确解读和对检察权、检察机关的科学认识，更关系到检察制度及至司法制度改革的方向。在我们看来，在检察制度和检察改革的方向等方面，之所以长期以来都存在一些消极性观点与意见，究其根源，基本上都是出于这种对检察权的"性"与法律监督机关的"位"的宪法误读与检察学理的误判上。学术界之所以难以苟同对上述消极性的观点和意见简单的、非说理性的反驳和批判，原因也在于这种反驳缺乏深厚的理论支撑力。正是基于这种考虑，本研究将重点放置在这种疏离现象的探讨和研究上。研究的关切点有如下一些：

1. 为什么宪法在人民法院的审判权和审判机关的规定上是一致的，而偏偏在人民检察院的检察权与法律监督机关的规定上出现了"疏离"现象？这种"疏离"是必然发生的，还是偶然出现的？

2. 这种"疏离"现象意味着什么？它在检察制度的设计和建构方面有什么样的意义？

3. 这种"疏离"现象会长期存在下去吗？换句话说，是否能够或者应该固定化或模式化？如果不能，那么接下来的问题是什么？

4. 这种"疏离"对检察制度的改革乃至整体的司法改革意味着什么，特别是对这种改革目的的意向性是否具有特别的指示意义？

5. 如果这种"疏离"不应被固定化和模式化而永久地存在下去的话，那么，这种"疏离"的最终归宿是什么？是否可能，以及在什么条件下使检察权的宪法定性与法律监督机关的宪法定位最终实现"九九归一"？即实现终极的统一？

下面依次对这些理论的关切点进行必要的交代与分析。

1. 第一个问题实质上关系到中国检察制度初建时期的一些政治与法律问题的考量，对于其中涉及大量历史性的和背景性的资料，笔者拟另辟专题予以梳理和分析，这里隔开有关历史性的和背景性的综述，只就其中形成的从历史到现时的事实，作出分析。

在二十世纪五十年代，检察理论和检察机关之设的形制与宪法定位等问题就世界范围而言，也还只是处于探索和初步发展时期，在理论上尚不成熟，至于在实践上也缺乏成功或失败的经验与教训，成功或失败的范例尚未出现。当然，检察理论与检察机关的设立首创于列宁的理论与苏俄苏维埃政权的实际。但列宁的检察理论由于意识形态方面的原因，不可能被西方国家所研究和借鉴；至于其包括检察权与检察机关建制的政权建设实践，不待说被西方世界所接受和引进，简直就是视之为恨不得早一天就予以灭杀的对象。更何况，处在当时极为困难的捍卫新生政权的关键时期，任何大规模的理论体系都不可能得到深入的研究和发展，而以维系新生政权合法存在为紧迫任务的政权建设实践，更不可能容许执政者们腾出手来予以大幅度的改善，更不待说通过改革使其尽可能地完善和健全。这种情势表明，即使到了今天仍被我们所信奉、肯定和借鉴的列宁的检察理论以及苏俄苏维埃政权关于检察机关和检察制度的实践，从世界范围来说，也只能算是一枝独秀而不具有普世的借鉴和参考的意义与价值。而列宁的检察理论与苏俄检察机关与制度建设的实践，又是中国检察理论和检察机关与制度实践的唯一指导思想和形制参照实体。在中华人民共和国建立初期，中国的新生政权面对外国敌对势力的压迫和封锁，以及应对国内敌对势力颠覆新生政权的紧迫态势，也不可能有足够的时间和集中智力对中国检察理论与检察机关和制度的建立仔细地进行研究与谋划。更何况，中国的国情又不同于苏俄和后来苏联的国情，无论在检察理论的创立与发展上，还是在检察机关设立和检察制度的建制上，又面临着如何适合中国自己的国情问题。而当时尽快地建立人民自己的政权以巩固革命的成果，并为新生国家规定必要的建国方略与构想，又是势在必行，刻不容缓，这对任何新生政权都是如此，新生的中国自然不属例外。我们猜想，在当时紧迫的建立政权的情势下，对于国家的审判权和审判机关与审判制度的建立，鉴于法理与事理比较单纯，而国内外包括民主革命时期的政权建设在这方面都有成熟的经验可鉴以及范例可循，所以自然地就将审判权的"性"与审判机关的"位"在宪法上作了一致的或重合的规定。这种"一致与重合"在意义上明确，不至于引起争端或误用。至于作为国家审判机关如何利用好宪法上的定位以及日后制定的人民法院组织法和相应的程序法如何能够忠实、科学地担负起宪法赋予的国家审判职能以完全、不折不扣地实现国家的审判权，则是日后政权建设进一步建构和不断完善、健全的事了。

　　而作为宪法上确立的司法权的另一半的检察权就没有那么简单了。（1）检审分离相对于法院独立行使审判权来说，是相当晚近的司法发展；（2）检审分离在西方宪治和法治国家，囿于三权分立的宪法原则与政制设置，从未实现真正彻底的分离，除极少数国家有独立建制外，大多数国家的检察官都设立在法院、警察机关甚至律师系统内，而在苏俄和苏联以及其他苏联阵营内的国家独立检察权和独立检察机关之设，从理论上和实践上都没有获得普世的价值与公认。在这种情势下，无论是作为司法权能一个重要方面的"性"，还是作为国家机构中的一个重要机关的"位"，都处于一种未确立的状态，尤其是对检察权的内涵和外延都缺乏明确的界定和体认，而新政权的建构又刻不容缓，为此，当时处于政治主导地位的制宪者，在设计和构建检察权和检察机关与制度的时候，采取了坚定而又灵活、务实的态度和做法。所谓坚定是指对在国家政权中设定作为司法权属一部分的检察权，以及为实现这种检察权能同样必须建构相应的检察机关持坚定不移的态度，而且坚信有在国家的根本大法上予以规定的必要；所谓灵活、务实是指在检察权能尚不能严格界定和不能明确表述的情况下，通过建构一个法律监督机关来匹配国家检察权。当时就认为，后来60多年的实践也证明，法律监督如果从权属方面来说，确实是国家检察权的范畴，而从国家法律监督机关来说，当时认为以及后来的实践也证明，法律监督机关确实是实现国家检察权最适当的机关。法律监督是一个很宽泛的概念，理论上可以涵盖立法监督、执法监督和守法监督等所有法律的制定与运行环节，但不容否认的事实是，迄今为止，我们的政治、法律智慧，还达不到建构一种科学的体系与完备的制度以准确地实施法律监督的程度；更何况法律监督本身就是一个庞大的体系，如果要在国家的权能与运作中全部地实现法律监督的权能，不仅在建国初期难以实现，就是在今天也做不到。法律监督权能都是如此，更不待说是作为国家司法权能一部分的检察权能了。在宪法上这样以法律监督机关匹配国家检察权能，消极地说，是一种迫不得已的做法；积极地说，是通过法律监督机关的运作，对所行的职权可以针对实际情况和经常变化了的情势随着作出调整。由此可见，当时在宪法上对国家检察权能的定性与国家检察机关的定位之所以出现过我们称之为"疏离"的规定，虽说是属于当时的情势所作的不得已的决策，但也并非是消极性，其实也具有积极的意义，这就是下述第二个问题所要分析的。

2. 关于第二个问题，即这种"疏离"现象意味着什么，以及它在检察制度的设计和建构方面有什么意义，现分析如下：

法律监督是一个开放的体系，它可以放得很宽，也可以收得很紧，一切由情势和条件而定。所谓灵活、务实还表现在它具有实验性，如同今天所谓的"摸着石头过河"之意。当发现某些法律监督的事项不适当时，就及时地加以调整；而需要作出新的法律监督事项时，就及时地加以补充，这种宪法安排既能使法律监督的事项或范围在保持方向的基本正确的同时，也便于随时加以修正或补充。这种实验性也是灵活、务实的一种表现。

还应当强调地指出，宪法将检察机关定位于法律监督机关，行使相应的法律监督权，除了上述的灵活、务实的考虑外，还意味着法律监督正处在生长和发育的阶段，犹如一个正在成长中的青少年，青少年总有一天要长大成人。一个完整的国家检察权就犹如一个成人，但这个成人现在还没有出现，要由一个现在称之为"法律监督"的青少年在将来长大成为那个称之为"检察权"的大人。法律监督在向检察权发展的过程中，总会遇到这样或那样的一些问题和困难，犹如成长中的青少年总有些"成长中的烦恼"，这都很正常，不足为怪。

3. 第三个问题也是一个饶有学术兴趣的问题，就是这种"疏离"是否意味着会长期存在下去呢？是否能够或应该固定化或模式化？可能这个问题提出来有些突兀，好像从来没有人在公开场合提出过这个问题。一般认为，凡在国家根本大法上规定的事项都是经过深思熟虑之后，将有关国家和社会事务中最重大、最成熟的政治、法律理念及相应的制度确认下来的结果。怎么现在会冒出这样不合常规的问题出来？其实这并不奇怪。宪法是一个开放的多元价值体系，宪法固然要规定一个国家和社会的一些重大的国是、国策、国政和国法等，这些都是经过确认、比较成熟的经验和做法后，将它们在国家根本大法上固定和确认下来的，意在使其取得最重要的宪法保障，而不至于被轻易更改。但这决不是绝对的规则，事实上，在千差万别、千变万化的国情与时情下，总有些重大的国家和社会事务正处在不确定的或者正在变化过程的状态，一时还难以确定下来，在宪法上作出临时或短期的安排，也是被经常利用的宪法手段。在许多国家的宪法中常常有"过渡条款"等规定，就是这种宪法安排和利用宪法手段的表现。中国宪法关于法律监督机关的规定，虽属国家政权中司法权能的一项重要的宪法安排，也并没有采取诸如"过渡条款"等宪法手段，但通过我们在上面的分析，基于其不确定以及正处在成长中的状态，有理由认为这应当属于宪法中的"过渡性"规定。

总而言之，从我们研究的立场上看，中国宪法上存在的检察权能的定性与法律监督机关定位之间"疏离"的现象不会也不应当长期地存在下去，即使要经历相当漫长的过渡时期，但终究不会永远这样存在下去。这也就意味着，目前这种"疏离"不会被固定化和模式化。至于法律监督机关的宪法定位以及被赋予的法律监督的职权的发展方向在何方？它的最终归宿是什么？这正是下面分析所要回答的。

4. 第四个需要分析的问题是，宪法上作出的这种"疏离"的安排对检察制度的改革乃至整体的司法改革意味着什么？特别是对这种改革目的意向性具有特别的指示意义？我们可以从两个方面对此问题加以分析：

（1）应当肯定，这种"疏离"对检察制度的改革乃至整体的司法改革具有重要的指示意义。经过我们在上面精心的分析后，就不难明白其中的指示意义。既然这种"疏离"既是基于对检察权能的定性以及法律监督机关的定位直到目前还不能明确地确定或界定而作出的迫不得已的宪法安排，又既是基于法律监督职权的开放性和灵活调整性的宪法手段，再既是法律监督机关及法律监督职权是宪法上一个过渡性的安排，那么这其中就蕴含了对法律监督制度必须进行改革的意义了。很显然，没有这种对法律监督制度的改革，法律监督如果永远都是以往和目前的状态，那么，它永远都不会实现完整意义上的国家检察权。因此，这种"疏离"存在的本身，就意味着法律监督还没有达到国家检察权能实现的状态，两者间的差距只能通过对法律监督制度进行持续不断的改革才能缩小。"疏离"本身就蕴含着通过改革使之接近或靠拢之意。

（2）正如前面的分析所指出的，这种"疏离"是迫不得已而为之的，但仅仅认识到这一点是不够的。问题是：既然明明知道法律监督职权还是一个没有到位的检察权，而且明明知道法律监督的职权又是一个很难用公认的规范来加以界定的职权，本身又具有开放性和适时变化性的特点，那为什么又堂而皇之地占据宪法的首位？想必这其中必有足以支撑其这样做的理由，而这种理由恐怕还要从法律监督职权内在的性质及其价值与功能等方面去寻找了。鉴于这个问题极其深奥和复杂，本文拟在下面设法律监督的价值与功能的专题予以尽可能详尽地加以探讨和研究。通过对这方面即将进行的探讨和研究，我们将表明如下的研究意旨，即法律监督的职权和法律监督机关之设竟是如此的重要和必不可少，它本身含有巨大的、综合的法律价值与功能，是迄今为止所能找到的实现检察权能最适宜的制度形式和运行程序，尽管它处在发育期，或许正在经历"成长中的烦恼"，但我们还不能在现在就抛开它、舍弃它，而是要充分地利用它，而要充分地利用它，就必须加强它、健全它。这看似是一个悖论，其实不然，其中所蕴含的辩证逻辑甚为顺恰。在一个未可限量的很长历史时期内，作为国家检察权能现时最适应的实现形式的法律监督机关及其或许还会有些变动的职权，仍是实现国家检察权的必经"途径"或过渡的"桥梁"，为实现完全、彻底的国家检察权的目的，时下留给我们的选择，只能沿着这条"途径"或"桥梁"前进，而目前这个"途径"还有些坎坷不平，或"桥梁"还有不够坚固的地方。为达到顺利前进的目的，我们还必须下力气、用功夫去"修路"从而使其更加平坦顺畅，或加固"桥梁"使其更加坚固耐用。如果将这种比喻还原成我们讨论的本题，那就是在当前以及今后不可预期的很长时期内，我们必须加强法律监督机关的建设，改革现行的法律监督制度，特别是要用心调适其职权，使之更有力地实现国家检察权。这就是我们强调的这种"疏离"对检察制度改革乃至整体司法改革的意义，特别是对这种改革目的的意向性所具有的特别指示意义。

5. 关于第五个问题，即这种"疏离"的最终归宿是什么？是否可能，以及在什么条件下使检察权的宪法定性与法律监督机关的宪法定位最终实现"九九归一"？即实现终极的统一？有了前面分析的基础，这个问题的回答就无须再悬疑了，即历史上和目前实行的法律监督机关的定位及其依据情势可随时加以调整的职权，犹如一个人一样，不论多么年轻，只要不出现特别的意外，终究要长大成人，现在无论怎样缺乏经验，经过不断的历练，终究要成熟起来，也无论需要经过多么漫长时期的过渡，终究会达到理想的国家检察权的"彼岸"。再如果借用佛学的哲理来分析这个问题，那就像唐僧去西天取经一样，只有经历千难万险，历经九九八十一难才能取回佛家的"真经"，用如来佛祖的话说，就是"九九归一，才算圆满"。对法律监督机关及其制度的改革也是这样，只有经过漫长时期艰难的探索和不断锐意进取的改革，才能最终实现法律监督职权与国家检察权的"九九归一"，进而实现宪法上与国家审判权的同等国家权能的位阶，以及更进一步地实现宪法上与国家立法、行政并列的国家司法权能的完整建构与建制。

（四）法律监督的价值与功能

前面的分析已清楚无误地表明了我们关于法律监督机关的宪法定位及其改革和最终发展前景的立场；与此同时，我们也清楚无误地表明了同样坚定的立场，即法律监督作为现在检察权能的实现方式，不仅是不可逾越的或不可或缺的，而且是极其重要的，它的不成熟性和过渡性决不能成为我们轻视或忽视中国检察制度的根据，当然更不能成为一些人所主张的取消检察制度，归宗如西式的以审判权为核心和唯一体制的国家司法制度的理由。此外，我们还坚定地主张，只有通过长期地、坚持不懈地对检察制度进行改革，才能使具有中国特色的检察制度逐步得到进一步完善和健全。但这在期待中的完善和健全并不是我们的最终目的，最终目的是要实现国家检察权能意义上的国家检察权科学的、完整的，如同国家审判权能那样的实现。在法律监督制度方面进行的所有改革都应当而且必须以此为最终的着眼点和目的。现实检察理论界关于将现行的法律监督制度有意无意地定型化、终结化的观点和意见，在我们研究的视域下，都是不可取的，这不仅关系到对中国检察制度的深层次理解，而且更关系到检察制度的宪法规定和宪政建构。对宪法和宪政层面上的一切不正确或不准确的观点和意见，都应当而且必须予以纠正、转变或深化。

为加深对中国现行法律监督制度的理解和认识，我们在尊重现有的一切有价值的学术观点和意见的同时，更主张进一步开拓我们的学术视野，拓展或引进一些新的认识论和方法论。笔者在 2007 年曾主持最高人民检察院检察理论研究所的一个重点课题，即法律监督的价值与功能，曾尝试引进价值论和价值方法论以及功能论和功能方法论对现行法律监督制度进行研究，希图通过对现行法律监督的价值与功能的深入解析，以求达到对现行法律监督制度的本质、合宪性和合法性乃至国家制度设计层面上的合理性深入理解和认识的目的。项目主持人坚持认为，这种价值与功能层面上的深刻理解与认识，才能对现行法律监督制度的合宪性、合法性乃至现时存在和发展的合理性建立最有力的理论支撑。该项目在最高人民检察院最终的结项审查意见中，获得了肯定和很高的评价。

十五、中国检察体制内近十多年来的改革及其评析*

关于中国检察制度的完善和检察机关的健全，检察理论界已讨论了多年，至今也是一个热门的研究课题，而检察体制内的各项改革举措也是频频出台，迄未中断。但各方面普遍认为相关的改革成效并不明显，而且检察理论界的看法也不尽一致。检察体制如何改，由于缺乏明确的意向指引，现在似乎陷入了盲目的状态，各项改革举措的相继推出显得缺乏章法，更有些显得不太科学。有鉴于此，这部分研究首先对迄今为止的改革举措进行一些简单的梳理并进行一些具体的分析；其次对

---

　　* 本部分内容为笔者承担的最高人民检察院 2009 年检察理论研究重大课题——《中国特色社会主义检察制度的完善》的阶段性成果。

检察理论界普遍倾向的改革大势也进行一些综合并评点；最后是提出本研究的总体构想和大制设计。需要重申的两点是：一为本研究关于检察体制改革的思路集中在总体构想和大制设计方面，认为这是关乎中国特色检察制度完善的大势和大局，集中体现本研究的宗旨和归宿。二为本研究的构想和设计是基于宪政总体和检察制度的大势和大局进行的研究，目前还是一种理论上的探讨，我们并没有奢望目前就能够实际地加以推行和实践，因为这样的构想和设计目前在理论上和实践上还显得过于超前。如果不假以时日，在没有相应的各种制度的配套改革特别是在缺乏相应更高的强烈愿望的情况下，并不具有建章立制的实际操作的意义。但是，这不表明这种总体构想和大制设计完全是一种书生气的空谈，没有任何对实际指导的参考或启迪的意义。我们是以极其严肃和认真负责的精神和态度从事这项研究的，本意是对目前检察理论界这方面的思考和建议，以及检察机关进行的实际改革有所超越，并在宪法理论和宪政学说的学科背景和学术基础上拓展这方面的一些学术视野和建制思路。因为在我们看来，目前检察学术界主流包括一些杰出的学者所从事的这方面的研究和提出的改革思路或设想，由于刑事诉讼法、刑法等学科的视域局限，很难做到从中国宪法和宪政的全局上加以考量，因而所提出的改革设想和具体建议，显得不够"大气"，或者说没有站在宪法和宪政的高台上总揽全局和高瞻远瞩。而我们的研究特别是在这方面提出的总体构想和大制设计则是立志有所超越，有所创新。我们确信，这方面的研究特别是总体构想和大制设计既有坚实的宪法理论和宪政学说基础的支持，又有世界上其他国家和中国特别地区的成例可供借鉴。所以我们提出的意见绝不是书生气的天马行空式的空想、妄想。除此之外，我们还密切考察了中国的国情，根据中国宪法和宪政所确认的政治架构所留下的制度空间和检察体制本身可能和应该的权能和职责等方面所存余的拓展空间，经认真考察和分析后得出的总体构想和大制设计，我们自认是既有理论根据又符合实际政制完善需要的，因而是言之有理、持之有据的。我们只是不奢望一下子就加以实施，或者就在明天、明年就变成国家宪政和检察制度的实际。如果非要把中国检察制度的改革和完善设计成为一个"路线图"，我们的总体构想和大制设计还处于构思方面，真正的"路线图"的规划和设计并不是我们所能做的，也不应该由我们来做。但我们又认为任何智识性的创意无论是对科学观念的拓展还是对实践的先导或指引来说，都是有益的。即使现时尚无直接的建章立制的价值，至少这方面在今后作为改革构想和进程的知识储备也是有益的。

（一）近十多年来检察体制内的改革及其分析

中国共产党先是在第十六次代表大会上作出推进国家司法体制改革的战略决策，后又在十七大从发展社会主义民主政治，加快建设社会主义法治国家的战略高度，对新的历史条件下进一步深化司法体制改革作出了重大部署。在这种宏观战略部署的指引下，最高人民检察院先是于 2005 年发布了《关于进一步深化检察改革的三年实施意见》，后又在 2009 年发布了《关于贯彻落实〈中央政法委员会关于深化司法体制和工作机制改革若干问题的意见〉的实施意见——关于深化检察改革2009—2012 年工作规划》，从群众反映的突出问题和影响司法公正、阻滞监督能力的关键环节入手，以强化法律监督职能和加强对自身执法活动的监督约束为重点，推出了一系列的改革举措，其要者如下：

1. 针对诉讼活动中的执法不严、司法不公现象，改革和完善法律监督机制，维护司法公正。这方面的具体举措包括：建立和完善行政执法与刑事司法相衔接的工作机制，集中解决群众反映强烈的"有案不立"、"有罪不究"、"以罚代刑"等问题，通过与行政执法和刑事司法相衔接，使检察机关对行政执法中涉嫌犯罪案件的移送有了明确的监督职责和程序，对刑事立案的监督得到了加强；改革和完善了对刑事侦查活动的法律监督机制，有效地遏制了刑讯逼供、暴力取证等违法行为，加强了人权保障；开展量刑建议试点，规范和约束法官的自由裁量权，促进了量刑公开和司法公正；改革和完善了对刑罚执行活动的法律监督制度，建立刑罚变更执行同步监督机制；建立健全纠正和防止超期羁押的长效工作机制，完善超期羁押责任追究制度；完善民事审判和行政诉讼法律监督机制，促进了司法公正；完善贯彻宽严相济刑事政策的工作机制。检察机关通过完善办理未成年人犯罪案件的工作机制，建立和完善快速办理轻微刑事案件机制，会同人民法院对刑事案件实行繁简分流，扩大简易程序适用范围，建立被告人认罪案件适用普通程序简化审判制度，还探索了建立刑事被告人救助制度等。

2. 针对检察执法关键环节，建立健全自身执法活动的监督约束机制，提高执法公信力。这方面的具体举措包括：

（1）优化职务犯罪审查逮捕权配置，积极推进职务犯罪审查逮捕程序改革。为了解决同一检察机关同时行使职务犯罪侦查、逮捕、起诉权而造成的权力集中、监督弱化问题，继上一轮司法改革检察机关建立了查办职务犯罪案件"双报批、双报备"制度（即省级以下检察院对职务犯罪案件立案、逮捕必须报上一级检察院备案审查，撤案、不起诉必须报上一级检察院批准）之后，最高人民检察院又作出规定，省级以下（不含省级）人民检察院立案侦查的案件，需要逮捕犯罪嫌疑人的，报请上一级人民检察院审查决定。这项改革从 2009 年 9 月起在全国绝大多数省份开始实施，各地检察机关按照中央和最高人民检察院的统一部署，正在稳步推行。[1]

（2）建立和推行讯问职务犯罪嫌疑人全程同步录音录像制度。为规范职务犯罪侦查行为，防止刑讯逼供，增强检察人员依法、文明办案意识和人权保护观念，最高人民检察院在检察机关建立并推行了讯问职务犯罪嫌疑人全程同步录音录像制度。实行这项制度后，涉及检察人员办案不文明、不规范的投诉明显减少。

（3）健全举报机制，保护举报人合法权利。最高人民检察院开通了全国检察机关"12309"职务犯罪举报电话和举报网站，为群众举报职务犯罪线索提供了更加便捷、安全的渠道。发布了《人民检察院举报工作规定》，健全对人民群众举报、投诉、申诉的办理、监督、反馈机制，完善对举报人的保护措施。出台了《关于进一步加强和改进举报线索管理工作的意见》加强和改进了举报线索的管理，进一步规范了人民检察院举报工作。

（4）建立健全规范检察机关扣押、冻结款物工作的长效机制。针对群众反映强烈的职务犯罪侦查活动中超范围扣押冻结款物等问题，最高人民检察院于2006年3月出台了《人民检察院扣押、冻结款物工作规定》。2009年，在全国范围内开展检察机关直接立案侦查案件扣押冻结款物专项检查工作，对2004年以来已办结的职务犯罪案件进行全面检查。纠正了一批违规违法扣押、冻结、处理涉案款物问题，建立、健全了规范扣押、冻结、管理、处理涉案款物的长效机制。

（5）完善检察机关接受人大和社会各界监督机制。检察权

---

〔1〕 资料来源于《检察日报》2010年2月22日的报道。

来自人民，接受人民代表大会及其常委会的监督，是检察机关必须遵守的宪法原则和政治任务，是中国特色社会主义检察制度的重要特征。加强同党外人士联系沟通，建立、健全联络工作制度，充分发挥党外人士的民主监督作用，是检察机关提高法律监督能力，发挥法律监督职能的基础和保障。最高人民检察院制定了《关于进一步做好向全国人大常委会的专项工作报告有关工作的意见》、《最高人民检察院与各民主党派中央全国工商联和无党派人士联络工作办法》，使检察机关接受人大和社会各界监督的工作进一步制度化、规范化。

（6）建立和推行人民监督员制度，接受人民群众对检察机关查办职务犯罪活动的监督。人民监督员制度是检察机关创立的旨在加强对检察机关自身查办职务犯罪工作的外部监督的一项重要改革举措。自 2003 年启动试点以来，全国共有 3137 个检察院开展了试点工作，占全国各级检察院总数的 86.5%。共选任人民监督员 21962 名，监督职务犯罪嫌疑人不服逮捕决定、拟撤案、拟不起诉等"三类案件"31457 件，对检察机关查办职务犯罪应当立案而不立案或者不应当立案而立案，超期羁押，违法搜查、扣押、冻结，应当给予刑事赔偿而不依法予以确认或者不执行刑事赔偿决定，检察人员在办案中有徇私舞弊、贪赃枉法、刑讯逼供、暴力取证等违法违纪情况的"五种情形"提出监督意见 783 件。六年多来的试点实践证明，人民监督员制度有效规范了检察执法行为，提高了办案质量，体现了诉讼民主，加强了人权保障，得到了社会各界的广泛赞同。

（7）建立和完善检务公开制度。为了提高检察机关执法工作的透明度，以公开促公正，以透明保廉洁，最高人民检察院于 2006 年 6 月 26 日下发了《关于进一步深化人民检察院"检务公开"的意见》，在以往"检务十公开"的基础上，又增加了 13 项向社会和诉讼参与人公开的内容，并完善了公开的方式和途径，健全了对违反检务公开规定的责任追究制度。各级检察机关积极采取措施拓宽检务公开的渠道，丰富检务公开的内容，普遍推行了"检察开放日"和"检察长接待日"制度，主动听取人民群众的意见和建议，自觉接受社会监督。同时，建立了新闻发布会和新闻发言人制度，及时公布重大专项工作、重大活动和社会关注的重大案件情况等执法公开事项，进一步增强了检察工作的透明度，促进了严格、公正、文明执法。

（8）改革和完善检察委员会制度。检察委员会是各级检察机关实行集体领导，讨论决定重大案件和检察工作中其他重大问题的机构，是检察机关内部按照民主集中制原则进行集体决策的重要组织形式。2009年10月，最高人民检察院出台了《人民检察院检察委员会议事和工作规则》，这对于规范检察委员会会议议事程序，提高检察委员会的议事能力和决策水平，促进检察委员会民主决策、科学决策、依法决策，保证依法正确行使检察权，推动检察工作科学发展具有重要意义。

（9）建立检察机关巡视工作制度、检务督察制度和执法办案内部监督制度。为保证检察机关及检察人员正确履行职责，对违法违纪行为依法追究责任，最高人民检察院相继出台了《最高人民检察院巡视工作暂行规定》、《最高人民检察院检务督察工作暂行规定》和《人民检察院执法办案内部监督暂行规定》，进一步强化了检察机关内部监督的刚性和力度。

3. 加强检察队伍素质建设和基层院建设，提高法律监督能力。强化高素质队伍建设和基层院建设是检察工作科学发展的重要基础，也是提高检察机关法律监督能力的根本途径。

（1）深入推进检察工作规范化建设，是提高检察机关科学管理水平、创建科学管理机制的重要内容。最高人民检察院制定了《人民检察院规范化管理体系指导性标准》和《检察业务工作操作标准（试用范本）》，并在全国56个基层检察院开展了试点工作，有效推动了检察机关的规范化建设。

（2）改革和完善教育培训制度，提高检察人员的法律监督能力。为强化高素质检察队伍建设，提高检察人员法律监督能力，最高人民检察院积极推进教育培训工作的科学化、规范化和制度化建设，建立省级检察院领导班子轮训制度，开展大规模检察教育培训工作。2009年3月，最高人民检察院出台了《关于2009—2012年大规模推进检察教育培训工作的实施意见》，对进一步加强检察教育培训工作，加快建设高素质检察队伍作出部署。同时，继续完成对全国地市级检察院检察长的培训之后，组织了中国检察历史上第一次全国基层检察长轮训，2010年年底前，最高人民检察院将完成对全国3500余名基层检察长的培训。

（3）加强检察官职业道德建设，树立检察机关良好形象。2009年9月，最高人民检察院出台了《中华人民共和国检察官职业道德基本准则（试行）》，进一步健全了以忠诚、公正、清廉、严明为核心的规范检察官行使检察权、履行法律监督职能的职业行为和职业外活动的职业道德准则，并在全体检察人员中部署开展学习、贯彻职业道德基本准则的主题实践活动，以提升检察官职业道德水平，树立检察官良好的职业形象，推进检察官队伍建设。

（4）深入推进基层检察院建设，夯实检察事业发展根基。2009年2月，最高人民检察院出台了《2009—2012年基层人民检察院建设规划》，积极推进基层检察院执法规范化、队伍专业化、管理科学化和保障现代化建设。

检察改革取得的成果充分证明，中央关于司法体制和工作机制改革的决策部署是十分正确的。通过深化司法体制和工作机制改革，阻滞检察工作科学发展的体制性、机制性、保障性障碍得到了初步解决，检察机关的法律监督能力进一步增强；检察机关的内外部监督约束机制更加健全。改革，为检察工作注入了新的生机和活力。

司法体制和工作机制改革是一项长期而又艰巨的任务，检察机关将继续全面准确地贯彻落实中央确定的司法改革指导思想、工作原则和基本要求，进一步攻坚克难，深入推进检察改革，发展和完善检察制度，为中国特色社会主义事业提供坚强可靠的司法保障。[1]

（二）法学界特别是检察理论界对近十多年来[2]检察改革的总体评价

中国检察理论在改革开放以后特别是在近十多年来的学术水平之所以被公认为已经提高到一个很高的层次，除了其他方面的学术成就之外，尤其体现在对检察改革的总体关注和评价的准确、到位等方面。总的看来，当下的检察理论界已经超越了"捍卫"或"力挺"具有中国特色检察制度的阶段，抬升到对中国检察制度的特色和近十多年来各项检察改革措施的理性、科学的把握阶段。这是一个极为可喜的进步，表明中国的检察理论界正在逐步实现检察文化的自觉。所谓"检察文化自

---

〔1〕 以上内容均摘录于《检察日报》2010 年 2 月 21 日至 26 日的报道。

〔2〕 严格说来，中国的检察改革并不是从十多年前开始的，而是从中华人民共和国建立初期就开始了漫长的改革进程，只不过那时的改革是与检察制度的建构、重建、完善与健全相伴进行的。真正意义上的改革应当认为是从改革开放以后，即人民检察院重建之后并得到人民检察院组织法确认特别是得到宪法的正式定性与定位之后才开始的。孙谦教授曾就这一时期的改革及其划分的四个阶段进行过概括的梳理。参见孙谦的《检察：理念、制度与改革》一书第 37～40 页。另须说明，本研究自始就定位在"完善"的主题上，并不刻意着眼其系统性，故只从"十多年前"，即 20 世纪最后几年延至当前的十几年间进行梳理和评议。

觉"延及更宏观的"文化自觉",就是检察理论界及检察文化界的学者真正能够深刻洞察检察文化乃至一般文化的本质内涵、价值体系及价值目标、检察文化乃至一般文化的历史起源和最终归宿。这种深邃的认识之所以称为"自觉",就在于这已经超越了对检察文化乃至一般文化的流俗认识的境界,上升为对检察文化乃至一般文化的本质把握。我们认为当下检察理论界中的许多精英学者已经达到了对检察理论及其制度的"自觉"境界,即实现了对"检察文化"的"自觉"体认和把握。

检察理论界的老一辈权威学者王桂五曾对中国的人民检察院组织法及检察制度的总体做过极为深刻的论述。他认为,中国检察制度的现状与现实的需要极不适应。其中的原因除了"左"倾错误的干扰和封建主义残余的影响之外,很重要的一个原因,就是 1979 年制定的现行的人民检察院组织法本身存在三大不足之处。首先,没有把列宁关于法律监督的理论贯彻到底,在确定检察机关的职权时运用了列宁的理论,规定检察机关是国家的法律监督机关;而在规定检察机关的职权时,却局限于刑事监督的职权,事实上是像资本主义国家那样,把检察机关仅仅作为公诉机关来看待,但又没有指挥刑事侦查的权力,形成职能与性质的不协调。其次,在制定 1979 年人民检察院组织法时,党中央已经决定把工作重点转向社会主义现代化建设,国家已经进入了稳定的经济建设时期,但是当时在检察工作上却仍然受着以阶级斗争为纲的影响,没有充分考虑如何为经济建设服务的问题。这主要表现在取消了检察机关参与民事诉讼活动的职能,在一个重要方面脱离了社会主义现代化建设的实际。最后,在制定 1979 年人民检察院组织法时,没有认真总结历史上的经验教训,进行彻底的拨乱反正,因而仍然存在着某些"左"倾思想,保留着 20 世纪 50 年代大批判中的某些观点，这主要表现在全盘否定一般监督，而不是采取分析的态度，吸取其中某些合理的有益因素，完善中国检察制度；全盘否定了垂直领导原则，而没有弄清楚并不是这一原则本身不正确，而是由于中国现阶段实行这一原则的主客观条件还不具备。由于上述各种问题的存在和其他方面的原因，形成了中国现行检察制度的一些缺陷和弊端："第一，检察职能比较单一，主要限于参与和监督刑事诉讼活动，不能充分适应发展社会主义商品经济和扩大民主生活的需要，也和检察机关的性质及其在国家机构中的地位不相适应。第二，缺乏抵抗和排除干扰的机制，仅仅依靠检察干部秉公执法的个人素质不能有效排除各种非法干扰与阻力，因而缺乏应有的权威，不能充分保障依法独立行使检察权。第三，管理制度尤其是干部管理制度在某些方面已经老化，缺乏民主精神和竞争机制，不能充分调动广大检察干警的积极性，因而显得活力不足。1983 年对人民检察院组织法的修改，又增加了新的问题，特别是取消铁路运输检察院，削弱铁路运输系统中的法制，是不应有的失误。"[1] 王桂五的分析可以说十分准确，切中肯綮，尽管它不是直接针对近十多年来的检察改革的举措和效果而发的评价，但确实给检察理论界作出的相关评价具有切实的指导意义。

学者型大检察官孙谦在其有力度和学术影响的著作《检察：理念、制度与改革》中曾对改革开放以来的中国检察改革做过有力道的"价值评价"。他认为有以下四个方面值得特别关注：

1. 关于改革的性质。他认为，改革开放 20 年左右期间的改革的性质是在现有检察体制、法律框架内的探索、创新和发

---

〔1〕 王桂五：《王桂五论检察》，中国检察出版社 2008 年版，第 398～399 页。

展，是制度创新意义上的改革，而不是"破旧立新"意义上的体制改革，改革只能在宪政体制所允许的前提下进行。现在不存在推倒重来意义上法律改革的历史和现实条件。

2. 改革开放 20 年，其间进行的检察改革的路径选择是自上而下的发动与自下而上的推动相结合的互动过程，其中自上而下的发动对于检察改革的决策、推广和实现调控起到了重要的作用。而源自基层的改革，诸如自侦案件内部制约机制、主诉检察官办案责任制等制度的建立，更多地体现了自下而上的改革推动的价值。孙谦副检察长认为这种经验预示了今后检察改革的路径选择，应当就是更多地关注自上而下的整体设计与自下而上的自发性改革的结合。

3. 关于检察改革的成就与价值，孙谦副检察长认为主要体现在以下两个方面：（1）全面探索了检察机关法律监督的范围、途径、手段、制度、主体等方面的内容，基本上构建了检察制度的框架，逐步形成了检察机关法律监督制度的特色。具体而言，通过 20 年的检察改革与发展，检察机关的职务犯罪侦查制度、公诉制度、诉讼监督制度等基本定型化了，奠定了进一步发展的基础，也积累了继续完善的经验。（2）20 年的检察改革积聚了一定的制度发展方向（包括回溯发展的可能性）。其间出现的一些发展趋向，包括历史上反复出现的倾向，如在侦查监督制度中出现的"形成打击犯罪的合力"要求，以及检察机关对于公益诉讼的提起，等等，这些倾向怎样疏导和发展，它们与历史上的"联合办案"、"一般监督"有什么关联，如何研究和对待其中所体现的文化承继性问题，这种文化沿革对于中国的司法改革和司法现代化的价值是否像我们惯常所认为的那样仅仅是一种现代化的障碍，除此之外，它是不是还意味着一种民族文化的决定性问题，所有这一切都值得深入地加以研究。

4. 对于检察改革面临的问题。孙谦副检察长认为，已经进行的检察改革主要针对的是法律监督制度的构建，这是一种体制内的制度创新，是一种经验式的发展过程。其局限性是检察改革无法突破现有体制的约束，而只能在检察体制内迂回发展。此外，对中国检察权的宪政价值和功能的理性思考和对法律监督理论的充分论证还有待一同发展以解决进一步改革的理论支持问题。为此，他认为下一步的改革当务之急有两个方面，一是对既有的改革进行个案研究与论证，二是整合 20 年的改革成就，以理性思考和体制的变迁为带动力量，制定宏观的改革方案，对检察改革进行战略性的研究。

我们认为，孙谦副检察长对改革开放以后 20 年间检察改革所取得的成就、存在的不足与其后进一步的改革，都提出了深刻、全面的评论和分析。这些评论和分析对于本研究的思路和进程具有重要的启示意义。从一定的意义上来说，本研究已经进行的描述和分析部分，以及即将展开的总体构想和大制设计，有些是遵循着孙谦副检察长的评论和分析展开的，还有一些我们的独立思考和创意则与其思路不谋而合。

检察理论界知名学者龙宗智针对包括检察改革在内的司法改革中有学者追求理想境界，认为应进行激进的改革，甚至置中国现实存在的政治制度于不顾，主张将一切都推倒重来，按照西方的司法模式建构中国的检察制度的现状，提出用"相对合理主义"的改革原则来纠正以上在改革主张中的偏颇。他所阐释的所谓"相对合理主义"："是指在一个不尽如人意的法治环境中，在多方面条件的制约下，我们无论是制度改革还是程序操作，都只能追求相对合理，不能企求尽善尽美。"这是在改革进程上的"渐进论"；在改革标准上的"较好论"；在改革的社会实际策略上的"从技术到制度"。此外，他还认为在运用"相对合理主义"时，势必还应当适度地容忍改革进程中出现的不规范行为，这就是说，伴随"相对合理主义"原则的，是所谓的"宽容主义"原则，但"宽容"不能超出维系基本价值的底线原则。[1]

中国检察理论界另一位有影响的学者石少侠在其《检察权要论》一书中，用了洋洋万言阐述其"司法改革应当树立正确的认识论和改革观"。

1. 要正确处理理性和理想的关系。他认为就正确的认识论而言，必须注意处理好以下的两对关系："一种是把中国的司法改革理想化，即从一个崭新的起点出发，追求完善的理想化的法治。这种思维方式的突出缺陷是不顾中国的现实，完全从理想出发，盲目推崇某一些或某一法系的司法体制，并将其视为中国司法改革的目标追求。从这一思维定势出发，在研讨司法体制时，主张取消中国的检察机关。另一种则是倡导理性思考，而不是追求理想境界。在这种思维模式下，一是要认识现实，包括宪法确认的国家性质和权力格局，以及发展中的国民经济和国民综合素质；二是要正视现实，正视现实就从中国实际出发，实事求是，即认识司法改革必然是，也只能是在现有政治基础上进行，既不能将一切都推倒重来，也不能以为政治制度可以随意建构。"石教授同时认为，承认现实并不是要维持现状，更不是否定改革的必要性。

2. 要正确处理借鉴与照搬的关系。他指出，在司法改革的理论研究中，确有一种希冀按照西方法治的模式全面改造中国司法制度的理论倾向。其表现一是推崇西方法治，主张全面改

---

[1] 参见龙宗智：《"相对合理主义"及其局限性》，载《现代法学》2002 年第 4 期。

进；表现二是崇尚"三权分立"，并将其奉为改革方向；表现三是无视制度差异，曲解法律趋同。而他个人声言"对于西方法制，特别是英美法制，笔者一向认为借鉴应持慎之又慎的态度。英美法大到任何一项制度，小到任何一项规则，其施行都需要特定的社会环境、司法制度和法律文化，而这些恰恰是许多国家（包括中国）所不具备的，这正是一些国家盲目引进英美法制而少有成功或少有建树的症结所在"。[1]

3. 石少侠教授认为，要实行司法改革，重要的是要在改革的立脚点、方法论方面达成共识，否则，对立的观点，根本不可能实现必要的沟通，只能自说自话，诚所谓"道不同则不相与谋"。[2]

石少侠教授除了上述强调司法改革的认识论、方法论的重要性之外，还特别强调树立正确的"改革观"的必要性和重要性。他在回顾中共十五大正式提出司法改革的任务以来的司法改革时指出："经过十几年的努力，制度改革和建设的确取得了一些成绩，特别是司法理念有了很大的转变。然而，由于司法改革的整体理论准备仍然不足，许多带有根本性的、制度性的问题仍未解决，诸如为什么要改？改什么？怎么改？哪些制度要坚持？哪些制度要完善？哪些体制要更新？如何完善？如何更新等，对于这些带有方向性的、基础性的问题有的尚未达成共识，致使在相当一段时间内司法改革面临着重重矛盾和种种难题，众说纷纭，举步维艰。在这种情况下，有人认为改革就是要全盘引进英美司法体制，甚至有人认为只要我国有的而外国没有的就要取消它，并视之为与世界'接轨'……种种现

---

[1] 石少侠：《检察权要论》，中国检察出版社 2006 年版，第 179 页。

[2] 参见石少侠：《检察权要论》，中国检察出版社 2006 年版，第 175～180 页。

状，令人担忧。"[1] 他还就关于司法改革的合理性、合法性、系统性、目标和模式提出自己的分析意见。[2]

由另两位有影响的检察理论界的学者张智辉、谢鹏程主编的《中国检察》（第3卷），其中收有湖南省人民检察院干部王玉林的题为《司法改革的路径选择》的文章，该文在"结语"部分认为，中国司法改革是在理论准备不够充分的条件下进行的。"近几年来，围绕司法改革所进行的讨论或所制定的措施，虽然不乏富有建设性和可操作性的方略，但其中的偏失亦是明显的。有些基于理想主义激情带有过强的探索性；有些则回避实际矛盾着眼于一些浅近性和边缘性的调整与改革；甚至有些基本不具有制度创新意义（诸如主审法官制、主办检察官改革等），也被置于司法改革的主题之下。毫无疑问，前述措施的积极意义固应充分肯定，但根据本文对司法改革宏观领域上的分析可以看出，这些措施还远未反映司法改革的主要方面。如不及时总结司法改革的利弊得失，并在此基础上深入分析，准确把握司法改革的路径选择，司法改革不仅将难以出现令人振奋的'转机'，已经进行和正将推行的改革措施所能够形成的积极效应也必将极为有限，且不能持久。因此，中国司法改革需要更为充分的理论准备，需要在此基础上更为理性的路径选择。也只有从战略的高度，首先解决好中国司法改革的路径问题，同时注意改革的策略、方法和技巧，司法改革方能达到改故鼎新，以及实现司法公正、廉洁与效率的预期目标。"[3]

---

[1] 石少侠：《检察权要论》，中国检察出版社2006年版，第181页。

[2] 参见石少侠：《检察权要论》，中国检察出版社2006年版，第182～188页。

[3] 张智辉、谢鹏程主编：《中国检察》（第3卷），中国检察出版社2003年版，第88～89页。

除了检察理论界以上的评价之外，在法学界中其他学科的学者对检察改革也作过切实而又中肯的评价。由徐昕教授和卢荣荣执笔所作的《中国司法改革年度报告（2009）》，对司法改革作出了如下的评价："不可否认，中国的司法改革仍然任重而道远。2009 年的大部分改革举措需切实贯彻，并接受实践检验，作进一步的调整和完善；绝大部分改革措施只是司法工作机制的调整，甚至只是工作方法的改变，未触及司法体制的行政化、地方化、官僚化、政治化等根本性弊端；部分改革如规范涉法涉诉信访、推进司法廉政建设等只是权宜之计……"[1]此段评价在执笔人心目中或许主要是对中国司法改革的法院改革的评价，但我们认为，既然宪法确定中国的司法体制是包括审判和检察的二元体制，我们倾向认为这种对司法改革的评价也应当适用于检察改革，而不是仅仅指审判制度即法院体制的改革，不知执笔人是否同意我们的这种延伸理解。

在由执笔人徐昕、黄艳好、卢荣荣完成的《中国司法改革年度报告（2010）》中，首先肯定了 2010 年法院、检察院、公安、司法行政等部门按照既定的司法改革整体规划，围绕社会矛盾化解、社会管理创新、公正廉洁执法三项重点，继续推进司法改革，在 2009 年完成 17 项改革任务的基础上，又基本完成 30 项任务。新一轮司法改革启动两年来，中央确定的 60 项改革任务已完成四分之三。[2] 接着执笔人指出："总体而言，中国的司法改革进展缓慢，2010 年，司法改革的重点仍然是机制改革和工作方法的改进，基本未触及司法体制的变动；大多

---

〔1〕 徐昕、卢荣荣执笔：《中国司法改革年度报告（2009）》，第 56 页。
〔2〕 参见徐昕、卢荣荣执笔：《中国司法改革年度报告（2009）》，第 56 页。

数改革措施仍然是小修小补，力度不大；公正廉洁执法年年讲，但不从根本上制约权力，效果必然欠佳；改革力度有限，步伐放缓，如2009年引发热议并有望并入地方司法体系的铁路法院最终仍以专门法院的身份保留，讨论多年的少年法院试点仍是空中楼阁；某些方面进一步倒退，如建立司法巡查制度，规范上下级法院关系强化了司法的行政化等固有弊端，律师管制的过度严厉对业已困难重重的律师执业产生消极影响；司法体制行政化、地方化、官僚化、政治化等根本性弊端有增无减，成为羁绊改革前行的强大阻力，甚至制约了司法工作机制改革的开展，司法的独立性遭受更大损害。"[1]

近年来，政治话语对司法改革的全面主导、政治口号直接作为司法政策，反映了司法理性的保守化倾向，司法改革的政治化逻辑在不断的加强。尽管改革规划和实践显示，司法现代化仍然是改革的大方向，但较之于上一轮充满理想主义激情的司法现代化改革，新一轮司法改革显得更为保守，对政治的回应更为积极主动，导致民众和学者普遍认为司法改革在走回头路。面对民众对司法改革的迫切要求，政法机关强调司法改革应立足国情，强调改革的政治意识、大局意识和责任意识，要求考虑社会的理解力和承受力，正确选择改革方式和时机，把握改革力度和节奏。困难重重，阻力巨大，司法改革的攻坚工作何时启动，尚难预测。

忧虑的同时更应思考，司法改革攻坚，"坚"在何处？"坚"，集中体现于司法改革的政治化逻辑。司法体制是政治体制的一部分，作为政治体制一部分的司法体制若要改革，被视为很可能牵一发而动全身，故不可轻举妄动。这样的误解导致

---

[1] 徐昕、黄艳好、卢荣荣执笔：《中国司法改革年度报告（2010）》，第47页。

司法体制改革长期以来陷入停滞状态，司法改革的政治化逻辑已成为改革的桎梏，阻碍了法治建设的进程。司法体制尽管属于政治体制的一部分，但也是相对独立的功能区域，司法体系基本属于中立性、工具性、功能性的治理技术问题，绝大部分司法改革措施无涉"政治"。因此，中国的司法改革应当采取去政治化的技术和策略，实现司法与政治的相对分离。同时，鉴于司法可作为社会的稳定器，司法改革也适合作为政治体制改革的切入点之一。当然，从根本而言，司法改革的深化不能完全脱离政治体制改革的推进。

只要解放思想，转变观念，将因政治化、意识形态化而被视为改革"禁区"的问题转化成司法治理的技术问题，司法改革遭遇的困难和阻力将得以有效化解。司法改革的去政治化，正是转型中国的司法从"无奈"现实迈向现代司法图景的重要策略与途径。

近年来，司法改革越来越偏好以政治口号直接作为司法政策，抽象地强调法律效果与社会效果、政治效果相统一，似乎在坚持政治性，但这些司法政策和改革举措往往笼统含糊，令司法机关无所适从，甚至反而提供了任意取舍、解释和适用的机会，从而损害司法的权威性和公信力。就根本而言，维护公平正义才是最好的司法，保障司法公正才是最大的政治。

当下中国，一切问题包括法律问题都可能转化为"政治"问题。纠纷解决甚至司法过程蜕变为各种利益主体讨价还价、不透明、不确定、不可预测、相互交易、相互博弈的"政治化"过程，没有一个权威的司法机构作出终局性的公正裁决，当事人反复申诉上访，整个社会缺乏规则，交易成本提高，社会福利下降。这既不利于问题的解决，也是国家治理术低下的表现。应避免法律问题转化为"政治"问题，即使"政治"

问题也可纳入司法体系并彻底解决。运用司法改革的"去政治化"技术，推进司法体制的根本变革，建立公正、高效、权威、独立的社会主义现代司法制度，有利于发挥司法吸纳政治的功能，更好地维护社会秩序。

对于 2011 年的司法改革，《中国司法改革年度报告（2010）》执笔人也给出了如下的寄语："期待新一年司法改革直面司法的危机，有力地冲击司法体制的痼疾，实现司法体制的实质性变革，从而化解社会对司法的失望和不满。只有解放思想，转变观念，坚持司法改革的去政治化，中国的司法改革才可能走出停滞不前的困境，最终迈向公正、高效、权威、独立的社会主义现代司法制度。"[1]

关于上述两个《报告》，执笔人徐昕教授曾在一次专题学术报告中又作了进一步的解析。其中更有对法学界对司法改革的总体评价。他指出："当下学界和实务界对于司法改革的前景感到担忧，所以，更需要以客观冷静的态度来总结、评判和反思司法改革的得失，更好地明确未来的改革方向。"[2]

他还在该文另一处指出："近年来，司法改革的确在走回头路。这是一个整体判断。"[3]

难能可贵的是，徐昕教授对检察改革的批评减缓了力度，表现出对已经弱化的检察权和检察机关的关照和呵护之情。他声言："由于法院、检察院等机构对批评的可接受度不同，《报告》采取了区别对待的策略，批评的力度和方式有所不同。任

---

〔1〕 徐昕、黄艳好、卢荣荣执笔：《中国司法改革年度报告（2010）》，第49页。

〔2〕 徐昕：《民间机构如何参与司法改革——从〈中国司法改革年度报告〉切入》，载《法治研究》2011 年第 6 期。

〔3〕 徐昕：《民间机构如何参与司法改革——从〈中国司法改革年度报告〉切入》，载《法治研究》2011 年第 6 期。

何改革都涉及权力和利益的重新配置。20 世纪 80 年代末以来的司法改革中，检察权出现弱化的趋向，检察机关在'保税检、保免诉、保民行、保自侦、保侦监'的防卫中边保边退，税务检察权、免予起诉权已经失去，民行检察监督遭遇了严峻挑战，自侦权相当一部分划归公安机关，侦查监督权也受到质疑，有人提出建立治安法院、实行侦查中的司法令状制度。在此背景下，检察机关对司法改革更有危机感，更介意外界的批评，因此《报告》对检察机关的批评相对谨慎。而法院作为社会正义的最后防线，担负实现司法正义的重任，通过司法改革有助于扩张司法权，缓解司法公信力低的困境，提升司法的独立性和威权性，对批评的可接受度相对更大。由于不同层级的法院和法官基于不同的地位和角色，对待司法改革的视角、观点及思维方式有所不同，最高人民法院首席大法官的政治性思考未必能获得所有法官的认同，因此，许多法院和法官甚至希望外界批评某些违背司法规律的做法。因此，《报告》对法院的批评较为直接和激烈，对检察院的批评则相对间接和含蓄。"[1]

（三）笔者的评价

我们集中关注的是以下几点：

1. 我们赞同改革开放之后的 20 年间的检察改革是一个在根本上探索和构建宪法所定位（还要加上我们所理解的宪法权能定性，前已论及）的法律监督制度的过程。国家体制内的任何改革包括检察制度的改革都必须坚守国家的宪法，或者说不允许动摇依据宪法而建构的国家宪政的根基。这是一个根本性

---

〔1〕 徐昕：《民间机构如何参与司法改革——从〈中国司法改革年度报告〉切入》，载《法治研究》2011 年第 6 期。

的前提条件，不允许有任何突破宪法和宪政框架的"创新"或"破旧立新"之重大的体制改革，这应当是一个被严格遵循的底线。然而，问题是宪法和宪政是一个宏大的、深层次的组织和结构体系，要正确理解和认识这个组织和结构体系绝不是一件轻而易举的事，即使是宪法理论和宪政学说业内的学者都不敢说能够准确而又科学地认识和解释宪法，在宪法理论和宪政学说上之所以存在种种认识和解释上的歧义，其原因就在于学者间对宪法和宪政这个性质宏大和开放的体系有不同的认识和解读。至于非宪法理论和宪政学说领域的其他学科的学者，对宪法和宪政存在一定程度或范围的不准确的认识甚至是误读的情况，当也是势所难免。我们在前面的论述中，就曾不止一次地指出过，检察理论界就对宪法和宪政曾经发生过并且还在延续着一些不准确甚至误读的现象。有鉴于此，我们在此再次重申准确而又科学化地认识宪法和解读宪政的必要性和重要性。本研究致力于从宪法和宪政的平台和架构上看待和对待检察体制的改革问题，而不是一味地固守现有检察体制和检察法律框架内的改革。如果因为这种研究思路和进路提出的总体构想和大制设计超越了现有的检察体制，而又严格限定在宪法和宪政的框架内，我们认为是可行的。因为贯彻本课题研究的一个重要的指导思想，就是在准确而又科学地把握宪法的原则规定和宪政总体结构体系的基础和前提下，从宪法和宪政的高度和层面上重新审视现行的中国检察制度，所提出的总体构想和大制建构都是力求使中国检察制度回归宪法和宪政为其确立的国家权能和机关定位。如果有关的设想和提议超越了现有的中国检察制度，只要能在宪法和宪政上为其找到恰当的位置，就认为是宪法和宪政所允许的，也是可行的甚至是富有宪法和宪政价值的。

2. 我们赞同改革开放后 20 年的检察改革所选择的路径，即自上而下的引导发动和自下而上的自发推动相结合是正确的，其成效也是显著的，即使在当下及今后都应当予以坚持。我们想补充的是，任何改革包括检察改革的背后，一定是有一种可欲的向善的价值诉求作为动力和最终所要达到的目标。在理论上绝不应当认为改革总比不改革好，改革动作大总比改革动作小好。在我们看来，曾经以及直到当下进行的检察改革就多少陷入了上述误区，带有很大的盲目性。辩之者或曰：此论非也。无论是自上而下的检察改革还是自下而上的检察改革难道不全然是为了克服在中国检察制度中的某些不足和弊端，并着眼于完善和健全具有中国特色的检察制度，并且取得了显著的成效吗？怎么能说这是陷入认识误区或带有很大的盲目性？如果单从中国检察制度这一局部而不是从中国宪法和宪政总体制上看，或者单就检察改革的每一举措或步骤上看，确实有可圈可点之处，取得的成效也是应当肯定的，但如果从宪法和宪政总体制这个全局上看，未必就是可取的，因为局部的可取未必就对全局有利。这是因为：（1）检察体制内发动或推动的改革，无论是自上而下发动的还是自下而上推动的，如果没有在宪法理性或宪政理性把握的前提下进行，或者在没有宪法文化自觉或宪政文化自觉的基础上进行，就可能在检察改革的发动者或推动者意识不到甚至是对宪法和宪政误判或误读的情况下，造成对宪法或宪政的脱节甚至是悖谬。例如，中国宪法和宪政并不是按照西方的那种"分权"、"限权"和"制衡"原则和理念构建的，而在检察改革中长期以来都以此种原则和理念为主导进行的，其推行的结果就会背离中国立宪和宪政建构所依据的真实原则和理念，长期来看，是不利于中国宪法的正确实施和宪政制度的完善的。再例如，中国宪法明文规定检察院是法律监督机关，但检察理论界有学者强力主张以强化公诉权为主导的改革，也是背离宪法为检察立制的原则和理念的。如此等等，不一而足。长此以往，就可能偏离改革者的初衷，造成检察改革在回归宪法和宪政理性的方向上的迷失，得不偿失。（2）无论是检察体制内由上而下发动的还是自下而上推动的改革，在检察系统内几乎无一例外地都存在争议的情况。当然，无论是从理论上还是在实践中人们对某一项事务，无论是政治上的、经济上的、法律上的或是社会上的都会或多或少地存在争议，这不足为奇，因为社会各方都有基于各自利益或权利的诉求。但在检察体制内的改革或许并不直接反映各组织系统或人员的部门或个人的利益诉求，更多的是基于对检察改革本身是否有利于检察制度完善的关切所导致的。如此看来，存在如此大的歧义这一现象本身或许表明检察体制的各项改革并非都是成熟的检察理念和实践信心所起动的，甚至于在没有经过严谨的理论论证或确有成效的试验的情况下进行的。事实上，有些检察措施确实带有一定的或很大的盲目性，还有些是盲目跟风的结果。特别是在自下推动的改革中，只要某一地的检察机关某项的改革措施被认为有创意，一经宣传出来，就会在一两年内在全国各地大面积地推广开来，而不太关注这一项改革措施是否符合本地的实际情况。这样的改革思路和进路并非基于真正对检察理论和检察实践的科学认识和理性把握而进行的，且不说这样做可能造成一荣俱荣，一损俱损的后果，就是从长期的趋势上看，这种多少带有一些盲目性和非理性的改革，占用了宝贵的改革资源和成本，干扰了从总体体制上进行必要、科学的改革的注意力和关切度，最终并不一定，或者在一定的程度上可以肯定地说不利于中国检察制度的完善和健全。

3. 关于改革开放以后的检察改革的成就与价值，按照孙谦教授的总结与分析，主要体现在以下方面：

（1）通过 20 年的检察改革与发展，检察机关的职务犯罪侦查制度、公诉制度、诉讼监督制度等基本定型了。这种定型化，可以说是中国检察制度基本走上现代化发展道路的标志。体认这一成就及其价值非常重要，它表明中国的检察制度彻底摆脱了飘忽不定的不确定状态，中国的检察机关从此再也不是说建就建，想撤就撤的任人摆布的手中玩物了。这的确是一个里程碑式的进步，表明中国的检察制度作为国家司法制度的一翼已经在国家的宪政体制中确立了不可改易的地位和权威性。如是观之，当今如果还有人提议在国家的宪政体制中撤销检察院的建制，反而显得提议者具有脱离实际的书卷气了。然而，这种定型化绝不意味着我们就此就可以坐收检察制度之利，只要守成而不必进取了。孙谦教授又正确地指出，这种定型化，是"奠定了进一步发展的基础，也积累了继续完善的经验"。[1]

（2）改革开放以后 20 年的检察改革提供的不仅是发展的基础，更重要的是为进一步的检察改革提供路径和突破口，他特别指出，在那 20 年的改革期间出现的一些发展趋向，包括历史上反复出现的倾向，都值得我们进行具体的、深入的分析和研究。这些倾向怎样疏导和发展，进而如何研究和对待其中所体现出的文化承继性问题，这种文化沿革对于中国的司法改革和司法现代化的价值是否像我们惯常所认为的那样仅仅是一种现代化的障碍，除此之外它是不是还意味着一种民族法律文化的决定性问题。所有这些分析都把我们引入到历史深处和极有深度的包括法律文化在内的文化价值的层面上去思考和对待

---

〔1〕 孙谦：《检察：理念、制度与改革》，法律出版社 2004 年版，第 42 页。

中国检察改革的路径和方向性方面。即使我们同意对个别问题的研究重要和必要，但我们还想补充一点意见，就是"宏观地设计和论证改革方案"未必就不如个别问题研究和思考重要和必要。在我们看来，后者或许更为重要和必要。本研究将在以下的部分表明，我们集中的关切点正是致力于这种"宏观地设计和论证"。

4. 关于检察改革面临的问题。按照孙谦教授的意见，当前及今后的检察改革主要应当体现在法律监督制度的建构方面，这是一种体制内的创新，也是一种经验式的发展过程。他并认为，这种改革路径有其局限性，即检察体制无法突破现有体制的约束，而只能局限于制度内的迂回发展。另一方面的问题是，对中国检察权的宪政价值和功能的理性思考和对法律监督理论的充分论证还有待下一步的改革以解决更进一步改革的理论支持问题。为此，他主张一是要对既有的改革进行个案研究与论证；二是要整合改革开放 20 年的改革成就。以理性思考和体制变迁为带动力量，制定宏观的改革方案，对检察改革进行战略性的研究。[1] 应当说这是极有洞察力和高瞻远瞩的见识，直击中国检察改革的命门所在。不过，关于"只能局限于制度内的迂回发展"的观点，我们还想补充两点意见：（1）如果我们把目光放大，放远到"宪政制度"上而不仅仅局限在"检察制度"内，或许我们还能找到突破"检察制度"的突破口，即超越"检察制度"的局限而到"宪政制度"的平台上"走一遭"，看看有没有引领和建构有利于检察制度创新和完善的余地。因为在我们看来，无论在结构体系的深度还是广度上，"宪政制度"远比"检察制度"来得更深、更广。倘能如

---

〔1〕 参见孙谦：《检察：理念、制度与改革》，法律出版社 2004 年版，第 43～44 页。

此，或许真正能够使"检察制度"在"宪政制度"的总体架构下实现"制度创新"，因而更能够使宪法规定的检察制度的价值与功能得到更好的实现。正如前文所一再表明的，本研究的主导思想和希望达成的目标之一，就在于此。（2）以理性思考带动制定宏观的改革方案，对检察改革进行战略性研究的路径选择上，应当站在更高、更远的宪政平台上考量，倒不一定对既有的检察改革进行个案研究和论证，并以检察体制内的变迁为带动力量。因为在我们看来，也如前面所表明的，已经进行过的或目前正在进行的检察体制内的改革，一些举措都是在缺乏对宪法和宪政理性而又科学的把握的情境内进行的，不论业内改革的机关或人士有着多么强烈的改革向善的愿望，也无论某些检察改革就事论事而论都有多少可取之处，但如果放在宪法和宪政的视域下考量，其合理性甚至合宪性、合法性都有值得反思之处，甚至可能被认为是不可取的。由是观之，在对检察改革进行战略性的研究以及制定宏观的改革方案时，适当地超越检察体制内已经和正在进行的局部改革，从更高远处审视和对待，或许是必要的、可行的和有益的。

5. 关于司法改革包括检察改革的立足点、认识论、方法论问题，我们原则上同意石少侠教授的分析，事实上无人可以或能够提出反对的意见。有关理性和理想、借鉴和照搬的话语，已经在学术上讲了多年，习以为常，甚至变成了人们耳熟能详的俗语、套话，以致学术界人士不再予以过多的关注，甚至不再以此为意。个中的原因，我们认为可能有两点：（1）这是一个永远正确的"话语"，八面迎风，无可挑剔，任何人即使是使出浑身解数，也难以找出其中的纰漏。但一旦关乎到某一具体事实的分析，这种原则上的标准很难适用，仁者谓之为"理想"，智者可能认为是"理性"，或者相反。这是因为无论是

"理想"还是"理性"都是基于"仁者"或"智者"个人的价值判断，它们之间永远都不会有一个客观的判断标准用以厘清和界定两者之间的"界限"，因为价值判断因个人的各种客观的情境及主观的见识不同永远都是不尽相同，甚至是殊异的。（2）这种价值判断早已被蒙上意识形态或政治性色彩，它已经不是或者主要不是用以进行科学性的表达，而是成为对不同见解或认识的判断用语。一旦用于这种意义上的表达，它就不再是用于科学上的"正确"与"谬误"的表达，而是成为意识形态上或政治上"是"与"非"的辩驳甚至攻击的工具或利器，因为辩驳者或攻击者自认为是站在"道义"的立场或高点上，以强势的姿态不对等地对待被辩驳者或被攻击者，使之百口莫辩，自甘落败。倘使呈现这种情景，便使这种本质上是一种科学上的是非论说异化为意识形态上或政治上的由强势者任意挥舞的工具或武器。为此，我们总的意见倾向为尽量少用或不用这种俗话或套话，而仅就具体问题作具体分析，看有关的认识或意见是否可行，而不必更不应当先去作是非的价值判断，从而使其失去科学论理上的本然。在检察理论界和实务界，这种情境绝非少见。我们理解这是一个检察理论和实务上的一种基于"自保"的防范意识表达的反应行为，但认为这是一种过度的反应行为，这种行为不仅不能造成对检察理论和实务的科学上的论理支持，相反可能造成或事实上已经造成了对检察理论和实务的直接的或潜在的损害。

6. 关于树立正确的改革观问题，这是一个难以甚至不能据理辩驳的话语。

（1）有关司法改革的合理性问题，按照石少侠教授的意见："以检察权为例，从制度设计的预期合理性来看，这要用于节制警察权力，防止法官恣意，当然也包含着对人权的保障。"[1] 对此，我们还想补充一点，即从宪法和宪政的层面上看，检察制度设计预期的合理性可能不仅仅止于此，换成另外的学术语言，即从检察制度设计的价值和功能预期上看，可能还要延广得多。[2] 在以下的另外有关检察制度完善的总体设想和大制设计中，我们也绝没有仅止于此。

（2）关于司法改革的合法性问题，我们也想作如下的补充，即在改革语境下的遵守宪法和法律与在一般宪理和法理上的严格遵守宪法和法律是有所区别的。在原则上、在宪法实施和执行宪法和法律上应当强调其合宪性和合法性，否则就背离了宪治和法治的本质要求。但也不能认为遵守和执行宪法和法律只能是一个刻板、被动的尊重与服从过程，没有任何由实施者和执行者可以发挥依情势进行主观裁量，甚至变动实施和执行的可能和余地。而在改革的情境下，对现行宪法和法律有所突破势在难免，否则就没有任何改革可言和可行。即使在遵守和执行国家宪法的情境下都是如此，最显著一例，就是中国现行宪法规定国家在实行社会主义计划经济体制的情境下，改行社会主义市场经济体制，只是在改革已经成功以后的适当时机，通过宪法修改案的形式加以确认罢了。如果按照机械的、刻板的理解，这类改革根本就不能实行，对于此种宪理和法理，笔者曾以"反宪法规则的决定的法律效力"为题作过专门的论述，意在阐明世界上从古至今，从中到外，没有任何一部宪法和法律是完全没有在反宪法和法律规则的决定的情境下得到实施的。反宪法和法律的规则的决定从来都是法律效力的一

---

〔1〕 石少侠：《检察权要论》，中国检察出版社 2006 年版，第 182～183 页。

〔2〕 有关检察制度设计的价值与功能的预期，本人在结项的最高人民检察院 2007 年检察理论研究重点课题——《法律监督的价值与功能》中有详尽的综述和分析，详见该结项报告。

个重要的组成部分。[1] 在本研究中的以下总体设想和大制设计中，笔者就对现行检察制度提出重大突破的内容的构想和大制设计，我们并不认为这会对合宪性和合法性构成问题，相反，倒是基于对现行宪法和法律的深层次结构和总体架构的考量，认为有关的总体构想和大制设计是在一个更高的层次上体现了合宪性和合法性。

（3）至于说到司法改革的系统性问题，我们也想进一言。石少侠教授正确地指出，回顾过去十多年的司法改革，确有在"法院中心论"的误导下，检察改革被人为地边缘化的情景。但是何以致此，倒是还有详细分析之处。如果说，造成检察改革乃至检察机关、检察权都处于现实的弱势地位，都是"被人"误导或"人为"的边缘化所致的，我们认为这看似是，其实并非一定是或者肯定不完全是。笔者曾在中国南方一省级检察院作过一次学术报告，专门论及自人民检察院重建以来相比法院和公安机关不断弱化的原因，我们认为，客观上的原因特别是政治主导力量在考量治国的迫切的现实"维稳"需要时，在指导思想上有强化法院，特别是强化公安机关的强烈意愿并付之更多的资源投入。这是重要的外源力量，但与此同时，法院和公安机关的相对强势地位的取得，也是与这两大权力系统"自身的努力"争取分不开的，这是不容忽视的内在力量。相比之下，检察机关在这方面的努力是不够的。按照宪法和法律的规定以及检察机关的职权，是给予了检察机关强化其法律地位和权威的广阔平台的，如果检察机关自身能充分利用这个平台，本来是有机会强化自身的法律地位和权威，并争取获得更

---

〔1〕　参见陈云生：《反宪法规则决定的法律效力问题之由来：理论与实践》，载《中国社会科学院研究生院学报》2005 年第 1 期。

大的职权以及相应的从国家争取配给更多的人力、财力等各方面的资源的。然而，检察机关并没有这样做，正如学者徐昕所指出的："任何改革都涉及权力和利益的重新配置。20 世纪 80 年代末以来的司法改革中，检察权出现弱化的趋向，检察机关在'保税检、保免诉、保民行、保自侦、保侦监'的防卫中边保边退，税务检察权、免予起诉权已经失去，民行检察监督遭遇了严峻挑战，自侦权相当一部分划归公安机关，侦查监督权也受到质疑，有人提出建立治安法院、实行侦查中的司法令状制度。在此背景下，检察机关对司法改革更有危机感，更介意外界的批评。"[1] 事情就是这样，一旦自己放弃强劲争取的努力，又一旦陷入"力保"的被动境遇，事理的逻辑就自然导致如今的状况。因此，我们强烈认为，与其"临渊羡鱼，不如退而结网"，庶几有望在尽可能不长的时期内改变检察机关的弱势地位和被边缘化的状态。相比，一味地怨天尤人，面对弱化趋势而不思改变和进取，事理的逻辑是不会因你的消极和放弃而改变。本研究的一个重要的指导思想，就是主张从国家宪法的平台上，从国家权能这块大"蛋糕"上争取割下更大的一块以补检察机关已显虚弱之躯，与此同时，以一个书生之见策划一下如何使检察机关强化检察权和扩大法律监督职权。详尽的提议容在后面提出并加以分析。

7. 最后，但不是不重要的，是想就对待东西方或中国与外国检察制度相互学习和借鉴问题，在前面针对一些检察理论界的学术意见已经作过简单的分析后，这里还想重申一下我们的主要观点和态度。

---

〔1〕 徐昕：《民间机构如何参与司法改革——从〈中国司法改革年度报告〉切入》，载《法治研究》2011 年第 6 期。

　　应当在检察理论中尽力淡化意识形态和政治色彩。从国家的全局上看，现代化依然笼罩在浓厚的意识形态和政治色彩之下，中外没有例外，当不难理解，现代民族国家就其起源上来说，都是发端于某种意识形态和政治理念，在国家的全部进程中，直到现在以及未可预期的未来，必然要打上强烈的意识形态的和政治的色彩。就国家的权力系统来说，包括检察权在内要想全部实现去"意识形态化"或"政治化"，也是不现实的，特别是意识形态的主导势力和政治领导力量还有意地强化意识形态和政治色彩，以适应国家治理的需要。要想在检察理论和检察改革中完全去除"意识形态化"或"政治化"，不仅不现实，而且是学术上对科学性、理性把握不成熟的体现。然而，这并不是说，检察理论的层面就不能与主导的意识形态和政治保持一定程度的疏离，因为检察理论毕竟是一门社会科学门类，它本身有科学规范的要求，保持其独立的科学品质固然不容忽视。否则，把检察理论完全变成时代话语的附属，就必然相应地失去其科学性的本质。这需要检察理论界的学者具有高度理论自觉。现实的检察理论界具有这样自觉的学者还是不多见的，其表现除了严重附和时代的政治话语之外，还有意无意地强化中外检察体制的差异，不适当地强调中国检察制度的特色，以致有形无形之间带有盲目性地拒斥外国的经验。而在用意识形态和政治话语作为检察理论和实体"自保"而使之变成对偏激意见进行攻击的武器之余，不期然使本来应当视为严肃的他山之石的"借力"之相关理论意见或提议变成非理论辩论的话语，一方以其话语的强势占据"正确"高位，而相对方则被迫处于守势，百口莫辩。这种状况在检察理论界和实务界曾频有发生。依我们之见，应当适当地超越意识形态和政治性，尽力地淡化意识形态和政治色彩，虽不必强调严守价值中立，但也未必一定不去深察有关的意见或提议的科学性和实用性，而只是简单地以中国和外国区分，或以东方和西方划界。因为这样做就是以"贴标签"或"划线站队"的简单做法代替科学性的考察。就以主张按西方司法模式取消中国的检察机关的偏激意见和建议来说，大可不必上纲上线，只认作是中国检察制度存在和发展的反鉴之道即可。因为一者是中国的检察体制在除苏联、俄罗斯等少数国家存在或存在过以外，确实并无先例可援；二者是在中华人民共和国的检察制度史上，确也出现过三建三撤的坎坷和曲折经历，连国家的主导政治力量尚且有此不寻常的认识和作为，更何况那么几位有此见地和建议的书生持此种意见和看法，本不足为奇，大可不必一定要与之"道不同而不相为谋"，形成势同冰炭不同炉的对立局面。"撤销"中国检察院建制的意见和建议之所以被我们认为是理论偏颇甚至偏激。其实不见得就是意识形态或政治上的悖谬使然，而在于对中国宪法和宪政的宏大整体结构及其依据的建国、建制原理缺乏正确的理解或者是误读导致的，或者对中国社会包括法律文化背景特别是法律现实缺乏深切的考察和了解使然。这表明我们检察理论界，特别是宪法理论界在这方面的研究和宣传做得还不够。笔者最近在宪法学界讲演和著文阐述和宣扬宪法文化的启蒙与自觉的主题，其主旨就在于弥补宪法学术上的这一缺憾。本人痛感在检察理论界注入和强化宪法理论和宪政学说元素的必要性和重要性，本课题的研究意旨之一，正在于此。这里多费些笔墨，确实是有感而发。

或问，即使如你所说，在检察理论研究中要淡化意识形态和政治色彩，然则以何种立场和态度对待东西方、中外、古今在检察及相关制度上的差异？面对各种五花八门的检察体制该如何取舍？我们最简单的回答是"不难"。细说之下就是：将全世界整体的检察及相关制度做一个超然的把握和分析，对其中每一种制度或制度模式从历史或现实的合理性、合法性方面进行考察，相信每一种制度的存在都有其历史的合理性，或许还有必然性，即使是偶一历史机遇所促成也绝非是"无中生有"；与此同时，也要看到每一检察制度正如所有人事制度一样，也都有其局限性，这种局限性无论是时代使然还是观念导致，总之不会是十全十美。广而言之，所有的人事制度，大到宪政，小到个人行为规范，都有其局限性。学术人的责任是探幽察微，明分务理，从而在实践建制立章上取其利而避其害，或两害相权取其弊轻，抑或两利相权取其利重。我们认为，这是一种法律文化的自觉，也是一种制度理性。我们在接下来的总体构想和大制设计的部分写作，就是在这种思想指导下进行的。在建构中国式的一般监督和法律监督过程中，我们主张和提议引进北欧特别是瑞典的议会督察专员制度，但也有适合中国国情的改造；在主张和提议反腐倡廉制度时，我们主张和提议引进新加坡和香港的廉政公署制度，只不过不是作为独立的国家权力机构而是提议设在检察体制内，以适应现时强化检察机关反贪体制的需要，如此等等。如果我们因此而被人指责是照搬外国和中国特别地区的制度，或被责难为言必称北欧或东南亚什么的，抑或被斥之为"全盘西化"或"全盘东南亚化"什么的，我们并不以此介意，也不以为然，因为我们不是从意识形态或政治上的划界出发，而是基于对每一具体制度的科学性、合宪合法性、可选择性和实效性的考量而提出的主张和建议。我们倾向认为，在包括法律科学在内的社会科学乃至全部科学理性极大昌明的当代，需要改变沿袭已久的思维模式的并不止于笔者本人，或许更可能是提出责难者本人。

写到此，细心的读者可能已经想到，我们在此不惜耗费笔墨反复申明这些意见和观点，绝非是无的放矢，也不仅仅是有感而发，除了一般法哲学态度的意蕴之外，还在于直接为本研究特别是接下来的中国检察制度的总体构想和大制设计预设的前提和主旨。

十六、完善中国检察制度的总体指导思想*

（一）充分利用立法的杠杆促进和保障检察制度的改革和完善

笔者认为目前中国检察制度在改革和完善的进程中所遭遇的最大"瓶颈"就是立法的缺位。在 30 年前制定的人民检察院组织法尽管曾在 20 世纪 80 年代初作过局部修改，但从那以后，再也没有修改过。现该法早已不适合新法治情势下对检察制度更高的保障要求，迫切需要进行修改，修改该法尽管早已列入国家的立法规划，但至今尚未出台。此是检察立法第一要促成之事。此外，关于各项具体检察权能的立法，特别是人民检察院监督法至今尚未提到立法议事日程上来，因为这样的法律对于检察机关实行法律监督的职权至关重要，故也应当置于重点促进之列。诸如此类，还有一些应当努力促进的立法事项。本研究将立足于这样的以法促建的指导思想，在后面的检察制度完善的具体构想和设计中，再一一详尽地作出规划和提出具体建议。

（二）立足于现时和着眼于未来进行中国检察制度的改革和完善

关于立足于中国的现实，包括宪法架构和宪政制度的现实，以及检察制度的现实，前已作了充分的阐述，故不赘述。

---

* 本部分内容为笔者承担的最高人民检察院 2009 年检察理论研究重大课题——《中国特色社会主义检察制度的完善》的阶段性成果。

至于说到着眼于未来，主要是基于如下的信念作出的，即从人类总体的人事制度来说，无论古今中外，都不可能是尽善尽美的，缺陷乃至弊端在所难免。人类的智识包括在组织社会和建构国家的政治、法律智识都是在历史的长河中逐渐进步和发展的，其所能达到的真理性恐怕永远都是相对的；更何况由于人类自身永远也不能摆脱其由动物进化而来所具有的"兽性"以及思维方式和处事态度上的非理性，而这些"非理性"因素若再次受到阶级偏私、党见之争和个人私欲特别是贪婪本性的污染，会更进一步促成由这些人建造的各种人事制度的缺陷、偏私性乃至邪恶性。基于这样的体认，本研究着眼于未来，实是一种无奈的选择。要改革和完善某种人事制度，首先应当改变人，改变人的观念和思维方式，这当然是最困难的一件事。但我们不能因为这个困难就退缩不前，人类社会之所以发展到今天，之所以有此种种的巨大进步，其实都是不畏艰难并知难而进的结果。基于这样的认识，我们还是应当对人类自身的改变，包括人的本性和观念及思维方式的改变抱有信心。在这种体认下，相信中国的检察制度随着人们对其认识的不断加深，一定会被打造成为个性鲜明、体制完善、运作有序、业绩显著的高品质的司法制度之一。

（三）认真研究和借鉴外国和地区的检察理念及相关制度

在思想充分解放、学术研究自由的情境下，这个所谓的"指导思想"本不应当特别列出予以声张，因为是题中应有之义，不该成为一个值得讨论的问题。也许是应了中国自古流传至今的"一朝遭蛇咬，三年怕草绳"的心理学哲理。笔者在瑞典讲学的遭遇真的给心理上留下了严重的"后遗症"，总是疑心在每一关涉到西方的观念或制度一旦说出口或由笔端流出，躲在身后的"仗义之士"便会"拔剑"挺身而出来伸张"正义"。这种心理上的障碍或许需要由心理医生加以调适才能扭转。但学术的良知和科学的规范研究方法，又驱使笔者情不自禁地按照科学的范式将包括检察制度完善在内的研究不断地进行下去。相信当代人们思想的解放程度以及学术宽容心态的进步状况，不至于在提出这类认真研究和借鉴外国和地区经验的命题时，会遭遇巨大的意识形态的障碍。虽说"害人之心不可有，防人之心不可无"的人生古训的教益犹在，但我们还是秉持孟子所说的"学问之道无他，求其放心而已矣"的治学态度来对待这种具有科学意义的研究和借鉴。

或问，究竟有什么值得称道或高扬的理由要研究和借鉴外国和地区的检察理念与相关制度？简单地回答就是别人的经验包括教训都值得我们重视，成功的经验可以引为师范，而失败的教训可以作为前车之鉴以避免我们重蹈覆辙，两相结合，一正一反足可以为改革和完善中国的检察制度有所裨益和作出贡献。本研究在前面以宪法和宪政的视角对西方国家和我国香港特别行政区的议会督察专员制度、廉政和反贪机构及制度，以及美国的独立检察官制度的综述和分析，都是本着这种治学的态度作出的综述和研判。至于如何借鉴并在中国引进相关制度，本研究嗣后再作计较。

（四）将检察制度在现时的检察体制内的改革和完善与着眼于长远宪法和宪政层面的改革和完善结合起来

现时在检察体制内正在稳妥地推进某些制度的改革，以促进整体检察制度的自我完善。通过种种努力已然使有关的改革取得了初步的或明显的成效。当然，既然有关的改革是通过逐步摸索出来的，自然不会一帆风顺，也难免使预期的改革成果如愿实现，其中的利弊得失，可行与不可行，如果以"旁观者"的立场，譬如从宪法和宪政的立场作出研判，是很必要的。尽管我们不会自诩一定是明察秋毫的"旁观者"，但自信某些分析或看点或许对有关检察制度的改革和完善有所裨益。

与此同时，我们既然是基于宪法和宪政的立场来看待中国检察制度的改革和完善，自然是把相关改革和完善的关切点置放在宪法和宪政的层面上。如前所论，本研究认为中国检察制度的改革和完善最终应当而且必须上升到宪法和宪政的层面上来，并且也只有得到宪法和宪政这个根本法和根本国家政权结构方面的保障，中国检察制度才能立稳根基并得到顺利的发展和运行。当然，本研究在嗣后所提出的有关构想和设计，可能不会与时下某些学术界人士的那种急功近利的诉求相契合。在时下的学术界特别是法学界某些学者时常表现出对现时国家的有关法律、政策尽快进行改革、提升的强烈愿望。他们经常采用的方式是通过撰写激情四溢而又言辞恳切的意见书或建议书致达上级部门乃至国家最高级别的领导人，以此希望将自己的意见或建议直接化为国家的法律或政策。笔者向来对于这些学者的热情和执著表示由衷的敬佩，但感佩之余，笔者也有一些狐疑，不知这种做法是否可以或者能够成为治学的一种可欲的治学态度和路径。然而无论如何，笔者向来对此种态度和路径敬而远之，并认为学者的"天职"就是应当以科学而又严谨的态度从事符合科学规范的研究。在秉持"求其放心"的研究之中，尽可以说些"天话"、"大话"乃至"玄话"，也可以直面世态、政情发表针砭时弊或提出改革和完善的建议。但在心态上大可不必有那种一议一策足以安民、治国、平天下的豪情。即使是针对现实的研究，如果能够引起高层的注意或重视固然是好，再如果得到采纳，更是大功一件，好上加好了。倘若达不到此种效果，如果能够成为政治决策、法律制定的一个选项参考，那也是一个不错的结果。退后几步说，以上目的都未达到至少可以作为政治决策和法律制定的理论背景,作为学者也应当满足了。当然,使自己的研究成果得到学术界的承认和肯定,并为该研究的学科门类的知识总量加此体积或分量,或再进而成为有影响的一家之言乃至成为学术大家,这才是学者们所应追求的最高学术境界。可惜在当今物欲横流的世态中,学术早已变成名利场中东突西杀的一件利器了,还有多少"学者"在乎它的尊严、神圣而又博大精深的义理呢?

我们在本课题的这部分研究中,将一如既往地秉持科学的研究心态和负责的精神,实事求是地对现今和既往检察体制内的改革和完善措施进行分析和评价,同时又着眼于未来在应然的层面上。在宪政大格局中的检察体制的改革和完善,提出既有科学根据,又有成例可援且具有现实乃至将来都有可行性、可操作性的意见和建议。我们在本研究前面所作的大量知识性、背景性的研究和介绍,目的就是为嗣后进行的改革和完善的意见和建议作基础性准备。

十七、中国的检察改革应当而且必须以宪法为本[*]

中国的检察改革在理论上可以基于多种立场或层面展开,如现在所实际进行的那样。但从我们宪法学专业的立场或层面来看,中国检察改革无疑应当以宪法为本,其他立场和层面的考量只有在维护宪法权威和宪政根基的前提下才具有改革的意义和价值。总之一句话,所有的检察改革都应当接受宪法合法性和宪政合理性的检验。

(一)立足于现行宪法架构和宪政体制

在前面的讨论中,我们已就所谓"撤检派"的观点和意见

---

[*] 本部分内容为笔者承担的最高人民检察院 2009 年检察理论研究重大课题——《中国特色社会主义检察制度的完善》的阶段性成果。

进行过点评，我们赞成"挺检派"对其进行的评价，即不能罔顾中国的宪法架构和宪政体制中对国家检察权能的定性和对检察机关的定位，而兀自在那里去作理想化的或西方式的改革谋划和制度建构。这一点的确重要，尽管我们同时也认为，对任何现时的宪法架构和宪政制度从理论上来说，都有广泛的学术探讨和研究的自由，即使有些观点和意见与现时宪法架构和宪政制度不相吻合，也是可以得到宽容，至少是允许的，因为宪法上明文规定公民有从事学术研究的自由。退好几步说，即使有些观点和意见确与现时的宪法架构和宪政制度相背离，至少可以作为有关宪法架构和宪政制度的理论背景和观念模型上的参照物，而具有特定的学术价值。为此，对不同的观点和意见动辄"上纲上线"，以势压人，而不是以理服人是极不可取的。存在于"撤检派"理论观点和意见的"硬伤"不在于其理论上有多么的不可取或不可接受，而在于该派试图用其观点和意见去冲破现行宪法的架构和宪政制度而重新再造中国的司法制度。因为领导国家的政治力量和以人民意志为代表的国家政权，在总结历史经验、教训的基础上，痛定思痛，已然在宪法架构和宪政制度中牢固地筑起国家性的检察大厦，此一大厦不仅地基牢固，而且地上建筑也挺拔坚固，如若再将其推倒或重建，谈何容易？对于这种凭着理想化的观点和意见而罔顾宪法架构和宪政制度的现实的治学态度，笔者在前面的论述中曾谓之为"书卷气"。有"书卷气"的学者虽有其可爱之处，但作为研究成果就其学术品位来说，犹如建在空中的"楼阁"，或"画中美人"好看但不中用。

以此作为反鉴之道，本研究决意不会采取这样的治学态度和立场。我们认为，要完善具有中国特色的检察制度，在理论基础的建构上应尽可能地放宽广阔的学术视野，吸收国际上和中国自身古今的有关直接或间接的理论的学养元素，但立意必须明确，这不过是在为中国检察制度的完善建构理论基础或平台，绝不是对古今中外有关检察制度的一切构造元素一律兼收并蓄、照单全收，而是有选择地加以引进。建构和完善中国的检察制度，必须将自己的双脚稳稳地站在中国的宪法架构和宪政制度这个坚实的现实平台上，充分体察中国的国情和制度架构，充分利用和发挥现有的宪法架构和宪政制度的资源和制度优势，立足于中国现时检察制度的现实，饱含激情而又实事求是地为完善具有中国特色的检察制度进行谋划、构想和设计。

（二）全面落实检察权能的宪法定性和法律监督机关的宪法定位

在前面我们已就检察权能的宪法定性和法律监督机关的宪法定位进行了详尽的分析，这种分析无疑秉持了本研究一贯坚持的立足于尊重现行宪法规定的学术立场。换句话说，我们在这个问题的分析上不是解构性的，并认为现行宪法关于检察权和法律监督机关的规定基本上能够满足中国检察建制的基本需要，完全没有必要改变宪法的根基和体制，现行检察体制所受到的动摇、挑战及运行中所遇到的各种障碍，不是起因于宪法规定的本身，而是由于国家的立法没有及时跟进，以及在宪法实施中走向了偏差。当然，从我们从事的宪法理论和宪政学说的专业立场上看，宪法关于检察制度本身的规定，特别是关于检察权能定性与法律监督机关定位的"疏离"并不是没有可深入研判的余地，也不是没有改变这种"疏离"状况的可能。不过这是宪法学上另外的话题，应当别论。这里只是基于宪法现实的规定而作出的分析。

"全面落实"是基于下述的判断作出的，即从1949年制定的中央人民政府组织法，经1954年宪法再到1978年宪法和

1982 年的现行宪法，除中央人民政府组织法第 28 条规定"最高人民检察署对政府机关、公务人员和全国国民之严格遵守法律，负最高的检察责任"之外，在其后如上所列的宪法中，都规定最高人民检察院行使"检察权"。如前所述，在法学界乃至政治学术界至今都没能给"检察权"的性质以科学的界定，也没有对检察权的范围作出明确的学理限制。这种理论缺位的状态自然影响到立法层面和检察实务界对国家"检察权"的确切把握。这从历次人民检察院（署）组织法的规定中就可以看出立法和检察实务界对"检察权"把握的不确定。如果说，从 1951 年通过的《中央人民政府最高人民检察署暂行组织条例》和《各级地方人民检察署组织通则》，以及 1954 年通过的人民检察院组织法都从一般检察的意义上来理解和规定国家"检察权"的话，那么，从 1979 年制定人民检察院组织法时起，受宪法规定人民检察院是国家法律监督机关的定位限制，在国家"检察权"职权范围上有了明显的收缩，将以往所谓的"一般检察"改为"特殊检察"。该法第 5 条关于检察院职权第 1 款规定："对于叛国案、分裂国家案以及严重破坏国家的政策、法律、法令、政令统一实施的重大犯罪案件，行使检察权。"这一规定表明，原先不分一般的"是否遵守法律"所内含的"一般违法"和"一般犯罪"及"重大犯罪"的"检察权"，在新修订的人民检察院组织法中只集中在"重大犯罪"一个方面，从而使在宪法上原本没有明确界定本来就可能包含的"一般违法"和"一般犯罪"的"检察权"，通过人民检察院组织法只是限定在"重大犯罪"的"特殊检察"方面。其结果，检察院对于自己机关有直接规范指导效力的人民检察院组织法便理所当然地予以遵守，对"重大犯罪"的"检察权"自然也成为检察机关必须履行的权能，而宪法上对"检察权"的概括规定中所含有的"一般违法"和"一般犯罪"的"检察权",便无形地被排除在"检察权"之外,而只留给检察学理上去探讨和争论了。此即我们所理解的在立法层面上,确切地说在人民检察院组织法的立法层面上,没有"全面落实"宪法关于"检察权"的规定。

再从"法律监督"机关行使的职权来说,从"全面落实"的立场来检视,也是在立法的层面,确切地说在人民检察院组织法的层面上没有"全面落实"宪法的规定。同前述的国家"检察权"一样,1978 年宪法和现行宪法都规定了人民检察院是国家的法律监督机关,而作为机关必须应当行使其法定的职权。在我们能见到的最早的组织法性的文件,即 1949 年 12 月 20 日通过的中央人民政府《中央人民政府最高人民检察署试行组织条例》中,只规定了最高人民检察署的"检察责任"和"检察"职权,并没有涉及任何"监督"的职权。在 1951 年 9 月 3 日通过的《中央人民政府最高人民检察署暂行组织条例》和《各级地方人民检察署组织通则》中仍没有用"监督"二字。只是在时任最高人民检察署副检察长李六如关于上述两部组织性法律的《说明》中,谈到"关于人民检察署的任务与职权"时强调:"……这是进一步保护国家和人民的利益,也就是进一步加重了司法机关裁判和人民检察署司法监督的责任。"[1] 这是我们在权威的《说明》中第一次见到将检察机关同司法监督联系起来的措辞。

到 1954 年制定《中华人民共和国检察署条例草案》(初稿)中又出现了一个有意义的变化,即在第 1 条中规定:"中华人民共和国总检察长对于国务院所属各部门、地方各级国家

---

〔1〕 闵钐编:《中国检察史资料选编》,中国检察出版社 2008 年版,第 397 页。

机关、国家机关工作人员和公民是否遵守法律，行使最高检察职权。"这一规定有两点值得注意：一是规定是总检察长而不是"最高检察署"行使"最高检察权"，这一规定反映了当时对总检察长个人权威的重视，从领导体制上体现了保证国家法制统一的高度集中性和特殊性；二是没有规定"总检察长"或"最高检察署"的职权的开列款，只规定概括性的"行使最高检察职权"。这一规定或许印证本研究在前面所展示的观点，即在建国初期在既无成熟的理论指导，又无成功的先例可援的情势下，没有贸然就"最高检察职权"作出具体规定，这体现了一种开放的和允许试验的实事求是的立法精神。然而，在关于地方各级检察机关职权的规定中，即在第 3 条第 1 款、第 3 款、第 4 款、第 5 款中，都明确规定"实行监督"。我们对这一立法结果的解读是：（1）体现了检察职权中即使不是全部，也有相当一部分职权具有"监督"的性质，这种"监督"在当时按照李六如的解释是一种"司法监督"，而后来的"法律监督"的理论解释和立法建构所确立的"法律监督"，或许就是从这种没有明确意指的"监督"逐步演化而来的。（2）地方只是国家的一部分，作为立法试验也是适当的，正如改革开放以后的经济改革试验也是从地方特别是"经济特区"开始的一样。若试验成功就在全国推而广之，若不成功则消化在地方层面而不影响全局。这种分析思路也是本研究在前面所采取的。顺便提出，从我们业内及本研究的立场上看，这个《条例草案》（初稿）是具有很高的立法质量和价值的，我们甚至认为这在那个时期所有国家检察机关组织法中是很好和很成功的立法例，如果不是最好和最成功的立法例的话，这一立法例也不会被1954年制定的国家第一部正式的人民检察院组织法所吸收。我们认为，那部法律即使在今天看来，仍然是具有极高质量和价值的人民检察院组织法。

总之，我们认为建国初期所制定的那些有关人民检察院组织法性质的法律文件，由于没有在国家检察权，无论是作为国家权能的"检察权"即本质上是国家"司法权"，还是作为国家各级检察机关的"职权"定位上的"检察权"都没有引申出相对"疏离"的"法律监督"权，所以从总体上没有造成对"检察权"理解和定性上的歧义和争议，故不存在我们这里讨论的"法律监督"的不落实问题。至于国家检察制度在后来遭遇的坎坷经历，完全是由政治情境所致，而与人民检察院组织法关于"检察权"的开放性和实验性的规定无关。

1979年人民检察院组织法的制定和颁布，使中国检察制度进入一个全新的发展时期。就是在那部至今仍实行的人民检察院组织法中，开始脱离包括1978年宪法在内的前述宪法和法律关于只作"检察权"的规定，正式以人民检察院组织法的形式引入法律监督的理念与建制，第1条就确认"中华人民共和国人民检察院是国家的法律监督机关"。但是该法并没有对"法律监督"的性质作出具体确定，更没有厘清"法律监督"与"检察权"的相互关系，包括这两者之间的相同与区分的关系。只是在第5条中概括性地规定了"各级人民检察院行使下列职权"，从措辞表述上看不出这些是指"法律监督权"还是指"检察权"，但在该条下所列的各款中作了区分，即第1款规定了在范围上较之于以往规定的"一般检察"大大地缩小了范围的"特殊检察"，而在第3款、第4款、第5款分别规定了"对于公安机关的侦查活动是否合法，实行监督"；"对于人民法院的审判活动是否合法，实行监督"；"对于刑事案件判决、裁定的执行和监狱、看守所、劳动改造机关的活动是否合法，实行监督"。在这些规定中，我们找到了所谓"唯刑事论"

的法律依据。很显然，这3款的规定，从对公安机关的侦查活动是否合法的监督，到对人民法院的审判活动是否合法实行的监督，再到刑事判决、裁定的执行和监狱、看守所、劳动改造机关的活动是否合法实行的监督，这些无疑都属于"刑事论"之范围。尽管在后来国家制定的民事诉讼法和行政诉讼法中也都相继规定了人民检察院对民事审判、行政审判是否合法实行监督的责任，但总的说来，都基本上是将人民检察院的法律监督限定在"诉讼活动"特别是诉讼活动是否"合法"的范围。这较之此前，即建国初期制定的组织性法律来说，在人民检察院的司法监督的范围上，可以说是有较大范围的缩小，即使加上后来补充的民事审判和判决的监督和行政审判和判决的监督，充其量也不过都是诉讼范围的监督。这可以称之为"唯诉讼事论"。由"唯刑事论"到"唯诉讼事论"，对于检察院本应承担的一般"司法监督"还有相当的距离，至于离检察院更应当承担的"一般监督"的职能来说，相距更是巨大，再至于距我们所理解的人民检察院所应承担的基本"检察权"来说，简直就给人以渐行渐远之感慨了。

从以上的分析可以看出，本研究认为就目前中国检察制度来说，无论是在检察权能的定性方面还是在检察机关的定位方面，都存在不同程度而有些是较大程度的差距，换句话说，我们基本的体认是这两方面都没有落实，这或许可以说，这是造成目前中国检察在体制建设和机制运行等方面遭遇诸多困难或"瓶颈"的基本原因之一。

至于要"全面落实"人民检察院的检察权能定性和法律监督机关定位，说起来似乎很轻巧，但做起来绝非易事。因为这是一个综合性的政治、法律工程，关涉到理念、体制、立法等各个方面。本研究将就有关的一些方面，一一提出构想和建议。

（三）大幅度地增容法律监督的职权范围

在前面的背景性知识的综合和分析之中，我们刻意就法律监督的宪法性质、机关定位、职权范围缩小流变等问题进行过详尽的综述和分析，这样做的目的和宗旨，就是为此处的构想和提议进行铺垫。

1. 应当明确和坚信，在宪法未就检察制度进行修改的前提下，遵循宪法的对检察权的定性和对检察机关的定位是进行这方面改革和构想基本的思路和进路，至少在本研究中是这样做的。换句话说，本研究决无背离宪法和宪政的轨道而另辟蹊径的任何想法和企图，并认为相反的做法不会取得任何实质性的学理成就和实际结果，至少我们认为目前以至可以预期的未来是这样的。

2. 还有必要重申一个至关重要的宪法和宪政前提，即宪法明确规定人民检察院是国家的法律监督机关，在国家的宪政体制中，各级各类人民检察院依宪而设，并且正在执行宪法赋予的检察权和法律监督的职权。这个前提之所以至关重要，是因为给予了国家法律监督机关及其行使的法律监督职权不可缺少和至关重要的合宪性。这个合宪性正是我们所提出的构想与建议的基础和前提。

3. 我们在前面有关法律监督的理论框架中，特别是法律监督机关演变和法律监督职权流变的综述和分析中，就本研究所得出的倾向性发展趋势上看，就有两个明显的变化：

（1）检察机关性质和宪法定位是一个从无到有的发展历程，从建国初期单一的检察机关的性质和宪法及法律定位演变成为国家检察机关和法律监督机关的双重定性和定位，这其中体现了国家在立法意志上实现了一个重大的转变，①尝试将以往定性为国家检察权能及其相应的检察机关的宪法地位的不确定性改变成为可确定性，认为一旦将执行检察权能的检察机关变成执行法律监督职权的法律监督机关，就可以实现检察权能和检察机关的确定性。②一旦实现了这种转变，就与宪法所确立的宪法监督体制形成配套的法律监督体制，即国家在宪法层面上由全国人民代表大会和全国人民代表大会常务委员会对其实施进行监督，而由检察机关即宪法上确定的法律监督机关监督国家基本法律的实施。这样，国家的宪法和法律都有确定的机关或体制对它们的实施予以监督。③这一转变也与执政党的"党管干部"的领导和管理体制相匹配。这是一个全新的宪政体制构想和创造，具有鲜明的中国特色。但是，从我们研究的立场上看，其中可圈可点之处颇值得研究，在前面的理论背景的分析部分我们已经作出过分析，兹不重述。这里只想表明，从无到有的制度发展，至少从发生学的意义上来说并非基于某种历史的、社会的古远历史和坚固的根基，而在其成长和发育的过程中肯定是一个从不成熟到逐步成熟的成长经历。

（2）从不确定的检察职权到同样不确定的法律监督职权再到"唯刑事论"，以及再到"唯刑事诉讼论"（前已指出现已从刑事诉讼延伸到民事诉讼和行政诉讼），这一发展变化历程从积极的方面来说，可以使现在所理解的法律（主要是人民检察院组织法，刑事、民事、行政三大诉讼法）确认的法律监督范围能够得到明确的把握和执行。但也应当看到，这种改变的直接后果，就是使原先的检察职权（从未确定过）和现在的法律监督职权的范围大大地缩小了，而且这种缩小是以牺牲检察权和法律监督职权的"一般性"为代价的。从本研究的立场上看，这恰恰是中国检察理论迄今为止尚未被科学阐明的重大理论问题，也是存在于中国检察机关未能完全担负宪法和宪政确认的角色的一个现实难题和"瓶颈"问题。

基于上述的体认和分析，我们认为，现时中国检察机关在这方面存在的难题和"瓶颈"问题的解决，最理想的方案就是大幅度地增容检察机关或法律监督机关的职权范围。我们在这里所说的"增容"当然是指在现有职权的基础上增加新的职权，当然，最理想的职权范围，在我们看来，就是"一般监督"或"一般的司法监督"。正是这种一般意义上的监督，才能真正体现和回归到立宪的原初本意。至于是否就一步到位地就"增容"到这种理想的职权范围，还是分步实施"增容"，则是可以根据实际情况有选择的余地，这可另当别论。无论如何，超越现行的法律监督机关的职权，为其"增容"是势在必行的检察制度改革和完善的重要考量和选择，现行的"唯诉讼论"的职权范围决不应当长远地更不能永久地维持下去。这就是我们关于中国检察制度改革和完善的基本构想之一。

十八、西方"议会督察专员"制度及其在中国建制的借鉴考量 *

西方"议会督察专员"制度是本人在过去 30 多年的宪法和法学研究中一直关注的重点领域，在笔者早期的著述中曾多次引介和评述，认为这是一个西方宪政和法制中的一项极其重要的制度，我们也曾提议在中国的全国人大中也建立和实行这种制度，但一直未引起有关方面的重视。甚至在学术界，除少数学者有所关注，并主要以引介的方式表现出来以外，对于绝大多数的公法学者乃至其他领域的学者来说，还相当陌生。本人通过长期以来对检察理论与制度的深入研究，又有了新的体

---

* 本部分内容为笔者承担的最高人民检察院 2009 年检察理论研究重大课题——《中国特色社会主义检察制度的完善》的阶段性成果。

会和想法，其基本思路是把西方的"议会督察专员"制度能融入到中国检察体制的改革中来，使其成为中国检察制度的一个重要组成部分。为达到这样的研究宗旨和目标，本论先要将该制度的各项重点及最新发展予以全面的介绍和分析，然后作出在中国检察体制内实现"移花接木"式的借鉴的初步考量。

（一）"议会督察专员"制度的宪法和宪政地位与功能

"议会督察专员"制度发端并成熟于北欧的瑞典，现今在世界各大洲许多国家都有建制。

1. 瑞典的"议会督察专员"制度监督对象、范围和方式的最新发展。瑞典的议会督察专员的监督对象、范围和方式也经历了一个历史性的变化。最初，议会督察专员的监督对象主要是法官和政府官员，范围主要是监督法官判决和行政官员施政行为的合法性。监督的方式主要是对所发现的法官和政府官员的渎职案件，决定起诉或不起诉。追诉的比例比今天要高得多，当年导致玩忽职守罪的追诉在今天也许只需给予"警告"处分完事。发展到当今，议会督察专员的监督方式基本上形成如下三种：（1）认定没有理由干涉某位官员；（2）对有责任的官员进行"警告"；（3）认定必须提起诉讼。其中的"警告"方式已正式由议会通过的法律，即议会督察专员指令法（The Act with Instruction for the Parliamentary Ombudsmen）所确认，该法第 12 条规定："如果所犯错误性质不甚严重，并且没有采取其他任何行动的特别原因，则检察专员可以不必进入法律程序或向有权执行纪律处分的机关报告，而对该事件处以警告，或适用救济条款，进行解释性说明或再适用其他解决办法。"[1]

促成上述监督方式确立的，是议会对议会督察专员的主要任务发生了重大的转变。在当今社会，议会赋予议会督察专员的主要职责和任务已经不再是对有关公职人员犯罪提出起诉，而是要鼓励他们合理地适用法律，特别是要帮助公共权力部门从自己的或他人的错误中吸取教训。

议会督察专员的监督对象的重点也有一个历史性的转变过程。在传统上，议会督察专员主要是监督法官、狱政及矫正机构。他们将自己的注意力紧紧盯住法院管辖权与法院组织，以及监狱及矫正机构，而对于行政委员会与机构则较少关注，而社会和国家则希望他们能将视线转向行政部门，更希望他们能提出许多有必要改革的建议。这种监督重点的转变，直到20世纪50年代才真正实现。在当代，议会督察专员对有关政府当局的案件的说明占据了议会督察专员每年一度都须作出的《年度报告书》中的大部分，而有关法院案件的说明只占小部分。社会和国家欢迎议会督察专员加大其对行政部分的监督力度，其声望与权威也因此而与日俱增。

议会督察专员的职责中还有两项也很重要：一项是建议权，另一项是提出咨询意见。建议权早在1809年通过的宪法性文件政府组织法中第100条就作出了规定，要求议会督察专员在有关年度述职报告中，应当检查王国的司法行政，注意法律、法规中的瑕疵并提出建议以便加以改善。这一条法律规定在过去很长时间都没有很好的落实。但自19世纪中叶开始，除了《年度报告》，议会督察专员已经开始自己主动审查所揭

---

〔1〕〔瑞典〕本特·维斯兰德尔：《瑞典的议会监察专员》，程洁译，清华大学出版社2001年版，第8页。

露的有关非法的或不适当行为的事实，并同时开始接受公众有关的投诉。在审查之后提出其意见，并将其意见或建议传达到有关法院或行政机关，甚至传达到国内的全部地区。直到当代，随着社会公共行政的急剧扩张，议会督察专员的建议权才真正受到重视并得到加强。曾就其由投诉引起的案件总量来说，就有了很大增加。20 世纪初，其总数不超过大约 100 件。到 20 世纪 50 年代已经增加到大约 500 件，从那时起，增长越来越快。从 1989 年至 1993 年 4 年内书面投诉状已占到 54%，1992 年 7 月 1 日至 1993 年 6 月 30 日总数为 4422 件。在那段时期内，议会督察专员处理案件的总数，包括依职权而主动提起的达到了 4614 件。

议会督察专员的咨询意见主要表现在有关立法问题上。最近几年这类咨询的数字为年均 40 次至 50 次。在过去的 20 年中，这一数字增加了 50%。对这些文件的咨询工作消耗了议会督察专员相当一部分工作时间。议会督察专员因此一直被议会与政府视为咨询机关。

2. 议会督察专员的任务。关于议会督察专员的任务，在这里值得特别予以介绍。按照政府组织法、议会法和议会督察专员指令法的规定，议会督察专员的任务主要有两项：一项是议会督察专员应当确保公职人员遵守法律与其他法规，并确保公职人员在其他方面恪尽职守；另一项是议会督察专员尤其应当确保法院与行政机关在其活动中遵守政府组织法中有关客观性与公正性的要求，并保证公民的宪法权利和特权不受公共行政行为的侵犯。至于议会督察专员是否有监督地方政府的责任问题，在瑞典是有变化的。在 1957 年之前，议会督察专员在原则上是不允许监督地方政府的，以避免地方自治原则受到破坏。在 1957 年以后，认为地方政府也不能排除在议会督察专员的监督范围之外，即是说，也应当服从议会督察专员的监督。于是由议会督察专员指令法第4条规定，议会督察专员在监督地方政府时应当注意自治地方政府的管理形式，这就是说，要对议会督察专员对地方政府的监督有所限制。当时人们强烈要求议会督察专员不无烦琐的监督不得妨害地方政府的活动。

3. 议会督察专员的职权范围与限制。议会督察专员的职权范围中的监督对象，几经历史地调整之后，已由议会督察专员指令法作了明确的规定，按照该法第2条中的列举式的规定，其监督对象包括所有国家与地方机关，全国性机构、地区性和地方当局都包括在内。由于法院也是全国性机构，故也必须接受监督。此外，议会督察专员的监督对象不仅针对机构，还包括上述机构中全体文官和其他政府官员。但军人系统中除授予军职以及具有相应军阶但未授职的军官，不在受监督之列。此外，根据该法第8条的规定，议会督察专员的监督不包括对不负行政职责的下级官员进行监督，除非有特殊的理由。

还必须提及的是，议会督察专员的监督对象并不止于国家与地方机关，在有些情况下，还扩及公司、社团或公民个人等。根据政府组织法第十一章第6条的规定，行政职责可委托给诸如公司、社团或公民个人等，当这些被委托的利益、权利、义务、纪律措施及其他类似的职权，在此情况下，便被视同行政部门，同样要接受议会督察专员的监督。

当然，议会督察专员的监督也并非是漫无边际的，或者像中国一些学者所理解的那样"全判断"、"全面"的监督。瑞典政府组织法也对议会督察专员的监督权予以限制，并在该法第2条中通过列举的立法方式确定了不属于议会督察专员监督范围的事务。其中包括：

议会中的议员，议会中的各种机关、委员会及议会职员（Clerk of the Chamber）都不在其监督之列，地方政府（包括县、市及农村教区行政团体）的内部管理机构也免受监督。政府本身、各位大臣及司法总长，都不在议会督察专员的职权监督之内。此外，议会督察专员彼此间也不能互相监督。

根据议会督察专员指令法第 2 条的规定，政府、议会或地方议会的活动不在议会督察专员职权监督范围之内，但这一规定并不意味着在上述机构任职的官员也可以免受议会督察专员的监督。如果政府官员在执行涉及公民个人的政府、议会或地方议会决定时因疏忽而犯罪，则议会督察专员就可能依其职权予以干预。

按照政府组织法第十一章第 7 条的规定，公共权力部门享有独立性。第二章第 11 条规定法院在执行法律时保持独立性的原则。该条规定："无论公共权力机关（这里指政府）还是议会，都不得决定法院如何对某一特定案件进行审判，或在其他方面如何适用一项法律原则。"按照这一法院司法独立的原则性规定，议会督察专员也不得干涉法院对个案的审判或文官机构对某些事项如何行使权力，在这一层面上，法院和文官部门的独立性这一根本原则也为议会督察专员所承认和尊重。在通常情况下，议会督察专员通常不会对法院在个案中如何适用法律或取证发表意见。同样，他们对文官机构行使职权的方法也不会妄加评断。

对于法院而言，议会督察专员的监督主要在于确保案件按现行法律程序规则处理并在法定的时间内予以判决。不过，在某些案件中，议会督察专员也可以对法院某一个案的结果提出异议。例如发现法院的判决超出了法律许可的处罚程序或者在某种方式上超出了自身的权限时，议会督察专员就会提出异议。

4. 议会督察专员的调查权。议会督察专员的调查权是议会督察专员制度中的一项具有实质意义的重要权力。根据瑞典政府组织法和议会督察专员指令法的规定，议会督察专员的这项权力既有刚性的规定，同时也给予了必要的限制，这两者都是与议会督察专员的宪法地位及维护法制统一与协调原则相适应和所要求的。

按照上述两法的规定，议会督察专员行使监督权力中的一项必要的权力就是调查权。所谓调查权，就是议会督察专员有权出席法院或公共权力机关的评议会，并有权查阅上述法院或公共权力部门的会议记录和文件。与此项权力相对应的是另一项刚性规定，即任何法院或公共权力部门以及全国或地方性政府均有义务向议会督察专员提供其所要求的资料和报告。这些记录和文件是全部的，不能有选择地提供。如果不能以其他方式获得，即使是保密的记录和文件也必须予以提供。与此相适应，议会督察专员有权出席法院和公共权力部门的任何会议，即使是秘密的会议也不例外。议会督察专员调查权行使的范围还不止于法院和公共权力部门，任何处于议会督察专员监督下的其他个人、私人法律主体，例如那些负责检测机动车辆适行性的有限公司，都有强制性的义务协助议会督察专员调查。此外，作为国家的公诉人经议会督察专员的要求也必须为其督察提供帮助，这种帮助作为"辅助义务"被宪法性的政府组织法第十二章第6条第2款所明文规定。该规定赋予议会督察专员有授权他人对其决定的案件提起法律诉讼的权力。

对议会督察专员督察权的必要限制是，议会督察专员出席赋予或公共权力部门的评议会时，只可以以旁听者的身份列席，在会议期间不得发表任何评论。这是议会督察专员按照宪法性文件的规定所表现出的谦逊及对它所监督的法院或公共权力部门应保持的尊重态度。在对议会督察专员授权他人对其决定的案件提起法律诉讼方面，也规定了一些限制。对于最高法院或最高行政法院的法官们，则必须由议会督察专员本人提起诉讼或进行追诉。就上述法院的裁决向最高法院提起上诉的决定，议会督察专员无需审查批准，其本人就可自行决定。如果该争议是由下级法院处理的，则除非有例外的理由，议会督察专员不得将该案件提交最高法院。这样做也是为了将此类案件的审查留给最为适合的追诉机关。在瑞典的宪政和司法制度中，检察总长与司法总长就此案件享有审查权。

此外，议会督察专员指令法还对议会督察专员负责的案件的审查，规定了时效的限制。其中规定议会督察专员不得调查两年前发生的案件，但有特殊原因的除外。这一规定也是为了促进议会督察专员提高工作效率和节约公共权力资源。

对议会督察专员调查权最有特点的一项规定是由议会督察专员指令法第 21 条第 2 款作出的，该款规定，当议会督察专员根据政府组织法规定的权限向有关法院、公共权力部门、个人、私人团体等索要信息与答复时，因为得不到满足，他有权对拒不执行者处以不超过 1000 瑞典克朗（约合 900 元人民币）的罚金。该条还进一步规定，议会督察专员本人可以决定何时进行处罚。[1]

5. 议会督察专员的裁决。瑞典议会督察专员如在调查中发现某官员错误地适用了法律，他就根据政府组织法的授权进行裁决。根据不同情节，议会督察专员的裁决方式大致可分为以

---

[1] 参见〔瑞典〕本特·维斯兰德尔：《瑞典的议会监察专员》，程洁译，清华大学出版社 2001 年版，第 24～25 页。

下几种：

（1）提起诉讼。议会督察专员的身份从根本上说是公诉人，其最终的处罚措施就是起诉。这一身份决定了议会督察专员既不被允许参加法院或公共权力机关的日常评议会，也不被允许行使上诉机关的职权。议会督察专员不能改变法院或公共权力机关的决定，也不能对法院或公共权力机关如何处理特定案件发号施令。

（2）批评和警告。前已指出，由议会督察专员直接起诉的案件在当代已不再是主要监督方式。现在的发展趋势是，当议会督察专员发现某位官员行为不当时，其首要的解决方式必定是给予批评和警告。这种方式被认为是一种惩戒。因为这种批评和警告是建立在议会督察专员所享有的追诉权的基础之上的，于是议会督察专员的批评和警告足以能够对其批评和警告有过错的官员起到威慑的作用。

（3）追诉权。政府组织法第十二章第6条规定，议会督察专员可以对议会督察专员指令法所确定的案件提起法律程序。在议会督察专员指令法第6条第2款规定了议会督察专员的追诉权。作为一类特别的公诉人，议会督察专员有权对无视责任与义务，触犯了除出版自由法（这种案件由司法总长提起诉讼）以外的其他刑事犯罪的官员提起诉讼。

（4）提出纪律处分的报告。如果议会督察专员认为有关官员的违法行为属于纪律处分的范围，他可以向有权作出纪律处分的公共权力机关提出报告而不提起诉讼。如果某人具有某种专业资格和其他许可证，授权他可以从事某种医疗行业，如行医和经营医疗药品的零售业等，而该专业人员在其专业活动中有重大失职，或在其他方面表现出明显的不称职，则议会督察专员也可以向有关特许机构提交一份报告，要求该机构考虑撤销其资格和授权。如果具有上述资格的人以其他方式滥用职权，议会督察专员可以要求对其资格范围作出限制。

如果议会督察专员认为有足够的理由对实施犯罪行为以及有重大或多次渎职行为的官员解除或暂时剥夺其公职，则他们可以向有权作出处罚决定的机关报告，要求有管辖权的机关对其作出惩戒。但如果提出报告的议会督察专员不满意有关机关的决定，还可以将该案提交法院要求改判。

（5）对案件的说明权和建议权。根据议会督察专员指令法第6条第1款的规定，议会督察专员在结案时应当在决定中说明某机关或官员的行为是否与法律或其他法规相抵触，或在其他方面有不当之处或有过错。议会督察专员也可以维持法律的统一及正确适用而予以说明。如果议会督察专员发现某些措施不当或错误，但又没有达到提起诉讼的程度，他可以在决定中指出他认为应当如何处理有关问题。议会督察专员还可以提出各种建议措施，以矫正有关部门由于行为不当而造成的过错。他还可以对此类问题向政府或议会提出建议。

（6）提出匡正立法和限制的建议权。根据议会督察专员指令法第4条的规定，议会督察专员的一项任务就是协助补救法律中的瑕疵。在其监督过程中，如果有足够的理由认为有必要讨论如何改进立法或其他政府行为，则议会督察专员可以向议会或政府提出匡正或改进的建议。

最后还须说明的是，对于议会督察专员上述如此宽泛和严格的监督裁决，不仅有宪法性法律的合法性根据，而且还得到诸如宪法委员会之类的权威机关的支持。在原则上，受到批评和警告的官员的确有权将议会督察专员的批评和警告致函宪法委员会作为自己享有的上诉权的行使方式。但这种做法并没有多大的权利救济意义。因为最近一些年来，宪法委员会对此类上诉采取了不去审查议会督察专员就个案作出的决定的立场。尽管宪法委员会有权建议议会终止议会督察专员的任命，但它不会为议会督察专员一两个不当的决定而这样做。[1]

6. 议会督察专员接受和处理公众投诉。在议会督察专员制度产生之初，由于公众对其不了解，因此几乎从不向议会督察专员投诉。议会督察专员处理的案件，都是由其本人根据他所发现的事实而主动提起的。经过一段时期以后，议会督察专员逐渐被公众所知，开始向其投诉。但开始时数量很少，以后渐次增加，据统计，在 19 世纪期间，每年的投诉量不超过 70件，到 20 世纪七八十年代，大约每年有 3000 件的投诉量。进入 20 世纪 80 年代末 21 世纪初，每年的投诉量超过 4000 件。现在的投诉量还在增加，1992 年至 1993 年一个年度，投诉的总量是 4277 件。[2]

目前，议会督察专员的主要工作是处理公众投诉，大部分时间也都用在处理日益增多的公众投诉的案件，为此，议会不得不增加议会督察专员的人数，由原来的 1 人增至 4 人，以适应这种工作重心的转移和工作量的增加。这表明，议会对这种民主监督制度给予了高度的重视。瑞典议会认为处理投诉是（议会）督察专员工作中最重要的因素。理由有很多种，其中最重要的原因在于，在一个以法律为秩序基础的民主社会中，每一位公民都有权利使权力机关的行为置于一个职权部门的法律监督之下，并且该部门在与政府及其他权力机关的关系当中

---

〔1〕 参见〔瑞典〕本特·维斯兰德尔：《瑞典的议会监察专员》，程洁译，清华大学出版社 2001 年版，第 26～28 页。

〔2〕 参见〔瑞典〕本特·维斯兰德尔：《瑞典的议会监察专员》，程洁译，清华大学出版社 2001 年版，第 30 页、第 34 页。

应是完全自治的。[1] "另外一点也被认为至关重要，即在全国或地方政府中任职的每一位官员都应当谨记，其公务行为正处在议会督察专员的监察之下，如果他行为不当，将会因此遭受处罚。"[2]

议会督察专员指令法对接受和处理公众投诉作了一系列原则性的规定，其中主要有以下一些：

（1）投诉应当以书面形式提出，必要时，议会督察专员秘书处通常会派人为投诉人免费撰写投诉状。投诉状要求写明投诉所指控的权力机关，指控的事由及发生时间；要署上投诉人的真实姓名、通信地址，如有证据，一并附上。

（2）对公众的投诉可由议会督察专员本人进行审查，也可以分派给相关机构进行审查，部分案件还可能交由公诉人审查。根据议会督察专员指令法第19条规定，议会督察专员必须尽快告知投诉人其投诉是否已被拒绝、归档、提交给其他机关或进入调查程序。

（3）除瑞典公民外，其他国家的公民，即使不在瑞典居住者，都可以向议会督察专员提出投诉；也没有规定要求投诉人本人必须与案件有关，时间上也没有限制。不过，按议会督察专员指令法第20条规定，除非有特别的原因，议会督察专员不得对两年前发生的事件进行调查。

（4）议会督察专员在处理投诉及其他案件时，可以采取一切必要的调查手段。

（5）如果案件尚在法院审理过程中或上诉期未满，则议会

---

〔1〕 参见［瑞典］本特·维斯兰德尔：《瑞典的议会监察专员》，程洁译，清华大学出版社2001年版，第30页。

〔2〕 ［瑞典］本特·维斯兰德尔：《瑞典的议会监察专员》，程洁译，清华大学出版社2001年版，第30页。

督察专员通常不会从中干预。但是，议会督察专员在此期间可以就有关程序本身的投诉进行调查，例如，对不采取任何行动而被搁置的案件，或在结案之后一段合理的时间内未作判决通告或进行裁决的。

（6）匿名投诉不作为投诉处理。但匿名信的内容如被议会督察专员所注意，他也可以进行调查，但该信件本身不作为投诉状对待。

（7）议会督察专员不处理需要专门技术或医学专门知识的案件。

（8）议会督察专员在决定接受投诉后，接下来就是向受到投诉的法院或公共权力机关索要资料或对该事件发表声明。其间，投诉方也有机会表明其观点；有时需要征求专家或仲裁人的意见。有时，还需要面对面的调查来对资料做进一步的补充。如果必要，议会督察专员还会利用其权力责成法院或公共权力部门提供信息或作出说明，如不执行，则议会督察专员有权当即处以罚金。

（9）在被投诉的官员涉嫌触犯刑法的情况下，议会督察专员有责任作为公诉人进行初步调查。一旦进入这一程序，议会督察专员必须遵循诉讼法所规定的所有原则，同时，议会督察专员通常可以利用其宪法权利要求公诉人予以协助。在议会督察专员由公诉人协助的情况下，调查通常由警察执行。

（10）如果议会督察专员认为有足够的理由起诉，则他有责任像普通公诉人一样向法院提起公诉。但议会督察专员通常不会作为公诉人亲自出席庭审，但会有公诉人或指定的议会督察专员秘书处的人员出庭支持公诉。为此，议会督察专员的工作人员中至少会配备一位经验丰富的公诉人。

（11）调查结束时，议会督察专员要以书面裁决的方式结案。其裁决通常做得非常详细，其书写风格通常与法院判决书或决定的写法如出一辙。议会督察专员的裁决和诉状等资料中的大多数都与其他官方文件一样，一律对社会公开。与议会议员、法官和公职部门的官员有关的裁决，还要刊登在议会专门印制的议会督察专员"年代报告"之中，在社会公开。

7. 议会督察专员主动提起的案件。议会督察专员制度产生之初，一般都由议会督察专员本人根据他所发现的事实主动提起案件，后来由于大量公众投诉案件的增加，议会督察专员的大量时间和精力都用在审查和处理公共投诉的案件上，但这并没有取消议会督察专员自身主动提出的调查和处理案件这一原本就有的职权和责任。议会督察专员在实施法律监督的过程中，通常会发现超出投诉的范围或有其他疑点等情况或信息，只要议会督察专员认为有必要，就会主动提出调查；还有，报纸、电视或广播中的大量信息中有关公共权力部门或公职人员的负面报道，只要引起议会督察专员的注意和认为有必要，也会引起他主动提起调查；此外，其他来源如匿名信或公共权力部门发布的信息，也会引起议会督察专员就其中可能存在的腐败等疑点主动进行调查。主动调查的结果也同处理公众投诉案件一样，也要作出裁决。由于议会督察专员不会无故立案，所以对主动提起的案件总要给个结论。除少数未予批评而结案以外，大多数案件都要给予被调查对象以警告或其他批评，但也有少数案件通过起诉或最终给予惩戒，也有初步调查后未予起诉的。

8. 议会督察专员的审查。议会督察专员公署有审查权是指，它有权随时对法院、公共权力部门以及其他各种机构进行审查，但每一位议会督察专员都在自己的责任范围内审查，且事先要向首席议会督察专员征询意见，这对于保持首席议会督察专员对整体的议会督察专员监督工作法定的协调功能是十分必要的。除议会督察专员本人有权进行审查外，经首席议会督察专员授权，在议会督察专员公署秘书处任职的官员也可以进行此类审查，但应当以议会督察专员的名义发表评论或其他声明。如果该官员认为有必要进行评论，他必须向适格的议会督察专员作出报告，由他决定是否采取进一步行动。

议会督察专员的审查对象十分广泛，从国家到各地的法院、公共权力部门和其他机构，都在其审查监督之下。以前的审查以"微服私访"的形式，即不预先告知就进行审查，现在则通常事前予以通知。

审查的方式主要通过审阅案卷和其他文件进行，但也会会见被审查机构的负责人及其行政管理工作人员，有时在被审查的机构的官员与作为议会督察专员陪同的工作人员之间安排讨论。在对监狱、精神病医院及类似机构进行审查时，在押人员或精神病人也可以会见议会督察专员并向他们投诉。议会督察专员也可以安排其他与审查有关的公众人员会面。

议会督察专员在审查过程中，在某些情况下会直接发表自己的意见，但更多的是将自己的注意力放在对观察结果与搜集的资料进行分析上面。根据情况，例如在审查中发现处理有关公民个人案件中有错误，他可能怀疑采取进一步的调查程序。但是在更多的情况下，议会督察专员会以适当的理由建议被审查机构改善其组织领导，以及其他向本机构工作人员发布指示以改进其工作。在另外一些情况下，议会督察专员会采取行动弥补立法中的瑕疵。

在 1976 年对议会督察专员公署进行机构改革时，曾有人认为有必要减少议会督察专员的数量，以便让他们用更多的时间和精力处理公众的投诉。但最近议会又声称应当让议会督察专员进行更多的审查工作，以便更好地维护国家的法治，适应这种要求，现在议会督察专员每年要用 50～60 天的时间对全国各级各地的公共权力部门、法院和其他机构进行审查。

议会督察专员的审查工作被赋予重大的具有实质上的监督意义。一方面，这一机制能使议会督察专员及其工作人员深入实际，更真切地了解公共权力部门等机构及其工作人员的实际状况，这样也比单纯在官署坐等公众投诉更容易发现由权力部门等在日常工作中存在的某些制度性弊病或不当行为。另一方面，更重要的是对公共权力部门、法院和其他机构及其工作人员有重大的警示作用，在随时可能受到审查的情况下，有谁还敢恣意妄为，而不倍加谨慎和小心从事呢？[1]

9. 年度报告。议会督察专员指令法第 11 条规定，每年至迟不晚于 11 月 5 日，议会督察专员应向议会提交有关上一年度的报告打印稿，时间从上一年 7 月 1 日至第二年 6 月 30 日。《年度报告》应当包括一份修改立法的建议案汇总，以及议会督察专员在监督过程中所发现的其他法律瑕疵的救济方案。此外，在现今总共不下 500 页的报告中，至少有 120～140 页的内容是有关对官员违法或犯罪等案件的描述，以及相应地对这些官员采取惩戒措施的说明，包括是否受到起诉或其他应当的纪律处分。《年度报告》还应当包括议会督察专员在同一年度所做的其他重大决定的说明，以及对其他方面活动所作的总结。

《年度报告》还包括一部分统计资料、受审查案件的数量、国际联络等。自 1969 年始，该报告还包括了一份英文简介，其中附有英文版该年度处理过的值得注意的某些案件的说明。

---

[1] 参见［瑞典］本特·维斯兰德尔：《瑞典的议会监察专员》，程洁译，清华大学出版社 2001 年版，第 42～43 页。

《年度报告》和其他文件、决定提交议会后，先由宪法委员会进行审查，然后再报告议会。宪法委员会的评论可能引发讨论。

《年度报告》打印在大型版本上并送交法院、公共权力部门、公诉人、律师、陪审团及议会督察专员监督下的各部门官员。

《年度报告》通常会引起人们的关注和阅读。这不仅仅只是出于好奇，更在于议会督察专员高质量的裁决，对重大案件所做的详细分析，以及对在特殊领域内对法律适用所做的有说服力的说明等，对瑞典促进法律统一与正确适用，具有重大的指导价值。正因为如此，议会会经常引用《年度报告》的分析作为立法的参数，事实上，《年度报告》已经被议会认定是一个重要的法律来源。[1]

瑞典的议会督察专员制度首先影响到北欧特别是斯堪的纳维亚半岛诸国，然后传播到世界各大洲 60 个左右的国家，成为当代在世界上有着广泛和重大影响的一项集政治、司法、监督等综合性的国家制度。在新近独立的国家以及经历过集权制度、试图建立某种民主制度的国家中，也普遍对这类别具特色的审查与监督制度发生了浓厚的兴趣。该项制度有望在世界各国会有更大的发展前景。

芬兰在瑞典的影响下，于 1919 年独立后制定的 1919 年宪法中，不仅规定设立总检察长作为最高的控诉人以保证政府不进行违宪或者违法活动，而且规定在立法机关内设立职能相似的督察专员。1933 年，督察专员专门负责调查关于军事和监狱

---

〔1〕 参见［瑞典］本特·维斯兰德尔：《瑞典的议会监察专员》，程洁译，清华大学出版社 2001 年版，第 44~45 页。

方面的申诉，以减轻大法官的工作量，从而承担了更多的检察职能。但是，斯堪的纳维亚诸国乃至世界其他各国在第二次世界大战以前并没有采用瑞典和芬兰式的督察专员制度。在第二次世界大战结束以后的前几年，在这方面也没有什么进展，直到 1952 年，挪威才设立军事督察专员，接着 1953 年丹麦设立了一般督察专员。1955 年丹麦设立督察专员，但是与瑞典和芬兰的督察专员不同，丹麦的督察专员无权调查司法方面的申诉，调查在完成之前不能公开，其管辖权和审查权都是有限的，并且无权提起诉讼。

斯堪的纳维亚以外的国家第一个采用督察专员制度的是联邦德国。1957 年，在有争议的情况下，它以瑞典的军事督察专员为榜样设立了军事督察专员。与此同时，丹麦的督察专员制度也有了改进，增加了公开性。由于联合国人权组织在一系列的研究会议上赞同督察专员的观念，以及国际法学家委员会（International Commission of Jurists）在一系列的学术会议上热情支持建立督察专员制度，使这一制度在 60 年代更加广为人知。1967 年，美国律师协会在进一步修改补充的决议中，赞同在州和基层采用督察专员制度，并建议在联邦实验这一制度。

就这样，从 20 世纪 60 年代开始，世界范围内开辟了督察专员制度的新篇章。1962 年，挪威增设了一般督察专员。更为引人注目的发展是，作为英联邦的成员国新西兰于 1962 年开始采用这一制度。在西欧以外的国家采用督察专员制度进一步扩大了它的影响。在以后短短的 8 年时间内，先后有圭亚那、坦桑尼亚（1966 年）、加拿大、以色列、英国（1967 年）、美国（1969 年）、毛里求斯（1970 年）设立了督察专员。截止到 1981 年，全世界共有 30 多个国家、50 多个地区先后引进了这一制度。1951 年时，全世界只有瑞典和芬兰各有 1 名督察专员，经过 30 年，已增加到 90 多名。此外，日本近年来也翻译和介绍了有关议会督察专员的著作和制度，学者们还力倡日本也引进这一制度，可见其发展的迅速。

督察专员一般由议会任命，例如瑞典的督察专员就是由议会任命的，任期 4 年。其任命可以连续，通常是两届。督察专员一般由法律工作者担任，其中大多数是法官。为了协助督察专员更好地工作，一般都要为他们配备工作班子，如瑞典的 4 名督察专员由 50 名工作人员组成的一个班子帮助他们工作，其中有 23 名法律工作者和 22 名秘书以及辅助人员。英国的督察专员，则配备了由 57 名人员组成的工作班子。

督察专员督察的对象一般是中央和地方政府，军队，司法系统包括法院、检察院、警察、监狱，以及其他国家和地方机关及其官员，有些还包括半国家机关如国营企业、公司等及其高级管理人员。但是，各国在这方面的规定不尽相同。如英国的督察专员无权审查法庭对案件的处理情况。瑞典的督察专员不干涉法院对具体案件的审理和判决，但对法院的司法程序问题，如逾期不理，拖延判决，不公正对待当事人、证人等，则可以进行督察。

督察专员的工作方式和手段各国不尽相同，大体上有以下三种，这就是视察、主动调查和受理申诉。

视察就是规定督察专员每年有一定的时间去全国各地巡视。例如在瑞典，督察专员每年大约用 30 个工作日来进行视察。在巡视期间，可以出席行政当局和法院的各种会议，查阅各种官方的记录和文件。所有官员都有义务向他们提供所需要的情况、资料和文件。任何官员都必须答复他们提出的各种问题。如果拒绝，可能要受到惩罚性的处罚。在巡视期间，他们还能接触居民包括监狱犯人、精神病患者，从中发现有关当局可能存在的各种弊政。视察结束以后，一般都要与有关当局的官员会面，指出弊端，提出改进意见。通常还要作视察报告，就某些问题向议会或政府提出建议，包括建议修改或者增加某些法规在内。由于视察起到了一定的纠举弊端、改善行政和司法等方面的作用，所以，瑞典规定督察专员有权在他们认为必要的任何时间进行视察。当然，在事实上，督察专员只是到那些他们有理由认为情况令人不能满意的机构或者单位进行视察。但在英国，议会督察专员不能主动要求进行视察。

主动调查就是对于任何重大问题，只要有必要都可以主动地去调查。督察专员往往通过阅读报刊报道，或者研究广播电视报道，从中发现某一行政机构可能存在某些问题，于是开始进行调查。当然，有些情况是自己在视察中发现的，或者是从其他渠道，如匿名信控诉中揭发出来的。调查的程序一般是查阅有关资料、文件，听取有关当局的说明，必要时征求专家或者有利害关系部门的意见，还可以聘请有关问题的高级专家协助调查，有关部门不得拒绝督察专员的要求，必须积极配合。在调查过程中，有时还举行听证会，收集证据。在这种情况下，有关当局要派人参加，最后作出处理决定。

受理控诉是督察专员最主要的督察方式和手段。公民只要对有关行政等部门及其官员有抱怨，都可以向督察专员提出申诉。议会议员也可以把他们收到的控诉案转给督察专员处理。监狱里的犯人、精神病院里的患者也可以通过各种形式向督察专员提出申诉。督察专员接到申诉后，并不是一律要受理，而是只受理其中的一小部分，大部分则以管辖权不符或者证据不足等为理由予以驳回。但是，督察专员受理申诉，一般不同于司法机关受理申诉。前者不能采取直接的惩戒行为，甚至在绝大多数案件中，督察专员只为受害的个人取得补偿而不诉诸控诉。对违法失职的官员，可以给予批评或者忠告，也可以要求有关当局作出停职或者撤职等行政处分，情节严重的还可以向法院提起公诉，由法院作出判决。

至于督察专员的活动是否公开，各国的规定不尽相同。在瑞典，督察专员的一切活动都是公开的。督察专员的一切报告，如同督察专员提出的原始申诉书一样，都向报刊开放，听任查阅，报界能够得到关于督察专员处理的所有案件的全部信息，并且能够把督察专员选定的详细情况发表出来。而在英国，督察专员办完一案以后，就同那个和自己一道提出该案的下议院议员一道，向那个被指责的公职人员以及有关部门的常务次官送去报告书。是否向新闻界通报，必须由下议院作出决定。而在大多数情况下，下议院是不通报的。督察专员只在极个别的情况下，才以特别的方式自己匿名发表报道。

有些西方学者对议会督察专员制度给予了很高的评价，他们认为这种制度是"保护人权的工具"；是"对官僚民主监督的极好的机制"；是"受到错误的行政行为侵害的受害者取得补偿的正式渠道"；是"医治官僚主义顽症的工具"[1]当然，对这一制度也不是没有批评的。其中有人警告说，要落实督察专员的建议是困难的，维持督察专员的机制花费巨大。还有人提醒说："督察专员制度只是试图作为现存机构，如法院和立法机关的补充，从理想的立场上看，它应该更多地关心公民的申诉[2]还有人指出瑞典和英国的督察专员制度的不足。认为在这两个国家只有那些富裕的、受过良好教育的人们，才能更

---

〔1〕 Gerald E. Caiden, International Handbook of The Ombudsman Evolution and Present Function, pp. 5～9.

〔2〕 Gerald E. Caiden, International Handbook of The Ombudsman Evolution and Present Function, pxvii.

多地得到这一制度的好处，而那些贫穷无知的人们，必然是远远比不上那些富裕的、受过良好教育的人那样享受到督察专员制度的好处。[1]

在世界各国的，包括北欧的议会督察专员制度中，并没有完全照搬瑞典的模式，而是根据自己的国情有所变动。考虑到"议会督察专员"一词在瑞典和其他国家被用于不同的语境，为了便于国家间的比较，国际律师协会曾试图对其含义加以界定和规范，并归纳过一个定义。按照这一定义，"议会督察专员"及其机构，是一个组织和活动必须由宪法和法律规定，对议会或立法机关负责的责任人和机构；议会督察专员必须处理公众针对公共权力部门或官员所提出的投诉并且必须能够主动采取行动；他必须有权进行调查，提出政策建议和公布报告。[2]

还有一个有意思的名词似乎也值得在这里提及。当笔者写到此处时，恰逢 2010 年的"三八"妇女节。有意思的是，随着妇女地位的提高，现在在瑞典和其他国家不断有妇女出任议会督察专员。原来由瑞典创立的"Ombudsman"一词，是为男人设计的，如果由妇女出任议会督察专员，这个名词显然不确切，甚至被认为不适当。更有意思的是，荷兰有一项规定对此种不适当的名称有所补益。荷兰的督察专员法（The Act of Ombudamen）有一项特别的规定，如果某一位女性被任命为督察专员，她就应当被任命为"国家议会女督察专员"，相应的英文词也由"Ombudsman"改为"Ombudswoman"。

---

〔1〕 参见［英］弗兰克·斯特西：《瑞典督察专员制度——同英国议会专员的比较研究》，载《法学译丛》1984 年第 2 期。

〔2〕 参见［瑞典］本特·维斯兰德尔：《瑞典的议会监察专员》，程洁译，清华大学出版社 2001 年版，第 47 页。

（二）"议会督察专员"制度法律监督价值与功能的基本评价

需要特别指出的是，瑞典议会督察专员制度虽产生在封建的王权时代，但经继承和改造，已经成功地演变成为现代的宪法、宪政和法制制度。不仅如此，这一制度在世界各国的广泛传播还表明它具有超国家政体的适应性。瑞典的政府和各部大臣受到特别形式的监督，不采取直接责任内阁制。但是，大多数引进议会督察专员制度的国家恰恰采取的是直接责任内阁制。这种政体要求部长或大臣对整个内阁负责，但既然整个行政体系在议会制的国家最终是要以议会，亦即归根到底是要以民众的意愿为进退的。这就表明，内阁是要在议会的监督下进行国家的行政管理工作的。既然如此，作为内阁的组成人员的部长或大臣，在原则上也必须纳入议会指派的议会督察专员的监督之下。但由于内阁全体会议作出的决定只能是对议会负责，因此在体制上不能再受议会督察专员的监督，这就是为什么实行责任内阁制的国家起初并在很长的时期内并不欢迎也不引进议会督察专员制度的根本原因。但是，这种状况并不是不可改变的。与瑞典紧邻的丹麦就是实行直接责任制内阁的国家，但它成功地引进了瑞典议会督察专员制度。它之所以引进成功，就在于从体制上较好地解决了议会督察专员的独立监督与大臣负责制以及行政管理上的集中化的政治领导之间的张力和冲突，在两者之间找到了适当的平衡点。在许多非北欧国家，由于它们引进议会督察专员制度主要是为了解决和确保行政法规、规章和实践活动特别是行政行为的合法性和合理性问题，而不是过多地关注判定官员在履行职责时是否违法或有过错，以及直接对其进行惩戒问题，从而避开了引进议会督察专员制度在政治体制以及其本身的组织和活动中所遭遇的困难和障碍。这表明，发端于特殊的瑞典君主立宪国家和议会制政体的议会督察专员制度，由于其在对公共权力部门具有独特的法律监督的价值与功能，所以具有极强的政体适应性。如果还有人坚持认为议会督察专员制度只能适应某些特殊的政体而不具有普世性的价值，那么，该项制度已经和正在全世界许多不同政体中得到引进，并在维护国家法制统一、反腐和增强宪政、法治品位等方面取得了显著成就这一基本事实是存在的。

还应当特别提及，瑞典的议会督察专员制度在世界许多国家被引进，并没有损伤被认为的立宪主义的基本原则，以及宪政根基的司法独立原则。在三权分立的国家政体中，司法独立一向受到高度重视和强调，被视为是立宪主义和国家宪政的"精髓"。这一原则和地位之高，几乎已经到了不能动摇的程度，任何现代国家的政治和法律理念以及宪政和法治实际制度的建构都必须臣服于这个原则和根基。议会督察专员制度当然不能例外。但这个难题已经被现代人的政治和法律智慧所成功地解决了。在现今实行议会督察专员制度的国家中，除了北欧的瑞典和芬兰之外，其他所有国家的法院都不受议会督察专员的监督，利用这个简单的排除法就成功地破解了这个难题。即使只保留对公共权力部门特别是行政机关及其官员的监督职能，议会督察专员的监督价值也应当得到高度的肯定和重视。再或者说，即使在瑞典和芬兰，将法院及其法官置于议会督察专员的直接监督之下，也并没有损及这两个国家的君主立宪政体和法治原则。如前所述，瑞典议会督察专员并不干涉法院根据法律所作出的独立判决，甚至对公共权力部门的自治都表现出应有的谦逊和尊重。此外，任何国家的议会督察专员制度都不允许它更改国家权力机关的决定或要求有关机构重新发布新决定。

（三）在中国检察体制内引进、改造"议会督察专员"制度粗略考量

在我们个人的多项学术报告和著述中，曾多次论及中国的"法律监督"问题，但鉴于宪法上的原则规定，以及具体部门法相应规定的缺位，本人也同法学界包括检察理论界的许多学者一样，其实对究竟何为"法律监督"并没有一个清晰的概念和界定，更遑论如何在中国通过建制而实现的制度和机制方面的实际问题了。不过通过对西方"议会督察专员"制度的详细梳理和分析，本人倒有了一个颇为新奇的想法。基本的思路大致是这样的：

既然在国家宪法和宪政的层面上，目前还难以实现这样的建制，何妨不后退一步，将这一西方的"议会督察专员"制度与中国的检察制度结合起来加以考量，看是否有可能通过对西方的"议会督察专员"制度引介、改造，使其变成中国检察体制的一个有机组成部分，以更好地担当中国宪法赋予的法律监督的职能？这一想法尽管有些新奇，但绝不是异想天开。其最基本的根据就是二者具有相当近似的法律监督价值与功能，以及监督对象、范围和方式等形制与机制等方面的相合性和相容性。

鉴于本人对此尚处于"灵光一闪"的阶段，大规模的深层次比较研究尚未进行。故现在还不能提出具体形制的详尽规制，只好容日后徐徐图之了。

十九、新加坡和中国香港特别行政区的"廉政公署"及其在中国建制的借鉴考量*

（一）新加坡和中国香港特别行政区的"廉政公署"

先从宪法和宪政的视域上看，反腐倡廉首先是关系到国家的政治清明和政府廉洁的大事。自西方启蒙运动以来，自几百年前启蒙学者到如今伟大的思想家们和政治家们，就一直在倡导和激励人类在平等、自由原则下自愿地结成社会和建立国家，并利用无论什么性质的社会和国家形态为广大的民众谋福祉为最高的结成社会和建立国家的最高宗旨。而广大的民众也随着民主意识和权利保障观念的增强，也越来越激发人民才是国家的真正主人的"主体自觉"。在近现代民主政治观念和各种不同性质和形制的政体之下，人民以社会成员和国家公民的身份通过宪法和法律的形式作出政治权力在国家结构上的安排，然而，通过各种不同形制的选举选出公职人员组成政府，由政府代行社会和国家事务的管理和治理，而人民则选出自己的代表组成各种不同形制的代议机关，将社会和国家一切重大事务的最终决定权和对政府等部门的监督权留在自己手中。就这样，在现代民主政体下，人民是国家的主人，而政府中的公职人员则是人民的"公仆"，后者因而被要求要全心全意地为人民服务。而要公职人员完全做到这一点并非易事，因为人性中有私欲，有贪心，为满足自身的私利，有时甚至不择手段，如果公职人员要利用手中的权力作为损公肥私的手段，远比普通人来得便捷且造成的后果更为严重。故为政和治政首要任务就是要用各种手段掌控公职人员的施政行为，勿使其用人民赋

---

* 本部分内容为笔者承担的最高人民检察院 2009 年检察理论研究重大课题——《中国特色社会主义检察制度的完善》的阶段性成果。

予的公共权力为一己谋私利，从而保证政府的清正廉洁。

再从宪法和宪政、法律和法制的视域上看，反腐倡廉更是关系到宪法和法律的公正和权威、宪政和法制的正义与稳定的大事，宪法和宪政、法律和法制的核心价值就是公正或正义，在法律面前人人平等，任何人包括那些手握重权的国家公职人员，都不享有任何法律上的特权。确立宪法和法律的崇高地位和极大权威，社会和国家的管理和治理必须依法进行，所有社会成员和国家公民都必须认真地尊重法制和遵守法律；任何人违反了法律都要承担起相应的法律责任，严重的还要受到法律的制裁，这是现代法治社会和国家区别于以往专制社会和国家的根本特征。在专制社会和国家，人与人、阶级与阶级之间是不平等、政治和法律上都承认某些阶级或阶层的人有特权，他们不仅凭借其特权坐享各种权益，而且还有超越法律的特权，其中最重要的表现就是犯了法也可以免罚或以罢免官职、取消特殊身份或名号以代罚。在这样的法律和法制下，从根本上就缺乏公正或正义的价值观念或体系。而在现代法治社会和国家，从根本上颠覆了这种不平等的或特权式的法律观念和体系。法治的要义不仅在于依法治理普通民众，更在于依法治理国家公权力机关及其公职人员。如果不能严厉地依法治"吏"，各级各种官员便会贪腐成风，从根本上动摇宪政和法制的根基，宪法和法律就没有任何尊严和权威可言。

自私自利延至贪婪的人性的普遍性使得国家公职人员的贪腐行为在古往今来的人类社会和国家史上从来都没有停止过，乃至当代人类社会和国家的物质文明和政治、法律文明得到高度发展的情况下，各种官场中的腐败行为不仅没有得到遏制，反而有扩大蔓延之势，以至在当前世界的各国连及国际社会都把反腐败作为重大政治、法律事务来抓。在以联合国为首的国际社会，不仅制定了一系列国际性的反贪公约，还采取了一系列的联合行动，包括每年都要在世界各地如期举行"世界反贪大会"。而在各个国家，不仅反贪的法律、法规、政策、措施相继出台，而且在各自的宪政和法制体制内，根据国情建立了各种不同形制、规格的反贪机构。亚洲的新加坡、中国的香港就是在上述的政治、法律背景下于 20 世纪 50 年代和 70 年代建立反贪机构的。

在一般的学术界看来，新加坡和中国香港特别行政区的反贪机构就有与众不同的鲜明特点，而从我们研究的意义上说，新加坡、中国香港特别行政区的反贪机构受到我们格外的重视。这是因为，新加坡和中国香港特别行政区在历史上和现实中都与中国有着文化上和族源上的联接，对它们进行研究在意识形态上应该不会像对西方国家的研究那样有较大的对立和拒斥的心理和情绪。又因为，该国和中国香港特别行政区反贪机构具有鲜明特点的组织和活动方式，对于完善中国的反贪机构，更具有针对性很强的参考和借鉴意义。

1. 新加坡的反贪机构。新加坡的反贪机构的正式名称为"反贪污调查局"（Corrupt Practice Investigation Bureau，CPIB），成立于 1952 年。在 1952 年之前，新加坡主要由警察署负责反贪案件的调查。但当时新加坡贪污贿赂之风盛行，而警察部门尤甚。当时由现今已成为资深政治家的李光耀领导的人民行动党提出了著名的"打倒贪污"的口号，在全国开展了大规模的反贪促廉运动。为便于领导这种运动，同时也为了纠正深陷贪腐漩涡的警察署来纠查贪腐案件的弊病，于是成立了国家独立的"反贪污调查局"。该局在开始时重点调查与走私有关的贪污案件，后来逐渐扩展调查范围，最终使该局独立承担全国性贪污贿赂案件，专以彻底铲除国家公职人员的贪污贿赂行为为主旨和己任。

新加坡反贪污调查局最鲜明的特色是其很强的独立性。该局的主要组织领导和职能的独立性大致有如下一些方面：

（1）组织的独立性。新加坡反贪污调查局的局长及其他主要组成人员由总统独立任命。局长由总理提名，由总统任命，并直接对总统负责。为使该局局长能有效地实行反贪污贿赂工作，总统还有权任命一名副局长和若干名局长助理及特别侦查员。反贪污调查局下属两个部：一是"行动部"（又称"调查部"），由 50 名左右的侦查员组成；二是"资讯管理和支援部"，由 30 名左右的人员组成。行动部负责全部贪污贿赂案件的调查侦破工作；资讯管理和支援部负责行政和其他支援事务。反贪污调查局的成员资格要求很高，他们必须具备大学本科学历，还要求有丰富的法律、经济、会计等方面的专业知识。

（2）领导独立性。领导独立性类似我们检察话语中的"垂直领导"。新加坡反贪污调查局一经总统任命局长等组成人员之后，便以反贪的专门机关独立存在。其在领导体制上则确定为对总统的直接负责制。在这种领导体制下，反贪污调查局局长及其属员就不再听命于任何其他国家机关和领导人，包括总理。在查办国家高级官员的案件中，如果总理与总统的意见相左，也必须按总统的指示去办。这种领导体制上的独立性，不仅可以避开其他国家机关及其领导人员的干预，而且保证使其成为总统领导下的权威行动机构，便于统一指挥，雷厉风行。

（3）职权独立性。新加坡反贪污调查局独立行使职权，不受任何机构及其领导人员的干涉。根据 1960 年制定、1985 年重新修定的《防止贪污法》的规定，新加坡反贪污调查局的职责主要是对政府公职人员和私营企业人员的贪污性地接受非法报酬或贿赂性地给予他人报酬等行为进行调查，即专职侦查公私机构中的受贿行为和行贿行为。

值得注意的是，新加坡反贪污调查局只负责进行侦查，不负责起诉。案件一经查实，便交由检察官提起公诉。

根据防止贪污法的规定，反贪污调查局的独立侦查权包括以下的各项具体权力：

（1）调查权。反贪污调查局局长或特别侦查员有权针对他们认为违反刑法和防止贪污法的贪污性的行贿或受贿行为进行调查，而无须经检察长的允许。该调查权视为刑事诉讼法所授予警察同等的调查权。换句话说，反贪污调查局的调查视同警方的调查。

（2）特别查账权。经检察长授权，反贪污调查局可以对任何银行账户、股份账目、购物账目，以及任何银行的保险箱进行调查，任何人不许阻挠。

（3）搜查权。反贪污调查局有权对任何它疑为罪证的地点和文件、物品进行搜查和扣押，必要时可以动用武力强行进入可疑地点进行搜查，并可以武力夺取它疑为罪证的文件或物品。

（4）逮捕权。反贪污调查局可以逮捕任何涉嫌贪污犯罪的人员，无须逮捕证。被逮捕的人，可以径直押回反贪污调查局进一步审查，也可以送交警察局接受警方处理。

反贪污调查局通过行使上述权力认定是贪污犯罪的，便将一部分案件连同证据提交检察官提起检控和公诉，另一部分情节较轻的，交给有关部门并附上反贪污调查局相应的处分建议，由有关部门给予行政处分或法律处分。凡是由检察官提起公诉的案件，反贪污调查局须携带证据出庭作证。

新加坡反贪污调查局成立至今对国家的反贪污事业作出了杰出的贡献，从 20 世纪 70 年代成功地调查了几位部长、次长并使他们入狱受到惩处，到如今每年查处 100 多起贪污案件，使新加坡反贪污调查局对国家反贪污事业作出了很大的贡献，并使自己声誉卓著，在全世界有着广泛的影响。几十年来，新加坡被赞为"红色新加坡"。

2. 中国香港特别行政区的反贪机构。也许应了中国古老的经世治国哲理："始乱乃治"或"由乱而治"。在香港廉政公署成立的 1974 年以前，香港社会贪腐成风，几乎到了不可救药的地步。当时，在香港无论是读书、就医，还是装电话、考驾照、轮候公屋（廉租房），甚至消防队救火，都得打点"茶钱"，否则就休想干成事；而政府机构及公职人员更是贪污成风。据来自香港廉政公署的资料显示，20 世纪 60 年代末 70 年代初，香港警务部门从"黄赌毒场"获得的贪污贿款每年可达 10 亿港币，以至让当时盈利颇丰的香港汇丰银行都自叹不如。一名后来被治罪的名叫韩德的警司曾有一段著名的法庭供词："贪污在香港警察队伍中已成为一种生活方式，就像晚上睡觉、白天起床、刷牙、吃饭一样自然。"[1]

1973 年，涉嫌贪污 420 万亿港币的香港九龙总警司葛柏，东窗事发后成功逃脱出境。此事引起香港广大民众的极大愤怒，他们走向街头举行声势浩大的"反贪污，捉葛柏"的大游行。此事同样引起港督麦理浩的震惊，下令高级副按察司百里渠爵士彻查此案。

百里渠在随后发表的报告中指出："除非设在香港警队内部的反贪污部能从警方脱离，否则大众永远不会相信政府确实

---

〔1〕 此处的引文及相关的统计资料和内容，均引自或转述于记者潘燕、赵卫报道：《香港廉署反贪启示录》，载《参考消息》2010 年 1 月 26 日第 14 版。

有心扑灭贪污。"[1] 报告得到麦理浩的认同，在他的推动下，香港成立了直接对港督负责、其他任何人无权干涉的独立机构——香港廉政公署。该机构的成立，使香港彻底摆脱了以往隶属于香港警队，名为"反贪污室"的反贪机构反贪不力，且极易造成贪污警员脱罪的窘迫局面。

同新加坡的"反贪污调查局"类似，香港的廉政公署也具有很强的独立性，主要表现在以下方面：

（1）机构独立。廉政公署中的最高官员"廉政专员"先由港督，回归后由香港最高行政长官直接任命，不隶属于任何政府部门，只对先前的港督，现在的香港最高行政长官负责。

（2）人事独立。作为廉政公署最高长官的"廉政专员"有完全的人事权，署内职员采用聘用制，聘用权完全在该署掌握之中，被聘用的署员不属于香港政府公务序列，不受香港"公务员叙用委员会"的管辖和支配。

（3）财政独立。廉政公署经费单列，在先前的港督，现在的香港最高行政长官批准后，由政府预算直接拨付，不受其他政府部门包括财政部门的节制。

（4）职权独立行使。香港廉政公署有独立的职权，香港廉政公署条例、防止贿赂条例等法律、法规规定，香港廉政公署有广泛的职权，包括调查权、搜查权、扣押权、拘捕权和审讯权等。这些职权完全依照香港廉政公署自己的判断和需要依法行使，不受任何其他政府部门的掣肘。为了侦破和完成办案，在必要时可以动用武力，任何人不得抗拒和妨碍署员执行公务，否则依法论处。

---

[1] 潘燕、赵卫报道：《香港廉署反贪启示录》，载《参考消息》2010 年 1 月 26 日第 14版。

香港廉政公署作为反贪机构的专门性、独立性使其在反贪事业中始终保持其权威性，且运作良好，业绩颇丰。早在其成立之初，香港廉政公署就有了良好的开局。据统计，自1974年2月至1977年10月不到4年的时间内，香港廉政公署仅让警官获罪入狱的就有260人之多。而从那时至2010年1月底的36年间，总共调查贪污案件超过7万件，其间不止一次地将港区富豪、达官显贵送入狱中。为此，不仅清明了政治、净化了官场，而且改变了一些流弊积久的商业潜规则，诸如索要商业回扣、新股上市需给证交所高层优先配股，等等。

特别需要提及的是，香港廉政公署敢于"碰硬"，将其反贪矛头直指权势很大的香港警察局和警员。前已指出，其时香港警察贪污受贿成风，不仅众多警员涉案，有的还发展成为集体性的"窝案"，如香港油麻地警察局就在1977年前后发生过集体涉嫌包庇走私贩毒并索贿受贿的案件。廉政公署痛下杀手，在此案件中拘捕警员119人。鉴于当时警察贪污、索贿、受贿成风，此一重大打击使警界人人自危，为保全自身，全港1.7万名警务人员中有1.1万人联名发出"表达对廉署不满"的请愿书，有些警员还冲击了香港廉政公署的办公地点。在此危及香港廉政公署存废的紧急关头，港督麦理浩坚决站在香港廉政公署一边，同时为了稳定局势，亦表明对警察队伍大规模贪污问题承担政府治理不力之责，于1977年11月5日签署并发布《局部特赦令》，规定1977年1月1日前未被检控的贪污案件，香港廉政公署不再追究，此后再犯则绝不手软，《局部特赦令》为香港廉政公署反贪调查划了一道时间界限，涉及此类案件的55名涉案警察因之脱罪。

36年来，香港廉政公署的业绩卓著，深受港人的敬重。在一系列的民调中，香港公众对香港廉政公署的信心始终保持在

90%左右，对其工作的支持度超过 99%。现在，香港的清廉程度在全世界 180 个国家和地区中排名是第 12 位，且连续 16 年被评为全球"最自由经济体"。为此，"廉署是香港发展的基础"，早已成为香港学界的共识。[1]

（二）大幅度地提升检察体制内反贪机关的法律地位

中国的反贪机关是设立在中国检察机关的体制内的，是检察机关为适应查处贪污贿赂案件的现实需要而自行创制的内部职权机关，尽管没有得到国家宪法和宪政以及专门法律的确认，但因其从国家检察体制的宪法地位而得到了必要的合宪性和合法性的基本要求，又因为其卓有成效的反贪业绩，最终得到人民的认可和国家的体认。但是，这并不意味着这种状况应该或者能够永远地维持下去。在一个体制完善的现代宪政国家，任何一个政治法律制度如果缺乏明确的合法性，都应被认为是非常态的，都必须在事前或事后予以填补必要的和明确的合法性。但从我们研究的立场上看，并不仅仅以弥补检察机关内的反贪污贿赂机构明确的合法性为满足，在这样做之前，我们还有重要的考量，这就是大幅度地提高中国检察体制内的反贪机构的法律地位。我们基本的构想是：

1. 维持在国家检察体制内设立反贪污贿赂机构的格局不变。这种考量的依据已如前述，一是检察机关作为宪法确定的国家法律监督机关，已经基本上满足了检察机关及其内部的层级机构的合宪性、合法性要求。二是世界上许多国家都是根据自己的国情和宪政体制设立各种层级和独立机构，其中并没有一种特定的范式让各国遵循。中国在检察体制内设立反贪污

---

[1] 此处的资料和数字，均引自或转述于记者潘燕、赵卫报道：《香港廉署反贪启示录》，载《参考消息》2010 年 1 月 26 日第 14 版。

赂机构尽管看起来好像是"异类"，但也可以看做是中国特色。保留这一体制并不像有些学者认为的那样不可接受，完全可以维系，这在理论上和实践上都不成问题。真正的问题是如何更好地发挥其功能与效用。三是现行的反贪机构已经和正在顺利运转，并日益发挥着反腐倡廉的良好社会和国家效益。鉴于已经出现的成制及积累了大量的经验，已经没有更充足的理由否定它或改变它。

2. 我们这里所谓的"大幅度提升"是指将现行检察体制内的反贪污贿赂机构提升至国家的层面上，基本的构想是，现行的反贪污贿赂机构虽设立在检察体制内，但不再是检察机关中一个下属的层级机构，而是国家性质的反贪机构。这看起来不符合体制中结构性逻辑和安排，实则不然，反贪污贿赂机构在宪理、法理和国家制度上完全可以提升到国家的位阶上。前已指出，这首先在宪理、法理上不存在任何障碍；其次也不存在体制上的障碍，通过作为最高反贪污贿赂机构的首长即最高人民检察院的检察长，以国家的名义领导反贪污贿赂机构并直接对最高国家权力机关即全国人民代表大会及全国人大常委会负责并报告工作。只要由最高人民检察院检察长亲自担负反贪污贿赂机构的首长，并用国家正式法律的形式（或将来条件成熟时通过修改宪法予以确认）确认下来，就可以实现上述构想的实际建制。这在国内外都有成制可循，如有的西方国家的农业部长兼任"农业总监"，在中国的国土资源部部长兼任中国的"土地总督察"，这也有成例在先。

将检察体制内的反贪污贿赂机构提升到国家的层次，其意义或价值怎么估计都不算高。在当代中国政坛和官场中，其贪腐的范围和严重的程度早已达到威胁执政党的执政地位和国家的稳定和发展的程度，长期以来一直为广大人民群众所诟病和痛恨，早已到了治腐吏需痛下"猛药"的程度，将检察体制内的反贪机构升格为国家的反贪机构，应被视为治贪反腐所下的一剂"猛药"。

二十、建立和实行"特别检察官制度" *

我们并不讳言，关于在中国建立和实行"特别检察官制度"的灵感确实首先是来自美国的"独立检察官制度"创立和实行的实践，包括其积极性的经验和消极性的教训两个方面。但我们也要强调地指出，对于从事严肃而又严谨的这类大型和重点项目的研究来说，来自西方国家他山之石的"借力"并非只限于此，在前面所讨论的在中国检察体制内建立"督察专员制度"和"反贪机构"也都是这种"借力攻玉"的表现。还要重申的是，我们并不介意因为这种"露骨式"的引进和借鉴外国和中国特别地区的行为可能或一定要受到的"崇洋媚外"或"全盘西化"的诘难与指责，学术界对此类已成为定势的诘难和指责早已见惯不怪了。诘难和指责者虽然站在充满意识形态色彩的道德高位，而被诘难和指责者也已经随着时代的进步和思想的解放而舒缓了意识形态和道德上的压力，而且又以其文化上的自觉和科学性的把握而愈发显得自信了。在此由我们倡议创立和实行中国式的"特别检察官制度"就充满了这种自信。但学术研究中科学性的把握并不完全取决于立言者的自信，自信也不必然是与科学性成正比地联系着的。我们的自信除了受他人的经验启迪和借鉴之外，更重要的是对中国国情的深切体察，以及来自站在宪法和宪政的高台上一览其治下和制内的一切国家宪政制度的优与劣或得与失的洞察能力。这就是

＊　本部分内容为笔者承担的最高人民检察院 2009 年检察理论研究重大课题——《中国特色社会主义检察制度的完善》的阶段性成果。

说，我们倡导建立中国式的"特别检察官制度"一不是盲目引进，二不是"拿来主义"式的全盘套用，而是基于中国宪法规定和宪政制度的既定规则的缺失或不够科学、稳定和完善的深切的体察以及进一步完善包括中国检察制度在内的宪政制度的深切考量之后作出的学术拓展。换句话说，目前中国确实需要引进和创立这样的制度。我们的自信主要是建立在这种对中国宪法规定和宪政制度的缺乏的体认，对国情的体察，对国家宪政和法制建设之需要的认同，以及对中国检察制度完善整体思路的定型基础之上的。

（一）建立国家级"特别检察官制度"的必要性

目前，随着改革开放的深入进行，由于各种历史和现实的原因，在中国社会结构发生重大变化的过程中，各种利益之间一时或永久地难以用相关的法律和政策予以协调和使之和谐地发展，此种状态可能引发暂时的、局部的矛盾和冲突，有时还会演化成为剧烈的对抗，酿成或大或小的群体性严重事件。一旦发生此种情景，不仅直接给部分地区或公众的人身安全和财产造成损害，而且还对国家机关、相应的国家工作人员的正常公务活动造成障碍，还会严重引发政府与人民群众的不信任乃至对立情绪。局部是如此，而从全局上看更会影响到国家和社会的稳定与和谐，分散执政党和国家的各级领导、公权力机关、公众和社会各方面的注意力和精力，其结果必然造成对社会主义现代化的全面、深入发展的障碍。令人不愿看到和听到的是，当前特别是最近一些年来，重大的群体事件以及相应的矛盾激化现象频频发生，以致国家在"维稳"方面花费的公共财政开支数量大得惊人。这种看得见的有形损失，对于政府公信力、干群关系方面造成的隐性损害，是不可以用金钱上的数字来表示的概念。

当前中国的执政党和国家政权力量正在采取各种措施，从对党政领导干部和国家工作人员的党性、道德方面的教育到采取各种措施反腐倡廉，再到纠正领导干部和国家工作人员的官僚主义、形式主义和脱离人民群众的作风等，这一系列措施的推进已经取得了一定的成效。与此同时，社会各界特别是社会科学理论界近些年来，由社会科学研究主导和组织部门不断提出或发布有关社会矛盾的多元化化解机制的研究或发布有关的一系列研究项目供学术界研究，有些社会科学工作者包括宪法学和法学工作者也对这方面的研究给予巨大的兴趣和关注，一系列的研究成果不断推出。但由于三个方面的原因，致使这方面的研究从整体上来说仍显得薄弱：

1. 社会转型期间的社会矛盾和冲突是一个非常复杂的问题，特别是各方面错综交织的利益关系内在的和人为的催化而必然会发生的社会现象。因此，即使从静态的和表面上的现象进行综合把握和研究，也是相当困难的，而所提出的化解、调和各种社会矛盾和冲突的措施，往好处说，只能或许能化解一个方面的矛盾或冲突，很难也不可能要求能够化解所有的矛盾或冲突。社会矛盾和冲突的极端复杂性决定了其化解机制的多样性，以及这种多样性选择和实际把握的困难性。

2. 社会和国家发展的动态平衡性难以预期和把握。从一般的意义上来说，社会和国家总是不断发展和变化的，特别是在当代社会和国家改革开放不断深入发展的情势下，其发展之速，变化之剧都是令人眼花缭乱的，更不要说运用理性去预期和把握了。我们目前值得庆幸的是，执政党和国家政权以其政治洞察力和国家法律、政策的灵活调配的实际运用能力，已经为我们社会和国家作出并将继续作出总的方向和大的战略把握，再加上国家宪法作为国家的根本法在制定时和其后的几次修改补充，早已经为社会和国家前进指明了方向并确定了相对稳定的发展轨道。我们社会和国家之所以有如此令人刮目相看的发展与进步的表现，以上两方面的贡献居功至伟。但是，我们不可能期待执政党和国家政权在把握社会和国家发展进程中能将每个细节都能理想地作出预测和把握，这是任何领导者和政权，哪怕是最睿智的政治领导力量和国家政权都不能做到的。其结果，就如目前我们所看到的，一些固有的社会和国家结构性的矛盾早已积淀成为社会和国家的痼疾，如城乡的两元社会结构及其人为的断裂，不同社会群体之间在教育、收入和生活水平之间差距的拉开和不断扩张，社会和国家劫掠性的资源开发与利用所造成的自然环境的破坏和生态灾难的频发等，是任何社会和国家的政治力量和政府权力机关都难以在短期内加以解决的，而即使化解一些局部矛盾和张力，也不能化解全部的矛盾和张力，这就造成了在社会和国家发展和变化的动态中预期和把握的困难性。

3. 社会科学本身在这方面的研究还相当薄弱。长期以来，由于各种原因我们的社会科学研究甚至包括自然科学在内的全部科学，是在先天不足和后天欠缺科学精神的中国语境下进行的。

先天不足首先是指在中国传统文化中由于长期以来形成很深文化积淀的有关世界的本体论、认识论一直朝着总体宏观的方向发展，而不太关注科学发展所需要的精密分析和细微观察，在这方面的科学实践活动既得不到社会和国家组织的推动，又引不起学问人的参与兴趣。在世界本体论、认识论的总体把握和宏观驾驭上也是科学的重要精神之一，显见的中国"天人合一"的理论与实践就是在当代也有着科学价值观的积极价值，甚至已经被西方学术界有识之士所体认。与之相反，在西方学术界就缺乏这种总体认识和宏观把握的科学态度，科学特别是自然科学过度精细化的发展，导致了科学主义和技术主义的泛滥，这造成了人与自然相互关系的紊乱，造成了一系列的社会和环境、生态问题。如何破解西方的速度科学主义和技术主义现在已经引起了西方学术界有识之士的反思。

先天不足还指中国的科学研究特别是古代的科学研究从未正式列入国家建制化的组织和推进的过程中，除了与农业生产相关的气象、水利、天文观测等少数领域之外，绝大多数的科学发明和技术创造都是由少数爱好者自发进行的，除了少数发明、创造的成果如火药、指南针、造纸术、印刷术等得以在社会上流传和推广之外，绝大多数的发明、创造行为及其成果都处于自生自灭的状态。还不仅如此，有些新科学成果和技术进步的应用还受到统治阶层基于政治的原因予以排斥。如晚清时期的统治集团就将兴起的西方科技如汽车、火车等称为"奇技淫巧"而长期加以拒斥。

先天不足还包括古代特别是明清以来西方的科学技术得到极大发展的时候，而中国社会和国家却陷入频繁的战争、社会动荡之中，失去了相对稳定的社会条件、充裕的时间以及富裕的资金支持，从而使科学技术人士失去了从事科学发明和技术创新的机会。在国破家亡的困境中，大批的有学问之士纷纷走向了对外抗侮对内图强之救亡之路，怎么能指望他们中的才智之人坐下来从事科研和发明创造呢？

在后天欠缺科学精神方面更值得我们深切关注，特别是在以下几个方面：

（1）我们在对科学的理解和科研把握方面存在重大偏颇。长期以来，我们讲科学主要是指自然科学，而忽视甚至不把社会科学作为科学，直到前不久，还有有识之士呼吁国家主导力量在科学把握和指导思想上要把社会科学纳入整体科学的范畴内考量，即将社会科学也当作具有实质意义上的科学来对待。

（2）在对科学功能的理解上存在重大偏颇，在社会科学方面表现尤为突出。在科学的主导者和组织者看来，科学仅仅是促进社会生产力发展的手段，特别是其中的社会科学更是直接为现实的政治、政策和主导的时代话语服务的，因而只是看重其为现实服务的功能，而忽视其在构建和积厚国家的文化、精神素质和国家"软实力"方面的重要价值和功能。如果社会科学长期处在这种浅表层面上而得不到深入发展，那么我们的民族和国家就会失去深层文化底蕴的积累和支撑，形成现今社会物欲横流、拜金主义和享乐主义的病态发展。一个民族和国家一旦失去了其核心的价值体系的精神支柱，这个民族和国家是没有希望的。即使在社会科学领域的这种对科学功能理解的偏颇也是存在的，而且还不是少见的。

（3）现有的社会科学研究项目的主导和管理体制不利于科学创新精神的发扬。国家现在每年都投入大量的资金支持社科项目的研究。但项目提出带有强烈的功能性，即为了解决社会和国家在发展进程中需要解决的一系列现实问题。而很少关注基础性的理论研究。在项目的管理上也是严格按照"命题作文"的范式要求项目承担者严格遵守，但在考核环节只注重过程，不注重结果。在社科项目的管理体制上也缺乏相应的科学评价标准与机制。结果就造成了大量的经考核结项的研究成果，最终在学术界被视为学术"垃圾"，根本没有什么创新的内容。

（4）由于历史和现实的原因，很多社科学术界的人士缺乏笃志治学、一心向学的科学精神；在各种现实诱惑之下心有旁骛，耐不得寂寞，坐不住冷板凳；更不用侈谈科学的创新精神、自主性的发挥。此外，学术界长期存在的缺乏批判精神，科学家之间不敢批评，不能批评，不允许批评，甚至没有能力批评等，结果就是除成果质量低下之外，还造成大量学术不端行为的滋生和蔓延，如剽窃、抄袭等，为科学的理性和良知所不齿。

就是在上述各种历史和现实社会和学术环境的合力作用下，关于社会矛盾和冲突多元化的化解和调整的理论研究相当薄弱，实际创新机制更是乏善可陈。正是基于此种忧虑，我们虽然无力改变什么，但举绵薄之力都应该也是可以为此做些什么的。具体说来，笔者本人就是在本研究中立意创新，在确信"特别检察官制度"的必要性和重要性的前提下，提出我们关于此特别检察官制度的粗略构想和建制的具体设计。

（二）创造中国式的"特别检察官制度"的可能性和可行性

关于创意建立中国式的"特别检察官制度"除了必要性以外，在中国也有其可能性和可行性，并不是脱离中国现实国情特别是宪法、宪政和相关实践的主观臆想。主要探讨的有以下几个方面：

1. 宪法规定和宪政实践的本土资源的支持与利用。我们在中国倡议建立具有中国特色的"特别检察官制度"不是绝对凭空想象的产物，它立足于中国的实际，而且立足于中国宪法和宪政这个具有深层次结构的最坚实的实地之上。首先是宪法上有通过引申解释能够支持这个创意的三处规定：（1）在全国人大职权的第62条第15项规定："应当由最高国家权力机关行使的其他职权。"（2）在全国人大常委会职权的第67条第21项的规定："全国人民代表大会授予的其他职权。"（3）宪法第71条规定："全国人民代表大会和全国人民代表大会常务委员会认为必要的时候，可以组织关于特定问题的调查委员会，并且根据调查委员会的报告，作出相应的决议。调查委员会进行调查的时候，一切有关的国家机关、社会团体和公民都有义务向它提供必要的材料。"按照通常被宪法学界认可的学理解释，前两条规定被认做是所谓的"兜底条款"。该两条的宪法规定是基于全国人大和全国人大常委会作为国家的最高权力机关具有为国家修宪、立法、组建国家的行政、司法、国家元首、军事等国家机关，以及议决有关国家一切重大的内政、外交、战争与和平等事项，其最高的国家权力中枢地位决定其所作出的上述一切重大事项具有最高的权威性和效力性，不仅是终局的，而且是不能由其他任何国家机关和个人改易的，必须贯彻执行。然而，由于国家事务，即使是事关重大事务的国家事务，从立宪技术上来说，不可能，甚至无必要——在宪法上明列出来。这种立宪技术在世界上许多国家的立宪实践上都有运用。接下来需要做的是：学理上可以根据实践上的既成事实或预期的发展，充分利用这类"兜底"条款进行解释，以期为有关的既成事实或预期的发展得到宪法上合宪性的根据和支持；而作为国家的权力顶端机关，如果认为有必要作出这类解释，就是一个可以发生效力的确断性解释，此种解释从而获得法律上的效力，务须贯彻执行。这就是说，如果学理上认为创立中国式的"特别检察官制度"成为必要，就可以用宪法上的这两款规定予以支持，除非遭到最高国家权力机关本身的否定，任何人都不能提出可以予以否定这种创意的更有力的学理理由。换句话说，这是一个不可辩驳的理由，始终站在宪法支持的最高位。而一旦由最高国家权力机关，无论是全国人大或是得到授权后的全国人大常委会作出这样的解释，不仅是不可辩驳的，而且是有法律效力的，必须在宪政体制中建立起这类的"特别检察官制度"。

如果说上述的学理解释或立法性权威解释还是一个潜在可

资利用的宪法资源的话，那么，宪法第 71 条的规定则更进一步支持了这种创意，尽管也不是具有直接的针对性。但在这条宪法规定和"特别检察官制度"之间则具有内在的相关联系。两者在"特别"和"特定"关系上更为接近。对于"特定"问题的调查也就内在地提出了由"特别"组织、机构或人员进行的需要和必要，当然也包括由"特别检察官"进行的可能。本来，按照宪法的这条规定，是最高国家权力机关包括全国人大和全国人大常委会认为必要的时候，可以组织关于特定问题的调查委员会，并且根据调查委员会的报告，作出相应的决议。这里并没有明确特定的调委会一定是要由最高国家权力机关内的人大代表或人大常委会的组成人员来亲自担当，在理论上和实践上并不排除由最高国家权力机关内自己的成员与其他国家机关人员包括最高人民检察院的检察人员联合组成调查委员会的可能；也不排除由一名最高人民检察院的资深检察官主持调查委员会工作的可能；更不排除授权最高人民检察院独立组建调查委员会并主导全部调查事宜的可能。如果事态朝这个方向发展，创意中的"特别检察官制度"就得到了宪法虽非直接但有力的间接支持了。由于中国迄今为止尚未有组建这类特定问题的调查委员会的实践，上述的宪法解释绝不是在学理上站不住脚，在实践上不能实现的。

2. 最高国家权力机关关于特定问题的调查、检查、执法和对重大违法案件实施监督的实践经验总结及其拓展利用。全国人大和全国人大常委会在履行宪法监督职权时，尽管从未做出过西方式的那种具有对抗性的举动，如撤销某项违宪的法律或改变某一国家机关的决定，或者司法判决等；但在另一方面却创造了适合中国国情和其作为最高国家权力机关性质和特点的一些形式。尽管这些形式表面看起来并不那么显得具有人们期待中的"刚性"以及未能取得轰动性的社会效果，但这些举措确也在不同程度上取得了一定的宪法监督之效。这些形式或途径主要包括以下几种：

（1）执法检查。执法检查这项举措早已成为包括全国人大常委会在内的全国各级人大的一项经常性的工作，由于差不多每年都进行一次或多次这种执法检查活动，逐渐演变成为一种不成文的宪法监督制度。所有这些活动都在不同程度上改善了执法环境，并推动了"一府两院"的工作。就最近几年内全国人大常委会组织并进行的执法检查活动就有如下一些：

2007 年主要在三个方面组织执法检查：①检查新修订的中华人民共和国义务教育法的实施情况。重点检查义务教育法修订实施后，全国城乡义务教育免收学费杂费的实施情况，农村免交杂费的落实情况和城市免交杂费的实施步骤，建立义务教育经费保障机制以及解决适龄儿童上学难、上学贵问题等方面的情况。执法检查报告提请 6 月份召开的十届全国人大常委会第二十八次会议听取和审议。有关工作由教育科学文化卫生委员会负责组织和落实。②跟踪检查中华人民共和国法官法、中华人民共和国检察官法等法律执法检查报告中所提建议的落实情况。重点围绕人民法院、人民检察院在公正司法、公正执法方面各项措施落实情况，进一步推进司法公正。执法检查报告提请 8 月份召开的十届全国人大常委会第二十九次会议听取和审议。有关工作由内务司法委员会负责组织和落实。③在 2006 年对中华人民共和国民族区域自治法进行执法检查的基础上，进一步检查分析国务院及其有关部门制定民族区域自治法配套法规规章的进展情况，跟踪检查执法检查报告中所提意见、建议的整改情况，为常委会 2008 年听取和审议国务院关于民族工作的报告做好准备。有关工作由民族委员会负责组织和落实。

2008 年执法检查未成年人保护法、农民专业合作社法、环境影响评价法、劳动合同法、义务教育法。2008 年 9 月 17 日至 28 日，全国人大常委会义务教育法执法检查组分别由路甬祥、蒋树声、严隽琪副委员长和白克明主任委员带队，赴云南、湖北、黑龙江和甘肃进行执法检查。

2009 年 2 月，全国人大常委会审议通过食品安全法，当年 9 月便在全国范围开展了首次执法检查，2011 年 3 月至 5 月再次组织开展执法检查。就一部法律如此密集地进行执法检查，这在全国人大常委会的历史上尚属首次，足见中国最高国家权力机关对食品安全问题的关注。

2009 年，全国人大还开展了畜牧法执法检查，提出加强动物疫病防控、防止畜牧产品价格大起大落，开展对"瘦肉精"和黄胺类药物添加剂的使用检查。同时，对工会法的实施情况开展了新一轮的执法调查。

2010 年 1 月至 2 月，全国人大常委会再次开展中华人民共和国台湾同胞投资保护法执法检查。2010 年 3 月至 4 月，妇女权益保障法执法检查组分为 6 个小组，分赴天津、吉林、山东、安徽、广西、陕西 6 省（区、市）进行检查。根据 2010 年监督工作计划，全国人大常委会于 10 月组成执法检查组，对节约能源法的实施情况进行了检查。2010 年 4 月上旬至 5 月中旬，全国人大常委会组织开展科学技术进步法执法检查。执法检查组分为 6 个小组，分赴辽宁、上海、江苏、安徽、湖北、广东和四川 7 个省市进行检查。2010 年 8 月 30 日，全国人大常委会委员、全国人大农委主任委员王云龙率全国人大常委会执法检查组就农业技术推广法贯彻实施情况进行为期 5 天的执法检查。2010 年 9 月 10 日，全国人大常委会委员、农业与农村委员会副主任委员张中伟率全国人大执法检查组检查农业技术推广法和种子法贯彻实施情况。2010 年，全国人大常委会将清洁生产列入当年执法检查重点工作，吴邦国委员长还作了重要批示："要通过监督检查，督促有关方面高度重视清洁生产，把它作为促进转变经济发展方式的重要措施，完善法规、政策，健全体制机制。"

2011 年 3 月至 5 月，全国人大常委会开展了食品安全法执法检查工作。代表提出的"推进食品安全监管体制机制建设"、"加强食品安全源头治理"等意见和建议，作为执法检查的重点内容之一。2011 年 8 月至 10 月，全国人大常委会执法检查组分赴湖南、安徽、吉林、河北、山东、甘肃 6 省开展了农村土地承包法执法检查，同时对农村土地承包经营纠纷调解仲裁法的实施情况进行检查。2011 年 5 月至 7 月，全国人大常委会组成执法检查组，对老年人权益保障法的实施情况进行了检查。在 2011 年 8 月 24 日第十一届全国人民代表大会常务委员会第二十二次会议上，审议了全国人民代表大会常务委员会执法检查组关于检查老年人权益保障法实施情况的报告。2011 年 9 月 13 日至 16 日，全国人大常委会副委员长蒋树声带队赴吉林省进行农村土地承包法执法检查，结合检查农村土地承包经营纠纷调解仲裁法，以进一步贯彻落实党中央关于保持现有土地承包关系稳定并长久不变、赋予农民更加充分而有保障的土地承包经营权的政策。全国人大常委会执法检查组于 2011 年 7 月至 8 月分 3 个组赴黑龙江、广东、辽宁、浙江、福建、河南等省开展检查工作，并委托天津、山西、内蒙古、上海、江苏、安徽、山东、湖南、云南、甘肃 10 个省区市人大常委会分别对本行政区域内劳动合同法的实施情况进行检查。

（2）对重大违法案件实施监督。全国人大常委会和地方各级人大常委会对司法机关包括法院和检察院在案件办理过程中出现的重大违法行为或显失公正的司法活动强化了监督工作，以达到督促和支持司法机关依法办案、秉公执法的目的。这方面的监督工作几经调整监督方式之后，大体上找到了既能达到监督的目的，又不致影响司法机关独立行使检察权和审判权的契合机制。经过不断地探索，取得了不少的经验和成效。

（3）督促执法责任制和错案追究制的落实。在国家法治不断深入发展的过程中，为了健全法制以及满足广大人民群众对政府执法行为和司法机关的司法行为廉洁、公正的需要，在"一府两院"内部逐步建立起了一种自律性监督和权力行使的约束制度，主要是由执法责任制和错案追究制度所构成。这是一个很有创意又有一定绩效的自我监督制度。全国人大常委会为了督促这两项制度的落实，也采取积极配合的态度，通过采取审议专题汇报、开展执法检查、询问等方式，督促、检查、协助"一府两院"落实这两项制度，防止形式主义和走过场。

（4）质询、特定问题调查等监督手段也在不同程度上有所运用。质询、特定问题调查、罢免这些带有"刚性"的监督手段，是宪法和法律赋予包括全国人大常委会在内的各级人大常委会强而有力的监督手段，但实践上除了有质询手段的运用，关于组织特定问题调查委员会的实践迄今为止尚未使用过。

2010 年进行过 4 次专题询问分别是：6 月 24 日，十一届全国人大常委会第十五次会议分组审议国务院关于 2009 年中央决算进行了专题询问。8 月，通过联组会议的形式对国务院的专项工作报告进行审议，并进行专题询问，是全国人大常委会今年举行的第二次专题询问，也是首次以联组会议形式进行的专题询问。8 月 27 日，十一届全国人大常委会第十六次会议召开联组会议，审议国务院关于国家粮食安全工作情况的报告，并进行专题询问。12 月 24 日，十一届全国人大常委会第十八次会议召开大联组会议，审议国务院关于深化医药卫生体制改革工作情况的报告，并进行专题询问。

2011 年进行过 3 次专题询问分别是：6 月 28 日，十一届全国人大常委会第二十一次会议召开分组会议，再度对 2010 年中央决算报告进行专题询问。10 月，在第二十三次常委会会议上，全国人大常委会不仅听取了国务院关于城镇保障性住房建设和管理工作情况的报告，还在次日分组审议了报告，并且在第三日专门举行联组会，就城镇保障性住房建设和管理问题展开专题询问。12 月 30 日，十一届全国人大常委会第二十四次会议在人民大会堂召开联组会议，专题询问国务院关于实施《国家中长期教育改革和发展规划纲要（2010—2020 年)》工作情况。

从以上综合的全国人大特别是全国人大常委会的宪法监督手段、方式以及实践上看，最高国家权力机关自身有宪法资质、职权和能力进行包括组织特定问题的调查委员会和从事相关的职务行为。当然，这种职务行为可以由最高国家权力机关自己担当，也可能由其授权其他国家机关或人员独立承担或参与承担，包括对其中有重大法律检察意义的重大违法事件的特定问题，只要由最高国家权力机关认为有必要，就可以授予最高人民检察院包括我们倡议建立特别检察官制度中任命的特别检察官具体负责有关的特定问题的调查。这不仅在宪理、宪政结构上没有任何障碍，而且作为监督的形式、手段，也是对最高国家权力机关担当的宪法监督的形式、手段的丰富和补充。

3. 最高人民检察院自身的实践经验总结与建制拓展。尽管中国迄今为止尚未有真正意义上的"特别检察官制度"的建立，但有些实践活动明显地带有这种制度的性质，主要体现在以下实践活动中：

（1）特别检察厅的建立和对林彪、江青反革命集团案的10名主犯提起公诉。"文化大革命"运动结束的标志是1978年宪法的制定与颁布实施。之后于1979年7月第五届全国人大第二次会议通过并颁布了第二部人民检察院组织法。有了宪法和人民检察院组织法的依据，结束"动乱"后的中国开始了大规模重建工作，到1979年年底，在全国范围内各级检察机关基本上组建起来，并相继开展了各项检察业务工作。

（2）组建后的最高人民检察院按照中共中央的指示，积极投身拨乱反正、平反冤假错案的工作，保障了公民的民主权利。此外，所做的第一项重大的检察业务工作，是1980年9月29日在第五届全国人大常委会第十六次会议通过《关于成立最高人民检察院特别检察厅和最高人民法院特别法庭检察、审判林彪、江青反革命集团主犯的决定》后，于1980年11月5日组成特别检察厅，由时任最高人民检察院检察长黄火青亲任特别检察厅庭长，顺利完成了对林彪、江青等10名主犯的公诉工作。

除此之外，在其后特别是最近的10余年间，在由国务院组成的一些对特大安全事故如矿难、交通事故以及严重的污染造成的环境灾难事件的各种类型和不同规格的"事故调查和处理小组"中，也都由最高人民检察院派员参与相关事故的调查和处理。同样，在地方上各个级别的检察机关都派员参加地方上相类似的"事故调查和处理小组"，参与了相关事故的调查与处理。

（三）创建"特别检察官制度"的粗略构想

在我们前面的综合分析和介绍中，我们认为在中国宪政体制内充分利用现有的检察资源提议创建"特别检察官制度",不仅有了宪理和法理的支撑,还有相对丰富的既往经验可以吸收。故此,应当认为这种创意,不仅是可能的,而且是可行的。鉴于这里只是一种学术上的创意和提议,我们不便也不需要进行详尽的策划其中各种细节,只是作一粗略的构想和设计。要点如下:

1. 应当由最高国家权力机关先行作出这种决议,并继而制定出相应的特别检察官制度法。

2. 明确确定在国家最高人民检察院内建构"特别检察官制度"。

3. 在最高人民检察院内建立相应的机制,建立国家"特别检察官"储备人员队伍,一旦国家最高权力机关决定启用"特别检察官"从事相关的特别问题的调查,最高人民检察院便能立即响应,启动相关机制,确保能及时派出"特别检察官"而且能够迅即开展相关调查工作。

4. 建议"特别检察官"储备人员队伍由时任最高人民检察院检察长担任"首席特别检察官"职务,而由一名或多名副检察长协助并从事专门的业务工作,但只能以"首席特别检察官"的名义作出调查结论和处理提议。

5. 最高人民检察院体制内有必要设立简化的常设之类的办公机构以处理日常业务和管理工作,但启动"特别检察官"从事相关调查工作之后,可迅即组建起强大的工作班子。其成员由最高人民检察院内各业务部门选派,以节省国家司法资源。

6. "特别检察官"依法独立进行调查,当调查需要其他国家机关、人员和公民配合时,无论是索取资料还是作证,都必须无条件地满足"特别检察官"的要求,这种相应的权利与义务由特别检察官组织法明文规定。

7. "特别检察官"办案所需经费及相关办公工具的费用，在国家财政体制内依法予以单列，并严格审计防止浪费、挪用和滥用。

8. "特别检察官"一事一启用，案了任职也就结束。

9. "特别检察官"的业务工作原则整体适用国家检察体制的业务特点，其中最重要的是程序性，没有处理权。对相关特别问题的调查要做出详尽的报告，并提出相关的处理意见，分别不同案情交由最高国家权力机关、国务院或最高人民法院作出最终处理决定。

以上只是粗略的构想和设计，未尽事宜肯定还有很多，留待有政治和法律智慧之士徐徐谋划，当然前提是这种创意和提议被政治层面所认可和采纳。

二十一、分阶段改变检察建制分级设置和管理体制，逐渐强化并最终实现一体化建制和管理模式 *

关于包括法院和检察院在内的司法体制的科学而又合理的设置问题，自国家改革开放以后已经在法学界讨论多年，包括笔者在内的一部分学者认为应当也是可以改变目前的分级设置和管理模式的，逐步强化并最终实现一体化建制和管理模式，特别是由检察体制的性质和特点所使然，检察体制更应当和可以实现一体化建制和管理模式。在检察理论界，近些年来，关于检察体制的一体化，"上命下从"和改善与地方人大的相互关系，以及相应的单一和双重领导体制问题的研究和讨论相当活跃，事实上已经成为一个热门，也是难点的研究话题。不过，一些有影响的检察理论界学者对此研究已经发表过大量的

---

* 本部分内容为笔者承担的最高人民检察院 2009 年检察理论研究重大课题——《中国特色社会主义检察制度的完善》的阶段性成果。

有见地的研究成果。但总的来看，由于现实宪法和宪政关于检察体制建制、领导和监督的刚性规定所约束，再加上检察体制建制和管理的既定事实难以在实践上有所突破，更在于检察理论本身视域的限制，在这方面的研究并没有重大的进展，更没有在法学界和国家政治层面上引起更多的关注，被检察理论界之外的学界甚至检察理论界内部一些学者所诟病的检察理论界在"自说自话"方面，这就是其中说得最多的一个话题。不过，平心而论，如果说让检察理论界自身在理论界做些陈述和演绎并无不可，其实也是其分内之事，但如果让检察实务界担当在检察建制、领导和管理体制上创新的责任，以及随之改变国家宪法确认下来并在国家宪政上实行多年的建制、领导和管理体制，确实也是难以承受之重，学术界和实务界对此不能苛求，也是理所应当的。不过，从我们宪法学界的立场出发，又站在国家宪政的高台上来审视这一具有极大潜在价值的检察体制方面的改革，倒是少了不少的顾忌，并且可以放笔多做些直白的和深入的分析和讨论，这或许就是由宪法和宪政学术界的人士承担此类研究项目的优势所在。

在论及这一主题之前，再多用一些笔墨阐释一下有关这方面具体设想和提议的理论背景特别是宪法理论和宪政学说的理论背景，不仅是必要的，而且是重要的。没有宪法观念和宪政文化上的学术自觉，就不会深切理解这方面检察改革的必要性和重要性，更不必侈谈在实践上有所尝试和进取了。这方面需要探讨和分析的话题当有如下几个：

（一）单一制的国家结构不仅不是实现检察一体化体制的障碍，相反却是一个最适宜适用一体化建制的基础和条件

从宪法学国家结构理论上看，世界上的近现代国家大体上可以分为联邦制和单一制两种，当然也有一些国家处于居间的

形式，既不是单纯的联邦制，也不是单纯的单一制。联邦制和单一制的形成，既有历史、社会、民族、经济、地理等因素和条件的影响，更有现实的政治因素的强烈影响。在当代的世界国家格局中，大多数地域性大国，如美国、加拿大、巴西、俄罗斯、印度等国家都是比较典型的联邦国家，作为地域性大国的中国是唯一的例外，中国由特殊的历史、民族、国家观念、地理条件和中国共产党领导的民族、民主历程等因素和条件所决定，中华人民共和国在建立时就确立了单一制的国家结构，这在《中国人民政治协商会议共同纲领》和建国后颁布的历次宪法中都得到确认性的规定。没有客观的价值标准来评判联邦制和单一制谁优谁劣，谁好谁差的问题，应当说各有所长，也各有所短。

然而，这种国家结构形式的选择并不是一种没有意义的事情。它们从一个重要的方面影响着国家政权组织形式或者说国家政治结构的样态，从而从更深的层次影响国家政权的稳固程度、政治统治的集散、社会管理的效率等方面。

从司法权力分支的建构上看，联邦制建立两套各自独立的司法机关势在必行，因为联邦制的基本特点是由"合众国"构成的，即联邦国家承认并尊重组成其国家的各个成员本身就是一个相对独立和完整的国家，即我们通常所说的"国中之国"，既然是一个"国家"，自然就保持自己相应的主权地位，其标志是有自己作为成员国的"国家宪法"和相应的国家权力机构，包括司法机构，这就是说，在以法院为主要体系的西方司法机构自成一体，它们以联邦法院系统并没有联邦法院与地方性法院，即中央与地方司法机构的上下统一和相对应的关系。由于西方国家通常没有独立建制的检察院系统，所以从法院的建制和设置来说，根本不可能形成上下一体的结构形式。至于联邦法院与各州、省、加盟国的法院之间的相互关系，各国都是根据国情加以适当的调节，通常是联邦主体在其成员国设立相应的各种形制的"巡回法院"，联邦设上诉法院以接受审理由于当事人不服各成员国法院的审判结果而提出的上诉申请，以及联邦最高法院可以将有关案件发回成员国法院重新审理，或者自己作出结局性的裁判等。

而在单一制国家则不然，由于国家是一个统一的整体，所以必须设立一个中央国家权力机关，执掌全国一切重大的政治、经济、社会、文化教育、军事、外交等重大国事，并且用一部通常是成文的宪法加以确认和固定下来。在单一制国家特别是地域广大的国家，为了管理上的便利并适当照顾地方的利益和特点，国家的中央政权会依情势和需要设立地方政权，在典型的单一制国家，地方政权首长通常是中央政权委派任命的，各种科层结构大体也与中央政权的分支机关相对应。在中国，虽然国家是一个统一的单一制国家，但并不是特别典型的单一制，因为在全国除了由公民间接选举的全国人民代表大会作为国家最高权力机关之外，在地方，也由公民直接或间接选举产生地方各级人民代表大会作为地方国家权力机关，在全国人民代表大会与地方各级人民代表大会以及地方各级人民代表大会之间并没有直接的领导与被领导的关系，其地方首长在名义上也是由相应的地方各级人民代表大会选举产生而不是由中央政权直接委派的，当然，由于执政党处于国家的领导地位，所以在事实上执政党的中央和地方上级党委在决定由谁担任地方政府首长方面有着强烈的话语权甚至是决定性的，这是由中国国情决定的。因此，在中国非典型的单一制政体下，地方各级权力机关和地方政府有着相对的独立性和并非完全意义上的自成一体。正是基于中国宪法所确认的中国政治制度和政权组织方式的这一现实，中国的司法机关包括审判机关和检察机关为了顺应这种政体形式的合法性、内在逻辑的自洽性，以及为了在经济等社会事务照顾地方的特点和现实需要包括财政分级管理的现实需要，也将司法机关视同地方政府机关一样，由地方各级人民代表大会选举产生各相应级别的法院院长和检察院检察长，并相应地"派生"出法院系统和检察系统。这就是中国现实包括检察院在内的司法机关实行分级管理的宪法依据和宪政结构统一性使然。当下法学界特别是检察理论界和实务界之所以对"上命下从"的检察一体化的研究和讨论难以深入，更提不出具体的改革设想，宪法规定和宪政现实恐怕是最重要的障碍之一。但如果我们从学术意义的另一个侧面来考量的话，或许能够看到另一种改革的前景和宪法与宪政在这个方面的潜在价值。在统一中也存在局部的差异，单一制并非完全排除个别的例外和区别对待。事实上，在中国的宪政体制中，这种局部差异、例外和区别对待早已存在。例如，在国家的行政机关的产生和领导关系上，就存在一种我们可以称之为二元结构的性质和特点。一方面，地方各级人民政府是地方各级相应级别的人民代表大会的执行机关，由相应的地方各级人民代表大会产生，向它们负责并报告工作；同时，地方各级人民政府作为国家行政机关由上级领导下级，最终由国务院，即中央人民政府统一领导，这就是说，国家的行政机关是一个"上命下从"的一体化整体。再例如，国家的海关系统也是一个由国家海关总署领导的一体化整体，包括海关口岸的设立、海关首长的委派以及海关的建制，统一由海关总署领导和管理。还有，国家的国税部门也是一个国家税务总局统一领导的一体化结构。由此可见，在中国的单一制国家结构中，自成一体的行政机关不仅存在，而且正在加强，像一些专业性的特殊事务的管理，如黄河管理委员会、长江管理委员会等。其管辖事项虽跨越好几个省（区）市，但在领导体制、人事制度等方面并不受地方政府的辖制。事实上，这些"上命下从"自成系统的一体化行政机关的设置、领导和管理等早已构成中国宪政的一个重要有机组成部分。在宪理和法理上并不认为是与宪法和宪政不符合或背离的。

由是观之，在考量中国检察体制改革时，如欲针对现实分级管理的体制进行改革，宪法和宪政并非是一个不可逾越的障碍，只需要事前通过修改宪法适当调整宪政结构即可，或者如实行经济体制改革那样，先行改革待时机成熟时，再通过修改宪法加以确认。总之，无论是国家成文宪法还是国家现存宪政结构都为实行检察机关"上命下从"的一体化改革预设了可以操作的空间和机制，我们迫切需要解决的现实障碍或许就是我们是否对"上命下从"的一体化改革价值有深切的体认，对这方面的改革是否有强烈的欲望，以及决心和勇气。总之，是非不能也，或许是不为，再或者是不想为也！

关于独立行使检察权的形制保障问题。在讨论这个问题之前，对有关的理论背景首先需要作出交待：

1. 从我们宪法理论和宪政学说的基础理论上看，中国的学术界包括法学界及检察理论界，对一般意义上的司法独立性有着比较深切的研究，其中还有相当多的学者在司法独立性问题上有着强烈的价值看重甚至推崇的倾向，这无可厚非，其中的原因不仅在于我本人就是极为看重司法独立性的宪法学人，并进行过较为深入和精细的研究，在一些著述中曾展列过这方面的研究成果。[1]而且在宪法理论和宪政学说的基本观念上笃信西方一代又一代的学者所不断强调和重申的司法独立性是立宪主义极其重要的基本原理之一，号称宪法学乃至一般法学的"精髓"。"精髓"之为物，犹如中国医学所言人的生命的根本是一种被称为"精气"的东西，虽然无形无象，人们看不见、摸不着，但它确实存在人的生命体中，精力足，人的体格健壮；精气衰，则人体虚弱甚至发生各种疾病；而一旦精气耗尽，则人的生命终止。司法独立性就犹如上述人的"精气"一样深切地影响着宪政和法治的品质，甚至关乎立宪主义的成败。就其一般的理论意义上，对司法独立性怎么高调地强调，都不过分。因为它就是立宪主义的"精髓"，或者说是宪法、宪政、法治的生命根本所在。

2. 对于司法独立性在理论上的深切体认和价值上的看重或推崇，并不能代替其在宪法规定和宪政运作方面的具体分析。就世界各种形式的总体而言，司法独立性并非得到各国宪法一致的体认与规定，有些只是得到不完全的体认与规定，就中国宪法而言，就属于这种情况，需要法学界特别是其中的检察理论界的正确解读。然而，我们有些遗憾地看到，许多法学和检察理论的学术著述都没有做到正确解读，反而是误读。

从我们宪法学的立场上看，在中国的政治框架中并没有给予司法机关，确切地说是法院和检察院以独立的政治和法律地位。在人民代表大会这个基本的政治制度中，法院和检察院都是由最高国家权力机关和地方各级国家权力机关"派生"的，对各该级的人民代表大会负责，甚至沿袭成为惯例，在每年一

---

〔1〕 详细内容可参见陈云生：《宪法监督司法化》，北京大学出版社 2004 年版，第五章第六节。

度的人民代表大会上还要报告工作，并以代表无记名投票的方式接受能否被通过的评价。中国现行宪法之所以作出这样的司法安排，是因为在 1982 年制定新宪法期间，中国主导的政治和立宪力量有着强烈的无产阶级意识形态倾向，即中国为了保持马克思主义特别是其中的国家学说的纯洁性和正统性，绝不搞西方三权分立的"那一套"，不仅在政治制度的设计上不搞，甚至连立法、行政、司法这样典型西方政治学和宪法学的概念都拒绝使用，更不允许在宪法文本中出现。这就是说，中国宪法既没有三权分立政治原则的运用，更没有三权分立的形制，而作为三权分立中一个重要分支的司法权及其内含的司法独立的品质，势必没有任何存在的余地。由是观之，在中国法学理论中包括检察理论中所有关于中国宪法学意义上有关司法独立性的表述都是不准确的，确切地说，是对中国宪法的误读，或者说有关中国司法独立性的表述只是表述者个人一厢情愿而已。与此同时，我们也应当注意到，中国宪法尽管拒绝三权分立的原理及其典型概念的使用，但从宪法的科学性出发及对司法独立性有条件和限度的承认，中国宪法对司法独立性的拒绝并非断然地拒之于千里之外，而是规定了部分的适用，即宪法第 126 条规定："人民法院依照法律规定独立行使审判权，不受行政机关、社会团体和个人的干涉。"第 131 条规定："人民检察院依照法律规定独立行使检察权，不受行政机关、社会团体和个人的干涉。"由是可见，正确的宪法解读应当是：中国并没有西方宪法意义上的，或者说没有完整宪法意义上司法独立性，那种独立性包括产生、建制、运行、人事、财政各个方面；而中国宪法只承认并规定运行方面的，即行使审判权和检察权这个单一环节的"独立性"或"独立运作"。

还有一种并非典型的误解也值得一提，即将司法独立性作为立宪主义原理之一不仅在学术界也在出版界被认定是"错误的",其理由是中国不承认三权分立及其司法独立性原则,故不应当将此作为一般性的立宪主义原理之一。这可能反映了受中国式法学教育的相关人士对三权分立包括司法独立性的批判和拒斥的影响颇深,不仅认为中国宪法不应当有独立性的立宪主义原理及其形制的存在,就是在一般的或普遍的立宪主义原理中,都不应当承认司法独立性的存在。没有将一般和具体或普遍与个别相区别,或许不只是对中国宪法关于司法独立性的误读。

3. 中国法学界特别是检察理论界如欲对检察体制上的"上命下从"一体化建制与管理模式有更深切的体认,并赞同或启动相关的分级建制和管理制度的改革,还需要强化对检察特点的研究。在法律的相关环节中,现在法理上普遍承认客观上存在立法、执法、司法、守法这些环节。检察权的行使或检察体制的建立,无论从其发生学的意义上,还是在后续的一系列发展进程中,都集中在除立法环节之外的环节上。这就意味着,一个国家的立法机关一旦制定完成一部法律,立法权的行使及相关的立法技术等就大体上完成了。当然,从国家的全局和连续性上看,立法是一个接连不断的过程,当一部法律制定完成,自然就把自己的注意力和立法资源用于其他法律的制定,从而开启了另一部法律的制定进程。然而法律制定完成以后,自然就进入了实施和执行阶段,并进而可能进入司法阶段和无论何时都会进入守法阶段。就是在法律实施或执行之后的一系列环节分别或相衔接进行的过程,检察权及其制度就开始在其中担当角色,进入相当程序并发挥法律检察或如中国式的法律监督的机能与作用,以监督法律得到全国范围内不分地方、不分级别的一体正确遵守和执行。这也是列宁最初为苏俄和苏联检察机关所确定的检察权行使的基本原则。这一原则应当说在世界范围内都是普遍承认的，但不是说西方的承认也是源于列宁的提出和阐述，无论理论来源何处，保障法制得到正确、统一的实施，以及从法律实施的整体环节上都使正义得到伸张和人权得到保障，这是全世界的法学理论和检察机能与职权所承认的。中国的检察理论在这种共同承认的检察价值与功能的基础上，再加上承认和尊重列宁主义的检察思想，这种双重的理论来源和指导思想就愈加使中国的检察价值与功能在保障国家法制统一而又正确地实施方面得到格外的强调和强化，从而彰显了中国检察制度的特色。

4. 同样重要的是，中华人民共和国建立史上有过"上命下从"一体化的实践，其中的经验值得我们格外珍视并应当进行深入地总结和研究。故就此只作些简单的梳理。

"检察一体"又称"检察一体化"或"检察一体主义"等。它包含两方面的"一体"，一为"组织"上的"一体性"，即将检察机构不管分成多少层级结构，也不问其数目有多庞大和其种类有多繁多，都将其组成一个统一的整体，在对外与其他国家机构的相互关系中，只以一个名分出现，也只以一个声音说话。二为"活动"的"一体性"，即无论是由哪一级的检察机构，也无论是由哪一位检察官作出的检察活动，都视为检察机关作出的决定，共同为有关的活动或决定负责。检察一体化主要是通过以下机制的建立和实施实现的："上命下从"，上级检察首长就下级检察官处理的检察事务，不但有指挥监督权，还有职务收取权和职务转移权，下级检察官则有相应的服从义务和报告义务。检察一体化体制主要是在西方国家实行。在中华人民共和国的检察史上，曾短暂地实行过检察一体制，但不典型，主要体现在检察权的独立行使和各级检察院的首长任免制度以及领导体制等方面。

1949 年 12 月《中央人民政府最高人民检察署试行组织条例》的颁布，是中华人民共和国决定建立人民检察署机构以后的第一部正式组织法。该组织条例第 2 条规定："……全国各级检察署均独立行使职权，不受地方机关干涉，只服从最高人民检察署之指挥。"第 5 条规定："最高人民检察署检察长主持全署事宜。副检察长协助检察长执行职务。"第 7 条规定："最高人民检察署委员会议，以检察长、副检察长、秘书长与委员组成之，以检察长为主席。如检察委员会意见不一致时，取决于检察长。"1951 年 9 月 3 日通过的《中央人民政府最高人民检察署暂行组织条例》第 3 条规定："最高人民检察署受中央人民政府委员会之直辖，直接行使并有领导下级检察署行使下列职权……"第 5 条、第 6 条均沿用了上述试行组织条例第 5 条、第 6 条的规定。1951 年通过的《中央人民政府最高人民检察署暂行组织条例》和《各级地方人民检察署组织通则》又将垂直领导改为双重领导体制，即地方各级人民检察署既受上级人民检察署的领导，又是同级人民政府的组成部分，受同级人民政府的领导。对于这种改变，时任中央人民政府最高人民检察署副检察长的李六如曾在上述两部组织条例和组织通则的说明中作出了如下的说明："在原来的最高人民检察署试行组织条例中是采取垂直领导的原则的，但因试行一年多的经验，有些窒碍难行之处。故修正案改为双重领导，并在各级地方人民检察署组织通则中规定：各级地方人民检察署受上级检察署的领导，同时又为各级人民政府的组成部分，受同级人民政府委员会的领导。所以作如此的修改，因为我国过去曾经是半封建半殖民地的社会，经济发展既不平衡，各地情况悬殊不一，地域辽阔，交通不便，而各级人民检察署，目前又多不健全或尚未建立，因此暂时还只能在中央统一的政策方针下，授权于地方人民政府，使其发挥机动性与积极性。同时我们人民民主政权的发展过程，是由地方而中央。关于当地的一些具体问题，地方政权领导强，经验多，易于了解本地情况；各级地方人民检察署是一个新设立的机构，干部弱，经验少，尚需当地政府机关根据中央的方针计划，就近予以指导和协助。故此时将垂直领导改为双重领导，是切合目前实际情况的。"[1]

从我们研究的立场上看，上述的说明主要体现了中国执政党和国家在革命和建设上一贯秉持的实事求是、具体问题具体分析、原则性和灵活性相结合等思维方式和思想作风，这本身既是一种治国经世的科学精神的体现，又彰显了灵活地运用科学原理的政治和法律智慧与艺术。但如果我们在学术上也采取这种实事求是的科学态度来审视检察领导问题，站在今天的立场上，我们既可以对既往的经历和经验作出客观的反思，又可能从检察权和检察机关的科学品性做出展望性的预设和改变。

1. 作出检察领导体制改变是基于当时的社会基础和条件的现实考虑的，因为原来的半殖民地半封建社会百废待建，千事待兴，对于经济发展的落后和交通不便的状况是不可能在一朝一夕就能改变得了的，需假以时日这是自然的。然而，从今天的立场上看，经过 60 多年的社会主义建设和发展，中国原来半殖民地半封建的社会基础早有了根本性的改观，除了原来社会的某些遗存或影响尚存之外，很难想象如今发达的新兴大国的地位和形象有何必要再与一穷二白的"东亚病夫"的社会景

---

[1] 闵钐编：《中国检察史资料选编》，中国检察出版社 2008 年版，第 397 页。

象相提并论。以社会基础和条件在今日之巨变，或许会引起我们关于检察领导体制也需要适应时代的变化而加以改变的联想和启迪新的思路。

2. 当时的地方各级人民检察署多不健全或尚未建立的状况也发生了根本性的改变，检察体制自改革开放以后重建以来，早已建成一个各级设立完全、机构健全、检察官人数二三十万之众的庞大的司法机构系统。如何领导和管理这个庞大的组织系统问题应当再次引起关注和思考。即使单纯从管理科学的立场上考察，或许实行对其集中统一的领导更能实现其制度价值的预期以发挥其制度的功能和作用。

3. 关于只能在中央统一的政策方针下，授权于地方各级人民政府，发挥其机动性和积极性的考量，现在依然适用，而且还是现行宪法所确认下的中央与地方相互关系的基本指导原则。但也应当看到其中的变化，即现在已经不是仅仅全凭中央的政策方针的指导而开展包括检察事务的各项工作了。国家已经建成了庞大的法律体系，目前正在实行依法治国，也在实现由执政党的政策方针之治向法治同时结合政策方针之治的战略转变。发挥地方的机动性和积极性的内在价值固然存在，但早已经不是中央的政令不能畅达地方的状况了。在组织系统完整建立的前提下，通讯又是如此发达的今天，对检察组织实行一体化的集中领导和管理已经不再存在任何"窒碍难行之处"了。

4. 关于地方政府领导强、经验多，易于了解本地情况，故能对新设立、干部弱、经验少的检察机关予以就近指导的历史状况，现在不仅在事实上需要重新审视，而且由此而产生并长期形成的司法权行使的诸多"窒碍"的痼疾，最值得反思和改变了。固然，人们一般不会否认地方政府的上述优势，但地方各级检察机关经过 30 多年的建立和健全过程，其检察官无论在资质上，还是经验上早已不能与往昔同日而语了。现在的问题是，囿于 30 多年的双重领导和分级管理体制，特别是地方政府在人事、财政方面的体制，事实上反而造成了检察机关建设和检察权行使方面的一些弊端，而且还累积成为痼疾，这就是包括检察理论界在内的法学界早已注意到并力倡改变的检察体制的"地方化"倾向与问题。原先的"就近予以指导和协助"的"便宜主义"预期，如今在相当严重的程度上形成了对地方各级检察机关及其权力行使的不适当的介入甚至干扰。其中包括让检察机关在内的司法机关承担非职业性的地方中心任务，如招商引资等。笔者在地方检察机关建设和检察权行使的实地调查中发现有些地方的检察官反映最强烈的问题之一，就是抽调部分检察官甚至全部去平息一些群体性的突发事件，无形中将包括检察机关在内的司法机关作为"维稳"便利而又实用的工具，在有的边远地区，检察机关竟在这方面的"维稳"工作被抽调一部分甚至全部人员，每年用去大约 1/3 的业务工作时间去参与地方"维稳"的各项活动，对正常的业务工作造成了严重的影响。这还只是人力和时间方面的付出，更有些是地方政府或其个人对检察案件的干扰，造成该捕不捕、该诉不诉、该监督不监督等司法不公现象，这早已成为社会公众和国家政治层面长期以来普遍关注和需要着力加以解决的社会和法律问题了。由此可见，原来设立双重领导体制的价值预期尽管在当时有其合理性和必然性，从而显现出特定的优势，但随着社会的发展和变化，原先的优势却变成了现在的劣势。但无论是业内还是业外人士，对此除了关切并呼吁加以改变之外，似乎没有什么良策，或者有识之士虽有良策但出于各种考虑不愿提出。我们认为，适时改变过往行之已久的检察机关的"双重领导"体制，实行"上命下从"的一体化建制，改由最高人民检察院以最高人民检察院检察长个人的名义实行垂直领导，或许是一个从根本上改变现状之道。

（二）关于实现检察"上命下从"一体化与垂直领导的粗疏设想

鉴于这一重大检察改革的重要性、复杂性以及长期性，本部分只作出一些初步的设想，画出一条朝着这方面改革的路线图，不必要现在就作出详尽的规划。原因在于：（1）这只是检察理论界一部分学者，而在法学界特别是宪法学界目前恐怕只有笔者本人有此设想、提议和规划，至少在目前还不能，即使在可预期的未来也未必就可以成为推动这方面检察改革的理论力量；（2）这是一个庞大而又复杂的检察改革工程，牵一发而动全身，甚至在没有法院系统联合或同时启动改革的情况下，很难甚至不可能单枪匹马地全面进行这方面的重大改革；（3）这种改革涉及执政党领导方式和国家宪法和宪政等方面的政治改变的全局，没有执政党和国家政治领导力量的深刻体认与推动，是不可能进行这方面的改革的，而领导国家的政治势力要实现宪法文化和宪政体制的自觉、政治改革意愿的增强和实际政治改革进程的启动与增速，国家权力机关对监督国家检察权行使必要性和重要性的进一步体认与实务上的大力推进等，都需要假以时日，甚至从一定的意义上说，首先要经历一段相当长时期的上述意识、观念和思想的启蒙阶段；相反，正是出于对国家检察体制的热切关注和对其光辉前景充满期待之情，笔者才作出如下的粗疏设想并画出一幅简单路线图。具体说来就是：

1. 要实现这方面的改革，首先需要做好基础理论的支撑。鉴于目前中国学术界包括检察理论学术界除少数有力度的研究者[1]之外，从总体上尚未将此类话题作为重大的理论课题进行深入的研究，致使这方面的整体理论显得十分薄弱，正如孙谦教授引用西方学者不无感慨地指出的："到了20世纪中叶，问题依然存在。1960年代，德意志法律界再度为此问题重燃战火。德国学者洛克辛强调：创设检察官制度开始于法治国与自由主义的构想。如果此初衷连在法律人的意识中也再三被湮灭，那么其中一个关键原因，便是暧昧模糊的'上命下从'（引号为笔者所加）问题！奥地利检察长巴林（Pallin）认为，对我们法律人来说，一个问题经历一百多年争论，竟然还找不出一个令人普遍满意的答案，这实在不是什么光荣的事情！"[2]不是长他人的志气，灭自己的威风，连有着几百年近、现代法律发展史和一百多年检察理论和制度史的西方法律学术界尚且如此，对于我们这个法治进程颇为晚进的国家来说，就必然和事实上也确实是相当缺乏这方面的理论建树的。为此，我们提议，有关国家学术研究的组织者和实施者，应当立即着手进行这方面的理论研究规划，并投入较大的资源力量支持这方面的专题理论研究。

2. 我们赞同孙谦教授关于检察改革应统一、自上而下推进式的路径选择。[3] 这是领导国家的政治力量的领导方式、国家的单一制政体、宪法和宪政的深层次政治结构等因素决定的必

---

〔1〕 孙谦教授在其主编的《中国特色社会主义检察制度》一书中，其中第五章第五节对"检察一体原则"作出了较为详尽综述和分析，参见孙谦主编：《中国特色社会主义检察制度》，中国检察出版社2009年版，第270~282页。

〔2〕 孙谦：《检察：理念、制度与改革》，法律出版社2004年版，第227页。

〔3〕 参见孙谦：《检察：理念、制度与改革》，法律出版社2004年版，第131~137页。

然选择，但不应当认为这是一种无奈的、消极的选择。其实这种自上而下统一的推动式改革有其巨大的优越性，既然执政党和国家是一个巨大的改革资源，更没有任何理由不加以充分的利用。建议由执政党组建的司法改革领导小组和学术界倡议在国家体制内建立的"司法改革委员会"，立即着手作出规划并进行统一部署。规划和部署应着眼于能够和适宜操作，而不是只指出方向、提出要求，缺乏实际操作的不确定性。

3. 着手进行试验式的改革，即选择一省（区）、一市或其他一定规模的地域进行"上命下从"一体化改革试验，诚如在改革开放初期建立的经济特区进行改革尝试一样，也可以考虑建立一定规格的"检察特区"，在其内实行"上命下从"的一体化改革，待积累一定的经验之后再在其他地区乃至全国逐步推行。

4. 在坚持学术自由的前提下，由舆论和意识形态主导部门和具有学术优势地位的倡导者对这方面的改革予以宽容。宽容之所以必要，是因为这方面的研究并不是一个政治问题，而是一个科学问题；更不能轻言这方面的研究者就一定具有某种意识形态或某种政治倾向之人，而是将其看做平等的研究力量中的一个部分。在过往以及当前的学术理论界，动辄就以某种先定的"错误"为标杆进行划界、排队的做法是不可取的；有文和无形的禁令更应当废止。要真正树立的科学的研究态度，要慢慢体验"真理往往发端于异端"的科学胸怀。在宪法和宪政领域，不要动不动就用"违宪"说事，避免使宪法和宪政领域的研究人为地造成障碍和丧失平等学术交流的优长。我个人主张，凡遇到宪法和宪政的障碍时，不妨运用由西方学者发端，我本人延伸演绎并倡导力行的"反宪法规则决定的法律效力"理论作为分析范式和框架。这种分析范式和框架之所以是可欲的，首先就在于它将宪法和宪政的研究去某种意识形态和政治化，而变成一种科学的探讨对象，从而大大缓解了在过往和现实宪法和宪政科学研究领域中的人为造成的张力和不和谐现象。

5. 进行地方检察院与地方政权脱钩建制的试验，可行的做法莫过于设立"区域检察"，可以横跨数量不等的省级、市级、区级、县级地方行政区划建制，还可以考虑设立"巡回检察院"。这种检察改革的最大优点是去地方化，凸显检察机关的职业地位和优势，但这种检察改革困难也最大，除了现实宪法和宪政体制方面的逾越障碍之外，更在于必须与法院体系的改革相配套进行，还要有其他政治、法律机制方面的配套改革相配合，否则绝难实行。不过，总的说来，就单纯从建制的方面来说，并非一定有不能克服的困难。一者在西方国家早有此建制的先例可援；二者是在中华人民共和国的建国史上，曾在较长的一段时期实行过"大区"建制，积累了许多这方面的经验；三者是现实执政党和国家领导的军事力量仍在实行"大军区"建制。所有这些都可证明，单纯从建制技术上来说，完全是可行的和可能的，关键还在于观念上是否有这种必要性和重要性的体认，以及是否具有这种检察改革强烈的价值诉求。

在法律学术界，长期以来就有学者探讨和倡议法院体制进行这方面的改革，提议设立不同规格的区间法院和巡回法院，看似有些异想天开，其实不然，在中国古代就曾有过"八府巡案"的审判和上诉法律制度之设，在如今如此开放，并在国家大力实行依法治国，建设社会主义法治国家的当代，究竟有什么重大的理由和宪法、宪政障碍使这种司法改革的设想和倡导不能实行？我们认为没有。既然在法律学术界包括检察理论界有学者强烈主张改变目前严重存在的地方化和行政化的痼疾，而这种检察改革又不失为一服医治这种痼疾的良药，为何就不尝试通过先行局部和小范围的试验之后再予以推行呢？

总之，这种包括检察体制在内的司法体制的改革困难是显见的，但改革的价值预期也是最诱人的，相信包括检察理论界在内的法学界和政治、法律实务界对此项提议中的改革充满期待，至于笔者本人不仅充满期待热情，而且满怀信心，坚信在中国宪法、宪政和法治未来发展进程中，一定会实现这种或相类似形制的司法制度，包括检察制度。

二十二、改进、完善和强化最高人民检察院检察长对全国人大和全国人大常委会的个人负责制 *

按照中国宪法的规定，全国人大的职权中包括选举和罢免最高人民检察院检察长，而在全国人大常委会的职权中规定有权根据最高人民检察院检察长的提请，任免最高人民检察院副检察长、检察员、检察委员会委员和军事检察院检察长，并且批准省、自治区、直辖市人民检察院检察长的任免；同时规定监督最高人民检察院的工作。还在宪法第 132 条规定："最高人民检察院是最高检察机关。最高人民检察院领导地方各级人民检察院和专门人民检察院的工作，上级人民检察院领导下级人民检察院的工作。"第 133 条规定："最高人民检察院对全国人民代表大会和全国人民代表大会常务委员会负责，地方各级人民检察院对产生它的国家权力机关和上级人民检察院负责。"在现行的人民检察院组织法第 3 条规定："各级人民检察院设检察长一人，副检察长和检察员若干人。检察长统一领导检察院的工作。各级人民检察院设立检察委员会。检察委员会实行民主集中制，在检察长的主持下，讨论决定重大案件和其他重大问题。如果检察长在重大问题上不同意多数人的决定，可以

＊ 本部分内容为笔者承担的最高人民检察院 2009 年检察理论研究重大课题——《中国特色社会主义检察制度的完善》的阶段性成果。

报请本级人民代表大会常务委员会决定。"

通过上述宪法和人民检察院组织法的规定，我们可以编制国家权力机关与检察机关相互关系的如下草图：

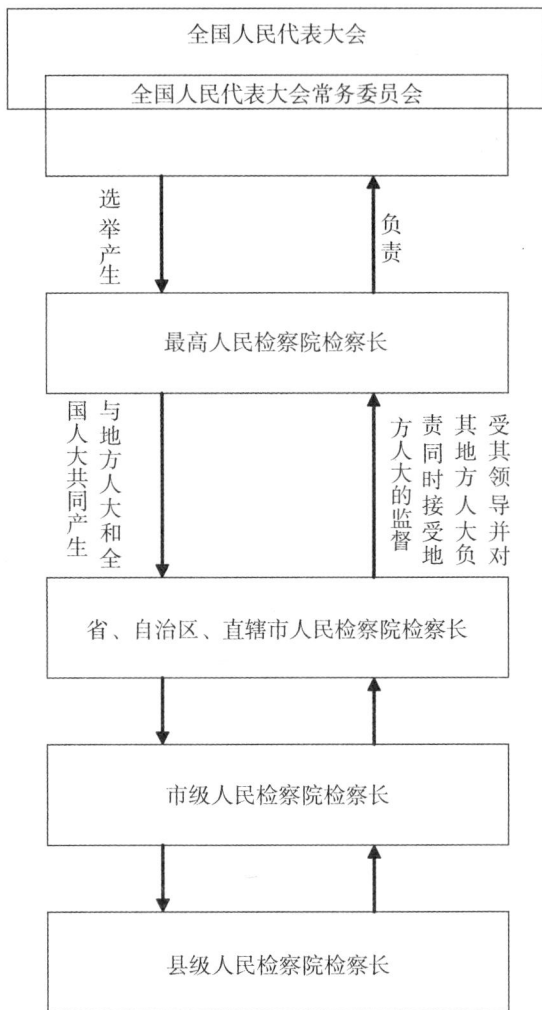

```
┌─────────────────────────────────────┐
│            全国人民代表大会            │
│  ┌───────────────────────────────┐   │
│  │      全国人民代表大会常务委员会      │   │
│  └───────────────────────────────┘   │
│                                     │
└──────────┬──────────────▲───────────┘
        选举产生           负责
           │               │
┌──────────▼───────────────┴───────────┐
│           最高人民检察院检察长           │
└──────────┬───────────────▲───────────┘
     与     │      受        │
     地     │      其  责  方  │
     方     │      地  同  人  │
     人     │      其  时  大  │
     大     │      地  接  的  │
     和     │      方  受  监  │
     全     │      人  地  督  │
     国     │      大  方          受
     人     │      负  人          领
     大     │      责  大          导
     共     │                     并
     同     │                     对
     产     │
     生     │
┌──────────▼───────────────┴───────────┐
│      省、自治区、直辖市人民检察院检察长      │
└──────────┬───────────────▲───────────┘
           │               │
┌──────────▼───────────────┴───────────┐
│          市级人民检察院检察长            │
└──────────┬───────────────▲───────────┘
           │               │
┌──────────▼───────────────┴───────────┐
│          县级人民检察院检察长            │
└─────────────────────────────────────┘
```

在此草图中，显见最高人民检察院检察长占据承上启下的关键地位。最高人民检察院检察长只在最高国家权力机关之下，在宪法和宪政中我们可以将其宪法和法律地位解释为其可独立承担由宪法规定而由最高国家权力机关选举产生组建全部国家检察机关之责，与此同时，又以这一职位独立承担对最高国家权力机关的责任。而在最高人民检察院检察长一人之下，可以看做是此一职位不分级别的统一整体，只是按照现行宪法和宪政安排，并非由最高人民检察院检察长独立承担"派生"之源和领导之责，倘若实现包括检察理论界在内的法学界倡议的"上命下从"的一体化改革，则在完全的意义上视为最高人民检察院检察长组建和领导的整体。

从宪法和宪政的学术立场上，从最高人民检察院对最高国家权力机关负责并接受其监督的关系上看，最高人民检察院检察长在整体检察体系中的领导地位及其连带的领导最高人民检察院和所有地方各级人民检察院的领导责任之间，可以建立进一步宪政机制上的更紧密联系，即利用最高人民检察院检察长这一关键宪政地位及其承上启下的职能关系，使最高人民检察院检察长成为"责任"、"领导"、"监督"独一无二的承当者的角色，并穷尽一切宪法和法律、政治资源，扩大其宪政职权，突出其宪政地位，发挥其最大职能作用。我们认为这样的思路与宪法规定和宪政结构不仅没有任何悖谬之处，而且是对中国宪法、宪政和设立国家检察机关必要性和重要性的更深刻的体认与践行。与这种构想形成反衬的是，目前通行的对最高人民检察院检察长角色定位的理解和机制的运作没有彰显最高人民检察院检察长这个关键职位之设的价值与功能。像每年一次在最高国家权力机关举行的大会上所作的工作报告，就不一定是最高国家权力机关对其进行监督的最适当的形式，因为最高国家权力机关及其代表和常委会组成人员只能就其报告的内容进行评估后作出大体的判断，再通过投票的方式以清点同意、不同意、弃权的票数来表达对其工作的满意或不满意、通过或不通过。就最高国家权力机关中的绝大多数代表和常委会中的大多数的组成人员对最高人民检察院包括检察长在内在此前一年期间职务工作的真实状态未必有深切的，甚至大致的了解，更不用说对于当前检察制度运行过程中深切的关注问题、具体困难、工作疏失等方面提出中肯和切实的意见和改进建议。从最高人民检察院方面来说，其面对庄严的场合，出于最高国家权力机关对自己工作业绩和存在问题的深切关注，有时不免会使工作报告带有或蒙上某些形式主义的或扬长避短的色彩和话语。从宪法和宪政立场上看，是否由此失去使国家检察机关改进工作、强化效绩的机会，值得从国家为检察机关建章立制的原初目的与价值预期等方面进行反思和重新评价。

我们提出和倡议中的改进、完善和强化最高人民检察院检察长对国家最高权力机关的个人负责制，除了上述从宪法和宪政的立场上来认识和对待这一关键职位之设之外，更重要的是应当适当改变传统的思路，特别是要拓展这方面的监督与负责的形式和进路，使双方建立起真正的与职责行使相关的日常工作关系，理想的状态应当是使这种监督与被监督、负责要求与尽责行为变成经常性、实质性和职业性相互关系的原则和机制，至于具体怎样建立这种职务关系和机制，可通过专门研究找出最适当的形式，并通过实践上的不断摸索和改进实现之。目前通行的每年一度在最高国家权力机关大会上作工作报告的做法，非但不一定是最适合的形式选择，而且也不是宪法所要求的。在制定 1982 年宪法即现行宪法时，为了突出最高人民检察院和最高人民法院作为国家司法机关的特定地位，并与作为最高国家权力机关的执行机关和国家行政机关的国务院相区别，就相应地在宪法上规定都对最高国家权力机关负责的同时，只明文规定国务院总理要在最高国家权力机关每年一度举行的大会上作《政府工作报告》，没有规定"两院"也要作工作报告。可见，从宪法和宪政的立场上看，并没有像看重《政府工作报告》那样同样看重"两院"作各自报告的形式。我们应当调动和运用政治和宪法、法律的智慧和技术寻找更适合的形式和途径实现宪法所确认的最高国家权力机关与"两院"的相互关系原则和机制，而不是只满足现时通行的多少带有某些"过关"意指和形式主义的形式和机制。

至于最高国家权力机关如何实现对"两院"监督的经常化，宪法和法律学术界自改革开放以来就不断倡导在最高国家权力机关体制内建立一个称为"宪法委员会"的常设机构以履行这方面的职能和其他宪法监督职能，就是一个不错的选择。笔者本人在过去 20 年来所倡导的在国家体制内建立专门的"宪法法院"，对于实现这方面经常化的监督职能，或许是一个更可欲的形制和途径选择。不过，这已经是另一个话题了，应另当别论。

二十三、强化检察官的主体地位和对各项检察业务的主导作用[*]

同法院以法官为主体并承担各项审判职能一样，在检察体制内同样应当确立检察官的主体地位并由检察官承担各项检察职能，这本身就是一般的职能分工和管理普遍适用的基本原理在司法体制内的运用，本不值得单独提出来作为我们这项具有重大检察改革意义的话题来加以讨论。然而，应然与实然之间、理想与现实之间竟出现了如此大的反差，这不由得不引起

---

　　[*] 本部分内容为笔者承担的最高人民检察院 2009 年检察理论研究重大课题——《中国特色社会主义检察制度的完善》的阶段性成果。

本课题研究对此的学术关注，还不止于此，现实在司法实务上进行的一些改革措施，在我们看来，不仅没有促进检察官主体地位的强化以及承担各项检察业务的主力军角色，相反却向着相反的方向拉开的距离越来越大，以致渐行渐远，这种对检察制度完善和健全极为不利的状况，引起了包括检察理论界在内的学术界的忧虑，我们对此在忧虑之余，还深感责任的重大，认为这样的大型研究的总体架构中，独辟一个空间对这个话题进行探讨不仅是应当的，而且是有重要性的，为此即使放弃讨论其他一些重要话题的研究，都是值得的。拟讨论如下三个方面的问题：

（一）国家权力配置和相应国家机关的建制基于分工于理、于法本为应然

就一般的社会分工、职权配置和管理学上的效力原则而言，事分显明、每事必有专门机构和人员办理，即事有专攻、权责一致，辅之绩效考核后的升降、奖惩制度，自古以来就是社会分工和管理学上的普遍适用原则，中外皆然。近现代的一个显著特征就是分工合作，即社会从上至下，从至大到细微，各种事务无论是社会生产或是社会管理，无不始自分工。生产活动的分工大大地提高了社会生产力，社会和国家管理和治理的分工使得社会和国家机器得以良好的运转。从一定的意义上来说，现代化始自分工，现代性成于分工，特别是成于越来越精细和明确的分工。这一普遍原则在国家的治理中同样得到承认、尊重和运行。在现代的国家中早已没有哪一个国家所有事权是混为一体而不实行分工的。就宪政结构来说，西方国家政权通常一分为三的体制，即我们长期拒斥的所谓"三权分立"，尽管有其特定的意识形态性的价值预期，为防止封建式的专制和拯救民主免予独裁等，但它还有另一面的价值预期，即希望

于这种分权，实现在国家治理和管理上的分工，使事有专门机构和人员负责，以提高国家治理和管理上的效能。如果说现代化始自社会大分工，现代性成于社会大分工，那么为什么不能说现代国家也始于国家政权的分工呢？不管有多少意识形态方面的理由可以批判和拒斥西方国家政权的"三权分立"，但从国家治理和社会管理的立场上，我们不得不承认这种"分权"在国家治理和管理上的合理性和科学性。如果我们把目光从西方国家转向国内，我们就会看到其实在国家治理和社会管理上的分工几乎无所不在。从国家政治或宪政结构上看，在我们号称"议行合一"的政治组建原则指导下的国家政权结构，也处处充满着权力的分别配置，大者如立法、行政、司法、国家元首、军事的职权，中者如"一府两院"中分设的各种职能机关，小者如各种职能机关之下的各种职能分支机关。在现在检察体制内的改革中，其中一个重要领域就是不断调整、合并、裁撤各种体制内的职能机关，其变化频率之大、变化形制之多且越来越精细都前所未见，从一定的意义上来说，现在检察实体改革已经不完全是以职能分工的科学性和合理性为意旨了，更掺和了某些为改革并获得显现业绩的动机，以及检察系统为了缓解职务提升岗位稀缺的压力而采取的变通措施，有的基层处、科、室共有 7 名在编人员，竟有 6 名带"长"字的官员，剩下的科员只由一人独立承担，这种官、员比例严重失调和倒挂的现象并不少见。可见，检察机关内的职能分工的优势也因为非科学性和非合理性因素的影响在一定程度上被消融了。所有这些表明，在国家权力的配置和相应负责机关的建制方面是普遍存在的，于理、于法本为应然。问题仅仅是权力是如何配置和机关是怎样地建制更科学、更合理、更有效的问题。

（二）检察机关以检察官为主体的权力配置是检察职能的性质和特点的必然要求

检察理论界有大量著述对检察职能特点与法院审判职能特点作出了分析和比较，不过这种分析和比较是基于检察权和检察机关究竟是司法性的，还是行政性的，抑或是兼具司法性和行政性的这种性质界定而作出的。鲜见从检察职能与审判职能自身的特点的立场出发进行分析和比较的。事实上，法官对案件的审判与裁决具有高度职业化的特点，非经过系统、严格、长期的教育、培训和锤炼而不能成为一个符合资格的法官。而审判案件又是一件高度职业化的专门工作，需要具有高度的职业素养、睿智和技巧才能独立胜任这一专门性很强的工作。英国 16 世纪时期著名的法学家福蒂斯丘在其有深远学术影响的著作《英国法礼赞》中曾针对国王要亲自钻研法律并亲自审判案件的冲动提出委婉的忠告："我很清楚，您的理解力飞快如电，您的才华超群绝伦，但是，要在法律方面成为专家，一个法官需要花 20 年的时光来研究（vigiuti annorum lucubrationes），才能勉强胜任。"[1] 没有见到有哪位著述者曾这样用这种深邃的洞见描述过检察官具有同法官一样的素质，更没有见过有人提过非经过 20 年的光阴锤炼才能胜任检察官的工作。但是，既然检察理论学术界主流早已认定宪法和宪政上确立的检察权和检察机关的司法性，并且在检察实务的多样性和复杂性方面已经不是单一审判职能所能比拟的。除此之外，就检察权能在涉案的各个环节，从立案、侦查、提起公诉、出庭支持公诉，到审判监督，再到后续的执行和监所监督等一系列环节，其涉

---

〔1〕［美］爱德华·S. 科文：《美国宪法的"高级法"背景》，强世功译，生活·读书·新知三联书店 1996 年版，第 34 页。

案程度之深、环节之多也是远远超过法院的审判环节的。从这个意义上，如果说得到公认的法院系统应当确立法官为主体地位，并在世界上绝大多数国家的法院系统中都实行法官主导审判活动势在必行的话，就没有理由否认或拒绝检察官在检察各项业务中应当占据主体地位，并主导各项检察业务活动。事实上，在西方大多数的国家检察体制中，尽管它们至今并没有设立独立的如中国的检察院之类的专门机构，且将检察官的编制系列安置在或附属在法院系统之内，但这丝毫不影响，不仅不影响，而且从制度和机制上更能保障检察官独立地行使检察权。对于世界上绝大多数国家来说，既然已经实行检审分离，建立检察制度以引领和主导刑事侦查和法院审判，就从建制和职能分配和设定上强化检察官在其中的主体地位和主导作用。对于世界上绝大多数国家来说，既设立检察制度，又违背此一制度设立的初衷和科学运作的一般规律，从而使检察官主体地位丧失和检察权旁落，或以其他机构或人员作为检察官的替代品而代行其职权，不仅于管理学上的事理和制度之设的法理不通，甚至变成一件令人匪夷所思，难以想象之事。可见，在世界上所有的检察制度中都以检察官为主体并引领或主导检察业务，是检察职能的性质和特点的必然要求，既然是必然就不要悖谬，顺其必然，理所当然，如此一来，成就检察绩效也就可期可待了。

（三）应当对当前中国检察改革的一些举措进行认真的反思和总结，转变思路以促成检察官主体地位的确立

首先应当充分肯定，现在在检察体制内，从上到下具有强烈的改革意识，并且改革举措频频出台，其中虽不乏争议和质疑之声，但从总体上说在检察业内和社会上都对检察体制内一系列改革举措赞不绝口，支持有加。其中的原因之一恐怕是最

近二十年来检察体制在忽高忽低的"撤销"之声中，出于"自保"的本能动机，通过大力推行检察体制内的改革以彰显其存在的价值和存立的连续性。此外，我们还认为，更重要的是检察官队伍在不断壮大，机构建制不断健全过程中，在检察文化和法律意识方面开始走向自觉并逐渐成熟起来，立志通过主动启动和推行的改革，使中国检察制度不断完善和健全起来，最终将中国的检察制度打造成为中国宪政制度不可或缺的组成部分，乃至最强有力的司法机构建制的一翼。从这个意义上来说，时下检察体制内对自己启动的和推动的改革，无论是自下而上的，还是自上而下启动和推动的改革，都显得踌躇满志，信心十足。社会各界也给予大致的肯定和好评。我们有理由相信，任何人都不应否定也不能否定检察体制改革所取得的斐然业绩。

然而，从我们宪法和宪政专业的立场上看，特别是从本节的主题上看，我们有一个强烈的价值倾向，这种价值倾向的要点应当是这样的：所有检察界或由国家启动的检察改革，都应当具有明确的回归检察职业特性的意旨和方向性。在事理上，我们一般不赞同改革总比不改革好，改革快总比改革慢好，以及改革多总比改革少好之类的评判改革的标准。我们认为在改革问题上预设明确的价值前提，看有关的改革是否有利于检察制度的科学性、职业性的特性实现，然后再考量有关的改革是否要启动和推行。原则上只有有利于检察制度科学性、职业性特性的实现的改革才是可欲的，才是可以支持和赞许启动和推行的；而如果不利于上述预期的价值预设，则不应当启动和推行这种改革，而不论这种改革多么诱人或能取得某些方面的一定的或显著的效果。我们在这里不想就目前已经推行和目前正在进行的改革作出全面的评价，这不仅对我们带有一定的消极性评价，可能是或肯定是不受欢迎的且费力不讨好的举动，而且还认为有关的改革评价应在另外的场合进行，这里研究的是"中国社会主义检察制度的完善"的主题，应当是建设性的，而不是批判性的或解构性的。

从本研究的中心宗旨上看，特别是从本论题的意旨上看，我们的研究是通过一系列的检察制度的总体改革构想、大制重组式的设计以及相关的次级意义上——但绝非是在不重要意义上——的配套改革，最终达到我们学术视域中最理想、最科学、最具有合宪性和合法性、最具有前瞻性意义上的检察体制的稳固性，以及这种期望中的检察体制在未来运行的通畅性而少有或避免"窒碍"的最终宗旨、目的和价值预期。从这一最高宗旨和目的作为考察检察体制已经进行过的改革或者是正在进行中的改革再或者是未来即将和预期进行的检察改革，无论有关的改革是大制建构，还是"小修小补"，也无论是自上而下启动和推行的，或者是自下而上尝试的以及尝试后在大范围内得到推广或相互仿效以扩大改革范围和影响效果的检察制度改革都应当成为，作为支持或不支持、取与舍的基准。我们自信地认为，这一基准的设立既是对具有中国特色检察发自内心的体认与挚爱的真情体现，更是对中国检察制度深层次原理与结构深刻洞察，以及更广泛意义上的检察文化的自觉。有了这种自信，多少也可以使我们即将提出的如下一些意见或看法即使受到检察理论界和实务界的批评或诘难，也能坦然地面对。

从我们宪法和宪政的视域上看，近二十年来所从事过的和正在进行的以及计划中的一些改革，特别是其中较有力度和影响较大的某些举措，并没有达到我们上述改革的根本宗旨和从深层次的结构意义上对中国检察制度的完善与健全。

如其中的在检察理论界和实务界从来都没有获得一致赞同

的有关建立"人民监督员"制度的改革，尽管这种改革初衷是为了解决"人民检察院是监督者，而由谁来监督监督者"的悖论或难题的。但从立宪主义原理和宪政结构意义上看，这究竟是不是一个"真问题"都值得研究。从一般立宪主义原理上说，在民主政治制度之下所有的国家政权机关和国家公务员在理论上都是人民的"公仆"，"主人"监督"公仆"不仅理所当然，而且在国家政治结构中也建立的相应的具有实质性监督权力的机构，并依照宪法和法律，以及沿袭成为宪法惯例的各种机构实行这种监督。如果一个国家的这种监督机构不健全或者监督机制不够有力，或者虽然有相应的监督机构，但由于种种原因没有充分发挥监督功能和作用，再或者是形同虚设，则另当别论。如果有以上情景出现，重要的是要从强化这种宪法和宪政意义上的监督机构、机制或着手解决其监督不畅、不力的问题，而不是脱离这种立宪主义原理的指导和宪政监督体制的框架，另外寻找其他可以替代的机构或机制。"人民监督员"制度的创立和推行虽然有制度创新之意蕴，并且有佳绩可嘉许，但我们也应当看到这种极具中国特色的以形制的形式监督检察院的主要业务的做法不仅在世界的检察制度史上并无先例可援，如果这还不能成为一种评价尺度的话，那么，显见地这一形制又是宪法明文规定的各级国家权力机关包括各级人民代表大会和它们的常委会都对全国各级对应级别的检察院有监督之责，而且宪法并没有明确规定各级人民检察院要对对应级别的人大及它们的常委会负责之外的旁生机制。如果说宪法明文规定的监督与负责的职责还不足够有力抑或不能或者难以如预期的那样发挥功能的话，改善的逻辑思路的起点应当是如何改进、完善和通畅运行由宪法规定和宪政建制的监督机构和机制，而不是另寻宪法和宪政体制之外的出路，更不应当花费巨大的精力和成本去建构新的机构、组织和机制。推广中的"人民监督员"制度显见的就是宪法规定和宪政体制之外的组织和机制，不论其在民主的理论和制度框架下有多少可以得到支持的理由，但从宪法和宪政的立场上看，它不仅缺乏宪法理论支撑和宪政的基础支持，即使在运行的效果上看，并非一定能够实现叠加的监督效果，相反，更可能转移各方面对相关的宪法和宪政体制上的制度和机制的改进和完善的深切关注，除使其本来虚置的状态得到延续，并把社会各方面注意力转移到新建的监督组织和机制是否能取得预期的改革效果还有待观察之外，我们更担忧使本来就监督不力的各级国家权力机关在这方面的职责和活力成为新的组织和机制建立和运行的替代品，而"人民监督员"的组织和机构以其很脆弱的民意基础和形制是无论如何都无资格，也无能力担当如此重要的，本应由国家权力机关担当的监督职责。再如果因此真的要付出宪法和宪政体制和机能的哪怕是些微利益牺牲的代价，都会形成对国家的宪法和宪政不利的局面和结果。总之，无论"人民监督员"制度从局部的立场上看是多么可欲、可行和有成效，如果真的损害了宪法和宪政的利益，就是不可取的，是得不偿失的。

目前检察体制内推行的强化检察委员会的地位和作用的改革，从我们研究的立场上看，也是值得探讨的。本来，民主集中制的原则在司法体制内的运行和制度化，就产生了"审判委员会"和"检察委员会"这两个极具中国特色的司法体制。前已指出，民主集中制虽然是执政党和国家政权组织的根本原则，但并不一定适用于所有的国家机构，特别是不一定或肯定不适用于司法机关。因为司法机关是一个极为特殊的机关，职业特点突出，因而要求职业化的程度极高。此种职业特点要求法官和检察官具有高度的法学知识素养和娴熟的运用法律的技巧，对案件中出现的各种证据和因素有敏锐的洞察力和作出分析判断的能力。基于此种体认，世界上几乎所有国家的司法制度都确立法官和检察官个人的主体地位和对业务的主导作用。人们通常所说的司法独立，究其实质是法官和检察官职务地位的独立和办案的独立，在西方国家的司法制度中，即使是有完整、系统建制的法院机关建制，在一定的意义上都是法官个人附属机关。决定案件的最终结局，其中关系重大者都是法官以个人投赞成票或反对票的简单多数来最终决定。这一体制即使在没有形成独立建制的检察系统内同样适用，案件办理的主导权掌握在检察官手中而不是其他的更具有权威决定权的组织，甚至都不是检察长本人。可见，这一以法官和检察官为主体地位和业务主导体制的确立和运行，既是司法权的职业特点所决定，又是实践运行的产物，是一个符合西方国家司法权运用的机理的必然要求，应当得到尊重。

中国的检察委员会连同审判委员会是在中国司法体制初建时期，适应中国当时的特殊国情而建立和实行的司法制度和机制，有其历史的必然性和合理性。在中华人民共和国建立初期，执政党和国家政权秉承马克思主义的国家学说，对原国民政府中的司法机关颁布的"六法全书"作为"伪书"予以全部废除；对其司法机构作为旧国家机器予以彻底"打碎"，并将其内部的全部司法人员予以遣散。新的国家着手制定和颁布一系列包括起临时宪法作用的《中国人民政治协商会议共同纲领》在内的一系列全新的宪法、法律和规章，以适应建国初期国家对宪法和法律的需要；与此同时，又在中国人民解放军实行军事管制的基础上，逐步成建制地将一部分解放军官兵转入地方公、检、法三机关，从而组建了新中国第一批司法队伍。后来这种由复员军人转入司法队伍的做法一直延续到20世纪

80 年代，只是不再是成建制地转入，而是由大量的复员军人充实政法队伍。直到改革开放以后政法担当教育的大专院校培养出大量的政法人才之后，才改由大量的受到政法教育的专门人才充任司法队伍的主力军。近些年来，有些高层次的法院和检察院除了要求新聘用者要通过国家公务员考试和司法考试以及由本系统自行组织的考试之外，又加上非具有博士学位和没有一定年限的司法工作经历的人不予聘用的额外条件，在更高的层次上提高了加入司法队伍门槛从而在大幅度上提升了现今司法队伍整体素质的同时，也使大量从法律院校毕业的本科生、硕士生陷入只有眼望司法机关的大门而不得入的尴尬境地，致使近一二十年急剧扩招的法律专业的毕业生成为最困难就业的群体，这又凸显了中国法律教育的扩招盲目性和不适应司法机关实用的窘状。

话说回来，既然现在包括检察官、警察在内的司法队伍的素质的提升是中华人民共和国建立初期不可比拟的，那么，按理检察机关的主体地位和检察业务主导应当向检察官的层面倾斜，才是符合事理逻辑的发展态势，而现实却向相反的方向发展，在不断强化检察委员会的地位和作用的同时，使检察官的主体地位和主导检察业务的作用受到了进一步削弱。我们认为导致这种状况的原因虽然很复杂多样，但简单说来无非是以下一些：（1）在中国当前的政权机关除了行政机关自身原质上就带有明显的行政化特点之外，在多年积淀下来的官本位和行政级别泛用的宏观行政管理模式中，使本来应明显区别于行政机关的行政色彩的国家权力机关和司法机关都在朝行政化的方向发展，而且愈陷愈深、愈演愈烈，以致相延成习，积重难返。（2）中华人民共和国建立 60 多年来，民主集中制作为执政党和国家政权的组织和活动原则早已发展成为不能改易的原则和定势，没有人愿意尝试在司法体制中用新的原则和定势去加以适当的改变，甚至可能至今都没有意识到这本身就是一个值得研究和探讨的问题。（3）习惯成自然。检察委员会在长期的检察体制运行过程中已经被事实证明是有效的，在很大的程度上弥补了检察官个人专业知识和业务素质的不足。既然有些利好和优越性因素在内，就没有必要加以改变，从而也就丧失了对相反的检察官主体地位和检察业务主导确立关注的兴趣。（4）现实的检察理论界和实务界对检察体制与机制的职业特征还缺乏必要的体认，在这方面的理论研究欠缺从而形不成有力度的理论引导；而在实务界也缺乏启动和推动这方面改革的内在积极性和主动性。这不难理解，在中国强势的民主集中制的原则占主导地位和实务界既已成型的执政党和国家政权的组织和活动原则的体制下，有谁愿意冒着风险去启动和推动这方面的改革呢？现实毕竟是现实，理想毕竟是理想，两者之间的差异可以逐步扩大，也可以逐步缩小，全在人们的主观认识倾向和实际进程的把握。但如果是从检察体制改善的总的方向和长期的进步趋势上看，检察制度以及相关的司法制度总是要向司法的职业特性不断回归和强化的方向发展和进步，这才是顺势而又向合理性方向发展的逻辑，至少不应作出有悖于这种理性回归的改革动作，不论这种动作多么可欲，有多大的力量和基础来推进，也不论是否能够取得或预期能够取得一定的或显著的绩效，都不应当推动，以免形成积重难返，为未来能够启动和推进的改革形成障碍。同上述"人民监督员"制度的启动和推进的改革一样，从我们的立场上看，以牺牲检察制度总体完善为代价的改革是不可欲的，不应当启动，也不应当推行。关于这方面的详细分析，从前述的部分以及早先对地方省级检察机关力争地方人大的支持形成你追我赶的成规模举措的分析，都适用现在的话语场景。

值得反思和深入研究的另一项有重大影响的检察改革——职务犯罪逮捕权上提一级。此项改革始自 2009 年年初，2009 年 9 月 2 日由最高人民检察院发布的《关于省级以下人民检察院立案侦查的案件由上一级人民检察院审查决定逮捕的规定（试行）》，规定了省级以下（不含省级）检察院立案侦查的案件，需要逮捕犯罪嫌疑人的，应当报请上一级检察院审查决定。其具体逮捕程序是这样的：（1）增加双重审查程序，即下级检察院侦查部门报请逮捕犯罪嫌疑人，首先送本院侦查部门审查提出意见并报本院检察长或检察委员会审批后，再报上级检察院审查决定逮捕。（2）下级检察院报请时应当报送讯问犯罪嫌疑人录音录像资料和侦查部门审查意见。（3）侦查监督部门再报请逮捕书中应当说明逮捕必要性。对于这些改革，在检察理论界和实务界受到了高度重视，被视为检察改革的重点之一，并被冀望在检察体制内实现对检察权的自我制约和满足人民关于实现法律正义，防止枉法纵恶行为发生的期许。

从我们研究的立场上看，无论这方面的改革取得了多大明显的成效，但有两点是不容忽视的：（1）徒增加检察权运用的成本，包括人力、财政乃至时间、效率的成本，因为使本来由检察官一人或检委会承办的逮捕决定，一下子就分摊给三至四个环节来完成，其成本的增加是显见的。笔者在一些边远、交通不便地区的基层检察院调研时，发现这是一个颇有争议的改革举措，并不被基层检察院看好，其他方面的窒碍暂且不谈，光是要在法定期间的短暂几天的时间内完成上送下达的文件交送、返还就难以做到，更不待说上级检察院如何在如此仓促的期限内进行严格的审查，其结果不是按下级检察院报送的意见批准，就是在发现其中可能存在一些疑点又没有时间和人员核实的情况下，只能让下级检察院先将犯罪嫌疑人解除羁押再说。（2）这种改革是基于下级院特别是基层检察院和其检察官由于种种原因，特别是由于办案能力、办案人员的素质以及来自其他方面的对逮捕职务犯罪嫌疑人决定的干扰等原因而造成的潜在的或事实上的不信任而启动和推进的改革。这就又回到我们本题所讨论的检察官应该或能否成为检察职业的主体和承办案件的主导这个话题上来了。既有检察官职位之设，又对其不能完全放心地委以职务的责任，而由其他的机制来弥补和纠正这方面可能造成的偏差、错误乃至人为故意造成的司法不公。这也是一个悖论，是极不协调的机制调节思路下产生的检察改革行为。不论辩之者为此种改革的优点和长处如何言之凿凿，都不能回避上述两个方面的弊病和窒碍的产生。对于这个关系检察职业本性的根本性回归和疏离问题值得进一步反思和重新评估。

第五部分
回归司法理性，
稳妥推进改革
——地方检察调研报告

一、引言

笔者清醒地意识到，作为不是在检察业内从事实际检察工作的研习人员，缺乏对检察业内实际工作，尤其是地方基层检察院实际工作的经历，笔者早在40年前曾经从事过短暂的非典型的检察工作（当时是公检法合署办公，由中国人民解放军实行军事管制），所取得的些微经验早已不再适合当前的专业检察工作的实际状况。但笔者同时也认为，检察实际经历和经验的缺失完全可以从其他途径得到适当程度的弥补，其中最重要的途径就是到实际中进行调查研究。调查研究的方法、实事求是的态度不仅被奉为马克思列宁主义、毛泽东思想的思想原则和工作作风，就是在一般社会科学中也被确认为必要的科研方法和途径之一。在一些特殊的社会学科门类中，调查研究还是成就相关学科研究的"不二法门"，例如，在人类学的研究领域，田野调查，特别是深入到调查研究的特定人类群体至少两年以上，被公认为是人类学研究的必要途径和方法，否则，任何这类研究成果都难以得到学术界的认同，并把这类学者称为"摇椅上的学者"，而相关成果称为"书斋中的人类学"。笔者从 10 多年前就致力于"宪法人类学"（已出版专著）和"法律人类学"的研究，深知从典型的"田野调查"到一般性调研方法的重要性，在承担最高人民检察院的重大课题后，就很重视运用调查研究的方法。于我而言，重视运用调查研究不仅仅是对个人专业经历和经验缺失的一种有效的弥补途径，还具有获得一般社会科学研究方法论的补益的价值期待；此外，更重要的是通过调查研究所获取的来自实际部门和业务中鲜活的材料和信息，通过反思和梳理、整合、归纳，最终化成为本课题研究最终成果的有机组成部分。并于笔者个人的《论检察》中先期收入发表，当然也是一个可选择的发表机会。故精心撰写此项调研报告以备于在此丛书中发表，一者冀望能增加本人《论检察》之著的一部分实质性内容；二者也意欲改变此类著述的常常表现出的呆板的叙事和分析的品貌，与此同时，增加一些此类著述常常缺乏的鲜活性和可读性。

二、相关背景

2009 年承担最高人民检察院检察理论研究所重大课题——《中国特色社会主义检察制度的完善》之后，在最高人民检察院副检察长孙谦的热心关照和办公厅李清亮秘书的大力支持下，曾以个人和课题组的身份进行过两次大规模的调研活动。

第一次于 2010 年 5 月、6 月、8 月先后在安徽、广西、河南进行调研。

在安徽的调研始于 2010 年 5 月 19 日。是日在安徽省检察院八楼会议室召开座谈会，由省院检察委员会专职委员杨建民主持，省院反贪局、反渎局等负责人以及合肥市检察院和蚌埠市检察院的负责人参加。

在广西的调研是从 2010 年 6 月 2 日开始的。是日上午在桂北罗城仫佬族自治县检察院五楼会议室召开座谈会，座谈会由检察长谭泽江主持，全体干警参加。6 月 2 日下午在桂北宜州市检察院召开座谈会，由一位副检察长主持，各科室负责人参加。6 月 5 日在桂林市检察院会议室召开座谈会，由市检察院检察长主持，各处室负责人参加。下午在恭城瑶族自治县检察院展览室参观，收集了有关检察史和现实一些珍贵资料。6 月 7 日在广西壮族自治区检察院会议室召开座谈会，由曾学愚副检察长主持，各处室和南宁市检察院负责人参加。6 月 8 日下午在百色市检察中院会议室召开座谈会，由副检察长李荣虎主持，各处室负责人参加。6 月 9 日在德保县检察院和靖西县检察院进行调研，寻访 20 世纪 60 年代和 70 年代的老检察院旧址，同时向年青干警讲述 40 多年前检察院的组织和业务开展状况和经历。

在河南省的调研于 2010 年 8 月 29 日进行，是日下午三点在省检察院三楼会议室召开座谈会。由省院检委会专职委员余秀华主持，各处室负责人参加。8 月 30 日去平顶山市检察院参观和调研。9 月 1 日在洛阳市检察院召开座谈会，由种松志检察长主持，各处室负责人及新安县、孟津县和涧西县检察院检察长参加。9 月 3 日在焦作市检察院召开座谈会，由胡保钢检察长主持，各处室负责人参加。下午去嵩县检察院参观和调研。9 月 4 日去安阳县检察院和林州市检察院调研，去红旗渠参观并接受革命传统教育。

第二次调研于 2012 年 5 月 14 日在河南，先后在洛阳市检察院和嵩县检察院，南阳地区的西峡县检察院、镇平县检察院、桐柏县检察院以及信阳市检察院参观和调研。

三、调研主题

1. 现行地方检察院检察业务的实际运行状况；

2. 检察改革怎样深入发展；

3. 检察体制如何完善。

四、调查方法

1. 基层走访；

2. 个别访谈；

3. 进餐中询问；

4. 参观检察史和业绩展览室；

5. 索取内部刊物、相关出版物、画册、图片、各种公开资料等；

6. 出发前拟出明确的调研提纲并提前发往调研单位，到目的地后召开各种规格和形式的座谈会，座谈中既有本人启发式引导，又适时地在重要节点作一些个人评论，以期进一步引发联想和讨论；

7. 在作学术报告中留余足够多的时间与检察干警直接互动和交流；

8. 通过帮助和协助基层检察院申报最高人民检察院项目进一步了解和收集更多的相关信息；

9. 在调研中对感兴趣的资讯或材料一时不能从基层检察院取得的，交待相关接待人员日后收齐用邮寄方式送达我手中。

五、调研提纲

1. 第一次在安徽省、广西壮族自治区、河南省人民检察院的调研提纲如下：

（1）对最高人民检察院自我启动的改革举措有何评价，你认为哪些应当坚持哪些应予调整或取消？

（2）贵院在自我改革或贯彻最高人民检察院改革方面有哪些举措和经验？

（3）你心目中理想的检察院建制和职能是什么？

2. 第二次在河南省基层检察院的调研提纲：

地方检察官群众性自治组织的规范管理与活动机制创新。

六、调研信息汇总

（一）对检察改革的评价和期望

正如第一次调研提纲所示，我们始终将调研重点放在30多年来特别是最近一些年来大力启动和推行的检察改革上面。本人确信，检察改革不仅构成中国改革开放总的战略方针和实际进程中的一个重要组成部分，而且还特别关系到中国司法改革的总体进程和方向。如何认识和对待检察改革应当成为当前检察理论和实践研究重点关注的领域；检察改革进行的顺利，不仅有利于检察制度本身的健全和完善，而且还能协同国家推进整体的司法改革朝着良性的方向发展，从而有力地推进依法治国，建设社会主义法治国家的战略方针的实现。又鉴于本人承担的最高人民检察院的重大课题的研究宗旨和重点内容之一也都放在检察改革的方面，认为只有通过科学和理性的把握，经过深入研究后启动和推行的检察改革，才能克服现实体制内以及运行机制中的一些弊端或窒碍，使检察院朝着体制健全、运行顺畅的良性方向发展。而如果对检察改革失去符合司法规律的理性把握，甚至已经在某种程度上失去对正确方向的清醒认识和把握，就会造成与改革期望的目标渐行渐远，甚至相悖的状况。而我们作为法学理论研究者，特别是从本人的宪法理论和宪政学说的专业视角上观察，似乎觉得当前检察改革确实存在一些值得反思和须待深入研究的问题。不过，有关的反思分析和意见将在本调研报告的后面以专题的形式详加分析。此处还是先将通过调研和座谈从地方检察院特别是基层检察院收集来得大量信息先行梳理和汇总如下：

首先应当肯定，从我们的调研中得到一个对检察改革持普遍性的肯定和积极评价意见。在各地检察院包括基层检察院的座谈中，许多检察干警对改革开放以来特别是自2009年年初各地检察改革规划实施以来所取得的改革成果予以充分的肯定，不仅大大小小几十个改革项目取得了明显的效果，而且还进一步提高了改革的积极性，重视程度空前，甚至每月都有新的改革举措出台，检察改革因而呈现大好的局面。

除了上述的积极评价态度外，有的地方检察干警，如广西桂林市中级检察院研究室诸葛旸主任对最高人民检察院自2005年至2009年检察改革规划实施以来由最高人民检察院启动和推行的改革进行了系统的、全面的梳理和介绍。其中包括：最高人民检察院对行政执法犯罪，除加强内部监督之外，还加强了外部的监督；为了防止检察院在对职务犯罪人的批捕环节上出现违规、违法的操作，最高人民检察院决定省级以下的检察院的批捕权上提一级，即由提请逮捕的检察院报请其上级检察院批准逮捕或决定不逮捕；最高人民检察院还在全国检察系统内全面推行同步录音、录像，以监视相关的收押、侦讯等司法环节，从而有效地防止了刑讯逼供等违法行为的发生；在刑罚执行环节，特别是对减刑、保释等司法环节加强了检察监督；还积极以制度的建立推进人民代表、人民监督员对检察的外部监督；在公诉环节特别是主诉检察官制度的建立方面也采取了一些积极的改革措施等。

但我们此次调研的宗旨是要发现检察改革存在的一些问题，并针对那些问题进行相应的理论分析进而提出改进或完善的建议。为此，我们作为调研人员有意向地引导被调查人员特别是引导座谈人员更多地谈及检察改革中存在的问题和不足。正如个人所期待的那样，在这次大规模的调研中确实听到了对改革发出的各种不同的声音。主要有以下几个方面：

1. 目前检察院系统内对法律监督的机关定位和权能定性普遍认为缺乏明确的法律确认，除宪法和人民检察院组织法作出总的定性、定位规定以外，其他现行法律鲜有规定，目前主要是通过各种改革措施特别是最高人民检察院推出的改革措施来加以调整。对此地方检察院及其干警在理解和把握上有一定困难，有不同意见也缺乏顺畅的渠道向上反映，只能勉强执行。例如，最高人民检察院出台规定，检察院的业绩要以法院再审改判率作为量化评价标准，这样做的结果使本来将抗诉客观化的标准发生了变异。按理，客观化的标准应当是该"抗诉"的一定要"抗诉"，不论有多少该"抗诉"的案件都要"抗诉"；同时，客观化的标准也要求不该抗的就不要"抗诉"，一件没有就一件不"抗诉"。"抗诉"多了不一定就表示业绩好；相反，一件没"抗诉"也不表明业绩就差。目前这种做法实际上使本来应当主动实施的对审判的监督变成了被动行为，使法律监督在宪政体制中本来占居的高位司法行为矮化成为看法院眼色行事的依附行为。像这类改革就不利于充分发挥法律监督的价值与功能。

2. 关于地方检察院的领导体制和检察官独立办案的相互关系问题，也是此次调研反映出来的一个突出问题。首先从地方检察院的外部领导体制来说，来自上级检察院的领导是由宪法和人民检察院组织法规定的，必须执行；来自地方同级人大的"监督"，在人大和检察院内通常也理解成为"领导"，为此人大常委会经常抽调检察院干警去人大机关值班或从事中心工作，有的地方检察院干警反映，他们一年中至少要有 2 个月被抽调去从事与检察业务无关的行政性事务工作，这种情况有时也会以同级党委的名义出现，党委把公检法看做自己领导下的业务部门，认为可以随意支配公检法机关及其干警从事党委领导和主导的"中心"工作，如"招商引资"、"维稳"、"抢险救灾"等。

再从检察系统内部的领导关系上看，地方检察干警反映最大的问题是办案的主动权并没有朝着有利于强化主诉检察官的地位、职权和责任的方向发展。在全世界范围内，公认的司法规律就是主诉检察官的独立地位和自主办案，以及自我负责机制的强化和得到司法乃至宪政制度上的确实保障。凡已经接受侦讯的案件必分派一名主侦检察官负责，有关是否提出公诉等大事，也由主侦或主诉检察官等投票决定。此范围以外的任何机关、组织、个人都无权干涉，也不能过问，否则就是干预司法的违法犯罪行为。而在中国检察制度中，由于行政化的色彩越来越重，检察官基于体制上的限制和办案安全考虑，凡事必先向本检察院内的领导请示，没有检察院内领导拍板决定，主办检察官便不会采取任何主动的办案行动。凡一切重大案件的起诉或不起诉都要由检察委员会决定。而检察委员会委员的决定并不是建立在对案件亲办或详尽审查一切侦讯材料的基础上，而是听取实际负责办案的检察官的口头"汇报"之后作出决定，而这个决定有时又与主办检察官的意见相左，即使是这样，主办检察官也只能服从，缺少有效的途径改变检察委员会作出的有时是明显错误的决定。如果发生了冤假错案，往往又由主办检察官承担责任及其后果。在现实的检察委员会的实际运作中，由于检察长必然是检察委员会的成员和召集人，有时检察委员会的"集体决定"以检察长的意愿为依归，事实上由检察长说了算。其结果是，检察委员会的高位"集体决定"效应与检察长个人领导权威的"行政化服从"效应叠加在一起，使检察官本来应当充分发挥独立自主办案的责任与能力受到削弱，以至于有的检察官责任心不强，凡事都要向领导汇报，等领导发出具体指示后，甚至不问是否对错就去执行。

在此次大规模的调研和座谈中，这个问题是地方特别是基层检察院干警反映最多也是最突出的一个问题。

3. 在调研和座谈中，地方检察院特别是基层检察院反映较强烈较多的另一个问题是检察系统内机构设立的合理性问题。我们在召开的十几次地方检察院的座谈会上没有一个检察院不谈及这个问题。他们反映，由于人民检察院组织法还是1979年制定的，至今尚未进行过修改，而随着改革开放的深入进行，检察院的建制无论是人员还是机构现在早已不能与30多年前同日而语了，在检察院内适当地进行机构调整或为适应新的检察业务工作开展而增设一些新机构，也都是应当的、必需的。本来，按照"检察一体化"的检察专业的客观要求，检察院应当也必须从内部机构设置上保持相对的统一，那样会使检察业务工作的开展更便于最高人民检察院和地方上省一级检察院的统一领导和业务工作的部署和统一，同时也便于各个检察院系统内检察业务流转、交接和协助。然而，现实的做法不尽如人意。也许最高人民检察院认为自身的机构设置和调整因业务范围等方面的差异，并不适合在全国各级检察院统一实行；也许认为各地各级检察院由于各方面的地方差异能选择最有利于地方特点的机构建制，故而将这项重要的机构改革的权力下放给各地方检察院，各地方检察院便充分利用这项权力纷纷出台自己的机构改革方案并着手实际建制。结果却如一些地方检察院干警在座谈中所强烈反映的那样，检察院内部机构设置不仅多而且名称各异。不仅各省（自治区、直辖市）、市、县的检察院内部机构设置不一样，就是在同一省级内的设置也不统一，机构名称、级别、数量都不一样。

有的地方检察院的检察干警还谈及机构设置存在不合理现状深层次原因，就是长期以来检察体制没能实现一体化、专业系列化的统一管理。地方检察院的编制是地方自定，干部由地方安排，所以只能走行政系列，且通过横向比较发现，地方在确定机构设置和编制数量时，即使面对检察院的特殊情况和需要，也不太愿意甚至不给予过多的"照顾"，而地方各级检察院受原来编制的限制及检察官待遇的限制，除了通过要求地方人大和政府设立新的机构、增加在编人员外，也别无他法可行。在国家财政分级管理体制下，只能依靠地方财政拨款解决检察院必要的经费开支及改善检察官和其他干警的工资、福利等所需资金。但这唯一的途径绝不可能如检察院期望的那样顺畅，其结果就形成了能办案的检察官流失严重，办案人手严重不足的现象，在有限的编制范围内，还出现了官多兵少的现象，甚至出现一个科有七位科长、副科长，而只有一位科员，一个科室只有一人甚至两个科室只能配备一名干警的现象也并不鲜见。

在座谈中，几乎所有的发言人都谈到检察机关内部机构设置合理性的问题，特别是将反贪、反渎和预防三个本来为一体的检察职能人为地加以分开，许多人对此感到不可理解。从事该项业务的检察干警对如何将这三项业务分解清楚并协调处置三个职能部门的相互关系，也颇感困惑。

在调研中，我们还被告知，现在地方检察院特别是基层检察院一方面干警流失现象严重，另一方面招人又较困难。有的基层检察院招人要求具有学士学位，而法院、公安机关招人就没有这道门槛。门槛一高，招人难度就加大，一些基层检察院长期处于不满员状态。如广西百色市西林检察院编制是 33 人，目前在岗的只有 20 多人，平均一个部门不到 2 人，有的科只有 1 人。若再要分拆科室，就只能两个科一个人了。现在许多的基层检察院正在推行在乡镇设检察室这项改革，那样会使本来就人手不够的基层检察院在干警的安排上捉襟见肘。为了承担检察院日益繁重的检察业务，现在许多地方检察院特别是基层检察院只能招用一些正式编制之外的人员从事一些业务性工作，以减缓承担的业务压力。

此外，按惯例，上级检察院为了加强自己的人才储备和提高业绩，经常从下级检察院抽调业务骨干到上级检察院任职。这种做法对下级特别是基层检察院来说似乎也显得不那么"厚道"。笔者早年曾在广西西部少数民族地区工作过，那时我们这类干部被戏称为"口袋干部"。即只要分派到边疆的少数民族地区工作，就如同装进"口袋"一样，再也别想或很难调出来。笔者就曾经历过这种"待遇"，由于意外地被地区公检法军管会的负责人看上，就欲调我出所辖县公检法军管会到地区工作，并通过地区组织部门下了调令，但旋即就遭到县委领导班子的拒绝，理由是我们是少数民族地区贫困县比上级地区更需要像我这样的干部。面对这项不成文但足够硬的"理由"，地区组织部门只得不情愿地收回既已发出的调令。现在，在检察院系统内，面对强势的上级，下级只能服从。但反过来，上级检察院在检察干警力量的调配方面，是否也应当体恤或照顾一下基层检察院呢？这是一个值得探讨的现实问题。当然，下级检察院特别是基层检察院的主要负责人特别是检察长通常都是由上级检察院调配或轮换的，这已成为一项重要的任免和轮换惯例，从一定的意义上来说，也是对下级特别是基层检察院的"厚待"。

（二）对检察干警待遇的意见反映

这次调研给我们另一个最突出的印象是反映地方检察院特别是基层检察院干警的待遇包括工资、福利、职务津贴以及职级厘定等方面存在的问题。主要集中在以下几个方面：

1. 目前地方检察院检察官的等级没有与实际挂钩，除反贪、反渎统一外，其余都不统一；各省、自治区、直辖市也不统一，至于地方检察院特别是基层检察院就更是差别很大了。检察官法将检察官的职级分三等十二级，但并没有落实，目前工资待遇、职级与待遇不挂钩，有其名无其实。

2. 检察官的任命资格要求比法官高一级，但待遇都比同级法官低。现在县级检察院检察长一般只能享受行政副处级待遇，副检察长只能享受科级待遇。况且这些都不是由国家人事领导部门以正式文件定下的，而公安机关和法院都是由中组部正式下文确定的。

3. 有的基层检察院在工资以外其他待遇方面，与公安机关、法院存在明显差别。例如，公安干警可以发办案津贴，有办案提成，而检察官不享受这种待遇；警察可以买人身保险，检察官也没有享受这项待遇；警官在退休后仍享受职务津贴，检察官一退休就不再享受；法官在节假日工作能享受节假日补贴，检察官一年到头不休假，也只能发奖，不能享受节假日补贴。

4. 检察官职级厘定体现不出来激励机制，如三级与四级在职级待遇的工资差别只有 10 元人民币，简直微不足道。

5. 监狱检察官级别定在科级，而监狱的行政级别是副处级甚至是正处级，级别的不对等以及检察干警与监狱公安干警的个人级别差异，在一定程度上也影响到对监狱执法的检察监督。

（三）对最高人民检察院和检察理论研究专家的期待意见

在调研中，我们还从一些地方检察干警特别是基层检察干警处得到一些对最高人民检察院和检察理论研究专家的期待意见。对最高人民检察院来说，希望在出台一些重大的改革举措前多派员或组织专家力量深入地方，特别是希望多深入边远地区的基层检察院进行调研，然后根据调研所得到的实际材料深入进行论证。这样做之后出台的改革举措会更符合地方特别是基层检察院的实际情况，实施起来也更顺畅，而无明显的窒碍情况出现。例如，我们在广西桂西和桂北一些边远地区的基层检察院座谈时，一些检察干警对职务犯罪嫌疑人的逮捕决定上提一级的做法予以充分肯定，认为对保证办案质量有一定作用；同时，又对只给 7 天时间就要完成审查和批准逮捕或不予逮捕的法定程序的规定表示不解，认为时间太短。他们反映，对于同一个案件，同级要审查一次，然后在报上级审查一次，而且材料往返都要人递人接，路近还可以，路远又交通不便的地方仅花在路上的时间恐怕都要用上 3～4 天，甚至更长，3 天时间就很难完成这一批捕程序。为了抢在 7 天内完成程序，根本没时间进行实质性审查，只是简单地审查一下是否符合法定程序就不错了。他们反映，总的拘留时间即便不上报已很紧，一上报就更紧了。如此一来，办案质量就很难保证。

另外，有的地方检察院干警还反映，最高人民检察院在与银行、保险、工商等部门的协调不够，这些与检察院办理经济案件特别是职务犯罪案件经常有协助关系的部门没有官方建制的代码可用，信息情报系统覆盖面不宽，不能形成信息共享，有需要这些部门协助侦办的案件，只有靠个人或领导出面去疏通关系才能做到，既不规范，又不方便。希望最高人民检察院能够重视并解决这一长久存在的问题。

对检察理论专家，各地检察院也提出希望，认为检察理论专家们不能只关注宏观方面的问题，也应当关注一下微观方面的问题。专家们要多向下边走一走，多调查研究地方特别是基层检察院的实际情况，使研究成果更符合检察工作的实际。

这次调研中，我们还发现了一些地方检察院在某些方面还有突出的业绩和表现，如河南洛阳市的涧西区检察院在创建未成年人犯罪案件审理机制方面做了大量的工作，有特色，有创新。还有一些地方检察院，例如河南嵩县检察院，结合本地的历史文化积淀的优势，将传统思想与观念注入到现在司法思想与观念之中，开创了一个传统与现代结合的全新思想文化建设模式。也有一些地方检察院像广西恭城瑶族自治县检察院在重视软实力、创造独特品位的展览室方面给外来的参观者留下深刻的印象，等等，这些都值得很好地总结和推广。但这类成果宜做专题深入调研并写出专题调研报告，这里只是提及一下而已，留待以后有机会再做此类调研报告。

七、调研分析

通过调研特别是多地点、多批次的座谈，我们了解和获得了来自地方检察院特别是基层检察院大量的实际、鲜活、生动的信息。出于职业的惯性，调研者本人也在不断地进行思考，试图从理论高度对所获的大量信息进行分析，看看能否从中总结出一些有价值的理论意见，这不仅对个人长期以来从事的检察学研究是一个内容充实、理论提高的过程和成果，更期望能以某种形式，例如通过上报最高人民检察院有关领导和公开发表等做法，将此信息及本人的学理意见传达到检察业务的实践层面上去。不过，我个人不能确实把握的是，此类信息是否早已为检察实务界所了如指掌，如果到头来我只不过是自以为是地向业内传达一些大家都已熟知的信息，对检察实务界来说并无什么新意可取。但转念一想，即使真的那样，我也不认为那样做就是毫无价值的，因为那种情景至少可以证明我从调研和座谈中所得到的信息还是基本符合检察实务界的实际，也就是说还是可信的。此外，关于我个人的基于此等信息所作的学理分析，因为是建立在调查事实的基础之上的，使本人的学理分析至少可以被证明不是只坐在书斋里冥思苦想出来的，正像我个人和其他许多理论研究者通常所做的那样。当然，在学理上都是一个学者们见仁见智的广阔空间，本人的学理分析不一定或肯定地说不会到处受到欢迎，但在多元的学理林立的大格局下，总是会对检察学理这棵大树增添一些枝叶。倘若如此，我们从调研到这个调研分析的写作，总算没有只做无用之功。闲言少叙，试分析如下：

（一）改革热情需加以适当的理性引导

处在全国现阶段的改革开放一浪高一浪的大潮中，势所使然，全国各行各业都表现出极高的改革热情，检察系统自然也不例外。在我们调查和座谈中，有的地方检察院就反映这种热情之高竟致月月都有改革措施出台的盛况。这固然可嘉，但也必须清醒地认识到，改革并不是目的，它只是一种手段而已，即要通过改革来达到健全检察制度和机制，提高检察业务质量，以达到国家的检察工作真正保障国家的各项社会主义建设事业顺利进行的目的。为此，我们在坚持改革热情高涨的同时，也要保持一份冷静的心境，而不至于使检察改革如脱缰的野马，只知道向前狂奔而不知所终。目前检察系统的改革总的发展态势是好的，是积极向上并健康发展的，但隐隐的有些急躁冒进之感，不仅表现在月月有新的改革举措出现的频率之上，而且还表现在有些改革举措尚待时日检验，在还存在种种非议和不同意见的情况下，就大面积地推广甚至未经过试点检验就在全国范围内推行。这种多少有些贸然进行的改革应当引起高度的重视。须知，改革总是以制度形式体现出来的，一旦在成型后再发现不妥而重新转制，不仅可能会造成不必要的制度成本损失，留下诸多后遗症需要清除，而且更可能失去真正需要改革某些弊端的先机，给改革在总体上造成不必要的损失。

历史上的许多失败的重大改革，没有一次不是因为急躁冒进而缺乏必要的冷静对待而导致的，苏联戈尔巴乔夫的改革就是最近的一例。当然，在我们国家由于国家全局性的改革采取了稳步推进的方针和步骤，堪称积极推进改革开放的同时，也保持相对冷静观察，一旦发现出了偏差就迅即加以调整的楷模。处在这样的大改革环境下，我们应当看到，检察改革只不过是国家总体改革的一个重要组成部分，即使有些急躁冒进，也不至于过于出格。但我们也应当清醒地认识，检察改革中存在的上述问题完全可能给检察这一国家重要司法职能造成一些不必要的损失或伤害。因此，冷静地对待检察改革热情，永远不会失去其保持平稳发展的价值。

如何在坚持检察改革热情的同时，给予冷静的理性引导，是当前检察改革亟待重视和解决的一个突出的现实问题。

（二）改革应遵循司法品性

举世公认，作为社会和国家法律现象中的司法具有与其他社会和国家现象如政治、经济、文化等不同的品性，也有人称此为司法规律，我本人并不赞同用规律来表达司法专业运作的机制。因为规律是一个确定的运作模式，可重复经验而不变其基本的结构或运作方式。当然，如果非要把有关司法结构和运作的某些特殊的品性及运作方式称为"规律"，也无不可。但本人更喜欢用品性、性状或特点、特殊性来表示其与其他社会或国家事务之间的不同。对于前述司法品性，尚未见法学界为此专门研究的学者或成果。根据以往大量的著述和现实乃至历史经验，我个人认为作为检察专业的司法品性，至少有以下几个方面：

1. 检察的独立性。古代的司法并非具有这一性状，故其弊病丛生，腐败难遏，正因为如此，才以现代司法的独立性作为社会转型和国家新创的显著标志。司法独立性在原意上首先是指其机构的独立性，而其实质体现在司法官员的独立性上，其立制、建构、遴选、经费、任职、待遇、退休等一系列环节都不同于政治、行政等机关及其人员。其次是其司法业务的运行机制，无论是审判机制还是检察机制也都以不允许外来干涉而形成自主决定的独立性。中国由于多种原因特别是由政治体制所决定，现行宪法和人民检察院组织法都只规定第二位的独立性，即独立审判或独立检察。既然这是检察业务的司法特性，又是宪法的明确规定，无疑应当成为检察改革的方向性规范，即一切有关检察的改革都不能背离这个特性，现时检察体制由于逐渐积淀而成，而且有越来越严重的行政化倾向，显然与检察权独立行使的特性与宪法安排是相悖的。这也应当成为当前及今后检察改革特别值得关注和改进的一个方面。

2. 检察一体化。检察一体化是检察业务司法性另一个重要品性。无论是西方还是东方，特别是列宁所倡导和建构的检察制度，目的都是保证国家的法制得到毫无差别的统一实施，举国上下在遵守和执行法制方面必须实行统一标准，而要达到这一客观的统一标准，首先就要求检察体制的统一，检察业务的开展不能多头并进，检察决断不能议出多门，为此，检察体制上下级之间，检察体制各个分支机构之间，检察领导体制的安排上首先要做到统一，这是组织机构上的统一，再一个统一是检察司法业务的程序、检察业务指挥与号令的统一，检察决断的统一，不能各行其道，号令群发与决断不一。这是检察业务司法性状的一个必要特征，这一特征是检察司法所专有，甚至连审判司法都不享有的。在审判司法中，一个案件可经多次审判，每次裁决都允许不同，只以最终裁决为定夺，而检察司法就不行，只能以一个声音说话，一断定夺。如果现实还做不到这一点，或者有些改革措施出台反而阻滞了统一指挥，导致号令的多出或决断的反复，那一定是对检察业务这一司法特征在认识和把握上出现了偏差。我们在上面调研和座谈中得到的信息就存在这种状况。

3. 检察的权威性。包括审判在内的司法都应当具有权威性，检察作为国家司法之一翼自然也不例外。不过需要强调的是，检察的权威性较之法院、公安更应突出，或者说应当具有更大的权威性。这不是由人主观设定的，也不是仅凭人的价值意识而作出的有利于检察的判断。其所以具有或者说应当具有更大的权威性，是由其特殊的司法价值与功能决定的。固然，表面看来，检察居于法院和公安的中间位置，其职业也只是在刑侦与审判环节之间架起沟通的桥梁，如果不细察，似乎给人以论侦查不如刑侦机关强势，论决断不如法院可成终局之权威，但实际上，如按典型的、高标准的业务运作，检察业务绝不止于串联沟通那么单纯和简单。对于刑侦，检察机关和检察官的引领方向、保障合法性应当先于和重于公安机关的刑侦活动；而对于法院，其公诉、求刑，监督审判过程与判决结果，直到监督判决的执行及后续的刑罚执行，检察官的安排、参与不能缺位，因为其关系到办案质量。由此看来，检察的高权威性是不容置疑的，现实之所以出现检察较之公安、法院"矮化"的现象是不正常的，主要是由诸多的体制外因素造成的，同时，也与检察系统从上到下的"谦逊"与谨慎、畏难心理相关联。要在一夜之间改变这种状况不大可能，但从一点一滴做起，以各方面都可以理解和接受的方式逐步推行，总会慢慢地加以改观。重要的是，自己不要陷入迷失检察权威性的误区。为此，重新审视相关的改革措施，如以法院的重审率为标准来评价检察业绩的优劣，等等，就成为必要。

检察职业的司法品性当然不止这些，这里仅举其要者而已。不待说，调研和座谈所反映出来的诸多问题中，有些是与对这一检察权威性认识不够相关联的。此情此节，无疑应当引起重视并予以深入的研究。

（三）检察改革应当有理论支撑和先导

任何改革都是一项极其复杂的社会工程，检察改革自然也不例外。虽为检察改革，但也有牵一发而动全身之功。为此，应当充分地认识检察改革的复杂性和联动性，要想使检察改革进行得顺畅，并取得预期的效果，特别是为了避免失去正确的方向性而不致陷入误区，先期进行深入的研究，为全局性的改革甚至某项局部的改革进行深入的理论研究，就成为检察改革必须要下的功夫。依照这种先期性、引导性和支撑性的标准来审视已经进行过或正在进行的再或是即将展开的改革，并不总是尽如人意。相反，给人以理论脱离实际，检察理论的研究总在实际改革进程之后，检察理论对检察改革举措支持不力等诸如此类的印象。

我们检察体制近30多年来已培养出一支强大的理论队伍，学者型检察官也一批又一批地涌现，乃至检察学早已在创造之中，大量的高品质的检察理论著述更是如潮涌来。但细观之下，给人的总体印象仍然停留在高端、宏观的理论研究上，对检察实际特别是检察改革实际关注得不够，并且总是稍显滞后于检察业务的开展和检察改革的启动与推行。在调研和座谈中，地方检察院干警们期待检察理论专家多关注一下微观层面的研究，而不仅仅停留在宏观层面上。这就从一个侧面暗示了检察理论与实际不相契合，理论滞后改革的现实状况。值得检察理论队伍及法学界其他领域致力于检察理论与实践研究的学者，包括我本人的深省和反思。

（四）检察改革应统一规划、协力共同实行

任何改革除了都应当统一规划，有步骤有序地组织和推行的基本或普遍的要求之外，检察系统的一体化内在品性更要求如上的统一进行。如前所述，检察的司法品性及职能不同于其他行政机关的品性及职能，甚至也不同于法院的审判品性及职能，保证法制在全国得到普遍一致遵守的基本职能要求，没有给检察院和检察官如其他行政机关那样多的自由裁量权。甚至也没有给如法院和法官那样依所谓的"自由心证"那样的极具个性化的裁判权。检察院和检察官在参与司法诉讼乃至法律监督的各个程序环节中，只能依法制说话，其司法性的作为，包括侦讯、判断、决定的唯一标准就是法律。任何凭个人感情或"心证"以及任何对法律的个人理解和解释都必须排除在检察院和检察官办案和决断的考虑和依据之外。检察专业之所以对职业化提出更高的要求，就在于检察院和检察官只能保证和监督法律得到普遍一致的遵守和执行，包括对其自己办案的要求，也包括对刑侦机关、社会组织和团体、公民个人是否无差别地遵守国家的法律乃至政策和纪律（在一般体制下），等等。这一职业化的特点不仅对检察官个人的道德、专业素质提出了更高的要求，而且也要求作为国家专门行使检察权或担负法律监督职能的检察院必须按照一体化的组织、管理和垂直领导这种标准去作为，包括对检察改革的作为。为了保障达到上述标准和展现检察专业的基本特点，检察系统的改革应当由最高人民检察院统一规划并统一实施。如果地方检察院，无论是哪一级的检察院有改革的想法和方案，应当首先报最高人民检察院批准并以最高人民检察院的名义启动并且推行相关的改革。现在在事实上将检察院改革的启动权下放给各级检察院自行启动和推行的做法应当调整，下放的改革权力也应当收回。至于现实中推行的各种五花八门的所谓"改革"，以及月月有改革举措出台的现象和状况，应尽快加以改变。

（五）检察改革应当慎重启动，经试验后再推行

在前面的几点分析中，已然包括了应当慎重地启动检察改革举措的充分理由。这里之所以再单独提出来加以强调，也是基于我们对调研和座谈得来的信息的强烈印象和感觉。检察改革无疑是一件十分复杂的变革行为，或改旧立新，或扩展或压缩，总之要有破有立。检察改革的思路既出和改革方案既定之前，除了上述要进行充分的理论论证和调查研究之外，还应当经试验后再推行，务使相关的改革不出大错和避免走弯路，这也是循着有领导、有组织和有序进行改革的稳妥路径选择所要求的。现实检察改革中仓促启动，未经一定时间和地域范围的试验就一哄而上的做法，都是对改革持不够谨慎态度的表现。须知，任何改革都是一场法律关系变换和结构调整的活动。改革前的法律关系和结构体系无疑应当得到充分的论证和评估，在确信已经到了非变动不足以推进社会或相关事业向前健康发展的情况下，才能实行改革，这种论证和评估在学术上通常称之为"必要性"或"意义"的研究，但只有此项"必要性"和"意义"还不够，还应当进行可行性研究。当然，可行性涉及实践和具体步骤的问题，并非总是由理论论证所能解决的。试验就是解决"可行性"的最佳路径选择。当然，如前所述，试验也应当由最高人民检察院统一部署实施，先局部实行，然

后进行总结，确信是一项利好的改革举措之后再在全国范围内推行。现实中往往只是一些尚未经过充分论证和试验的地方检察院的做法，就在短短一两年或三四年内迅速在全国范围内推广的现象一而再再而三地发生。而最高人民检察院在其中的领导、组织和协调的作用似乎没有得到充分的体现，这种现象和状况同样值得反思和进一步研究。

（六）检察改革应当重视本土资源与自己历史经验的运用

检察改革无疑是一项极其复杂的工程，同时也是一项"艺术"。从理论上说，只有运用全部人类政治、法律智慧与技术，才能出色地完成这项工程，或者将检察这一宏伟的法律大厦打造成为一件如精美艺术品一样的精品。但是，如果要达到这一高标准要求，不能仅凭改革热情和勇气，还必须在我们的检察实务界和检察理论界中培养高素质的设计师和工程师。接着就是下一个逻辑次序必然会提出的另一个问题。那就是如何发现、培养和锻造出大量的具有这样高素质的检察改革设计师和工程师？检察改革如同其他改革一样，总是在历史的长河中不断推行的，是在从事与日常的检察业务工作中发现问题才来解决问题的，这也就是说，是日常的业务工作中遇到障碍或不适宜时才催动人们进行改革的，而改革之后理顺了关系，完善了结构，健全了机制，从而又进一步促进日常业务的顺利开展。我们不能设想，让检察系统中的全部或一部分干警完全停下手中的业务去专门接受与改革相关的教育。即使真的这样做，未必是或肯定不是一个科学的、正确的改革思路和路径。这就引出如何从整体上大幅度提高检察队伍的素质这一严肃话题了。我们在调研和座谈中深切感受到，现在检察队伍的素质的确在整体上是很高的。他们提出问题、分析现象和解决问题的思路之尖锐和清新给我这样一个检察业外调研人员留下了深刻的印象。但我们同时发现了一普遍倾向的存在，就是谈起检察理论、实务的问题来，总是情不自禁地与西方的或中国的香港、澳门特别行政区、台湾地区的检察理论与实践相联系相比较。而鲜有从中国本土资源与自己的历史经验中吸取有益教益来分析和设计当下的中国检察改革。即使我们从大量的检察理论著述中也难觅这方面能给人留下深刻印象的理论分析意见。但在安徽省检察院的座谈中，资深的专职检察委员杨建民先生在发言中明确建议："（现时检察院）内部分工、划分应恢复到建国初期，内部维系一条龙。"我们深表赞同。在当前设计和从事检察改革中，这的确是一条正确思路和路径的选择，长期受到忽视，不仅在情理上不应当，在实际改革中也多少闭塞了人们的思路和路径的选择。

有多少理由可以提示人们重视和运用中国本土的资源和自身的历史经验，这里不必一一细表，这道理人们耳熟能详，问题是如何真正从观念和路径选择上落实到检察改革上来。不过，有一点我们还想在此强调一下，除了其他的理由外，我们还认为中华人民共和国建立初期的检察思想和制度设计，特别是其中的一体化形制和垂直领导体制才是真正体现中国检察制度特色的实质内容。用形象的拟人化来表述，那个时代虽然检察思想和制度还很年轻，正因为其年轻才体现出如童稚一般的"纯真"，而"纯真"即是"天真无邪"，总是受到人们的喜爱和推崇。且不论检察制度是否也同人一样会随着年龄的增长与涉世渐深而与"纯真"或"天真无邪"渐行渐远，就以人而论，一些到了耄耋之年的长者还依然保持一份"童真"之心和"童趣"，竟然也是使他（她）成为一位健康长寿之人的一个重要的利好因素！中国检察制度是否还要找回60多年前初建时期的一些"童真"？这倒是一个蛮有趣味的问题，值得考虑甚至加以研究。

（七）组织和引导理论力量多从事实际的调查研究

这样做的理由在社会上，更不待说在检察理论界和实务界相当普及的，几乎人人明白，自然不用我们多讲。但我们也认为这是一个"知易行难"的问题，本质上是人们自己包括检察理论界的学者们自身把握的问题。我们在上面的"信息总汇"中已经列出这是地方特别是基层检察院干警们很期待的一件事情，希望检察理论专家们多到下面特别是多到基层走一走，多倾听一下他们的意见，包括对一些出台的改革举措的看法和评价。我们本人作为圈外的学人深入到地方特别是基层检察院，原来还有些许不受欢迎的担心，可是一旦"落地"之后，到处受到的欢迎和热诚接待使我本人及课题组成员深为感动。这一事实从一个侧面反映了地方特别是基层检察干警对检察理论研究的殷切期待。他们说我们一行人是建院以来第一次直接面对的理论人员，希望今后见到更多的专家学者深入基层进行调研。我们从他们敢于直面问题的发言中，感到了他们这种期待的真诚。我们在此时此刻也总是表示这是我们应当做的云云，听起来有些矫情，多少有些言不由衷的感觉，倒不是我们不愿意下基层，实乃有诸多的困难与不便。不过，只要有机会和可能，我们一定会履行诺言。因为这是使自己的检察理论研究尽可能贴近和符合中国检察实际的必然要求。正如有识者曾经指出的，现在学术界出现一股强大的"宏大话语时尚追求潮流"（《中国社会科学报》2006 年 9 月 26 日报文），这或许就是当前学术浮躁的一大表征。不待说，在这种学术浮躁之风劲吹之下，学术界许多学者都不再从事甚至不屑于进行艰苦劳神费时的田野调查。检察理论界是否也存在此种现象，我们没有调查过，不敢妄下断语，但鲜见有生动鲜活的实证材料支持其宏大体系的检察理论研究的著述，倒是一个显见的事实。这或许是个人的主观感觉。但从一些地方检察干警希望理论专家们多到下面进行微观层面的研究期待中，我们检察理论专家们应当有所感悟，毕竟"春江水暖鸭先知"嘛！

（八）检察改革应努力寻找适当的突破口

现时的检察改革从总体上给人以普遍开花，甚至是捡了芝麻丢了西瓜的感觉。现在全国全社会普遍赞赏和肯定中国检察体制在20世纪90年代初所进行的那场具有里程碑意义的重大改革，即在中国检察院体制内普遍设置反贪机构，现在的反贪业务又延伸到反渎和职务犯罪预防的方面。其实，那场改革并非是"师出有名"，除了在检察职业中有职务犯罪案件的侦查权一项外，在建制上都没有宪法和任何其他法律上的根据。之所以受到充分地肯定和支持，我个人认为是选对了改革的突破口。在中国的宪政体制中，缺乏专门的、职业化的反贪机构是一个显见的缺失。检察院不失时机地抓住了这一点，通过在其自己的体制内设立反贪机构，恰恰是补上了中国宪政体制中的一个空白，受到肯定和支持就不难理解了。其实，世界上一些其他国家如新加坡的廉政公署以及作为中国香港地区的廉政公署，也都是在国家反贪情势特别需要的情况下产生的，只不过它们走的是独立建制的道路。中国的检察体制在国家没有选择或基于其他理由不欲建独立的反贪机构的情势下，不失时机地抓住了这项体制改革的突破口，成就了现在检察院重大的职能拓展。这一历史经验对我们很有教益，现在的检察院应当运用更多的政治、法律智慧和技巧，努力寻找那样的突破口，使中国的检察改革迈向一个新台阶。这与局部的细微的改革相比，显得更重要，意义更重大，成效更显著。当然，这方面的改革由于牵一发而动全身，更应加强理论研究和各种关系的疏通与协调，但总是有机会和可能加以选择和实行的，只是需要多一点智慧、技巧，以及不可以缺少的细致、耐心和勇气。顺便提出，本人在《中国特色社会主义检察制度的完善》的结项报告中，就提出了几个个人认为有价值的突破口，希望得到检察理论界和实务界以及国家有关方面的关注。

（九）不能长期忽视事实上存在的检察干警待遇差别所造成的负面影响

在我们调研所到之处，特别是在基层检察院的座谈中，几乎每一场总会有人谈到这种与公安、法院干警在职级、工资、补助、福利待遇上的差别，讲到动情之处，往往发言者情绪会有些激动，又往往有其他干警随声附和，激昂之状令人印象深刻。我本人虽然在此期间曾接受他们的托付答应一定要把他们的意见反映上去，尽管有些表态信誓旦旦，但其实只想到将来以某种形式公开发表以唤起各方面的关注，至多也是通过中国社会科学院《要报》向国家政治最高层直接反映，能否实现心中并无把握。无论如何，个人的同情之心还是有的，并往往在当场有所言表。作为一介书生，人微言轻，这等人事、财政上的"大事"非我的资格和能力所能撼动。我还在此期间所作的学术报告中进行过一些显然并不总能打动人们心扉的"说教"（例如在广西百色市检察院所做的学术报告），如我辈在 20 世纪六七十年代那种只知埋头工作，不敢奢望报酬之类的"艰苦奋斗"的经历，等等。说时自己就觉得不再有多少"底气"，毕竟时代不同了，在社会如此激烈的转型和变迁中，人们早已在物欲横流中尽享了"恭喜发财"之类的新私利观的熏陶，只讲奉献，不计报酬的时代恐怕早已一去不复返了。少数人包括一些高官们"贪欲"之甚，贪腐之烈让善良的人们仿佛觉得他们好像本来就不是我们的同类，或许是来自外太空某个角落的

"邪恶世界"。话说回来，如何对待检察干警与公安、法院干警之间的待遇差别确实不仅仅体现在物质利益的平等诉求方面，更关乎到人们在所谓"人权时代"所倡导的平等待遇的心理底线。长期得不到适当的调剂，在事实上已经造成了一些消极的、负面的影响，这首先表现在检察队伍的稳定性缺乏保障方面，一方面流失的检察干警较多，另一方面又苦于招不进合适的人才。在许多基层检察院，一些中坚的业务骨干眼见得通过升职提高待遇这唯一改善个人生活质量的通路不畅，也毅然"跳槽"离去，或正在盘算自己下一步的出路。检察业务骨干的流失，对于本来编制不满员的基层检察院来说，为应对日益加重负荷的检察业务，不得不相对大量地吸收非专业的人员以承担相应专业性很强的检察业务。这样当然不会提高办案质量。这种状况在检察业内上下都心知肚明，各级领导更是期望能大幅度地提高本部门内干警的物质待遇，但碍于体制和情势，现仍苦无良策。好在国家在边远地区的基层检察院已经拨付了相当丰厚的财政拨款，并固定成为一种财政制度，使基层检察院至少在办公经费上有了大幅度的改善。就检察院的整体来说，还是存在可以寻求更多改善途径余地的，一如公安、法院已然能得到相对好一点的改善那样。

理论界包括笔者本人长期以来曾在学理的层面上力倡国家对国家的司法机关包括检察院和法院实行国家专项预算和固定拨款制度的改革。碍于现有的财政分级管理制度现在还难以实现较大的变革，虽一时还不能实现，但学理上的影响还是有的，至少使社会各方面知道，国家的司法机关只有实行专项资金的国家预算和拨款制度，才是唯一正确的司法财政保障机制。然而，令我意想不到的是，我辈这一理论论证和倡议竟然在检察体制内受到非难。早在前些年我在沿海一个发达地区的检察院进行调研时，当我提到上述的论证和倡议时，不期然竟当场受到非难，说我这样的倡议在他们那里不受欢迎。细问之下被告知，当地检察院通过非正常的制度通道从地方政府获得的财政拨款相当丰厚，其丰厚的程度比想象中国家在将来的固定拨款可能还要高出许多。为此，他们宁愿在现有体制内享受这种"优惠待遇"而不愿加以改变。我当时着实有些愕然，自己多年的努力竟然如同"美酒"，并非所到之处都受欢迎。可见，中国地域之广阔和经济发达程度差异之大，竟使任何一项改革包括司法财政体制改革都变得如此复杂，改革之难由此可见一斑。但转念一想，从全局和长远的利害选择上看，我们还是主张进行这项改革。因为从非正常的关系和渠道获得的地方财政"优待"，一方面难以保证其稳定性，另一方面可能对本来需要大力改善的司法机关形象和司法公正造成不利的，甚至是负性的、消极的影响。利弊权衡之下，自当舍其临时的"小利"而取其根本性的"大义"。不知此言以为然否！

以上调研报告"信息汇总"不准确之处由我本人负责，与地方检察院和其中的检察干警无关。至于析理中的观点错误，本人更是责无旁贷，欢迎检察理论界和实务界以及各方面的有识之士提出批评、指正。

附录 1
检察改革与人民检察院组织法修改涉及的与宪法、宪政有关的理论与实践问题[*]

本来，会议的主题是要讨论人民检察院组织法修改稿，各位专家就此发表了许多修改意见。笔者认为，单纯就修改稿中的条款和文字进行修改固然重要，但更重要的还是我们站在今天的立场上，面对已经变化了的社会转型和司法情势是否有必要以及如何重新调整该人民检察院组织法的指导思想，以及如何深化和正确认识中国的立宪主义及各项宪法原理问题。比起这方面深层次的理论建构问题来说，人民检察院组织法的条款和文字修改更多的是属于技术层面的问题，处理起来还是比较容易的。为此，我现在的发言先不谈条款和文字修改问题，而是集中谈一谈有关检察制度中的那些与人民检察院组织法修改相关的一些深层次的理论问题。

1. 检察机关的定性问题和法律地位问题。宪法和人民检察

---

　* 本部分内容为笔者于 2004 年 8 月 18 日出席最高人民检察院关于《中华人民共和国人民检察院组织法》（修改稿）专家论证会时的发言。

院组织法都明文规定各级人民检察院是国家的法律监督机关。法律监督的思想最早是列宁提出来的，在列宁的政权建设理论中，他把监督法律在全国统一而无例外地得到遵守和执行，并不因为执法的部门和地方不同而改变看得很重。他认为在当时的新生俄罗斯苏维埃政权中，如果能在国家政权体系中建立一个独立的检察机关，专门负责监督法律、政令和国家纪律的统一执行，是对马克思主义无产阶级政权建设实践的一大贡献。从新生苏维埃政权开始，在世界上第一次组建了以法律监督为专任的中央和地方各级检察机关。中华人民共和国成立后，师学苏联，就只有些许改变地建立了中国式的检察院，并赋予其法律监督的职能。尽管在以后几十年间检察机关的监督范围几经变换，甚至检察机关本身也是命运多舛，历经坎坷，但作为法律监督的专任机关的基本职能一直保留至今，特别是在 1979 年制定人民检察院组织法之后，检察院的基本职能便定格为国家法律监督机关，再经 1982 年宪法确认以后，迄未改变。

既然宪法和法律都将检察机关定性为国家的法律监督机关，那么，理所当然地就成为国家的司法机关。检察机关作为司法机关的基本性质是确定的，尽管它还负有其他的国家性权能，包括行政属性的权能，但其司法性是得到宪法确认的，这一点毫无疑问。从宪法的规定上看，将检察机关与法院并列规定在单独一节里，其意向非常明确，即中国并没有采纳西方式的以执行审判权为主体的司法建制，而是采取双轨制，即由各级人民检察院和各级人民法院共同承担中国政权体系中的司法职能。只是由于当时在制定宪法时，为了刻意与西方的三权分立政权体制划清界限，故此拒绝使用立法、行政和司法这种具有一般明确表征的专门词汇。但在法理、宪理的分析平台上，我们并不能独创一套中国自己特有的概念体系，从消极方面来说，我们不得不利用学术界公用的学术平台，否则就无法进行学术分析和交流；从积极方面来说，要使中国的法学理论为世界性法学理论的一部分，并为总体的法学术理论作出中国自己的贡献，也应当以积极和开放的心态融入到世界性法学总体理论体系之中去。由此可见，中国宪法和法律没有使用司法权的概念，并不表明中国的检察机关不是司法机关。至于其法律地位，从上面的分析不难看出，作为中国司法机关的审判机关和检察机关在法律地位上是平等的，彼此没有上下高低之分。不过，从苏俄、苏联和中国本土的早期经验上看，在公、检、法三机关的相关业务关系上，检察业务通常在对刑事侦查和刑事审判业务中居于引领和主导的关系，由此引发在三机关的相互关系上曾长期公认检察机关的法律地位较高些。但这也只是约定俗成的结果，并无宪法和法律上的确切根据。

2. 另一个值得关注的重大理论和实践问题是关于中国检察机关，也包括审判机关，究竟是国家性的，还是有一部分是地方性，抑或兼具国家性和地方性的。之所以会产生这样的问题，是因为宪法明文规定，地方各级人民检察院检察长由地方相应级别的人民代表大会选举产生，并对产生它的人大机关负责。这种地方国家权力机关"派生"的机关就被一部分学术界和实务界认为应具有地方性。但在宪理和法理上并不总是这样简单地认定。在政权结构中，总是要设计出一套办法建立各类、各级国家机关，但是这种国家机关产生的结果并不一定非得与产生它的国家机关建立某种从属或上下级关系。如美国的联邦大法官，由总统提名，参议院批准，但一旦获得批准，便取得独立的法律地位，与总统、参议院不再有任何职务上的隶属关系。中国的地方检察机关在产生之后，依宪、依法尽管并不是与地方国家权力机关完全脱钩，但在性质上应当视为具有完全意义上的国家性，确切地说是属于国家专门建立的法律监督机关，其业务尽管具有地方区域管辖的限制，但在性质上是属于国家专设的专门机关。

检察机关的国家性还关系到检察机构设置和组织体制改革的问题。按理，检察机关既然是国家的，在中国这样一个统一的国家结构内，应当由最高人民检察院乃至最高国家权力机关作出统一规划和部署。但现在的问题是此项权力在很大的范围内下放给了地方，地方各级人大和地方各级人民检察院都犹如"八仙过海、各显神通"，在全国范围内，检察机关内部机构分分合合，花样翻出，极不统一，以至上下级之间的业务来往都很难找到相应的"对口"单位。这种改革方向出现的混乱状况，本质上就是对检察机关的国家性缺乏必要的体认。这是一个在当前进行和不断推行的检察改革中亟待重视的问题，应当深入地加以研究。

关于检察机关的独立性问题，除了刚刚谈到的并非完全意义上的司法独立以外，关系到检察机关和检察官是否能独立地行使检察权的另一些问题，如人事安排、财物的支付与分配等，也是不容忽视的。长期以来，地方各级检察机关的财、物在国家分级财政体制下，一直缺乏统一的支付与配给，这在事实上对检察机关和检察官独立行使检察权，以及免遭其他国家机关、组织和个人的干扰造成了很大的冲击。这方面的改革亟待实行，建立统一的国家财政保障体系势在必行。

3. 检察机关的领导体制问题。中国检察机关的领导体制自建国以来就几经变换，曾师学苏联，实行过垂直领导体制，也曾根据中国政治体制的特点，实行过分层领导体制。现行宪法和人民检察院组织法确认上级检察院领导下级检察院，最高人民检察院领导全国检察院；同时，地方各级人民检察院分别对各该级地方国家权力机关负责，并接受其监督。学术界通常将这种领导体制称为"双重领导体制"，我个人认为这种说法值得商榷。现行宪法和人民检察院组织法只在检察体制内明确规定了领导体制，面对地方检察机关与地方各级国家权力机关所确立的派生、监督与负责的关系，我认为不能简单地理解为就是一种"领导"关系。因为在宪法和人民检察院组织法的相关规定中，"领导"是一种明确的意指下级服从上级，上级命令、指挥下级的这种真正意义上的"领导"关系，如检察体制中的领导关系，行政体制中的领导关系等。而"派生"关系，正如刚刚讲过的，并不意味着被派生的机关一定要与派生机关保持一种服从与被服从，指挥与被指挥的"领导"关系；而"监督"的概念在宪法和法律上也是专有意指的，如宪法监督、法律监督等。这种"监督"关系尽管通过监督与被监督在不同种类的国家机关或同一种类的机关建立某种经常性的、密切的联系，但通常并不一定包含着命令与服从、指挥与行动那种"领导"性质的关系，至少在中国宪法规定的国家权力机关对其他国家机关的监督关系，上级法院对下级法院的审判活动的监督关系中，就不具有"领导"的性质；而"负责"同样也不具有上述的领导与被领导之性质。由此可见，中国宪法与人民检察院组织法在同时分别运用"领导"、"监督"与"负责"的概念，绝不是偶然的，而是各有特殊的意指的，学术界通常将这两种法律关系同时理解成为单一的"领导"性质，或许是一种理解上的偏颇。总之笔者个人并不认同，认为应当坚持检察体制中的"垂直领导"体制。现在虽没有落实，但应当通过领导体制改革加以改进。但无论如何，绝不能认为中国检察机关中的现行理解中的"双重领导"体制就是最优的选择，对此有必要进行深入的研究。

4. 去行政化的改革问题。从中国现行政治体制以及宪法、宪政上看，本来在权力系统、行政系统以及司法系统等方面，都是根据各自职能的特点分别确立各自的领导、管理、监督、负责等关系的，但这种不同职业特点的体制运行的结果，却普遍出现与行政领导和管理体制趋同的倾向，学术界将此种趋同简单地概括为"行政化"，此种表述尽管未必十分准确，但看上去却也是"形神兼备"的概括。近些年来，对于司法系统的行政化倾向发展越来越烈的趋势，司法实务界和学术界给予了很多的关注，长此以往，颇令人忧虑。但现时检察机关内的领导、业务体制运作的结果，更可能或者肯定地说不仅无助于"去行政化"，而是在加深行政化的发展趋势。这种现象和结果的发展，固然与国家总的政治体制密切相关，但与检察体制内的认识关系更大。在业内不断推进和强化的一些改革或举措，如强化检察委员会的职能与作用等，或许是以确立检察官主体地位的科学体制，即"去行政化"的意旨渐行渐远。总之，这方面的确需要深刻的反思。应当深刻体察到，作为司法性质的国家检察机关，长期存在越来越严重的行政化发展倾向，终究是有悖于检察工作的科学运作规律的。

5. 检察工作的职业化或专门化与民主化或大众化的问题。近些年来，关于法院的职业化和民主化的学术争论，尽管没有结果，却很有意义。同样的发展方向问题实际上也是存在于检察系统的。笔者个人认为，两种发展方向都有历史和现实的根据。职业化是西方司法发展一贯秉持的方向，是建立在如下理念之上的：司法是实现社会公正最后一道屏障，为保持其职业特点，必须实现高度的职业化和专门化，通过职业科学规范的运作，坚持其始终保持中立的立场，居间作出裁判，而通过严格的程序性的规定和遵循，是实现职业化必不可少的途径。在这样的司法理念及运作机制之下，是没有如中国那样的为人民服务、为经济高速发展保驾护航，以及为"维稳"作出贡献等理念与机理存在和发展的空间的。往更宏观的方面说，更不能想象会有诸如为"中心工作"、"招商引资"之类的理念与工作安排。但无论怎样，包括检察在内的司法秉持其职业化和专门化的发展方向本身符合现代化起源于分工、成就于分工的宏观背景，也符合司法工作的职业特征和规律性，不能一概否定，相反，应当作为司法现代化发展方向的一个优先选项。中国在现时司法现代化方向的起步和发展上，早已踏上了坦途，现在早已不是要不要朝着这个方向发展的问题，而是如何拿捏得更科学、更稳妥些。

从另一个方面来说，在中国的司法理念与制度建构上，民主化的方向趋向表现得也很明显，甚至得到司法实务界主导力量的大力鼓励与推进。这不难理解，至少有两个方面的原因促成了这种方向性的转向：一是基于中国自身本土革命的经验，中国的司法从最初在革命时期诞生起，就同推翻一切旧政权及其制度这一总的革命精神和进程紧紧联系在一起。依靠群众、发动群众和组织群众这三大"革命法宝"的运用同样适用于革命政权的司法工作。在抗日时期的陕甘宁边区之所以出现马锡五式的审判方式及相关的检察制度，并不是偶然的，而是总的革命形势和群众路线的产物。这已经成为一个宝贵的革命经验，并成为值得珍视的革命记忆。在当前大力加强司法工作时，自然会使我们回忆起自身宝贵的革命经验，并唤起利用本土革命经验促成现代化司法发展和进步的强烈愿望。二是对现时司法从理念到形制再到各种程序、证据等规则过重地借重西方司法模式的反弹。西方的司法理念及其模式在中国的引进、实行和推广毕竟只有一百多年的历史，而且是在传统中国式司法模式的根基上引进和推行的，本来就有水土不服的问题，再加上最近一些年来师学西方司法模式的过程似乎过速过猛，难免引起业内和学界的一些人士的反感和忧虑。此时提出大力促进民主化方向的司法发展绝不是偶然，是一种时代变迁和司法模式转换的反弹。由此可见，中国司法实务界和学术界之所以在当今兴起职业化和民主化的争论，绝不是司法观念和模式的学理之辩，而是社会转型向着深度和广度发展的深刻反映。

与此同时，中国的检察理念与制度，自古就极具封建性的特色，其有利于实现司法公正和社会正义的理念与制度因素固然存在，但也存在严重的弊病，时至今日，我们仍在很大程度上受到那种旧的司法理念等方面的影响和困扰。中华人民共和国建立后，新生的政权曾彻底打碎了旧的国家司法系统，建立了全新的司法机关，但这种形制上的彻底改变并不意味着我们能与旧的司法观念彻底决裂，从此不再受其影响。而新的司法理念和制度虽然也吸纳了革命根据地和抗日时期陕甘宁边区的司法经验，但还不足以支持建立、建构一个全新的司法理念和制度。在这种情势下，在全新的中国司法理念和制度的建立和建构过程中，我们遭遇到了成长中的各种烦恼。我们想从本土历史和革命经验中吸取有利于建立和建构的元素，特别是其中在革命时期那种民主作风和田间、炕头办案的新方式，被司法实务界和法学界视为具有引领司法改革的方向，建立、建构独具中国特色的司法理念和制度的价值。再加上前述作为中国民主革命三大法宝之一的群众路线，于是便有司法民主化的极力倡导和推进。同前述问题所说的吸纳有利于实现司法公正和社会正义的西方司法理念和制度一样。倡导吸纳中国本土、革命经验和群众路线的司法民主化，本身并没有什么不对。同样，如果还有人拒斥这种经验和路线，显然也是不明智的。

　　总之，本人对这两种司法改革的方向或目标采取居间的调和立场，不拒斥任何一方，而是以博大的学术胸怀，秉持公正的立场，主张广泛借鉴、吸纳一切有利于实现司法公正和社会正义的利好元素，以建立、建构既能适应全球化对司法理念和制度的普遍需要，又能以自己具有鲜明特点的新型司法理念和制度彰显中国司法的价值，并最终实现中国的司法公正和社会正义的最高司法目标和宗旨。

　　6. 公益诉讼问题。这个问题最近一些年来学术界讲的很多，司法实务界特别是检察院在促进公益诉讼方面做了大量的探索和实际工作。这些无疑都是值得研究和鼓励的。就我个人而言，还是比较倾向以检察机关作为提起公诉的主体，辅之以群众组织或社会团体以适当的方式担当公益诉讼的发起人。这个问题涉及的方面很多，本人已有专门文章发表，故不再深入地谈下去了。

附录 2
检察学的学科建构离不开宪法学理论的基础支持及检察学学科意识的培育[*]

首先，感谢检察学研究会特邀笔者出席此次重要的会议。此次会议之重要，一方面体现在检察学本身，是注定要载入检察学史册的；另一方面对整体中国法学来说，新学科的创立也为中国法学学科增添了新的成员，这对中国法学界来说也是一件值得庆贺的事。

其次，笔者还想对在座的刑法学、刑事诉讼法学、民事诉讼法学的学者们表示我个人的敬意。在我看来，是你们的高瞻远瞩和博大胸怀培育、扶植、催生了这一全新的学科。在传统的法学科的建构体系中，西方是没有检察学这个学科的，而在中国，原来也没有这个学科，是上述学者特别是刑事诉讼法的学者从刑事诉讼法学科中对检察理论与实践的长期研究，结合中国独具特色地在国家政权体系中精心建构了单独建制的检察

---

* 本部分内容为笔者于 2007 年 11 月 21 日至 24 日出席中国法学会在上海举办的检察学研讨会上的发言。

院，而又在检察院全体干警特别是检察理论界人士的持续不断的精心研究和倡导下，使检察学这一学科逐渐被培育并成长起来。特别是在最近一些年在最高人民检察院领导的大力关怀和支持下，检察学研究突飞猛进，一个学科的基本轮廓逐渐清晰了起来。对此，我们应当对法学界特别是刑事诉讼法学界的热心支持和倡导建立检察学科的学者表示敬意。我有时竟突发奇想，他们把本来是刑事诉讼法学科中主要内容的检察理论自愿礼让出来去培育一个新的检察学学科，难道他们竟不怕砸了自己的饭碗，被别人抢了自己的生计！不过，话说回来，这大概是自己"以小人之心度君子之腹"罢了。

　　建构一个新的学科并非特难的事，难的是这个学科是否被认为具有一个学科的基本特征，检察理论界长期以来自说自话的学术倾向切不可在检察学学科的创立和发展中表现出来。我认为，根据普遍承认的学术意见，一个学科的创立至少要具有以下四个方面的要件：（1）要有明确的研究对象和研究领域；（2）要有大体量的理论和实践的实际内容；（3）要有较长时间的先期进行的系统的研究，使学科基础的厚度达到较深或很深的程度，而学科的外形轮廓也应当基本定型；（4）要得到学术界的普遍认同，要使学术界的人士一听起来就知道这一学科，如果只有部分或少数学者在自说自话，或自以为是地认为它应当是或者就是一个学科，显然不符合这一要件，因此很难被学术界公认为是一个学科。从这个学科的研究对象、知识量、系统研究和被公认为这四个方面看，除了研究对象比较明确，知识总体量大之外，在系统研究和基础建造方面还显得欠缺，至于要得到学术界的公认，也还有很长的路要走。

　　我曾在多种场合表示过，刑事诉讼法学者运用刑事诉讼法学知识体系为检察学的创建厥功至伟，这是必须肯定的。事实上，刑事诉讼法学学科本身确实建构成了检察学学科重要的知识和理论基础，但如果我们的检察学学科只是或基本上都以刑事诉讼法学科的知识和理论作为知识体系和理论基础，就很难将其打造成为一个优势学科，可能给人的印象不过是刑事诉讼法学科的延伸或分支而已。因此，愚以为当前检察学学科的建构之重莫过于扩展其知识总量和拓深其理论基础。

宪法学以及连同一体的宪政学是法学学科中在长期的发展过程中成长和壮大起来的优势学科，在西方许多国家特别是那些先进的国家，宪法学几乎无一例外的都是"显学"。这一突出特点的形成不是偶然的，一者是宪法作为国家的根本大法，在国家和社会的治理和调节中发挥至关重要的价值与功能。尤其重要的是，它为国家和社会建立起一种稳定的深层次的结构，包括政治结构、法律结构乃至社会、文化等结构。这一结构的稳固、持久对于保持国家的政治稳固和社会安定发挥着至关重要的作用。除此之外，宪法和宪政对于执政合法性的确认也是任何法学学科所不可比拟的，更是不可替代的。因此，宪法学学科的这一优势还有更广阔的利用余地，包括对检察学学科的建构。我们认为，目前检察学学科的知识体量和理论基础之所以不够丰厚，很可能就是宪法学和宪政学的知识体系和理论基础的支持不到位所致。因此，我们呼吁检察学学科应该敞开胸怀，海纳百川，从各个友邻法学学科中吸取学养元素以滋养自己。现在我们高兴地看到，最高人民检察院的领导越来越重视利用各个法学学科的优势来构建和强健检察学学科，其中也包括宪法学学科。我以为，宪法学学科能够贡献给检察学学科的，至少有如下一些方面：

1. 立宪主义可以丰厚检察学学科的理论基础。检视现行的检察学学术著作，我们会发现一个共同的学术倾向，就是将检察学学科的"原理"无一例外地建立在传统立宪主义的"制衡"原则上，认为检察制度的创立、存在和发展之根本动因，就是为了制约和平衡国家各种权力及其权力部门之间的相互关系，从而达到法律之治的终极效果，即权力行使依法受到限制。一般说来，这在整体立宪主义的意义上确实是这样。但论者却忽略了两个基本的事实，一个事实是"制衡"原理对西方立宪和宪政来说是"普世性"的，极少具有例外。但它不是在世界全部立宪和宪政国家中具有"普世性"，因为还有一些国家信奉与西方立宪主义完全不同甚至相悖的马克思列宁主义，这些国家并没有按照"制衡"的原则，即不采取"三权分立"的政权建构模式组建自己的政权。中国就是其中显著的一例。显而易见，用"制衡"原则解释中国检察制度创建的缘由，是一种理论的误置或错用。中国的检察制度的建立、发展需用中国自己的独特的立宪主义去理解，才能使中国的检察学学科建立在真正科学的理论基础上。另一个事实是中国政权建制是在"民主集中制"的原则指导下，建构一种并非典型的"议行合一"政权体系。这个原则、体系与中国的检察制度有着怎样的内在关联，是一个亟待发掘和探讨的检察理论问题。而要在这个问题上得到一个满意的求解，借助宪法学，特别是中国宪政学的学科优势，一是可以避免再陷入西方立宪主义的误区，二是可以为中国检察学学科建构真正符合中国立宪主义的理论基础。

2. 中国政权结构的宪法规定和宪政安排是认识和理解中国特色检察制度的性质和地位的关键。中国现时的法学界包括检察理论界，关于中国检察院的性质及其地位的认识相差很大，甚至殊异。极端的学术意见是按照西方政权建设理论与实践来看待和对待中国的检察制度，因与西方的检察制度对不上号，故视中国的检察制度为"异类"，因而主张撤销检察院的建制，改行西方的司法制度。在学术上还有一个长期争论不休的问题是关于检察院的性质和地位问题，有的认为是行政性的，有的认为是司法性的，还有的认为是半司法半行政性，还有的认为无从归属等，所有这些认识误区和争论应当说都是缘起于对中国宪法和宪政缺乏真正科学的体认。要想破解中国检察制度的性质之谜，不能凭外国的理念和经验，也不能凭主观想象，只能从正确认识中国的宪法和宪政做起。因为只有中国的宪法和宪政如何为中国检察制度定性和定位，才是正确认识中国检察院的性质和地位的"不二法门"。

3. 中国宪法关于检察院的"领导"和"监督"的规定，是正确认识和理解中国检察理论中关于"垂直领导"和"双重领导"的长期之争的最终依据。"领导"和"监督"在立宪之初，是在不同的意义上使用的宪法语言。"领导者"即引领、指导之谓也，意指"领导者"与"被领导者"之间有指令与服从、上下连为一体的紧密关系；而"监督者"即为监视、察看之谓也，意指从旁督导被监督者行监督者期望和允许的行为，务使其被监督者不离正确轨道或偏离方向的联系关系。"监督"相比"领导"是强势的语境。现在，法学界特别是检察理论界普遍将宪法上的人大对同级检察院的"监督"关系理解为事实上等同于"领导"关系，这是不符合宪法规定的原意的。为此，要破解中国检察院领导体制的难题，是应当而且必须从宪法学中吸取对宪法解释的学理元素的。

检察学学科能够借重宪法学和宪政学学科之力的地方还不止这些。但仅此这几点足可说明宪法学学养元素对检察学学科的理论支持力度是不可或缺的，更可以认为是很重要的。

然而，还有一个更深层次的问题也应当而且必须引起我们的极大关注。在检察学学科始创时期，借重刑法、刑事诉讼法、民事诉讼法和我们所倡导的宪法学的学养元素是必不可少的，这肯定是一个正确的入门路径。但反过来看，其他学科的本体知识和研究范式无论如何都不能代替检察学学科自身的本科知识和研究范式。前面提到的有关一个新学科的建立应当具备的四个条件，即学科意识，对检察学学科是完全适用的。这就要求结合这种普遍性的学科意识，进而要求培育中国检察学学科自身的学科意识。今后检察学学科应当从其他友邻学科的扶植中逐渐脱颖而出，致力于培育检察学学科自身的一整套概念、方法、逻辑和理论体系，要逐步具备能够独立地解释和处理一系列有着检察理论和实践问题的能力和资质。只有达到这个建构水平，我们才能当之无愧地成为独立的检察学学科。

愚以为，检察学学科创建的当务之急是努力培育明晰的学科意识，逐渐摆脱对友邻学科的依赖，朝着独立的学科化方向逐步推进。在此过程中，当下一个不容忽视的问题是，大量的有关检察学的著述或多或少地存在着对检察学学养的知识和理论的缺位、误读甚至是偏离等现象尚未得到重视，甚至还处于完全不自觉的状态。这种状态亟待改变。否则，我们检察学学科建构就会迷失正确的方向，走弯路。总之，检察学学科的最终独立和展示强大的学术魅力，是需要从最基础的地方起步，要脚踏实地一步一个脚印地向前走。要彻底摆脱自说自话，自以为是，而别人不以为然的窘迫境地，最后将检察学学科打造成为不仅自以为是，别人也认为是的，能够傲然独立于其他法学学科之林的优势学科。

发言到此结束，谢谢大家的聆听！

附录 3
检察权的宪法定性[*]

谢谢主席，由于时间限制为 15 分钟，故不能展开地讲，但就检察权的宪法定性问题应该还是可以说清楚的。

首先说一说中国国家权力机关配置的特点。基于马克思列宁主义对资产阶级国家学说和政权建制的批判，又根据马克思列宁主义关于无产阶级革命和无产阶级专政的理论和革命成功后建立无产阶级专政性质的国家政权学说，结合中国化的马克思列宁主义，即毛泽东思想中的民主宪政理论，特别是结合中国在长期的民主革命时期，在革命根据地自身政权的建设实践及其经验，在中华人民共和国的政权结构中，显现了如下三大特点。

1. 中国的政权结构既非西方国家的"三权分立"体制，又非典型的巴黎公社的"议行合一"体制。不是"三权分立"这很容易理解，这是我们在意识形态上长期拒斥西方国家资产阶级政治思想和政权理论的必然结果。

---

* 本部分内容为笔者于 2009 年 12 月 4 日出席福建省宪法学研究会漳浦年会时的发言。

中国的政权建构也并非如巴黎公社式的"议行合一",尽管那种"议行合一"是受过马克思高度评价的,被视为终于发现了的无产阶级革命成功后建立自己政权最好的政治组织形式。但苏俄、苏联以及中国在革命时期的根据地建立政权的经验表明,那种完全"议行合一"式的政权组织形式并不适合像苏俄、苏联和中国这样幅员广阔、情况极为复杂的大国建立长期稳固的政权体制的需要。为此,中国在设计和建立自己革命成功后的政权时,既遵循了"议行合一"政权建构的基本原理,又在形制上,在各种不同功能的国家机关之间,特别是在国家权力机关与其他职能机关如行政、司法机关之间,保持了适度的分离。这种分离既体现在职能的分工和各负其责,也表现在机关设立、政权各系统的各自相对的独立的特点。为此,我们认为这是一种非典型的巴黎公社式的"议行合一"制,既有合有分的,又有"议行合一"还有"议行分离"的政权组建形式,这种特点值得学术界认真地研究。在法学界包括宪法学界,有的学者不加分析地认定中国的政权组织形式就是完全意义上的或典型的"议行合一"制,笔者个人认为失于简单,不耐推敲。

2. 中国政权在结构上有一个显著的特点,笔者个人概括地称之为"二元交叉式的分立制"。这应当是一个全新的政权结构模式的分析视角,尚未见其他学者作如此概括和分析,笔者个人认为是站得住脚的。其中的所谓"二元",既包括权能分工上的"二元",又包括机构建立上的"二元",还包括国家结构层级上的"二元"。在权能分工上,如全国人大和全国人大常委会既是国家的最高权力机关,又由于执行国家的立法权,在其执行立法职能时,也可以看作是国家的立法机关;再例如关于国务院,即中央人民政府,在宪法上规定它既是最高国家权力机关的执行机关，又是国家的行政机关，统一领导全国的行政工作，而宪法规定国家的检察机关既是国家的法律监督机关，又是国家的检察机关，还担负公诉职能，如此等等。在机构建立上的"二元体制"，最典型的莫过于关于国家司法机关的规定，宪法并未使用司法权、司法机关这样的词语和概念，但在宪法文本上单列一节，专门对人民法院和人民检察院作出规定，这一规定表明，中国的司法权是由法院和检察院共同担负的，这在学理上通常称之为"双轨制"，或形象地称之为司法机关的"双驾马车"式的建制。在国家结构层级上的"二元"，典型的有民族自治地方的"自治机关"，既是实行民族区域自治的权力机关，又是一级地方国家机关等。

体认中国国家政权的"二元交叉式的分立制"的特点，具有重大的学理价值。笔者个人认为，法学界一些学者对中国检察院的性质，要么简单地认为其是国家的公诉机关，因而在性质上属于国家的行政机关，要么简单地基于国家的法律监督机关的宪法和法律规定，因而又认为是国家的司法机关，这都是由于不能体认这种政权组织"二元交叉"的特点所致。

3. 检察机关与审判机关的宪法定性是不同的。宪法规定审判机关只是单一的执行国家审判权的机关；而规定检察机关既是执行国家检察权的机关，又规定其是国家实行法律监督的机关。这就引出了一个长期困扰法学界包括检察理论学界并且纷争不止的问题，即检察权与法律监督的关系问题。现在在检察理论界有一种强烈的学术意见，即认为法律监督是一种国家权力，而且是一种"大"的权力系统，而检察权则是一个"小"的权力系统，然后按照逻辑推理确立二者之间的关系，即"大"辖"小"，或"小"从"大"。笔者个人认为，如果非要以"大"、"小"或"本"、"支"论之，恰恰相反，检察权应为"大",是"本"或"宗";而法律监督则为"小"或为"支"。其根据有五个方面:(1)宪法本身规定该权力机关的名称即是"检察院",而非"法律监督院";(2)从苏俄、苏联直到中国自己早期的宪法都规定检察院行使国家检察权,尽管在人民检察院组织法中也规定对法院的审判活动和监狱的监押行为实行监督,但是都采取了列举形式,可能在宪法和法律的学理解释上与现在的法律监督不同;(3)现行宪法只规定各级人民检察院为国家法律监督机关,并没有相应地规定相匹配的"法律监督权";(4)从时间上看,有关检察权的规定是从始至今,一以贯之的;而有关法律监督的规定,只是从1979年才起始的,这种时间上的延迟或许意味着"法律监督"是一个新近才产生的概念;(5)法律监督只有中国独有,是极具中国特色的检察制度,而在其他国家尚未发现此类规定,这说明法律监督只是中国的一个特例。不具有普遍性或许意味着它只是从检察权中延伸出来的新的检察理念与形制。

与中国检察院独立建制绕不开的一个话题是:既然西方国家迄今为止尚未出现独立建立检察院的实例,那么就应当对中国独立建立检察院的特例给以其可以令人信服,至少是可以说得过去的理由。我们现在所给出的理由不应当完全是基于意识形态方面的,诸如不同阶级性的国家有为各自阶级服务的政治制度,等等;当然也不能认为西方国家的检察制度不成熟或不靠谱等。笔者个人给出的理由是这样的:在功能单一或简单的政治和司法制度的设计下,完全可以由专任的或非专任的独立检察官个人或少数人团体行使检察权,如西方国家通常建立的检察体制那样;而在中国,对检察机关的功能设计是多元的或复杂的,如果再沿用西方国家的那种检察体制,应该是不能胜任的,在这种情况下,建立一个独立的、自成体系的检察院综合行使国家检察权,以及履行作为法律监督机关的各项职权,就是必要的了。笔者个人认为这种理由较为有力,应该能对检察院独立建制给以支持。当然,这也只是个人的学术之见,可以研究和讨论。

下面还想利用几分钟时间简单地谈一谈中国检察改革的趋势问题。但笔者只能在应然而不是实然的层面上来说这个问题。笔者个人认为,中国检察改革从长远的目标上看,应当逐步扩大法律监督的职能。法律监督的职能,请注意,这里说的是"职能",而不是说"法律监督权"。在检察理论界,"法律监督权"的概念用得很普遍,但笔者个人不这样用,我们讲检察院的宪法定性是国家检察机关,如果再用"法律监督权",那么在宪法规定的检察院权能上就同时出现了两个"权能"的提法。这样说一是于宪、于法无据,二是要说出一大堆理由来解释"检察权"和"法律监督权"之间的关系,而且未必说得清楚,至少目前检察理论界许多学者所给出的理由还不能令笔者信服。个人的基本看法是:中国宪法和人民检察院组织法等法律给检察院权能定性为国家"检察权",应该认为这种定性"只此一家,别无分店"。如果要合乎逻辑地理顺"检察权"与"法律监督"职能之间的关系的话,只可认为法律监督的职能是现实根据国情的需要而设计的,因而是不确定的,或是可以随时增减变化的。从长期的检察改革的趋势上看,应当逐步扩大和加强法律监督的职能,待将来条件成熟时再逐步提升至统一、强势的国家检察权的层面上来。打个不确切的比方,有朝一日,可以实现法律监督职能的"九九归一",最终实现国家检察权"圆满"的结局或"涅磐"境界。

附录 4
我心目中理想的检察制度[*]

感谢二分院此次会议的组织者对笔者的邀请，笔者已经有好几年不被邀请出席这类检察理论研讨会了。

前面的几位发言人就诉监是否分离以及是否要对法院审判监督单独设立机构的问题，作了精彩的发言，立场鲜明，观点明确，虽然观点和立场针锋相对，但各秉所持，持之有据，在学理上和实际的检察制度的建构上都有深入研究和参考的价值。而前两位评论者的发言也很精彩，并旗帜鲜明地表明了自己的立场，或支持或不赞成，论理说服力亦不分伯仲，自有教人受益之处。

不过，笔者今天所作的评论并不想作立场分明的表白，先不表明本人是支持或不赞成的态度。在这里只想表明笔者对这类具有检察改革性质的举措所秉持的基本立场和态度。主旨是要阐明笔者心目中的理想的检察制度应当是建立在什么样的理念、形制与机制之上的。这显然是一个大题目。目前在笔者承

---

　　* 本部分内容为笔者于 2011 年 10 月 12 日至 14 日出席北京市人民检察院第二分院主办的全国直辖市检察院分院理论研讨会时的发言。

担的最高人民检察院理论研究所 2009 年的重大课题中正在进行全面而又深入的研究，这里只谈及其中的一些要点。

先对检察系统内近些年来越来越频繁地发动和推行的改革，特别是本次会议所讨论的改革以及诸如此类拆拆合合式的改革谈一些粗浅的看法。

1. 笔者并不一概地不赞同，更不会不加分析地反对这类改革。笔者的基本立场和看法是，但凡要发动和推进这类改革，首要做的是应当先行进行价值估评。当然，价值估评并没有一个客观的标准来最终决定是否进行拟议或提议中的改革。但如果是站在客观的立场，从本身的科学性、合理性和逻辑性等方面加以充分地考量，并进行深入的分析和研究，再认真听取来自各方面的不同声音和意见，从而得出一个基本的评价意见，并非是一件难以做到的事。在进行这类改革时，切忌在没有认真进行这种价值评估之前，就匆忙地启动或推行有关的改革。我们国家以往在这方面受到的教训实在是太深刻乃至太沉重了。大者如"反右派运动"、"大跃进运动"、"人民公社运动"以及"文化大革命"的发动，由于事前缺乏必要的运动价值的评估，最终造成了不可估量的灾难性后果，全社会、全国家和整个中华民族为此付出了宝贵的精神和物质代价。中者如在中国的立宪和宪政体制建构中，对作为重要国家司法机关的检察院，就曾轻率地取消其独立建制，造成了国家宪政和法制价值的巨大损失，这也是由于事前缺乏价值评估所造成的。还有，中国自从 20 世纪 80 年代启动和推行的行政改革，其中包括国务院各部、委和独立机构的设立，至少经历了四次的拆拆合合，结果还是陷入了精减、膨胀、再精减、再膨胀的恶性循环。这其中除了其他的原因外，也与事前未做充分的价值估评有很大的关系。小者在中国的机构改革的过程中缺乏估评的例子更是不胜枚举，其中就包括近些年来在检察机关内部进行的分分合合，分多合少的各项改革。

2. 笔者之所以对眼下讨论的改革不表示明确的赞成或反对意见，是基于对社会和国家制度设计和建构的一种基本的评价态度。长期对宪法和宪政的研究，特别是在进行多年的比较研究之后，笔者终于悟出了如下的可以说是永恒的"制度理性"，即凡是人类为规范自身及其社会、国家的行为而设计和建构的各种制度，可以通称为"人事制度"，极少是极佳的，当然也有糟糕透顶的，即使是大多数经过精心设计、建构良好，又经过长期实践证明是优良的制度，也绝非是尽善尽美的，而且往往存在一些漏洞或瑕疵，在当时或日后总有一些被人为改进和完善的余地，至于对其中的内部结构是否还要进行分分合合，本身并无特别的成规可循，完全以该项人事制度的主导者们以当时的实际需要，甚至是个人的好恶情感而定。当下各位发言者对此表示的态度，可能就是根据个人的学识、经验和感觉而作出的，至少笔者看不出有什么客观的标准作为依凭。所以笔者认为像这类的讨论可以无休止地争议下去，永远都不会得出大家一致赞同的结果。正是基于此种认识，所以笔者不愿在争论的双方中支持一种意见而反对另一种意见，或是相反。笔者真正的关注点与其说是在当下讨论的话题之上，毋宁说是对这类机构拆拆合合的改革对检察机关整体结构意义上的完善和检察业务完成的品质更感兴趣。在笔者看来，改革开放以来特别是近一二十年来检察系统内自我启动和推行的改革，包括内部机构设置方面的改革越来越频繁，动作也越来越大，给外界的感觉，至少给笔者个人的感觉是有些散漫无序，甚至可以说陷入了某种为改革而改革的盲目性，失去了对机构设置的科学性和合理性的基本把握，即使在检察实务界内，笔者通过在一些地方特别是基层检察院进行调研时发现，有相当多的基层检察干警对一些机构的过分拆分也认为是不切实际，特别是给边远地区的基层检察院带来了很大负面影响，给本来较为顺畅的业务流程造成了人为的窒碍，因而表现出相当的不适应、不理解。

只要留心看一看检察院内部机构设置从建构初期至今的变化图表，就不由得不令人发出变化之巨的感叹了。我们可以想见，如果一位从事检察工作的老领导、老干警看到今天检察院内部的机构设置，一定会有似曾相识又不敢认的感觉。造成检察院内部机构设置变化如此之大的原因，除了国家总体政治体制的大环境、大背景之外，大概还有检察院内部认识和把握也起着决定性作用，究竟是基于何种认识和考虑而频频出台这类的改革举措，我们外人很难得知，妄加猜测也不适当。然而，就笔者个人的学识、经验和感觉上看，似乎有为改革而改革之嫌，与缺乏必要的思考特别是缺乏科学研究有关。

表面看来，这类检察机关内设机构分分合合只是局部的变动和机构名字的改称，似乎无关检察院作为国家法律监督机关的法律定位和行使检察权的基本功能，但实际上却反映了检察业内在摆脱了自身生存的"危机"之后而急于想通过改革来证明自己作为担负国家的法律监督宪政职责的不可缺少和重要性的一种焦虑心态。从一定意义上来说，这种心态本身固然可以极大地激发检察业内从事不断深化的改革的主动性和积极性，但也可能而且事实上的确造成了一些改革举措出台的仓促性，特别是在没有经过严谨的科学论证和必要的试验就在全国范围内推广的改革举措，更显得缺乏坚实的基础，更可能转移检察业内更应关注的改革措施。笔者个人认为，在中国的宪政和法治不断深入发展的今天，有些带有根本性、方向性的改革较之眼下讨论的诉监是否分离以及是否需要独立设置对审判的监督机构更值得关注。这其中就包括与检察院的垂直领导体制和财政分级体制相配套的分级管理体制的协调与改革问题；检察权能与法律监督职权的边界、交叉点的厘清和相互匹配、协调问题；检察院反贪职能的国家确认以及国家地位的提升问题；一般监督职能是否需要恢复到建国初期的规定以及是否需要在更广阔的监督平台上重建问题；在确保国家检察功能适应新的时代和需要的前提下，是否还有可能遏制检察机关不断碎片化的拆解趋势，从而再现建国初期检察院内设机构的系统性、完整性和简明性的建制特点；如何或以何种机制贯彻执行宪法和人民检察院组织法等法律所规定的，在办理刑事案件中，公、检、法要相互配合、相互制约的规定；现行的改革举措是否有利于这种相互关系的确立，诸如此类，这些都关系到中国检察制度和检察机关完善、健全和宪政功能实现的大问题或根本性问题，也关系到检察改革的大方向问题。当然，这些问题的解决并非一朝一夕就能实现的，也有待于国家整体层面上的政治改革的深入推进和检察司法大环境的进一步完善，但我们检察院、我们的检察业内人士不能只是消极地等待，也应当努力为之做点什么，至少可以进行大规模、有深度的理论研究。笔者个人期望，今后将有更多的机会被邀请出席重大的检察理论研讨会。这不仅有更多的机会向检察院的干警学习，而且也能使自己为检察理论的深入发展作出微薄的贡献。

作者主要著作及论文索引
（1984—2013）

一、著作类

1. 《民主宪政新潮——宪法监督的理论与实践》（专著），人民出版社 1988 年版。

2. 《宪法学基本理论》（合著），中国社会科学出版社 1994 年第 1 版，1999 年第 2 版。

3. 《宪法监督司法化》（专著），北京大学出版社 2004 年版。

4. 《和谐宪政——美好社会的宪法理念与制度》（专著），中国法制出版社 2006 年版。

5. 《成文宪法——通过计算机进行的比较研究》（译著修订版），北京大学出版社 2007 年版。

6. 《宪法学原理》（专著），北京师范大学出版社 2009 年版。

7. 《宪法学学习参考书》（编著），北京师范大学出版社 2009 年版。

8. 《违宪审查的原理与体制》（专著），北京师范大学出版社 2010 年版。

9. 《现代宪法学》（编著），北京师范大学出版社 2010 年版。

10. 《宪法监督的理论与违宪审查制度的建构》（专著），方志出版社 2011 年版。

二、论文类

1. 《论宪法实施的组织保障》，载《中国社会科学》1984 年第 6 期。

2. 《改善和加强我国宪法监督制度的几点设想》，载《当代法学》

1988 年第 2 期。

3. 《体制改革与宪法监督》，载《法学研究》1988 年第 5 期。

4. 《论宪法监督》，载《法学杂志》1988 年第 2 期。

5. 《走法治必由之路——论宪法和法律监督的制度化》，载《比较法研究》（第 11 卷）1997 年第 1 期。

6. 《法治和公众参与反腐倡廉》，载《太平洋学报》1998 年第 4 期。

7. 《关于反腐败的几点思考》，载《中国法学》1998 年第 4 期。

8. 《法治的反腐倡廉价值蕴含》，载《广西法学》1998 年第 3 期。

9. 《宪法权利司法化及司法保护》，载《法制日报》2001 年 8 月 19 日。

10. 《中国宪法诉讼第一案评析》，载《中国法治》2003 年第 4 期。

11. 《宪政与检察改革》，载《珠海检察》2005 年第 2 期 。

12. 《论人权入宪》，载《学海》2005 年第 3 期／《纪念中国社会科学院建院三十周年学术论文集——〈法学研究所卷〉》转载，方志出版社 2007 年版。

13. 《论宪法监督司法化中的司法理性》，载《中国社会科学院研究生院学报》2006 年第 1 期。

14. 《论宪法监督司法化》，载《法律大讲堂——中国当代法律名家讲座》，北京邮电大学出版社 2006 年版。

15. 《宪法视野和宪政界域中的公益诉讼》，载《法学研究》2006 年第 6 期。

16. 《从三例宪法性诉讼看中国宪法监督司法化的萌动》，载《宪法论坛》（第 2 卷），中国民航出版社 2006 年版。

17. 《论中国的宪法、宪政与建构和谐社会的基础》，载《中国社会科学院研究生院学报》2007 年第 4 期。

18. 《中国违宪审查制度的审视与健全构想》，载《广西政法管理干部学院学报》2008 年第 6 期。

19. 《良性违宪是宪法实施的可行选择吗?》，载《河北法律评论》

2009 年第 1 卷。

20. 《宪法为什么是重要的——基于西方"二元政治"的立宪主义原理的解读》，载《中国社会科学院研究生院学报》2008 年第 2 期。

21. 《再论宪法为什么是重要的——基于从高级法到宪法至上的智识背景和历史经验的解读》，载《中国社会科学院研究生院学报》2009 年第 2 期。

22. 《我国宪法价值目标的阶段性转变与终极目标的确定——改革开放 30 年中国宪法的历史性进步》，载《新视野》2009 年第 1 期。

23. 《中国行政司法监督的困局与出路》，载《西部法学评论》2009 年第 3 期。

24. 《检察理论中的价值论及价值方法》，载《检察学的学科建设——首届检察学理论体系研讨会论文集》，中国检察出版社 2008 年版。

25. 《法律监督的价值与功能》，载《法学杂志》2009 年第 10 期/《宪法论坛》（第 3 卷）转载，中国民航出版社 2009 年版。

26. 《法律监督的价值及其实现》，载《人民检察》2009 年第 7 期。

27. 《应当重视宪法保障的理论研究和制度建设》，载《学习论坛》2010 年第 6 期。

28. 《检察权与法律监督机关"疏离"的宪法安排及其寓意解析》，载《法治研究》2010 年第 11 期。

29. 《检察理论应当重视吸纳宪法理论和宪政学说的学养元素》，载《检察论丛》（第 15 卷），法律出版社 2010 年版。

30. 《宪法和宪政视域下的诉讼监督——试析省级人大常委会通过的相关〈决议〉、〈决定〉》，载《国家检察官学院学报》2011 年第 1 期。

31. 《我国宪法上检察"权能定性"及其意义探析》，载《法治研究》2011 年第 3 期。

32. 《中国检察制度与"权力制衡原则"的内在关联的排除之辩》，载《政法论丛》2011 年第 1 期。

33. 《我国宪法上检察"机关定位"及意义》，载《法治研究》2012 年第 1 期。

34. 《宪法文化的启蒙》，载《法治研究》2012 年第 8 期/中国人民大学报刊复印资料《宪法学·行政法学》2012 年第 12 期转载。

35. 《宪法文化的自觉》，载《法治研究》2013 年第 1 期。

作者后记

　　本人以往的著述总是自己先选中感兴趣且又有重大学理和实践价值的选题，然后收集相关资料仔细审读并作出详略不等的笔记，再之后就是拟定写作提纲，最后是初稿、二稿至定稿的写作。每本专著少则一两年，多则三五年甚至十多年，依体量和深浅、熟生的不同情况而定。大致说来，本人过往出版的二十几部著作，总是循着这种研究和创作路径完成的。而本著则是个例外，完全出于本人研究规划和设计之外。事情是这样的：

　　大致在 2012 年年初，意外地接到检察出版社史朝霞编辑打来的电话，说中国检察出版社要出版"专家论检察"丛书，我当时并没有怎么在意，以为那只是出版社的出版策划。然而到了 5 月上旬，史编辑又打来电话询问书稿写作进展情况，说出版社定于 6 月底完稿，有好几位法学家都交了书稿云云。此时我才真正重视起来，并对自己自接到通知后漫不经心的态度感到些许的懊悔。应当说，这套丛书从创意、立项、编著应该是一项除了极具理论和实践价值的大型丛书之外，还特别是一套集检察思想史、文化史和学术史的大型学术文献。由现在仍活跃在检察学术界理论研究第一线的一批老专家、学者把他们长期以来的研究成果集中展现在现在的学术平台上，这不仅是一个学术创举和检察理论界的盛事，本质来说，还是一件具有深远意义的检察软实力建设壮举，对于检察理论和正在建构的检察学来说，是一个巨大的飞跃式发展，具有里程碑式的进步。这样体认不仅改变了我本人初始时的态度，而且继而化作鼓舞的力量，最终坚定了我下工夫编著好这部著作的信心和勇气。

信心和勇气应当是由行动表现出来的。在做了必要的准备之后，于 2012 年 5 月 25 日正式全身心地投入到这部著作的写作和编写过程中，提纲也几经调整最后才确定下来，成为现在的架构。

笔者认为有必要在这里对这部个人专著的编著思路作些交代，一者这是对个人学术研究历程的一个回顾和总结，从中还可以得到一些励志性的感悟；二者这样做或许能够对读者的阅读有利。毕竟，从笔者笔下书写出来的真实想法和经历，总是可以成为对所读之书最好的导读素材和路径。

总的想法就是力求做到"全、真、善、美"四个价值标准。试分别释之。

首先来说"求全"。"全"在中国的传统文化里是一个被推崇的价值体系，如民间家庭聚会合影称为"全家福"；赞美某事为"两全其美"或"十全十美"，叙事析理务必不能"以偏概全"；批评人不要"求全责备"以免造成"求全之毁"的后果；连商号取名"全聚德"也变成驰名老字号商标等，不一而足。本著之"求全"，只取求计数总量之意，即凡是本人自 1978 年入道以来所发表的与检察理论和实践内容有关的文章、论文、著作、学术会议发言和评论、学术讲演、调研报告、计划中的拓展研究，统统收进本书中。这种考虑是基于如下的理由：

第一个理由就是珍惜，即珍惜此次出版机会。为什么要珍惜？首先是这套丛书学术品位很高，可以想见将在中国的法学界特别是在检察理论界发生巨大的学术影响力，自己的著述名列其中，是对自己多年致力于对检察理论研究的肯定，故此特别值得珍惜；其次是名列各大家之中，倍感荣幸。其他几位大家，或年长于我，或为师长，总之德高望重、学富五车，又或虽不及我长，但术有专攻，学识先进，早已被学界尊戴，总之与之为伍，华光之下，掩我鄙陋，故此又值得珍惜；最后，本人现已是虚度"不逾矩"之年，虽仍发奋读书，诲人不倦，然已知韶华远去，再遇如此如同"天上掉下的馅饼"的美事的机会不会再多，故此更值得珍惜。

第二个理由是对个人学术研究的"副业"经历作一个全面的总结。检察理论并非我之专业，充其量也只能算是本人主攻的宪法理论和宪政学说这一"主业"之余的一个"副业"。从一般学术专业的选择和进路上看，通常学者们会把主要的精力和时间投放在其"主业"的研究之上，以期获得更精、更多的学术成果，相比之下，可能会用其余力和少量时间得以研究其感兴趣的课题，我用"副业"称呼这类研究恐怕不适当，但无论如何，现实中有些学者的这类研究成果的质量和水准都给予我这一认知一个最好的诠释。我们宪法学界常见其他学科的学者尝试涉足或贸然闯入宪法理论和宪政学说，不论其治学的态度多么真诚，功夫下得多么足，成果多么丰硕，但我们从专业的眼光去评价，鲜见有精品问世，更多的是说了一些自以为是而实际上并非是或肯定不是，甚至不大靠谱的话，而尝试者或"闯入者"竟然还在孤芳自赏，在良好感觉中对学术品位的丢失却浑然不觉。有鉴于此，本人在治学中尽量避免做那种跨学科的"闯入者"，因为我知道"隔行如隔山"的道理，更知道每一学科之中的学问既大且深，不经过多年的基本基础知识学习和苦心钻研是得不到其中的真知的，一个"外行"的人冒冒失失地闯入其中，通常很难见到有真知灼见的表现，除非是那些极少数学贯古今，兼通文理的大家或者天才。在大多数情况下，就只能呈现我们在上述描述的样子，结果不仅得不到学术界的赞许甚至不被承认，而且还影响"闯入者"个人在主业上的精研和深造，白白浪费了自己的学术精力和时光，还可能会在学术界贻笑大方。有了此种体认，本人总是在跨学科的说话或文字表述时持小心、谨慎的态度。

然而，又怎样解释自己将检察理论的研究作为自己的"副业"研究选择，况且还下了苦功夫，断断续续历时35年而不辍呢？其实这于我来说并不难解释。就我的基本认识来说，我并不将检察理论的研究当做个人研究的纯粹"副业"对待。在我看来，它其实是宪法理论和宪政学说中一个有机组成部分。换句话说，从宪法理论和宪政学说的立场上看，宪法学学者本来就应当重视和从事检察理论和实践的研究，如果没能这样做，就只能认为宪法学研究上存在缺失。只要看一看现行的宪法，检察院与法院赫然以单独的一节作出原则的规定这一事实本身，就蕴含着一些重大的宪法理论和宪法安排的深层次理由；另外，从国家的现行政治体制和宪政结构上看，检察院作为一个庞大的国家司法机器每日每时都在那里运作并发挥政治和司法效能。这又是缘何来由？所有这一切都需要宪法学者利用专业知识、理论去阐释、去说明。而宪法理论和宪政学说本身又具有内在博大精深的义理和绵长厚重的学科优长，完全可能也应当对检察理论与实践作出科学的阐释和说明。如果站在这样的立场上看，检察理论和实践的研究就不应当再作为宪法学者的"副业"看待，而应当成为其名副其实的"主业"的一部分，抑或是其"主业"的合乎逻辑的"延伸"或"拓展"。至少我是这样认为的。因此，我并不认为我所长期以来特别是近十多年来从事的检察理论与实践的研究是不务"正业"的表现，相反是本人总体宪法学研究的一个"深化"和"拓展"；如果再从刑事诉讼法和刑法为主要学科知识和理论基础的检察理论或检察学的立场上看，应当又是对其学理上的一个补益，并非是作为一个"闯入者"的姿态去盲目地抢占人家的"地盘"或"领地"。

第三个理由是希望以此个人论集来诠释和验证一下个人对学术研究的"三度"的价值目标的诉求是否得到了初步的实现。所谓"三度"，具体地说就是"广度"、"深度"和"长度"。

"广度"者，即学术研究涉猎范围扩展之谓也。何以要扩展学术范围？乃是当今学术宏大和综合体系建构的总体趋势所提出的必然要求。以往和当今的学术范式发展趋势是朝着分科明晰化、精确化的方向发展，在"业有专攻"、"隔行如隔山"的治学观念的指引下，学者们都各守各的阵地，朝着本专业的纵深领域不断推进，以期获得本专业精深造诣和学科成就。这种学术倾向在成就当代一系列重大专业理论和技术的重大成果之时，也遇到了新的社会转型和新事物（务）层出不穷的挑战，像生物科技、生态和环保理论与实践早已不是哪一个学科的专业知识和理论所能承担得了的，甚至不是单纯的自然科学和社会科学所能承担的。为了适应这种情势的变化，于是当今的综合学科、交叉学科的研究趋势得到鼓励和推进。就是对于初、中级的基础教育来说，也出现了文理不分科的主张和诉求。我们现在的学术人早已在过往的既定教育体制中受到专业分工的教育而定型成为某一专业领域的研习人员或者专家。著名的专家都是以某一专业的研究见长而成就其名望和学术影响。对于当代的绝大多数学者而言，专业的"正道"依然是要固守自己的领域和阵地。然而这种路径从一定意义上也阻滞了学者向更广阔学术领域拓展，即使在自己的本专业领域再向更深度延伸也变得更为困难，这就是为什么我们常常见到一些学术先进在功成名就之后，便会归隐泉林，不再进取，以至守成到终老的学术上的原因。笔者早在15年前就曾经历过这样的善良劝谕，一些晚辈学者就曾当面对我言道："陈老师已经功成名就，不要再写了。"然而，我个人并不这样认为，个人认为在宪法专业领域不仅还有许多亟待研究的课题可作，而相关与宪法学联系紧密的学科、知识和领域都是可以尝试进行深入研究的。这样做不仅在时间上延长了学术生命，更重要的是自己学术专业生涯之外的空间上的扩展，此即我谓之的学术上的"广度"，"广度"为此自然地也就成了我个人治学上的一个自觉的价值目标的诉求。

再从"深度"上看。就我个人治学的体会和经历而言，深知所作的学问每向深度进展一分，是何等困难之事。更不待说，现今学术界动不动要么以"创新"作为学术评价的硬性标准，要么就自诩有重大创举之处和填补某项学术空白。但实际上能做到此种程度的学者能有几人？在学术浮躁之风劲吹之下，学术界见到的更多是低层次的重复之作，如果不是抄袭、剽窃就已经不错了。再从个人经历上看，自1978年入道以来，从硕士、博士论文到第一部学术专著——《民主宪政新潮——宪法监督的理论与实践》再到《宪法监督司法化》专著，又到2011年出版的《宪法监督的理论与违宪审查制度的建构》，都见证了个人在宪法监督领域长期苦心孤诣地进行的研究经历，曾被学术界喻为"宪法监督第一人"。然而，细察之下，其中除了《宪法监督司法化》一书较之先前的著述有明显范围扩展和深度进展之外，包括最新的专著都不见有明显的学术上的提升特别是深度上的推进。这种学术进展的状况与个人在其中所付出的心劳和艰辛显然不成正比。可见，欲在专业领域上精研至深是何等的不易与艰难。当然这只是个人的体察和经历，不足为训，我并没有因此而将其一般化，其他学者特别是一些学术大家，可能或事实上不是如我辈那样，此当别论。无论如何，就我个人而言，即使在自己长期专注的专业领域难以再深入推进，然而，精研深义之心从未泯灭，寻解之道便是另辟蹊径，如现今所奉献给学术界和读者的这部检察专论，就凝聚了本人勇向作为个人学术价值目标之一"深度"精进的真挚愿望和努力。正是看准了当前检察理论囿于基础学科的局限所显现的"短板"或不足，而致力于从宪法、宪政的学科视角和学理基础进行深入的研究。这样做一方面是期望能在宪法专业领域内有更深入的进展；另一方面也寄希望于对当前检察理论学术界在深化研究乃至检察学建构等方面有所补益。

最后来说"长度"。中国传统社会常以"耕读传家久，诗书继世长"的楹联来表达人们朴实的"耕读"价值追求，但那主要是指在代际之间的延长与赓续。现代的社会早已发生了结构性急剧转型，传统的"耕读"价值观几乎被世风所完全泯灭，传统农耕的消失自不必说，连高层次的国民教育体系也沦为谋取生活找到一份生计的工具或进阶。致力于做好学问从而在人生品位和素质上得到极大提升的有志之士还有几人？不要说"富二代"难以传家久，读书继学的"学二代"更是难觅其踪。甚至于传统技艺在当今早已存在无人继承的尴尬局面，并因而成为非物质文化遗产保护中亟待解决的头等大事，等等。无论从个人还是代际方面来说，在当代如何把学问做得绵长久远的话题都变得很沉重了，甚至不屑去说了。而于我个人而言，法学界目前尚公认还算是保持学者品位的少数人之一，这且不去说它，但我个人却是真真切切地在沿着治学的道路一路走来，至今已历 35 年而不辍，而今后还将继续走下去，专心致志，心无旁骛，不论学问做得怎样，追求治学长远的价值目标始终是坚定不移的。我将一如既往地在治学的道路上"不用扬鞭自奋蹄"，一发勇往直前，没有彷徨，亦无他可以旁顾，更没有退路，犹如在治学的大海中航行的一叶扁舟，朝着不知所终的久远目标继续在翻腾的海浪中漂泊前进！

学术生命的绵长修远必须依托于自然生命的长寿和健康。常见一些才华横溢的学者和文人英年早逝，令人扼腕叹息！学术生命因自然生命的延长而得以延长或可变得更厚重；自然生命因学术生命而变得更有意义，或许更为精彩，二者相得益彰。从这个意义上来说，对于我们每个纵身"大化"之中的个人来说，即使目前尚不能完全破解自然生命的密码而保持健康长寿，但至少可以通过淡泊明志，修学长远而尽最大限度地延长自己的学术生命并保持旺盛的学术活力。如此说来，将"长度"作为自己的治学价值目标的追求，其实早已不仅是治学境界层面上的问题了，俨然成了提升到整体的人生观、价值观以及自我价值的社会体现等方面的人生高境界、高层次方面的问题了。究实说来，前述的"广度"和"深度"的治学价值目标，不也正是高层次的人生哲学方面的问题吗？

其次来说"真"。在中国的传统文化里，对"真"的价值极为推崇。如《菜根谭》所云："人品做到极处，无有他异，只是本然"，又古训曰："为人有本凭淳厚，处世无奇但率真"，等。其实在西方的哲学中，"真"同"善"、"美"也是并列的三大价值体系，为世世代代的哲学家、思想家所推崇。然而，现时世风日下之中，第一个受害者便是这个"真"的价值体系，人们失真也就罢了，还造假成风，从以各种匪夷所思的手段制造假食品、假药品，再到假记者、假官员、假博士等，不一而足，以致现时早已形成"假亦真时真亦假"的真假难辨的社会窘态。时下常见报端有人著文，声称世上没有什么具有"普世价值"的东西，并放胆称某某"普世价值"是个"伪命题"云云，这就更让人如坠云里雾中了。难道将"真"作为"普世价值"的追求竟真的忍心丢到九霄云外去吗？现实及后来活在世上之人，我们还能相信谁？我们还敢吃饭、喝水和用药吗？然而，话说回来，萝卜白菜各有所爱，有人向真，有人崇假，在一个多元并包容的社会，只要不触碰法律和道德的底线，人们或可以自由选择。至于我本人，一向笃信"真"的价值体系，尽量做到保持"本真"、力求坚守"诚信"和"践言"。做人如此，做学问也是如此。我常常对我的学生们讲，做好学问必先做"好人"，做"好人"的第一个标准就是说真话，认认真真地做事。君不见那些江洋大盗、杀人如麻的恶魔们一旦被测谎器检测，往往就会表现出脸红心跳，血流加快、血压升高，因而被怀疑他在说谎吗？那些作恶时都不眨眼之人尚且如此，更何况我们常人呢？

时下早已不常听到有人说真话了，而要说"真话"也不那么容易了。世风之下，风吹草偃，学术界早已不再是一个以追求"真理"为最高价值目标的"纯真"世界了。连一些成了名，或地位显赫的教授专家们都在剽窃、抄袭他人的专著和论文，甚至连"博士"的学衔都要做假冒充，学术界的"假"风盛行，由此可见一斑。笔者一向鄙夷此等假言假行，更愿与之保持距离，越远越好。此种体认还贯彻到自己的治学过程中，并从文风中体现出来。在自己的著述中，有些不便说的话宁可不说，但绝不说假话。以往的著述是如此，在此本《论检察》中，就更在有着对检察理论的主流学术观点的评价中，在当前检察改革的利弊分析中，说了一些真话。确切地说，就是反映了一些真实的情况，作出了自己的实事求是的分析，表达了个人真实的想法。相信读过此著的学界和实务界的读者，会从本书中体味出笔者的"真实"来。

再说"善"。我个人认为，"善"也是一个普世追求的价值。"善"的覆盖面极广，惠及社会和人类自身更多。古往今来人们都在赞美和追求"善政"、"善治"、"善法"、"善举"、"善行"，连劝喻人也常以"善良"，"勿之恶小而为之，勿以善小而不为"之类，等等，不胜枚举。可见，推崇"善"、追求"善"和劝喻"善"也是一个普世价值，只不过"善"同"真"一样，也如同美酒，所到之处并非总受欢迎。不知那些挖空心思地否认"普世价值"之士，"善"在他们心中处于何种位置，他们个人究竟是如何对待"良善"与"邪恶"的。

不过，话说回来，我本人绝不想也不会以一个"善人"的面目去做"善"的说教。在本著中赋予"善意"只局限在两个方面：一方面是个人完全从"善意"出发去从事检察理论与实践的研究的。中国的检察制度命运多舛，何以一个对中国宪法明文规定而宪政体制中又不或缺的一个司法体制之一翼的检察制度，三撤三建，坎坷曲折之状，令人着实费解。如果说在国家的法制、宪政的非正常时期，是由于社会和国家的各个层面，特别是政治主导层面的认识偏差为主要原因所造成的，同时也与理论界特别是法学界的理论研究和法制、宪政体制结构与运行机制的研究缺失也有很大关系的话，那么，在改革开放之后，特别是1982年以国家根本法的形式重新确立检察院在国家宪政体制中的重要地位与权能之后，如果学术界特别是法学界还继续以罔顾这种最新的宪法安排和宪政建构，依然在检察制度刚刚在国家宪政体制中站稳脚跟之际，又遭遇法学界一些学者的诟病并立场鲜明地公开主张撤销国家检察院的建制，这种态度和做法无论是出于多么严谨的学术考量，即使在理论和实践上有多么可以声张的理由，至少也是不明智之举。一个国家的宪法不是说立就立，也不是说改就改的，而国家的宪政也是这样，对于一个可能引起宪政体制重大的改变哪怕是局部的重大改变如撤销检察院建制之类，学术界包括法学界都应当清楚地意识到这是关系到国家宪政根基的大事，为此保持足够谨慎的治学态度完全是必要的。学术自由和观点自由也不是意味着在任何时机、任何场所就能够拿国家的宪法说事，以及可以随便就对宪政体制动手脚。如果那样做，显而易见是一种缺乏严谨和科学学术训练的表现。当然，我们这样并不是说作为国家的宪法安排和宪政体制的定性、定位超出了学术讨论的范围，在绝对的意义上是不能讨论和提出建议的。事实上，在当代思想多元和学术开放、包容的政治环境中，什么问题都可以从学术的层面上去研究、讨论和提出建议。学术不应当成为禁区，这应当而且是能够做到与个人政治观点、治学态度与个人人性方面分开看待。这就是说，提出撤销检察院建制的人本不应当受到非学术方面的指责，包括是否是出于"别有用心"的质疑之类。我们是不赞成或者明确地反对用一些非学术语言对待那样的学者和治学态度的。我个人更愿意用治学功夫不深，缺乏学术课题选择智慧和选择发表相关意见机会的不明智这样的学术层面的问题来看待这种现象。无论如何，就我个人而言，是抱着极严肃、谨慎、认真的治学态度来从事检察理论和实践研究的。如果非要从非学术层面的因素来看待我们个人的这种作为，我首先就会明确地说，本人是对于刚刚重建而且还显得有些孱弱的中国检察制度，是抱着一种对"同情弱者"的心境从事这项研究的。换句话说，个人对检察理论和实践长期致力而又深深投入的研究，完全是出于"善意"。这就是我在这里所说的"个人之善"。

另一方面的"善"，则取其"制度之善"或简称的"善制"。个人关于检察制度研究的出发点，始终放在重建不久的检察院不仅是初始时期，即使到现在仍处于不健全、欠完善的认识前提下，而对检察制度研究的最高宗旨和最终归宿是在理论上和制度建构上尽快地和最大限度地健全和完善起来。我个人始终认为，检察院在制度上的完善是一个综合的、巨大的和长期的工程，深入地进行理论研究十分必要和重要，然而现时的以刑事诉讼法、民事诉讼法和刑法为基础的检察理论难以为检察制度在宪政体制层面上的完善提供理论支撑，应当而且必须从宪法、宪政的视域重新进行审视和检讨，这其中对检察院的宪法定性和机关的宪政定位的问题至关重要，必须走出这一长期以来的认识误区才能明辨检察改革的总体方向和最终目标；检察制度的完善除参考借鉴西方和苏联及现俄罗斯的经验和做法外，如何吸收和吸取中国自己的本土资源特别是中华人民共和国检察院建制的初始经验，也是一个不容忽视的问题；还有，更重要的是要谨慎、稳妥地对待和实行改革，改革不是目的，只是种手段，切不可陷入为改革而改革的盲目性，检察改革必须保持正确的方向，找好突破口，一切改革都要以回归司法理性，遵循检察机制的运行规律为基准和依归，过犹不及，此其实也；此外，加强对检察实务，特别是深入基层检察院进行调查研究，在掌握全面、真实材料的基础上进行改革，才能更好地做到有的放矢，取得成效等。这些有关检察体制完善的重大理论与实践问题，都是本人长期关注和研究的对象。这在这本《论检察》中都有体现和专论。本人确信，这种"善制"的认识、论证和建设性意见是明确的，甚至可以说下足了功夫。

最后，谈一下关于"美"的价值诉求在这本《论检察》中的体现。关于"美"的哲学意蕴和作为"美学"的专门知识无须在此过多论及，只要用人们耳熟能详的常识，即"爱美之心人皆有之"就可以窥见其中的端倪和深含的底蕴，当然这样说恐怕又触发了"普世价值"之争，在这种场合，我们实在不愿为此多费笔墨，更不愿为此无聊的问题浪费宝贵的精力和时间。

其实，我们是以"美"的极狭窄的意义体现在这本《论检察》中的，甚至可以说是笔者主观臆造出来的。吾人用"美"，既不用其哲学意义上的何为美，以及为何美的底蕴，也不用如中国当代著名社会和人类学家费孝通先生的"各美其美，美人之美，美美与共，天下大同"那种高度"文化自觉"意义上的底蕴，甚至也不用其外在的华章、美文、美言的"美意"。我们只是想在这本《论检察》中改变一下学术论著往往给人留下来的呆板、严肃的印象，尽量使其在内容、结构形式、论述风格以及语言运用等方面都体现一些活泼性和生动性。笔者这样做其实也是源自史朝霞编辑的一项"广泛授权"，基于一位专业编辑的明理和睿智之见，她"授权"各位参编学者可根据自己的实际情况采用各人喜欢的形式去编著个人的论集。这使我很受鼓舞，决定用出版社授予的"尚方宝剑""横扫"一下以往笼罩在个人学术专著之上的沉闷的书卷气，尝试一下新的文风和结构乃至内容的编排。但我本人一时找不到适当的语言来表述这种改变，于是就借用普世的价值观念"真、善、美"中的"美"来凑合一下，似有牵强附会之嫌，好在并不玄虚，说者有意，听者也能明白，或许还能接受。总之一句话，这只是期望这本专业性很强的个人检察论集多增加一些可读性，仅此而已！

《论检察》一书的出版在我学术生涯中是一件值得庆贺的事，因为它以个人专集的形式呈现了笔者长期以来在检察理论与实践领域里积累下来的研究成果，我个人的执著、专注、辛劳、苦研终于得到了应有的回报。此情此景，怎不让我感慨良多？然而，在本人志得意满之际也没有忘记，《论检察》一书的出版，并不全是甚至都不主要是个人功劳，端赖各方面的爱戴、扶持、协力才有此书的面世，为此，需要感谢的人很多，书记在下，以表不忘之情。

应当给予最大感谢的是最高人民检察院副检察长孙谦先生，是他多年来对我的赏识、关照、帮助、扶持，成为我在检察领域里奋力进行苦研的鼓舞源泉，也是他慷慨赠予了为检察院复建30周年而出版的大型丛书以及他个人学理精湛的专著，还有前不久由中国检察出版社出版的《世界各国宪法》（全套四卷），这些都为我的研究提供了宝贵的参考文献；更忘不了他为了我能顺利地深入地方检察院进行调研，亲自与有关省检察院检察长打电话进行安排，并指示最高人民检察院办公厅具文下发，对调研的主题、方式和地点等事宜与地方检察院一一作出细致的协调和安排。所有这一切都对我的检察理论研究提供了莫大的帮助。为此，我个人还想借此机会表达一下对孙谦副检察长真诚的谢意。

还要感谢的是最高人民检察院孙谦副检察长的秘书李清亮先生，是他一次又一次不辞辛苦地拟定我的调研提纲，通过办公厅下文并用电话等方式与要调研的地方检察院联系和协调。我每次能够顺利地下地方进行检察实务的调研，都是与他尽心尽力的帮助分不开的。此外，他还架起了我个人与孙谦副检察长之间的学术联系桥梁，使我们之间的沟通变得方便和顺畅。为此，理所当然地要对他表示由衷的感谢。

我还应当特别感谢安徽省人民检察院、广西壮族自治区人民检察院、河南省人民检察院以及三省（区）下的县级人民检察院对我及课题组在过去两年间所进行的四次较大规模的调研给予的精心组织和细心安排。特别的感谢应当送给安徽省人民检察院检察长崔伟先生，是他及该院三位副检察长亲自对我的接待，使我感到莫大的荣幸。同样的感谢也应当送给广西壮族自治区人民检察院曾学愚副检察长，他同样亲自给予我热情的接待。

应当还要感谢三省（区）人民检察院理论研究室及各自辖下的市、县人民检察院主管的检察长、副检察长、办公室负责人及工作人员等精心地组织座谈、收集文件及陪同参观考察等活动。其中应当感谢的有安徽省人民检察院理论研究室副主任王敬安，广西罗城仫佬族自治县人民检察院检察长谭泽江，广西宜州市人民检察院政工科科长吴旭，桂林市人民检察院理论研究室主任诸葛旸，广西恭城瑶族自治县人民检察院检察长蒋向东，广西百色市人民检察院副检察长李荣虎、专职调研员周素权，等等。

应当感谢的还有中国检察出版社和史朝霞编辑，是出版社的鼎力支持和史编辑付出的辛劳，才最终使《论检察》一书得以出版。通过与此书稿相关编辑多次的沟通、协商，我深切地体会到了他们是以高度负责的精神、精深的专业素养和娴熟的编辑技艺来制作这部《论检察》的。不待说，他们的努力和付出的辛劳最终为本书品质的提升贡献良多。

一如既往地还要感谢我的老伴刘淑珍教授，是她一手打完全部的手写稿，并进行仔细地编辑才完成了这本《论检察》的电子稿。时值盛夏三伏天，看她专注在电脑上进行操作，感激之情油然而生，书记此处，以表永久感念。

还要感谢博士生蒋剑华，是她不辞辛劳地扫描了全部字面文稿，才省去了大量的手工转换劳作程序。博士生杨二奎、何生根和周青风也以不同的方式为此书稿的完成提供了宝贵的帮助，在此一并表示感谢。

最后，还要表示一下我个人的期待。我清楚地知道，我这本《论检察》是基于个人专业而延伸到检察理论与实践研究的体会和成果，有一些观点和意见是与当前法学界特别是检察理论界的观点和意见不合拍的，切望法学界特别是检察理论界和实务界的先进、同仁及广大读者批评指正。

笔者谨识于北京市新源里寓所"跬步斋"书房
二〇一三年三月

图书在版编目（CIP）数据

论检察/陈云生著. —北京：中国检察出版社，2013.9
（专家论检察丛书）
ISBN 978 - 7 - 5102 - 0886 - 7

Ⅰ. ①论…　Ⅱ. ①陈…　Ⅲ. ①检察机关 - 工作 - 中国 - 文集
Ⅳ. ①D926. 3 - 53

中国版本图书馆 CIP 数据核字（2013）第 081694 号

论 检 察

陈云生/著

出版发行：	中国检察出版社	
社　　址：	北京市石景山区香山南路 111 号（100144）	
网　　址：	中国检察出版社（www. zgjccbs. com）	
电　　话：	(010)68630385(编辑)　68650015(发行)　68636518(门市)	
经　　销：	新华书店	
印　　刷：	北京嘉实印刷有限公司	
装　　订：	北京博丰伟业装订有限公司	
开　　本：	720 mm×960 mm　16 开	
印　　张：	32. 75 印张	
字　　数：	378 千字	
版　　次：	2013 年 9 月第一版　2013 年 9 月第一次印刷	
书　　号：	ISBN 978 - 7 - 5102 - 0886 - 7	
定　　价：	80. 00 元